한국인의 금융 기초

최 남 진

박영사

머리말

최근 국내 금융은 정보통신 발달 및 스마트기기 보급 확대 등으로 큰 변화를 겪고 있다. 특히 기술과 금융이 결합된 핀테크가 등장함에 따라 금융은 이전과 전혀 다른 새로운 시대를 맞이하고 있다. 이와 같이 금융은 새로운 시대를 맞이하고 있지만 아쉽게도 일반 국민들의 금융이해력은 크게 개선되지 못했다. 실제로 2018년 금융감독원은 OECD 산하 경제, 금융 교육에 관한 글로벌협력기구(International Network on Financial Education. INFE)에서 제시한 표준방법론을 활용하여 국내 금융이해력을 조사한 결과, 국내 성인의 금융이해력이 OECD 평균에 미치지 못했으며 특히 20대의 금융이해력은 평균을 크게 밑도는 것으로 나타났다.

이렇듯 금융에 대한 기술력은 빠르게 성장하는 데 반해 일반 국민의 금융이해력은 이를 따라가지 못하는 현상이 발생함에 따라 스마트기기나 PC를 활용하여 금융 서비스를 이용하는 국내 금융 소비자는 크게 증가했음에도 불구하고 이들 대부분이 단순 이체 서비스에 집중되는 현상을 벗어나지 못하고 있다. 즉 과거 지점이나 ATM기기에서 행하던 자금 이체를 PC나 스마트기기로 대체하는 정도의 수준에 머물러 있는 것이다. 따라서 국내 금융이 부가가치를 창출하고 국제 시장을 선도하기 위해서는 금융의 기술과 더불어 일반 국민들의 금융이해력 향상이 무엇보다 중요해 보인다. 이런 연유로 정부는 기획재정부를 비롯하여 금융위원회, 금융감독원, 한국은행 등의 정부 기구를 기반으로 경제주체들의 금융이해력을 높이기 위한 시도를 하고 있다. 하지만 이에 사용되는 국내 금융 서적은 금융 입문자들이 학습하기에 너무 이원화된 특징을 보이고 있다. 즉 국내 금융 서적은 금융전공 서적과 금융일반 서적으로 이원화되어 있으며 금융전공 서적의 경우 금융 입문자들에게 너무 전문적일 뿐만 아니라 그 양도 상당하여 금융 입문자들 학습에 적합하지 않다. 반면 금융일반 서적은 금융에 대한 기초적인 지식 전달 없이 개인적인 경험 위주로 서술되어 있는 경우가 많아 자칫 금융 입문자들이 서술자 개인의 경험에 금융 지식을 의존하는 문제를 발생시킬 수도 있다.

이에 필자는 국내 금융 입문자들의 금융이해도를 향상시킴은 물론 금융 전공자의 기초 도서로서 활용할 수 있도록 본서를 집필하게 되었다. 본서는 금융 초보자가 금융을 시작하기 위해 요구되는 금융에 대한 기초 이론을 국내 사례와 그래프, 그림, 사진 등을 바탕으로 거부감 없이 쉽게 접근할 수 있도록 구성하였다. 또한 금융 전공자가 실무 전공에 들어서기에 앞서 금융 기초를 다질 수 있는 토대를 마련할 수 있도록 책을 구성하였다.

본서는 다음과 같이 구성하였다. 우선 1장은 금융 기초에 대해 다루고 있다. 즉 금융이란 무엇인지를 정의하고 금융이 거래되는 시장에 대해 개괄적으로 설명하였다. 또한 시장경제체제하에 금융의 역할과 금융이 어떤 시스템에 의해서 작동하는지 간단히 설명하였다. 다음 2장은 금융을 이해하기 위해 기본이 되는 화폐와 화폐의 기능에 대해서 서술하였다. 이 단원에서는 화폐가 물품 화폐를 시작으로 어떻게 발전해 왔는지 설명하고 각각의 화폐 특징에 대해서 그림과 삽화 등을 이용하여 알기 쉽게 설명하였다. 3장은 금융에서 가장 중요한 요소 중에 하나라고 할 수 있는 이자율에 대해서 서술하였다. 우선 독자들이 경험적으로는 알고 있지만 명확한 정의를 내리기 어려운 이자율에 대해 명확히 정의하였으며 명목상 이자율과 실질 구매력을 나타낼 수 있는 실질 금리에 대하여 설명하였다. 이와 더불어 다양한 수단으로 활용될 수 있는 이자 지급 방식에 대하여 서술하였다. 실제 독자들은 예금, 대출, 채권 등 투자 대상에 따라 각각 다른 이자 지급 방식을 적용받게 된다. 다음으로 화폐 공급 이론과 화폐 수요 이론을 바탕으로 이자율 결정 이론을 서술하였다. 해당 부분은 지극히 이론적일 수 있는 부분이나 이를 쉽게 이해할 수 있도록 우리가 주변에서 접할 수 있는 기사 및 사례 등을 중심으로 쉽게 설명하였다. 이어서 국내 금리의 절대적 기준이 될 수 있는 기준금리에 대하여 서술하였다. 또한 기준금리가 어떤 경로를 통해 시중에 다양한 금리로 전파되는지 설명하였다. 마지막으로 독자들이 실무적으로 궁금해 할 예금과 대출 금리 차의 발생 이유와 금융 상품마다 금리가 다른 이유에 대해서 필자의 실무적인 경험을 바탕으로 서술하였다. 4장은 실물 경제와 금융 관계에 대해서 서술하였다. 본 단원에서는 경제의 가장 기본이 되는 2분면 순환경제모형을 바탕으로 실물 경제에서 화폐 역할을 설명하였다. 또한 통화정책과 실물 경제 관계를 실제 경제기사를 토대로 알기 쉽도록 서술하였다. 이어서 자산 효과와 투자 효과에 대해 삽화와 실제 사례를 바탕으로 서술하였다. 이후 5장에서 7장까지는 금융 시스템 전반에 대해서 설명하였다. 우선 5장은 금융시장에 대해서 서술하였다. 본 장에서는 금융시장을 기능별로 다음과 같이 분류하였다. 우선 금융 중개 기관 여부에 따라 직접 금융시장과 간접 금융시장을 구분하였고 유통 과정에 따라 발행 시장과 유통 시장을 구분하였다. 또한 만기에 따라 자금 시장과 자본 시장을 구분하였다. 특히 자금 시장(단기 금융시장)과 자본 시장(장기 금융시장)은 각각을 대표하는 금융 상품을 바탕으로 금융시장을 좀 더 세분화하였다. 즉 자금 시장 내 콜 시장, 환매조건부 시장, 양도성예금 시장, 기업어음 시장, 전자단기사채 시장 등을 구분하여 서술하였으며 자본 시장 내 채권 시장, 주식 시장, 자산유동화증권 시장, 집합투자증권 시장, 자산관리운용 시장, 파생결합증권 시장 등을 구분하여 설명하였다. 6장은 금융기관에 대해서 서술하였다. 금융기관은 크게 독자들에게 익숙한 은행과 비은행예금취급기관, 금융투자업자로 구분하여 설명하였다. 특히 은행을 시중 은행, 지방 은행, 인터넷전문은행, 특수은행 등으로 나눠 각각의 특징과 주요 업무에 대해서 서술하였고 금융 입문자들이 은행으로 오해할 수 있는 비은행예금취급기관인 상호저축은행, 신용협동조합, 새마을금고, 농협상호 금융의 특징과 주요 업무에 대해서 은행과 비교하여 설명하였다. 더욱이 우체국예금이 일반 은행과 어떤 차이점이 있는지를 필자의 경험을 바탕으로 알기 쉽게 설명하였다. 다음으로 증권회사, 선물회사, 집합투자업자, 투자자문·일임업자, 신탁업자 등 금융투자업자에 대해서 서술하였다. 마지막으로 7장은 금융 상품에 대해서 서술하였다. 금융 상품은 금융 입문자들이나 금융 전공자들이 직접 다룰 수 있는 만큼 본서의 상당 부분을 할애하여 서술하였다. 우선 금융 상품을 크게 원금손실 가능성에 따라 어떻게 분류되는지 확인하고 비금융 투자 상품과 금융 투자 상품으로 구분하여 다음과 같이 설명하였다. 우선 비금융 투자 상품은 대표 금융 상품인 예금과 대출로 구분하여 서술하였으며 특히 예금 중 정기 예금과 정기 적금에 대해서는 실제 현실 상황에서 있을 법한 예를 통해 계산법 등을 설명하였다. 대출 역시 금융 입문자들이나 금융 전공자들이 가장 빈번하게 접하게 될 소비자 대출, 주택 대출, 담보 대출 등에 대해서 설명하였다. 다음으로 금융 투자 상품은 증권, 고정이자부상품, 파생금융상품 등으로 구분하여 설명하였다. 여기서 증권은 채권, 주식, 수익증권(펀드), 파생결합증권 등으로 다시 세분화하여 설명하였으며 고정이자부상품은 기업어음, 전자단기사채, 환매조건부채권 등으로 구분하여 설명하였다. 마지막으로 파생금융상품은 파생금융상품의 특징 및 기능에 대해 설명하고 모든 파생금융상품의 기초가 되는 선물, 옵션, 스왑에 대한 기본 원리를 사례를 중심으로 설명하였다.

본서는 금융 입문자들의 금융이해력 향상 도모와 금융 전공자들의 금융에 대한 학문적 기초를 다지기 위한 목적으로 집필되었다. 따라서 이들에게 큰 도움이 되기를 간절히 바란다. 본서는『한국의 금융제도(한국은행, 2018)』의 일정 부분 도움을 받았으며『한국인의 경제학 기초(박영사, 제2판, 2020)』와 더불어 국내 경제·금융의 기본서가 되기를 간절히 바란다. 마지막으로 본서가 집필되기까지 도움을 주신 주변 교수님들과 연구원, 특히 삽화 작업을 해준 아내 이현아 님과 아들 최혁 군에게 감사의 말을 전한다.

2022년 8월 원광대학교 연구실에서
최남진

목차

PART 3

이자율 결정

PART 4

실물 경제와 금융

PART 5

금융시장 개관

PART 6

금융기관

1

금융 기초

01. 금융의 정의

02. 금융 시장의 의의

03. 경제 순환 구조에서 금융시장의 기능

04. 금융 제도의 의의와 기능

1

PART

금융 기초

01 금융의 정의

금융(finance)이란 여유 자금이 자금을 필요로 하는 사람에게 융통되는 것을 말한다. 이는 우리의 일상생활에서도 흔히 찾아볼 수 있다. 예를 들어 독자가 여유 자금이 있다면 은행에 예금을 하거나 펀드, 주식, 채권 등에 투자(투자에 관심이 있다면)할 것이다. 이런 행위는 우리가 이미 금융 생활을 하고 있음을 뜻한다. 즉 독자들은 금융시장을 통해 자금 공급 주체로서 역할을 하고 있다는 말이다. 독자들이 공급한 자금은 금융시장 내 금융 시스템을 통해 자금을 필요로 하는 주체들에게 전달되며 이를 "금융"이라 일컫는 것이다. 결국 금융은 거창한 것이 아닌 이미 우리가 자연스럽게 행하고 있는 행위인 것이다.

금융을 조금 더 이론적으로 살펴보면 다음과 같다. 금융은 자금이 흑자 주체에서 적자 주체로 이전되는 것을 의미하며 자금을 공급받은 적자 주체는 이에 대한 대가로 이자 등을 지급하는 형태를 뜻한다. 여기서 흑자 주체라 함은 소득 혹은 이익 중에서 지출이나 비용을 차감하고도 여유 자금이 남는 주체를 말한다. 따라서 소득에서 소비를 차감하고 여유 자금이 있는 가계가 될 수도 있고, 이익에서 비용을 차감하고도 여유 자금이 있는 기업이 될 수도 있다. 반면 적자 주체는 소득이나 이익보다 지출이나 비용이 크기 때문에 자금 과부족이 발생한 주체를 말한다. 즉 소비가 소득보다 큰 가계가 될 수도 있고 비용이 이익보다 큰 기업이 될 수도 있다. 하지만 우리는 이런 경제주체를 일일이 구분하는 것이 아니라 전반적인 경제주체를 가정하기 때문에 흑자 주체를 가계로 간주하고 적자 주체를 기업으로 간주한다. 이는 가계의 경우 일반적으로 소득에서 일부분 소비하고 남는 여유 자금을 미래 불확실에 대비하기 위해 저축이나 투자를 하는 주체로 간주하여 금융시장의 자금 공급자로 보는 것이다. 반면 기업은 일반적으로 변화하는 사회에 적응하고 소비자들의 니즈(needs)를 충족하기 위해 계속해서 설비와 연구&개발(R&D)에 투자 하여야 하기 때문에 자금의 수요자로 본다.

금융 거래가 성사되면 자금 공급자인 흑자 주체와 자금 수요자인 적자 주체 모두에게 이익이 될 수 있다. 즉 자금 공급자인 흑자 주체는 자금을 융통함으로써 그에 대한 대가로 이자 소득을 얻을 수 있고 자금 수요자인 적자 주체는 자금을 차입하여 새로운 상품 혹은 서비스를 생산하거나 기존보다 효율적인 생산 시설을 갖춤으로서 추가적인 수익을 얻을 수 있기 때문에 양자 간 이익이 된다.

그림 1-1 금융의 자금 흐름도

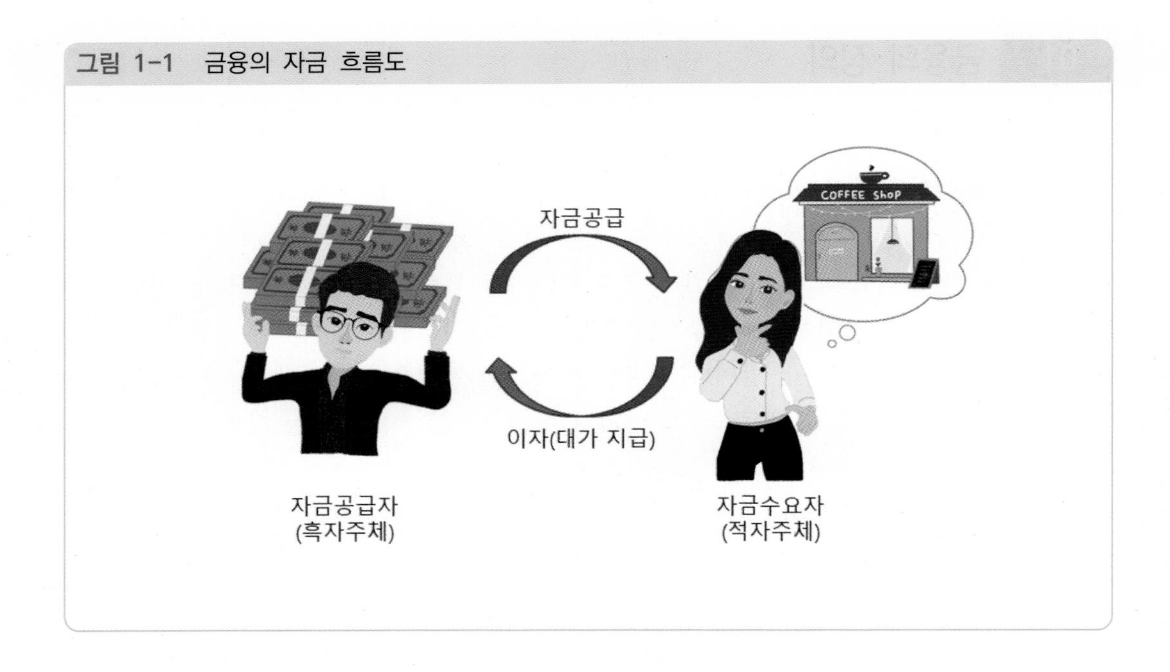

02 금융시장의 의의

금융은 잉여 자금을 가진 사람과 자금을 필요로 하는 사람 간에 거래로 이를 대차거래라 한다. 그렇다면 금융 거래는 어느 곳에서 이뤄질까? 통상적으로 금융 거래가 이뤄지는 곳을 금융시장(financial market)이라 한다. 즉 금융시장은 자금의 공급자와 자금의 수요자가 만나서 거래하는 장소를 말한다. 여기에서 장소라 함은 보통 실질적 공간을 의미하는 경우가 많지만 사실 금융시장은 실질적 공간만을 특정하지는 않는다. 즉 금융시장은 금융 거래가 이뤄지는 모든 실질적, 추상적 공간을 포괄하는 개념이다.

금융시장[1]은 자금의 수요자와 공급자가 직접 거래하는 직접 금융시장과 자금의 흐름에 상업 은행과 같은 중개인이 삽입된 간접 금융시장으로 나뉜다. 간전 금융시장은 흑자 주체가 은행에 예금한 자금을 바탕으로 적자 주체에게 대출해주는 구조를 가진 반면, 직접 금융시장은 설비 투자, 공장 증설, 연구&개발(R&D) 투자 등 기업(적자 주체)의 장기 자금 조달을 위해 발행한 주식과 채권을 흑자 주체가 매수함으로서 자금을 직접 공급하는 구조를 가진다. 금융시장은 금융 상품의 만기에 따라서도 구분된다. 즉 1년을 기준으로 만기가 1년 이상인 금융 상품이 거래되는 시장을 자본 시장(capital market) 혹은 장기 금융시장이라 하고 만기가 1년 미만인 금융 상품이 거래되는 시장을 자금 시장(money market) 혹은 단기 금융시장이라 한다. 자금 시장은 기업이 단기 유동성 과부족을 메우기 위한 금융 상품을 주로 발행하는 시장으로 콜(Call), 환매조건부채권(Repurchase Agreement), 양도성 예금증서(Certificate of Deposit), 기업어음(Commercial Paper) 등이 거래된다. 반면 자금 시장은 기업의 설비 투자 및 공장 증설, 시설 투자, 연구&개발 투자 등 장기 자금을 조달하거나 국가 및 지자체의 장기 운영 자금 조달을 위한 시장으로 주식, 채권 등이 발행·유통되는 시장을 말한다.

또한 금융시장은 금융 상품의 유통과정에 따라 발행 시장(primary market)과 유통 시장(secondary market)으로 구분된다. 우선 발행 시장은 금융 상품이 최초로 발행되어 판매되는 시장을 의미하며 유통 시장은 이미 발행되어진 금융 상품이 거래되는 시장을 말한다. 보통 발행 시장과 유통 시장은 자동차 시장에 비유하여 설명하는 경우가 많으며 최초에 자동차가 판매되는 시장을 발행 시장에 비유하고 중고 자동차가 거래되는 시장을 유통 시장에 비유한다. 유통 시장에서는 자본 시장 내 금융 상품들이 거래되는데, 그 이유는 유동성을 확

1) 금융시장에 대한 자세한 설명은 "5장 금융시장" 단원에서 확인할 수 있다.

보하기 위한 수단으로 이용할 수 있기 때문이다. 예를 들어 주식은 별도의 만기가 없는 것으로 간주함으로 유동성을 확보하기 위해서 다른 누군가에게 주식을 매도하는 방법을 활용하는 것이다.

이외에도 각국의 통화가 거래되는 외환시장이 존재하며 다른 금융 상품의 위험관리와 헤징을 위해 선물, 옵션, 스왑 등의 금융 상품이 거래되는 파생금융시장도 존재한다.

03 경제 순환 구조에서 금융시장의 기능

금융은 경제 순환 구조에서도 매우 중요한 기능을 수행한다. 아래 그림은 3분면 개방 경제 모형의 순환 과정을 도식화한 것으로 금융의 기능과 화폐의 순환 과정[2)]을 잘 보여주고 있다. 그럼 각 경제주체들과 금융시장 간의 관계에 대해서 확인해 보도록 하자. 우선 가계는 생산 요소 시장을 통해 생산 요소를 제공하고 그 대가로 임금 등을 지급받으며 이를 통해 생활에 필요한 재화와 서비스를 구매하고 남는 여유 자금을 미래의 불확실성에 대비하기 위해 금융시장을 통하여 저축하거나 투자하게 된다. 다음으로 기업은 생산 요소 시장에서 구입한 생산 요소를 바탕으로 재화와 서비스를 생산하여 판매하고 이익을 취한다. 또한 기업은 계속적 기업으로 생존하기 위해 노후화된 설비를 교체하고 새로운 공장을 증설하거나 미래의 새로운 수익 창출을 위해 기술개발에 투자한다. 이런 자금은 대체로 거액의 장기자금이 요구되므로 기업은 금융시장을 통해 이를 차입하거나 주식, 채권 등을 발행하여 자금을 조달한다. 다음으로 정부는 가계나 기업으로부터 세금을 걷어 그 자금으로 국가를 운영하고 자금 과부족이 발생하면 금융시장을 통해 국채를 발행하여 자금을 충당한다. 예를 들어 COVID-19으로 소상공인 피해가 증가하여 이를 국가적 차원에서 보전해야 한다는 의견이 국회를 통과하게 되면 정부는 추가 재원 확보를 위해 금융시장에서 국채를 발행하여 소요자금을 충당하는 것이다. 금융시장은 국내 시장에 국한하지 않고 해외시장을 통해서도 금융의 기능과 역할을 수행한다. 예를 들어 글로벌 기업인 S기업은 반도체 공장을 새로 증설하기 위해 수조 원에서 수백조 원이 필요하다. 이런 자금을 국내에서만 조달하기에는 한계가 있다. 하지만 해외 금융시장을 통한다면 이보다 큰 규모의 자금 차입 및 조달도 가능해진다. 또한 해외 금융시장은 국내 흑자 주체들에게도 해외 금융투자 기회를 제공한다.

---

2) 화폐의 순환 과정은 "2장 화폐의 정의와 기능"에서 자세히 확인할 수 있다.

그림 1-2 3분면 개방경제 모형의 순환 과정

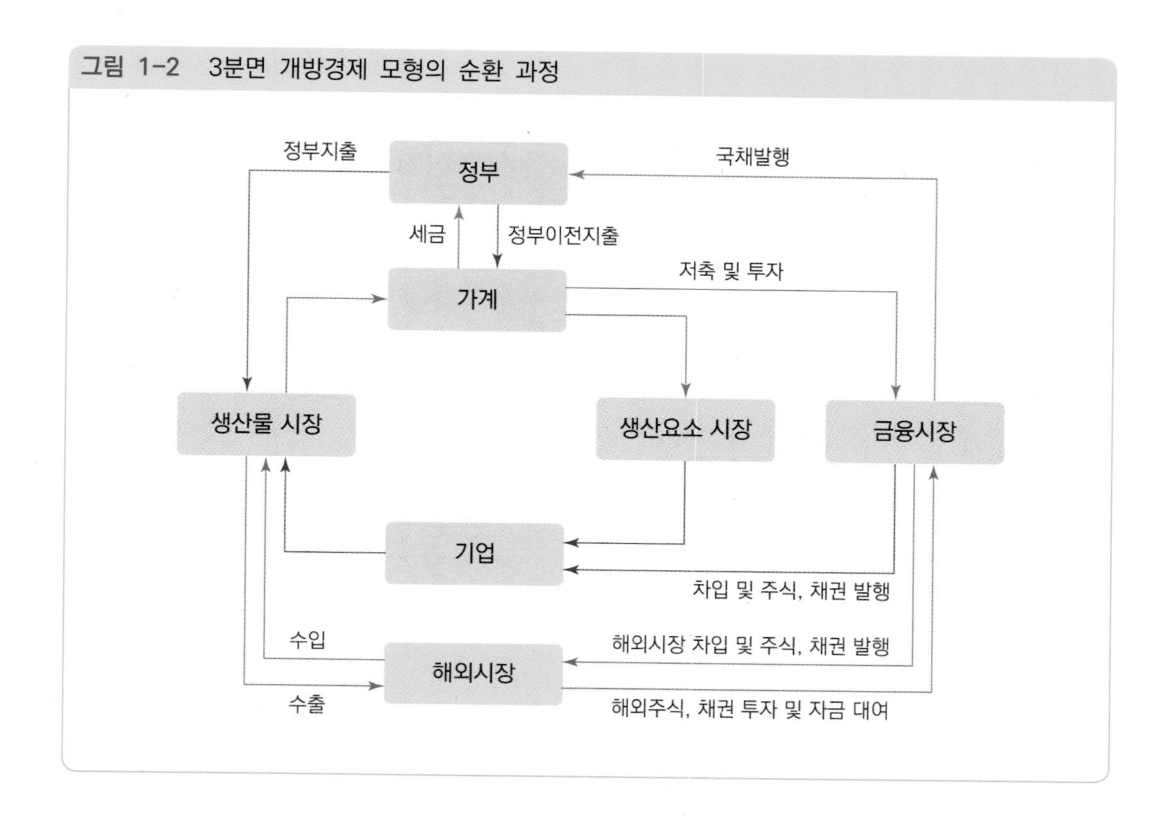

04 금융 제도의 의의와 기능

금융 제도는 금융시장과 금융기관을 통제하는 총체적 규범 체계를 말한다. 이는 앞서 설명한 흑자 주체와 적자 주체 간 자금과 금융 상품 이동에 대한 전반적인 금융 시스템을 설명하는 것으로 금융 시스템이 원활히 작동할 수 있는 금융 하부구조까지를 포함하는 개념이다.

금융 제도의 기능은 로스(P.S Rose)의 분류에 따라 다음과 같이 일곱 가지로 분류할 수 있다. 첫째, 금융 제도는 경제주체인 가계에게 저축 수단을 제공한다. 금융기관들이 제공하는 예금이나 채권 등은 위험이 낮고 유동성이 높으며 비교적 높은 수익성을 제공한다. 또한 저축 재원은 실물 시장의 투자로 연결되어 경제 성장에 기여한다. 둘째는 부의 저장 수단으로서의 기능을 수행한다. 실물 자산의 경우 부식이나 파손 위험이 존재하는 반면 금융

상품은 이런 손실 없이 자산을 보존할 수 있다. 더욱이 금융 상품은 이자나 배당 등을 통해 일정 부분 소득을 발생시킨다. 셋째로 자금의 수요자가 원하는 만기와 금액으로 자금 공급이 가능하다. 이는 금융 중개 기관이 다수의 공급자로부터 받은 자금을 모아 기업 등 수요자가 요구하는 금액과 만기를 가진 상품으로 변환이 가능하다는 것이다. 넷째로 금융 제도는 여러 가지 형태의 신용(credit)을 제공한다. 여기서 말하는 신용은 대출의 형태를 의미하며 경제주체인 가계와 기업은 소비 혹은 투자를 위해 자금을 차입하길 원한다. 신용 기능을 통해 자금을 차입한 주체는 만기에 이자와 원금을 상환한다. 다섯째는 금융 상품 등의 거래 및 상환 등을 위해 지급 결제 수단을 제공한다. 지급 결제는 예금이체, 수표, 신용카드, 전자 결제 등이 있다. 여섯째는 파생상품 등을 통해 위험을 전가하는 기능을 제공한다. 위험의 전가를 위해 사용되는 금융 상품은 보험, 선물, 옵션 등이 있으며 보험은 미래에 예상되는 자산 및 신체적인 위험으로부터 자산과 건강을 보호하는 역할을 한다. 또한 선물 및 옵션과 같은 파생상품은 실물 자산 혹은 금융 자산의 가격 변동성 등을 헤징(hedging)하는 수단으로 사용할 수 있다. 마지막으로 금융 제도는 경제 안정화 정책의 파급경로를 제공한다. 예를 들어 통화정책의 일환으로 공개시장조작 등이 이뤄질 경우 국채의 거래가 원활히 이뤄질 수 있는 역할을 제공한다.

금융하부구조는 자금과 금융 상품의 흐름에 직접 관연하지는 않으나 금융 시스템이 잘 작동할 수 있도록 지원 및 감시 등을 하는 기관을 말한다. 금융 하부구조에는 중앙은행, 감독당국, 예금자보호제도, 지급 결제 제도 등이 포함된다. 우리나라에서 중앙은행은 한국은행을 지칭하는 것으로 화폐 가치의 안정성을 확보하는 역할을 한다. 만약 화폐의 안정성이 보장되지 못하면 화폐보다 실물 자산을 통한 거래가 주를 이루며 금융 시스템은 붕괴될 것이다. 금융 감독은 금융의 불법적인 거래나 금융사의 위험 투자 등에 대한 감독을 통해 금융 시스템의 안정성을 확보하는 것으로 국내에서는 금융감독원이 주로 해당 업무를 수행하며 한국은행도 일부 감독 업무를 담당하고 있다. 예금자보호제도는 예금자의 안정적인 자산 보호는 물론 연쇄적인 인출(bank run)로 인한 금융 시스템 붕괴 방지를 위한 것이며 국내에서는 예금보험공사가 해당 업무를 수행한다.

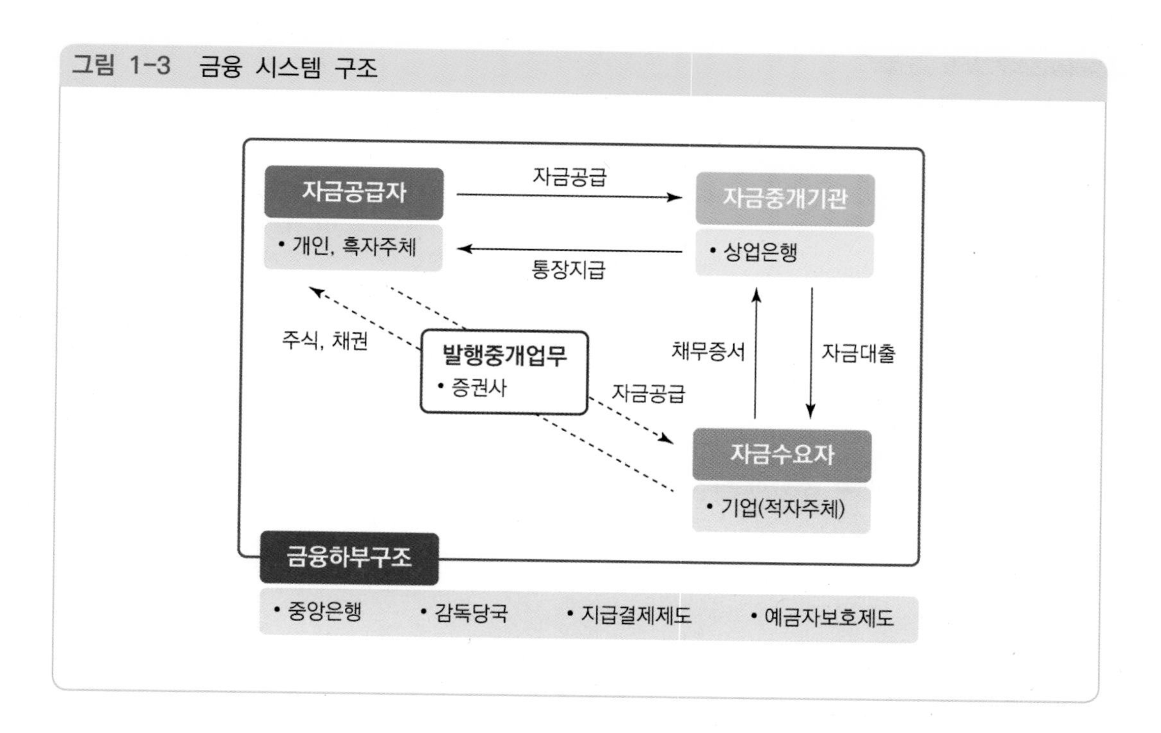
그림 1-3 금융 시스템 구조
자금공급자
• 개인, 흑자주체
자금공급
통장지급
자금중개기관
• 상업은행
주식, 채권
발행중개업무
• 증권사
자금공급
채무증서
자금대출
자금수요자
• 기업(적자주체)
금융하부구조
• 중앙은행
• 감독당국
• 지급결제제도
• 예금자보호제도

연습문제

01 금융이란 무엇인가?

02 금융시장의 정의 및 기능에 대해서 설명해 보시오.

03 3분면 개방경제 모형 하에서 금융시장 역할에 대해서 설명해 보시오.

04 금융 하부구조의 의미와 금융 하부구조 역할을 하는 각각의 기관들에 대해서 설명해 보시오.

2

화폐의 정의 및 기능

2 화폐의 정의 및 기능

PART

01 화폐의 정의

화폐를 한 마디로 정의하기는 어렵지만 만약 화폐가 무엇인가? 라는 질문을 한다면 대부분의 사람들은 본인 주머니 혹은 지갑에 있는 지폐나 동전을 떠올릴 것이다. 또한 화폐보다는 "돈"과 "Money"라는 단어에 익숙해져 있기 때문에 이들 단어를 통해 "부자"라는 이미지를 연상하게 될 수도 있다.

이해를 돕기 위해 우리가 화폐하면 떠오르는 이미를 통해 화폐에 대한 정의를 내려 보도록 하자. 우선 독자의 주머니 혹은 지갑에 있는 지폐(동전도 포함되지만 이해를 돕기 위해 지폐만 가정)를 보자. 독자 중에 누군가는 분명 지폐가 정말 가치가 있을까? 라고 의문을 가져본 사람이 있을 것이다. 실제로 지폐는 종이에 불과하며 지폐에 적혀 있는 금액만큼의 가치가 존재하지 않는다.[1] 그렇다면 사람들은 왜 종이에 불과한 지폐를 액면 금액만큼의 가치를 부여하며 이를 거래에 사용하는 것일까? 그 이유는 독자들이 사용하고 있는 화폐가 법화이기 때문이다. 법화는 법적 화폐를 일컫는 것으로 법화가 되기 위해서는 사회적 통념상 모든 사람이 화폐로서 인정해야 한다. 즉, 종이에 불과한 지폐가 모든 국민이 화폐로서 인정하고 있기 때문에 독자들이 사용하는 대한민국 5만 원권, 1만 원권 등은 법화가 될 수 있는 것이다.[2]

1) 실제로 5만 원권 지폐를 제작하는 비용은 약 250원 정도에 불과하다.

2) 한국은행법 48조, 한국은행이 발행하는 한국은행권은 법화로서 모든 거래에 무제한 통용된다.

다음으로 화폐라는 단어 보다는 돈과 Money라는 단어가 더 친숙하게 느껴지며 이에 대한 이미지는 부자를 연상하게 한다고 하였다. 이렇듯 화폐를 통해 부자를 연상하게 되는 이유는 돈을 가지고 있으면 자신이 원하는 재화나 서비스를 구매할 수 있고 그것은 자신의 소득 제약으로부터 벗어나 더 많은 제화를 선택할 수 있기 때문이다. 자 여기서 화폐의 중요한 기능이 적용되는데 그것은 바로 지불 수단(payments)으로서의 기능이다. 즉, 재화와 서비스를 구매하기 위해 지폐를 사용하고, 사회 통념상 지불 수단으로서 지폐를 사용하는 것이 문제가 없다면 이것이 바로 화폐라는 것이다.

그림 2-1 지폐와 지불 수단

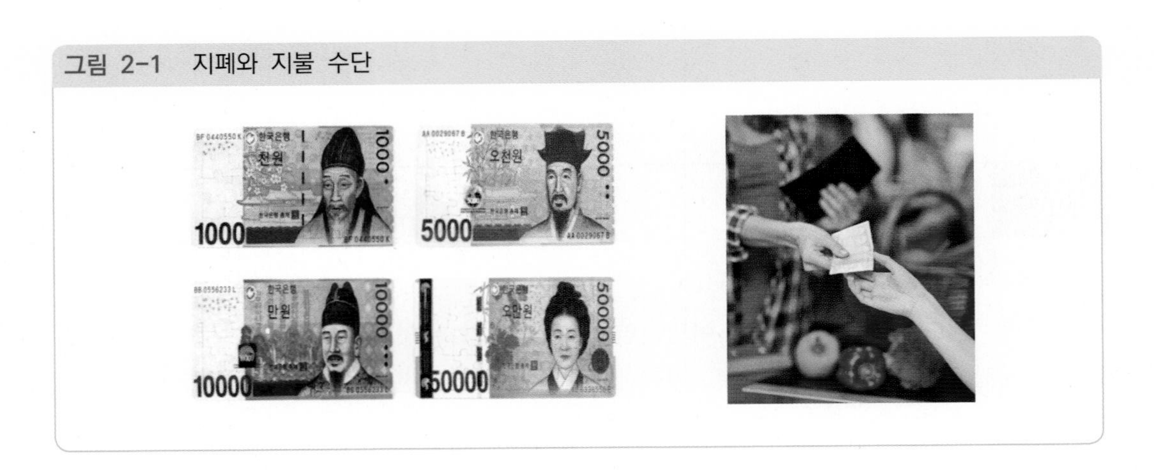

02 화폐의 종류

앞서도 살펴보았지만 화폐에 대한 이미지는 보통 지갑 속에 있는 지폐와 동전을 떠오르게 된다. 이는 우리가 살아가며 경험적으로 지폐와 동전을 많이 사용했기 때문에 학습된 것이다. 하지만 화폐의 종류는 지폐와 동전에 한정된 것은 아니다. 화폐의 종류는 물품 화폐, 금속 화폐, 지폐, 신용 화폐, 전자 화폐 등이 있으며 최근에는 비트코인과 같은 가상 화폐도 있다.

(1) 물품 화폐(commodity money)

물품 화폐는 과거 물물교환(batter) 시절에 사용된 화폐를 말한다. 따라서 물품 화폐는 특정한 형태를 가지고 있지 않으며 보통 가치가 있는 물건을 화폐로 사용하였다. 이는 충분히 사용하고 남는 잉여 재화를 화폐로 사용하였을 때 나타날 수 있는 불편함을 해소하기 위한 것으로 교환 상대방 사이 욕망의 불일치를 방지하기 위함이었다.

예를 들어 농사꾼이 쌀농사를 지어 쌀을 수확하였다면 농사꾼은 자신이 먹고 남는 잉여 쌀을 필요로 하는 재화와 교환하고 싶은 욕망이 있을 것이다. 이때 잉여 쌀이 바로 물품 화폐가 되는 것이다. 또한 거래 상대방이 될 정육점 주인도 가축을 도축하여 얻은 고기의 일부분을 충분히 섭취하고 남는 잉여 고기를 물품 화폐로 사용할 수 있다. 이때 농사꾼이 고기를 먹고 싶어 한다고 가정해 보자. 그럼 농사꾼은 잉여 고기를 가지고 있는 정육점 주인에게 본인의 쌀을 고기로 교환해 줄 것을 요청할 수 있다. 하지만 정육점 주인이 쌀이 아닌 사과를 먹고 싶어 한다면 농사꾼과 정육점 주인 당사자 간 원하는 것이 일치하지 않는 즉, 욕망의 불일치가 발생하게 된다. 결국 거래는 성사되지 않고 쌀과 고기 모두 물품 화폐로서의 가치도 상실하게 된다.

이러한 이유 때문에 물품 화폐로 가치가 있는 물건을 사용하게 되었으며 대표적인 사례가 소금(salt)이다. 현재는 염전의 기술과 교통의 발달로 인해 소금을 저렴하게 얻을 수 있지만, 과거에는 소금을 쉽게 구할 수 없었다. 이와 더불어 사람의 생명을 유지하기 위해 소금은 꼭 필요한 요소라는 점을 감안하면 충분히 가치 있는 물품 화폐였다는 것을 미뤄 짐작할 수 있을 것이다. 실제 과거 로마에서 군인 월급으로 소금을 지급하였으며 현재 봉급(salary)의 어원은 소금(salt)에서 유래되었다고 한다.

그림 2-2 농사꾼과 정육점 간의 거래(욕망의 불일치)

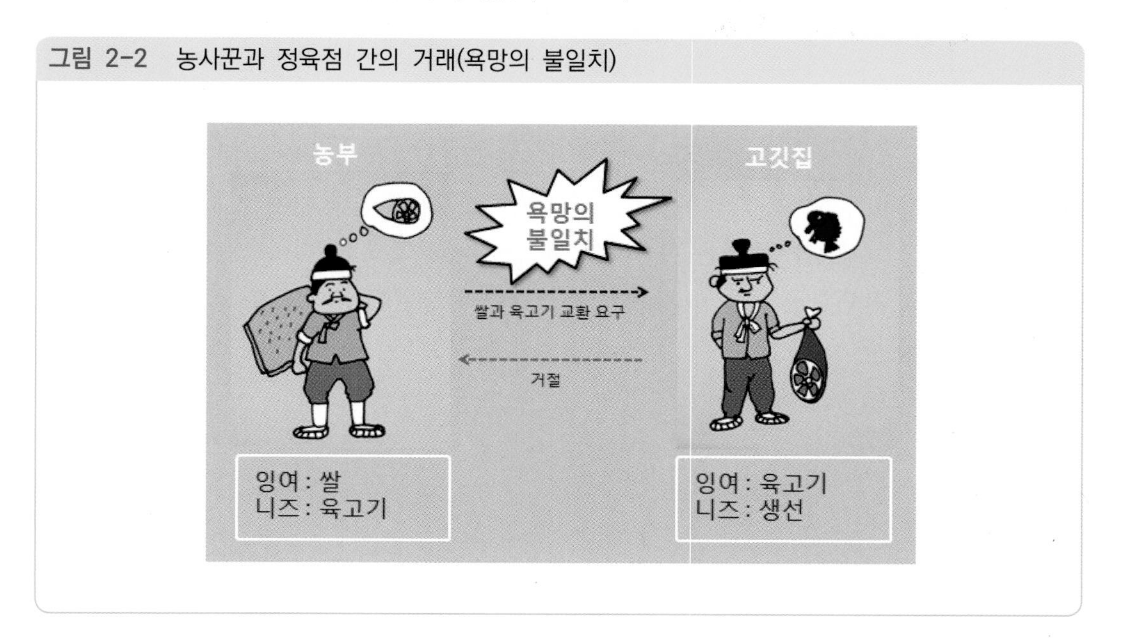

(2) 금속 화폐(metallic money)

금속 화폐는 현재에도 많이 사용되고 있는 화폐로 국내에서는 10원, 50원, 100원, 500원 등이 주로 사용되고 있다. 금속 화폐는 물품 화폐에 비해 튼튼하고(내구성) 휴대하기 편리한(편리성) 특성을 가지고 있기 때문에 현재에도 널리 사용되고 있다. 초기 금속 화폐는 현재의 금속 화폐와는 같지 않았다. 즉 지금 동전처럼 정교하지 않았기 때문에 동전 무게를 화폐 단위로 사용하였다. 다시 말해 초기 금속 화폐 자체에는 가치가 표시되어 있지 않고, 각 상점 혹은 재화의 거래가 이뤄지는 장소에서 금속 화폐 가치를 측정할 수 있는 저울이 함께 사용되었던 것이다.

그림 2-3 금속 화폐(동전)

금속 화폐는 물품 화폐에 비해 많은 장점을 가지고 있음에도 불구하고 시간이 지날수록 사용 빈도가 감소하고 있다. 그 이유는 물가 상승으로 인한 화폐 가치 하락과 지폐나 신용카드 대비 상대적인 소지의 불편함 때문이다. 예를 들어 자장면 가격이 1980년대에는 500원이었으나 현재는 6천 원(실제 물가 상승률은 이보다 더 높음)이 되었다. 이는 1980년대만 하더라도 동전만으로 식사도하고 생필품도 살 수 있었으나 현재는 그렇지 못하다는 것을 대변한다. 다시 말해 물가가 지속적으로 상승하게 되면 화폐 가치가 하락하기 때문에 가치가 지속적으로 하락한 동전은 사용 빈도가 점점 감소하게 된 것이다. 또한 신용카드와 비교하여 소지의 불편함을 들을 수 있으며 우리나라의 경우 신용카드 및 스마트 결제 시스템이 상점은 물론 전통 시장에까지 확산되어 있기 때문에 불편한 동전을 소지할 필요가 없게 된 것이다.

(3) 지폐

지폐는 현대 사회에서 화폐로 가장 많이 사용되는 것 중 하나다. 최근에 신용카드 및 전자 화폐 사용량 증가로 인해 지폐 사용량이 줄고 있으나 여전히 화폐 중에는 높은 사용 빈도를 차지하고 있다. 실제로 독자들 지갑 속에 무엇이 가장 많은지 생각해보면 쉽게 알 수 있다. 독자들이 대학교를 졸업하고 직장을 갖기 전까지는 일정한 소득이 없으므로 신용카드를 발급받아 사용하기 쉽지 않다. 따라서 재화나 서비스 구매 등에 가장 편하게 사용할 수 있는 방법은 지폐라 할 수 있다.

그림 2-4 금세공업자와 상인들

지폐의 등장은 은행의 출현과 관계가 깊다. 과거 국제 무역이 활발해짐에 따라 상인들은 당시 통용되던 금화(금속 화폐)를 매번 소지하고 이동하는데 불편함을 느꼈다. 금화는 이전 물품 화폐보다 휴대하기 편했지만 양이 늘면 휴대에 불편함을 느낄 수밖에 없었다. 이 때문에 상인들은 금세공업자(goldsmith's)에게 금을 맡기고 금에 대한 보관증서(goldsmith's note)를 발급받아 금에 대한 결제를 대신하게 되었다. 즉 금을 맡긴 상인은 상품을 구매하고 금이 아닌 증서를 거래 상대방에게 전달했으며 상품 판매자는 이 증서를 받아 금세공업자에게 제시하고 금을 상환받았던 것이다. 하지만 상인들은 거래가 지속되면서 금을 찾아서 재보관하는 과정을 번거롭게 느꼈다. 따라서 이 과정을 제외하고 단순히 금보관증서로만 거래하는 형태에 이르게 된 것이다. 이것이 바로 화폐의 출현이라고 할 수 있다. 또한 금세공업자는 금을 맡고 보관증서를 발행하던 지속적인 행태에서 상인들이 쉽게 금을 찾으러 오지 않는다는 사실과 사업 확장을 위해 금을 필요로 하는 상인들이 많다는 점을 이용하여 대출을 하게 됨으로써 현대 은행의 시초가 되었다.

(4) 신용 화폐

우리는 보통 부동산 전세 거래나 매매 거래 시 현금을 사용하지 않는다. 그 이유는 대부분의 부동산은 거래 단위가 매우 크기(2021년 2월 기준으로 전국 아파트 평균 가격은 4억 원을 상회하였으며 2021년 10월 기준으로 서울 아파트 평균 가격은 12억 원을 넘었음) 때문에 지폐로는 상당한 양을 사용해야 하기 때문이다.[3]

이럴 경우 우리가 쉽게 생각해 볼 수 있는 것이 바로 수표다. 수표는 이렇게 고액 거래에서 유용하게 사용되고 있으며 지속적인 물가 상승으로 인해 화폐 가치가 하락하면서 더욱 많이 이용하게 되었다. 이 처럼 현대 사회에서는 수표를 많이 이용하기 때문에 수표 역시 지폐와 같은 법화로 생각할 수 있지만 수표는 법화가 아니다. 수표의 액면을 잘 들여다보면 법화인 5만 원권과 다른 부분을 발견할 수 있는데 그것은 한국은행장 직인이 없다는 점이다. 대신에 수표를 발행한 은행명과 발행지 지점장 직인이 찍혀 있는 것을 확인할 수 있다.(그림 2-5 참조) 이는 수표가 거래의 편리성을 위해 발행 요청인의 예금을 근거로 은행이 발행한 것이기 때문이다. 좀 더 구체적으로 설명하면 예금자의 경우 A 은행에 10만 원을 예금하고, 예금을 근거로 10만 원권 수표를 발행할 수 있다. A 은행은 수표를 발행하고 수표의 소지자가 현금 요청 시 현금 지급을 위해 별단예금이라는 계정에 예금을 이관해 둔다. 최초 예금자가 재화를 구매하고 수표로 결제할 경우 판매자는 결제를 통해 받은 수표를 은행에 제시하고 현금을 수취하는 시스템이다.

그림 2-5 5만 원권 지폐와 수표의 비교

3) 소위 007 가방이라고 하는 서류 가방에 1만 원권 지폐로 가득 채울 경우 약 3억 원 정도라고 하니 그 이상의 거래액이면 서류 가방을 몇 개씩 들고 다녀야 하는 번거로움이 있을 것이다.

그림 2-6 수표의 거래 과정

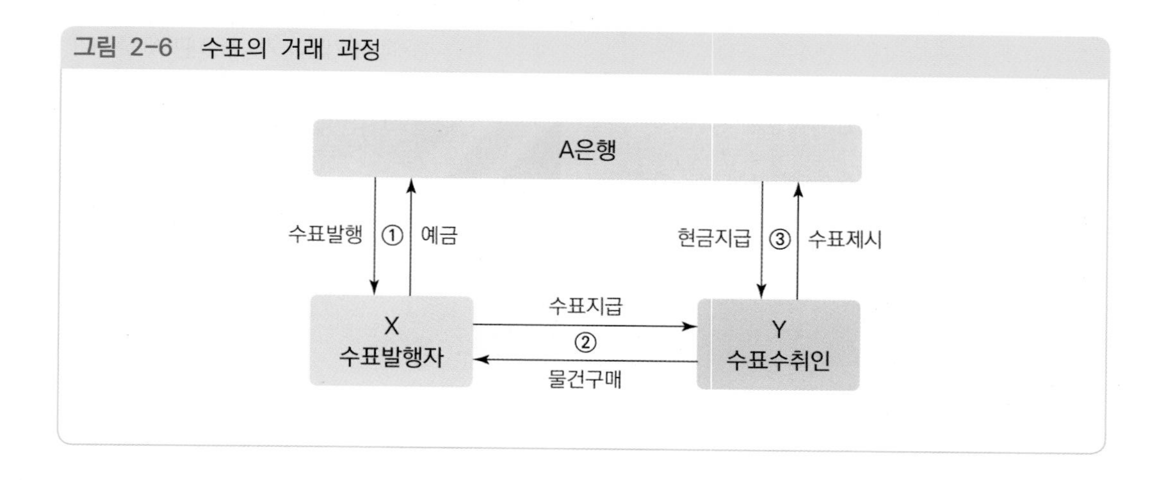

(5) 전자 화폐

전자 화폐는 지불 수단으로 직접 지폐나 수표를 사용하지 않고 자금을 이체하는 방식을 말한다. 이 방식은 최근 인터넷 등 통신의 발달로 급속히 성장하고 있다. 전자 화폐는 온라인 송금, ATM, POS, E-cash 등이 있다.

우선 현금자동입출기(automated teller machine, ATM)는 예금 통장을 근거로 발급받은 현금 입출금 카드를 예금 통장 잔액 한도 내에서 ATM 기기가 있는 어디에서든 입출금 할 수 있으며 이외에도 계좌이체, 잔액조회 등의 금융 서비스를 실행할 수 있는 시스템을 말한다. 최근에는 하드웨어 시스템 발달로 인해 생체 정보 및 화상 통화를 이용한 개좌 개설도 가능하다.

다음으로 POS(point of sales)는 판매점 단말기로 흔히 POS 단말기라 부르며, 은행과 상점의 온라인 연결을 통해 예금을 근거로 물건을 구매할 수 있는 시스템을 말한다. 최근 통신 기술의 발달로 인해 백화점이나 큰 매장에 한정되어 있던 POS 단말기는 스마트폰에 연결하여 결제할 수 있는 저렴하고 간편한 단말기가 보급됨에 따라 사용 금액과 빈도가 크게 성장하고 있다.

E-cash는 화폐를 IC카드 등에 충전하여 재화와 서비스의 구매나 거래에 사용하는 전자화폐를 말한다. 즉 선불카드 시스템과 유사하다고 생각하면 된다. 선불카드는 은행에서 발급받은 카드에 일정 금액을 충전하여 충전 금액만큼 구매에 사용할 수 있는 시스템을 말한다. 독자들이 가장 흔하게 사용하는 선불카드는 교통카드다. 또한 최근에 스타벅스, 커피빈, 이디야 등 커피 전문점에서도 선불카드를 발급하고 있어 실생활에 빈번히 사용되고 있다.

그림 2-7 각종 은행들의 ATM/CD 기기

그림 2-8 생체인식 기능이 가능한 최근 ATM 기기

그림 2-9 스마트폰에 연결한 POS 단말기

그림 2-10 스타벅스의 선불카드

(6) 가상 화폐(암호 화폐)

가상 화폐(Virtual Currency)란 지폐나 동전 등 실물 없이 온라인상에서만 거래되는 화폐를 말한다. 이는 최근 블록체인(Blockchain) 암호화 기술과 결합되어 암호 화폐(Crypto Currency)라고도 부른다. 그럼 대표적인 가상 화폐인 비트코인에 대해서 알아보자.

비트코인은 2008년 10월 사토시 나카모토라는 가명의 프로그래머에 의해 개발된 가상 화폐로 화폐 단위는 BTC를 쓴다. 비트코인은 중앙은행 없이 전 세계에서 P2P 방식으로 개인들 간 금융 거래를 할 수 있으며 블록체인[4] 기술을 기반으로 만들어진 가상 화폐다. 현재 비트코인은 전 세계적으로 거래되고 있으며 일부 상점에서는 비트코인을 지불 수단으로 결제를 행하고 있다.

비트코인이 전 세계적으로 거래되고 있지만 아직 화폐로서 인정할 수 없다는 의견이 많다. 이는 비트코인이 화폐로서 가지는 3가지 기능인 교환의 매개수단, 가치의 척도 수단, 가치의 저장 수단을 통한 화폐 가치의 안전성과 예측 가능성, 중앙 정부의 인위적인 가치 통제 가능성을 모두 만족시키기 어렵기 때문이다. 즉 비트코인은 가격 변동성이 매우 심하기 때문에 가치의 안정성을 보장할 수 없으며 예측 또한 어렵다. 이 경우 교환의 매개수단으로서 사용이 어렵고 가치의 척도로서도 이용이 힘들다. 따라서 현재 비트코인을 화폐보다는 재화(commodity)의 관점으로 보는 시각이 크다. 즉 비트코인이 법화로서 국가의 통제를 받기 보다는 수요와 공급의 원리(수급)에 의해 움직이는 금과 같다고 보는 것이다. 하지만 금은 실물이 존재함으로 가치가 보증되지만 비트코인은 실물이 존재하지 않기 때문에 가치가 보증되지 않는다는 점에서 완전한 재화로 보기에도 한계가 존재한다.

비트코인의 이런 불안전성에도 불구하고 블록체인 코드를 기반으로 이더리움, 이더리움 클래식, 리플, 라이트 코인, 대시, 모네로, 제트캐시, 퀀텀 등 다양한 가상 화폐가 파생되고 있다. 더욱이 가상 화폐에 대한 투자 광풍이 발생하며 2017년 연초 100만 원이던 1 BTC은 2017년 말 2000만 원까지 상승했었다. 하지만 그 후 500만 원대로 하락하였던 비트코인은 다시 8000만 원대로 상승하는 등 극심한 변동성과 투기성을 나타내기도 하였다.

4) 블록체인이란 비트코인의 거래 장부를 전 세계 각각의 사용자 서버에 분산하여 저장함으로써 사실상 해킹이 불가능하게 만든 시스템이다. 이는 가상 화폐 거래의 안전성에 매우 중요한 역할을 하였다.

표 2-1　현금, 전자 화폐, 가상 화폐 비교

	현금	전자 화폐	가상 화폐
발행기관	중앙은행	금융기관, 상점 등	없음
발행규모	중앙은행 재량	소비자 수요	사전 결정
화폐단위	각국 화폐 단위	현금과 동일	독자단위
교환가치	각국 화폐 신용도	현금과 1:1	수요-공급 원리
법률기반	중앙은행법(한은법)	전자금융거래법	없음
거래기록	필요 없음	발행기관	불특정 다수(사용자)
기반기술	주조, 인쇄술	지급결제 청산 인프라	분산원장 기술

그림 2-11 비트코인　　그림 2-12 비트코인 가격 추이

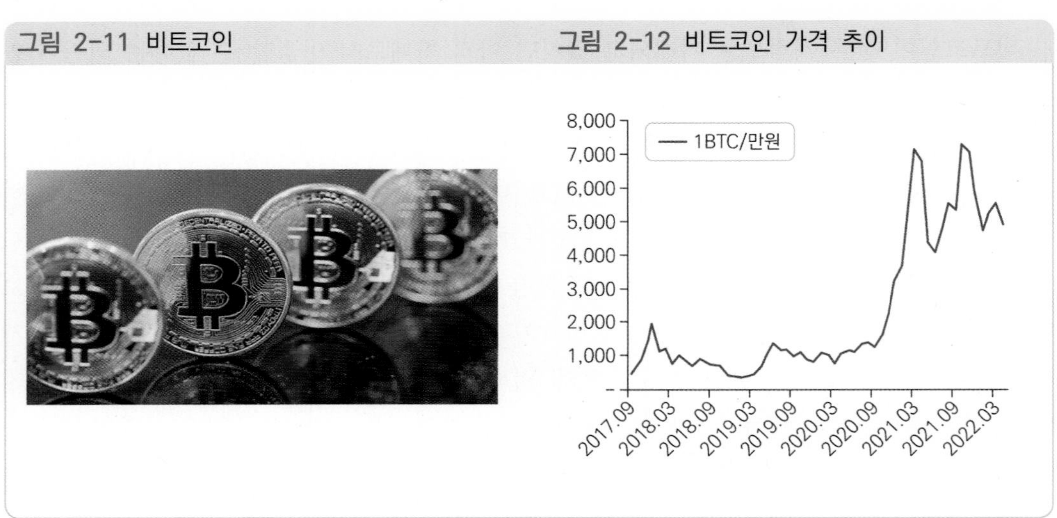

그림 2-13 비트코인 결제 사진

국내 비트코인 결제　　일본 비트코인 ATM

(7) 기타

최근 화폐에 대한 수요가 크게 줄고 있는데 그 대표적인 이유로 신용카드 및 전자 결제 시스템의 증가를 들 수 있다. 이렇게 화폐에 대한 수요가 줄고 신용카드 사용에 대한 수요가 증가한 것은 통신과 결제 시스템의 발달에 기인한다. 우리나라는 어느 지역이나 통신망이 잘 연결되어 있어 이를 통한 결제 시스템 또한 잘 갖춰져 있다. 따라서 화폐를 소지하지 않고도 대부분의 매장이나 전통 시장에서 구매가 가능하다. 이와 더불어 신용카드는 소지에 편리성이 높기 때문에 사용액이 점차 증가하는 추세다.

그렇다면 신용카드는 화폐로 분류될까? 그렇지 않다. 신용카드도 화폐의 특징인 지불 수단이 되지만 엄밀히 말하면 카드사가 자금을 단기적으로 빌려주는 것에 지나지 않는다. 즉 신용카드로 물건을 구매하면 카드사는 수수료를 제외하고 구매 대금을 판매자에게 지급하며 신용카드 결재일에 구매자에게 카드 사용 대금을 일시금으로 지급받게 되는 것이다. 따라서 신용카드는 단기 대출의 개념으로 이해할 수 있다. 우리는 흔히 빚이라고 부르는 대출을 정해진 기간에 상환하지 못하면 신용 불량자나 파산에 이르게 되는데 신용카드 역시 자금을 차입하여 구매를 하는 개념이기 때문에 무분별한 지출은 개인 파산에 이르기도 한다.

그림 2-14 신용카드 결제 흐름도　　그림 2-15 각종 신용카드[5]

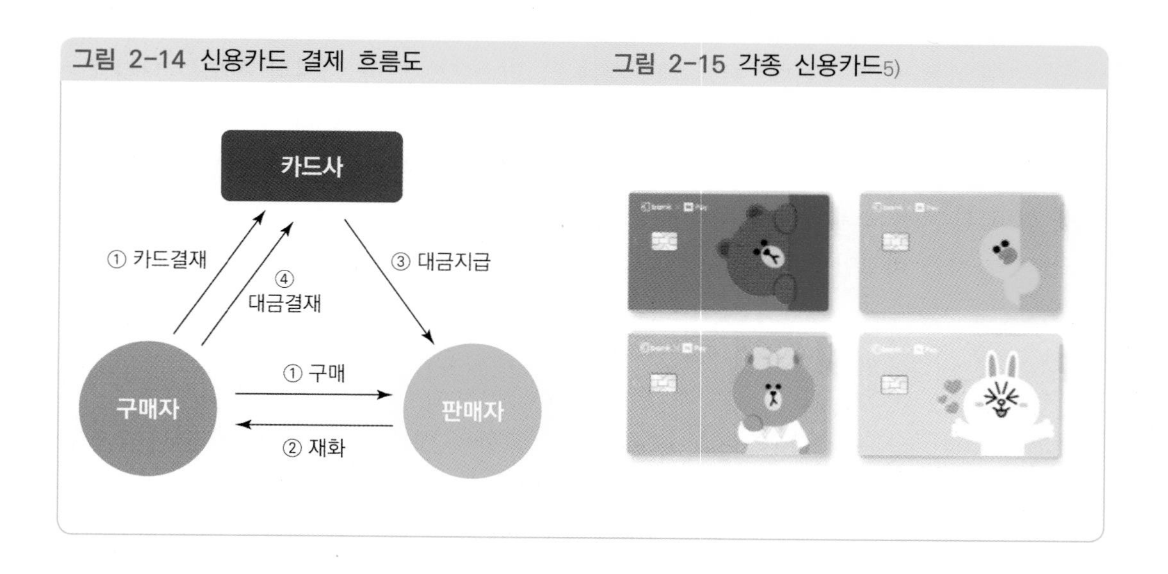

5) 최근에는 각종 캐릭터가 등장하는 신용카드도 있다.

03 화폐의 기능

우리는 보통 화폐를 구매의 목적으로 소지하기도 하고 구매할 것을 대비하여 소지하기도 한다. 또한 화폐를 소지하지 않고 은행에 예치하기도 한다. 이처럼 우리는 일상에서 화폐를 다양한 수단으로 활용하고 있으며 우리가 화폐를 다양한 수단으로 활용할 수 있는 것은 화폐가 가지고 있는 다양한 기능 때문이다. 보통 경제학에서 화폐의 기능은 교환의 매개 수단, 가치의 저장 수단, 가치의 척도 수단 등 3가지로 구분하지만 금융경제학에서는 지불 수단까지 포함한 4가지로 구분하기도 한다.

(1) 가치의 척도

화폐는 재화와 서비스의 가치를 측정하는 회계적 단위로 사용된다. 보통 우리나라에서 키나 신발 사이즈 등은 센티미터 단위를 사용하고 몸무게는 킬로그램 단위를 사용한다. 이처럼 각각의 특정한 척도를 사용하여 크기나 무게를 측정하는 것과 같이 재화와 서비스 가치를 화폐의 단위로 측정할 수 있다. 보통 상점에서 볼 수 있는 가격표가 그 물건 가치의 척도를 화폐로 표시한 것이다. 이는 매우 편리한 방법이며 만약 가치의 척도를 나타내는 지표가 없다면 각각의 재화마다 교환 비율이 있어야 할 것이다. 예를 들어 음료수 1개는 과자 2개 혹은 과일 1/2개와 같이 각각의 교환 비율이 있어야 하며 스마트폰 1/100개라는 웃지 못 할 교환 비율도 존재 했을 것이다. 우리는 화폐의 가치 척도 기능을 통해 재화와 서비스들의 가치를 비교할 수 있는 것이다.

(2) 교환의 매개 수단

화폐의 기능 중에는 교환의 매개 수단이 있다. 교환의 매개 수단은 화폐가 없다는 것을 가정하고 물건을 교환하는 과정을 생각해 보면 쉽게 이해할 수 있다. 여러분은 훌륭한 농사꾼으로 벼농사를 아주 잘 짓는 농부이며, 수확한 쌀 중에 먹고 남는 잉여 쌀을 반찬으로 사용할 감자와 교환하고 싶다고 가정해 보자. 이런 거래 방식이 바로 물물교환(bater)이다. 여러분은 쌀을 등에 지고 열심히 강과 산을 건너 강원도에 가서 감자 농사를 짓는 농부에게 쌀과 감자의 교환을 요청할 것이다. 하지만 감자 농사를 짓는 농사꾼은 쌀이 아닌 제주도 귤과 교환하고 싶어 한다고 가정해보자. 그럼 교환이 성립하겠는가? 이를 경제학에서는 “욕망의 이중적 일치” 혹은 “욕망의 불일치”라고 표현한다. 즉 서로가 원하는 물건이 다를 경우 거래가 성사될 수 없음을 의미한다. 그럼 여러분은 귤과 쌀을 교환해 귤과 감자를 다시 교환하는 방식으로 감자를 얻고자 할 수도 있다. 그래서 다시 쌀을 짊어지고 제주도로 향할 수 있다. 그러나 제주도 과수원 주인은 쌀이 아닌 강원도 배추와 교환하기를 원한다면 어떻게 하겠는가? 이제는 거래를 포기하는 것이 나을 수 있다. 이런 가정을 통해 생각해보면 화폐가 얼마나 유용한 기능을 가지고 있는지 파악할 수 있다. 자 이제 앞서 설명한 과정에서 화폐가 들어가면 어떤 결과가 나타날지 한 번 생각해보자. 아주 간단히 여러분은 잉여 쌀을 시장에 내다 팔고 받은 돈을 가지고 필요한 감자를 사면된다. 이것이 교환의 매개 수단으로서의 화폐의 기능이다.

(3) 가치의 저장 수단

그림 2-16 상점 물건들의 가격표

출처: 롯데마트

화폐는 저장의 수단으로서도 사용된다. 앞서와 마찬가지로 여러분들이 농부라고 가정한다면 여러분은 남는 잉여 쌀을 창고에 보관할 것이다. 다행히 쌀은 통풍이 잘되고 적정한 온도를 유지하면 한 동안 저장이 가능하지만 화폐에 비해서는 그 저장 능력이 현저하게 떨어진다. 특히 쌀은 시간이 지날수록 가치가 떨어진다. 이제 앞선 과정에 화폐를 넣어서 설명해보자. 여러분들은 쌀이 신선할 때 가장 좋은 가격으로 시장에서 팔고 화폐로 보유할 수 있게 된다. 또한 자산의 형태로 화폐를 저장할 수 있으며 이는 현재의 구매력을 미래로 이전시키는 효과도 가져올 수 있다.

(4) 지불 수단

화폐의 정의에서 언급했듯이 화폐는 지불 수단으로서의 기능도 있다. 보통 경제학에서 화폐는 앞의 3가지 기능만을 설명하지만 금융경제학에서는 지불 수단으로서의 기능 역시 중요한 것으로 판단한다. 화폐의 지불 수단으로서 기능은 재화나 서비스 매매를 함에 있어서 판매자가 구매자에게 자신의 재화를 넘겨주고 그 대가로 화폐를 받는 것에 사회적으로 합의가 되었다는 것을 의미한다. 즉 모든 국민이 화폐로서의 가치를 인정하고 지불 수단으로서 화폐를 인정하였을 경우 화폐가 지불 수단으로서 기능을 수행할 수 있는 것이다.

04 화폐의 발행

화폐는 법화이며 지불 수단이 있어야 한다고 정의하였다. 따라서 법적 화폐이기 때문에 정부가 발행해야 한다고 생각할 수 있으나 실제로 화폐는 중앙은행인 한국은행에서 발행한다. 그 이유는 지폐 유래에서 찾을 수 있다. 지폐는 금세공업자에게 금을 맡기고 금보관증서를 상인들이 사용하면서부터 시작되었음을 앞서 설명하였다. 따라서 상인들이 거래를 위해 사용한 금보관증서는 지폐의 유래가 되었고 금을 맡고 금보관증서를 발행한 금세공업자는 은행의 유래가 되었다. 금세공업자는 본인이 발행한 금보관증서를 소유한 상인에게 금을 내어줄 의무가 있었기 때문에 금세공업자 직인을 찍었을 것이다. 이는 본인이 발행한 사실 여부를 확인하기 위함이었으며 현재도 그것이 전해 내려오고 있는 것으로 짐작해 볼 수 있다.

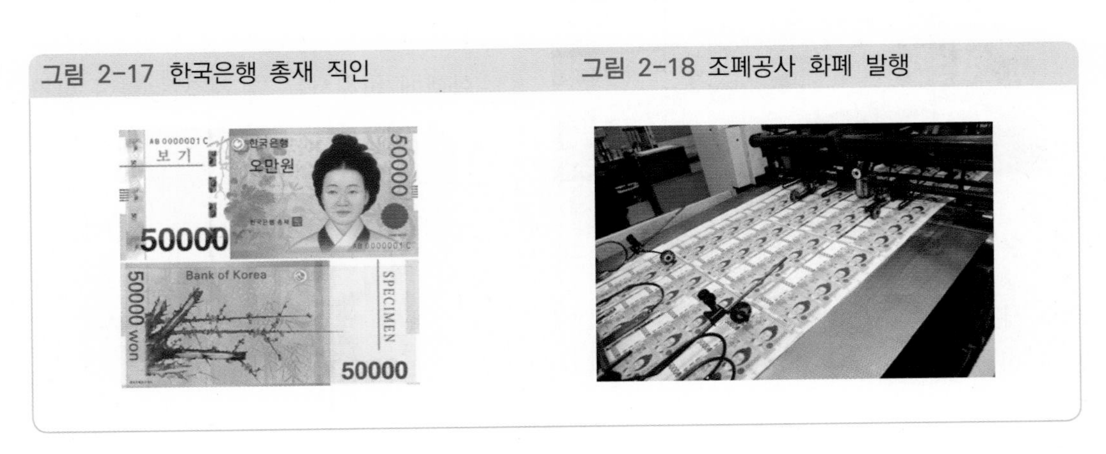

그림 2-17 한국은행 총재 직인

그림 2-18 조폐공사 화폐 발행

출처: 네이버

연습문제

01 화폐의 종류는 어떤 것들이 있는지 나열해 보시오.

02 물품 화폐는 욕망의 불일치가 발생할 경우 화폐로서의 기능을 상실하게 된다. 이에 대해 예를 들어 설명해 보시오.

03 금속 화폐의 장, 단점에 대해서 설명하고 물가의 지속적인 상승이 금속 화폐 사용에 어떤 영향을 미칠지 논의해 보시오.

04 지폐는 법화임에도 불구하고 국세가 아닌 한국은행 총재의 직인이 찍힌 이유에 대해서 설명해 보시오.

05 신용 화폐(수표)의 발행 절차에 대해서 설명해 보시오.

06 가상 화폐가 화폐로서 인정받지 못하는 이유에 대해서 설명해 보시오.

07 현금과 가상 화폐, 전자 화폐를 비교해 보시오.

08 신용카드는 지급결제를 할 수 있음에도 불구하고 화폐로 인정되지 않는 이유에 대해서 설명해 보시오.

09 화폐의 4가지 기능에 대해서 설명해 보시오.

3

이자율 결정

3 PART 이자율 결정

01 이자의 정의

(1) 이자의 의의

이자는 흔히 자금 사용에 대한 대가로 자금 수요자가 자금 공급자에게 지불하는 일종의 사용료로 이해된다. 또한 이자는 금리(interest rate)로 불리기도 한다.[1] 따라서 이자율이 높으면 자금 공급자는 더 많은 대가를 받기 때문에 예금을 늘리려 할 것인데 반해 자금의 수요자는 더 많은 대가를 지불하여야 하기 때문에 대출을 줄이려 할 것이다.

현대 이자의 역할은 원활한 자금의 수요와 공급 조절은 물론 실물 경제와 순환 구조를 가지며 매우 중요한 역할을 하고 있지만 고대에는 그렇지 않았다. 고대인은 생산에 기여한 직접적인 요소들만이 부를 창출 할 수 있다고 생각했기 때문에 화폐 형태로 되어 있는 자본은 부를 창출할 수 없다고 여겼다. 따라서 돈을 빌려주고 그것에 대한 대가인 이자를 받는 것은 불합리하다고 여겼다. 특히 가난한 사람으로부터 이자를 받는 것은 부를 가진자로서 치욕적인 행위로 간주되기도 했다. 이런 현상은 현대에도 종교적으로 남아 있으며 이슬람 금융이 이에 해당한다. 이슬람 금융은 여전히 이자를 허용하고 있지 않으며 그 근거는 종교에 있다. 이슬람의 코란에는 고리대를 금지하였다는 것과 채무자의 부채를 자선으로 생각하라고 명기되어 있다. 즉 이자는 불공정 행위이며 정당화 될 수 없음을 의미한다. 이

1) 본서에서는 이자와 금리를 혼용하여 사용하며 독자는 이를 같은 의미라고 해석해도 무방하다.

처럼 고대에서 현대까지 종교적으로 이자에 대한 부정적 견해가 있지만 지금은 시간 선호설, 유동성 선호설 등 현대 이론에 근거하여 이자를 수취하는 행위가 정당하게 이뤄지고 있다. 이슬람 문화권 역시 표면상으로는 이자 수취를 금지하고 있으나 투자금의 일부를 배당 형태로 지급하는 사실상 이자를 지급하는 형태를 가지고 있다.

그림 3-1 이슬람 코란의 이자

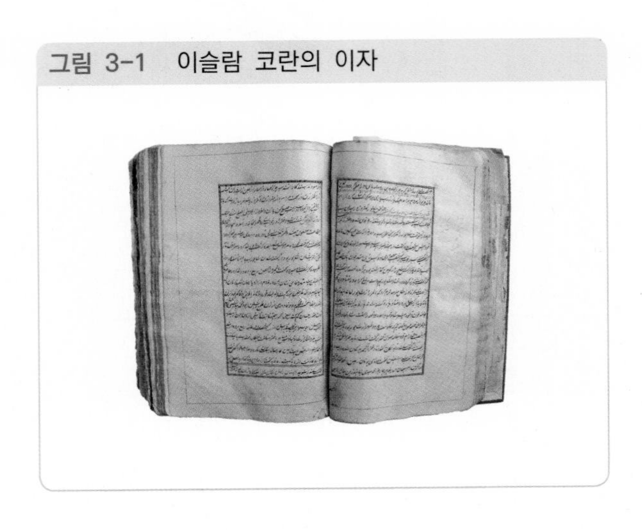

이자의 본질은 각 경제주체들의 시간 선호(time preference)[2]에 근거하고 있다는 견해가 가장 크다. 시간 선호란 현재 시점과 미래 시점 간에 서로 다른 선호가 존재한다는 것으로 이렇게 선호의 차이가 존재할 경우 선호 차이에 대한 보상이 지급되어야 함을 의미한다. 즉 현재 재화와 미래 재화 간에 교환 비율을 뜻하는 것이다. 각각의 사람마다 현재와 미래에 대한 선호가 다르겠지만 보통의 경우 불확실한 미래보다 현재를 선호하는 경향이 강하다. 이를 현시선호사상이라고 부른다. 예를 들어 현재의 선호가 강한 사람이 돈을 빌려 자신이 원하는 노트북을 사려한다면 약속한 미래에 빌린 돈의 원금과 일정한 대가를 지불하여야 한다는 것이다. 이 대가는 돈을 빌려준 사람이 현재 포기한 소비 보상과 미래 불확실성에 대한 보상으로 이것을 이자라 하는 것이다.

(2) 명목 금리와 실질 금리

흔히 상업 은행에서 고지하는 예금 금리와 대출 금리는 명목 금리(nominal interest rate)의 형태를 띠고 있다. 명목 금리는 화폐 단위로 표시한 금리를 말한다. 예를 들어 100만 원을 10% 금리로 1년간 예치하였다면 1년 후 원금인 100만 원과 이자인 10만 원의 합계인 110만 원, 즉 여기서 명목 금리 10%의 화폐 단위는 10만 원이 되는 것이다. 반면 실질 금리(real interest rate)는 명목 금리에 인플레이션을 차감한 것으로 금리의 실질적인 구매력을 나타낸다. 앞선 예에서 만약 1년 간 인플레이션이 20% 증가하였다고 가정하면 어떤 결과

2) 피셔(I. Fisher)

가 나타날까? 이자를 10만 원 받았기 때문에 현재 소비를 포기한 것에 대한 보상을 받았다고 생각되는가? 그렇지 않다. 예치 당시 노트북이 100만 원 이었다고 가정 한다면 1년 후 물가 상승을 감안한 노트북의 가격은 120만 원(1,000,000 × 1.2)이 되었을 것이다. 이 경우 예금 만기 후 찾은 110만 원으로 노트북을 구매할 수 없으며 예금을 하기 전보다 구매력이 하락했다고 설명할 수 있다. 앞선 예를 통해 구한 실질 금리는 －10%(10%－20%)로 실질 구매력은 하락했다고 판단할 수 있다.

실질금리 = 명목금리 − 인플레이션

$$r = R - \pi$$

상업 은행들이 대고객용으로 제시하는 대출 금리에는 기대 인플레이션이 반영되어 있다. 만약 상업 은행 대출 금리에 기대 인플레이션이 반영되어 있지 않다면 부의 재분배 효과가 나타나게 된다. 이는 만약 예기치 못한 인플레이션이 발생할 경우 대출을 진행한 상업 은행의 실질 이자율은 하락하게 되므로 손해가 발생하고 대출자는 이익을 보게 되므로 부의 재분배가 일어남을 의미한다. 예를 들어 A 라는 사람이 B 은행에서 100만 원의 대출을 받아 100만 원 상당의 알루미늄을 구매한 후 창고에 보관하고 1년 후에 알루미늄을 판매 한다고 가정해보자(단, 창고 비용은 무시). 그리고 1년 후에 물가가 2배 올랐다고 가정해보자. 우선 A 입장에서 대출 받은 100만 원으로 알루미늄을 구매하고 1년간 보관한 후 시장에 판매하면 200만 원의 매출을 올릴 수 있다. 이유는 100만 원하던 알루미늄의 물가가 2배로 올라 200만 원이 되었기 때문이다. 결국 A는 알루미늄을 판매한 200만 원 중 100만 원을 은행에 상환하고 100만 원의 수익을 얻게 되는 것이다. 다음으로 B 은행은 100만 원을 A에게 대출해주고 1년 뒤 100만 원을 상환 받았기 때문에 명목 금액상 변화는 없다. 하지만 1년 뒤 상환 받은 100만 원은 1년 전 알루미늄 구매량의 절반 밖에 되지 않기 때문에 실질적으로는 손해가 발생한 것이다. 이처럼 예기치 않은 인플레이션이 발생하면 자금 수요자와 공급자 간 이익과 손실이 발생하게 된다. 이 때문에 상업 은행은 대출 금리를 설정할 때 기대 인플레이션이라는 것을 반영하여 명목 금리를 설정한다. 이를 피셔 효과(Fisher Effect)라 한다.

명목 금리 = 실질 금리 + 기대 인플레이션

$$R = r + \pi^e$$

따라서 상업 은행은 대출 금리를 설정할 때, 비용과 수익을 반영한 실질 금리에 화폐 가치 하락(구매 가치 하락)을 반영한 기대 인플레이션을 더하여 명목 금리를 제시하는 것이다.

예를 들어 은행의 비용과 수익을 반영한 실질 금리가 3%이고, 내년 인플레이션이 4%로 예상된다면 은행 대출 금리는 7%(3%+4%)가 되는 것이다.

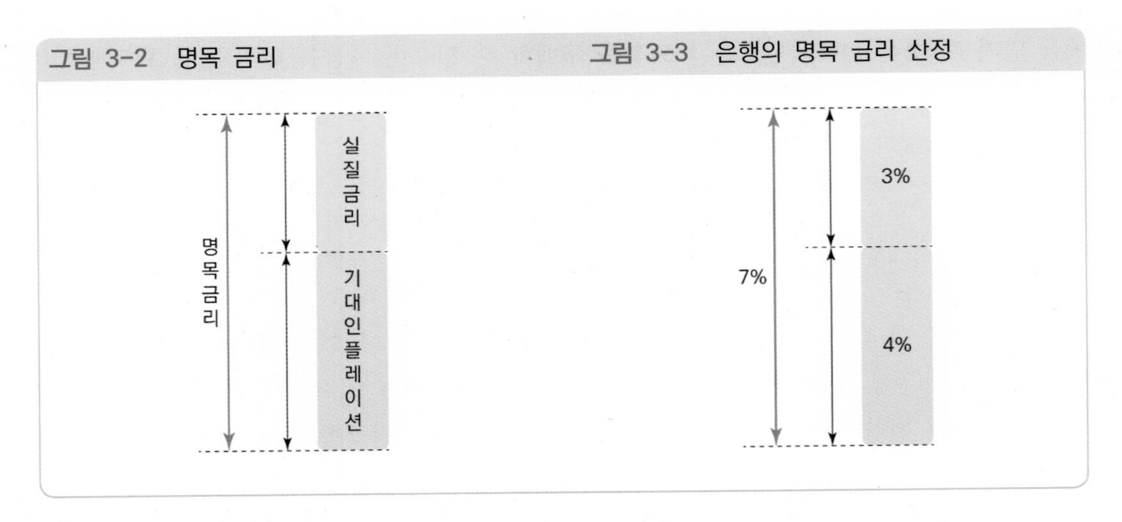

그림 3-2 명목 금리

그림 3-3 은행의 명목 금리 산정

그림 3-4 실질 금리와 명목 금리 추이(단위: %, 기간: 2001.9~2022.2)

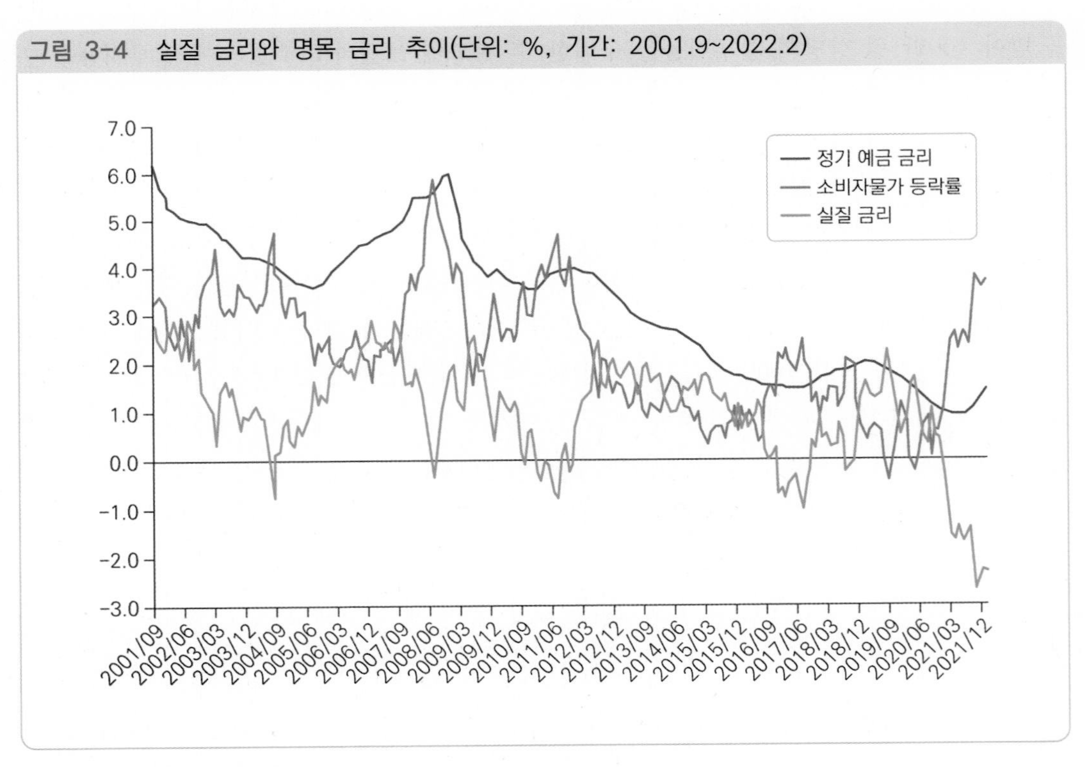

출처: 한국은행 경제통계시스템(정기 예금 잔액기준, 소비자물가 등락률)

더 알아보기

인플레이션의 정의

실질 금리와 명목 금리 사이 가장 중요한 개념은 인플레이션이다. 여기서 인플레이션이란 물가가 지속적으로 상승하는 것을 의미한다.[3] 따라서 실질 금리와 명목 금리를 이해하기 위해서는 물가에 대한 정의가 먼저 선행되어야 한다. 물가는 우리가 일상생활에서 사용하는 모든 재화와 서비스의 가격을 가중평균 한 값이다. 따라서 물가가 오른다고 해서 모든 재화와 서비스의 가격이 오르는 것은 아니며 물가가 하락한다고 해서 모든 재화와 서비스의 가격이 내리는 것도 아니다. 즉 물가가 오를 경우 어떤 재화나 서비스는 큰 폭의 가격 상승이 있을 수 있고, 어떤 재화와 서비스는 가격은 오히려 내릴 수도 있는 것이다. 또한 모든 재화의 가격 변화를 매월 측정하는 것은 쉬운 일은 아니다. 따라서 물가를 측정하는 통계청은 소비자물가 바스켓(장바구니)을 구성하여 이를 조사·발표하고 있다. 장바구니는 도시 소비자가 주로 이용하는 460여개의 품목을 가중치 1,000을 기준으로 구성되어 있으며 2020년을 100으로 기준하여 작성되고 있다. 장바구니 구성은 시대가 변하면서 중요도가 달라지기 때문에 2~3년 마다 갱신된다. 또한 통계청은 매월 1~3회 전국 약 2만 6천개의 소매점과 서비스 업체를 비롯하여 10,500개의 가구를 표본으로 조사하고 있다. 소비자물가지수(Consumer Price Index, CPI)는 기준년도를 100으로 지수화한 것으로 다음과 같이 계산된다.

$$\text{소비자물가지수}(CPI) = \frac{\text{특정 연도 장바구니 가격}}{\text{2020년 장바구니 가격}} \times 100$$

인플레이션은 물가가 지속적으로 상승하는 것을 의미하며 물가 수준의 상승으로 측정할 수 있기 때문에 다음과 같이 소비자물가지수를 이용하여 구할 수 있다.

$$\text{물가 상승률} = \frac{\text{특정 월의 소비자물가지수} - \text{기준월의 소비자물가지수}}{\text{기준월의 소비자물가지수}} \times 100$$

예를 들어 이번 달 소비자물가지수가 105.2이고 지난 달 소비자물가지수가 103.7이었다면 전월 대비 소비자물가상승률, 즉 인플레이션은 1.44%($\frac{105.2 - 103.7}{103.7} \times 100$)가 되는 것이다. 소비자물가지수와 인플레이션은 통계청의 통계시스템과 한국은행의 통계정보시스템에서 쉽게 확인할 수 있다.

---

3) 물가 상승은 화폐 가치 하락과 같은 의미로 해석된다.

그림 3-5 소비자물가지수, 소비자물가 상승률 추이 (기간: 2001.9~2022.3)

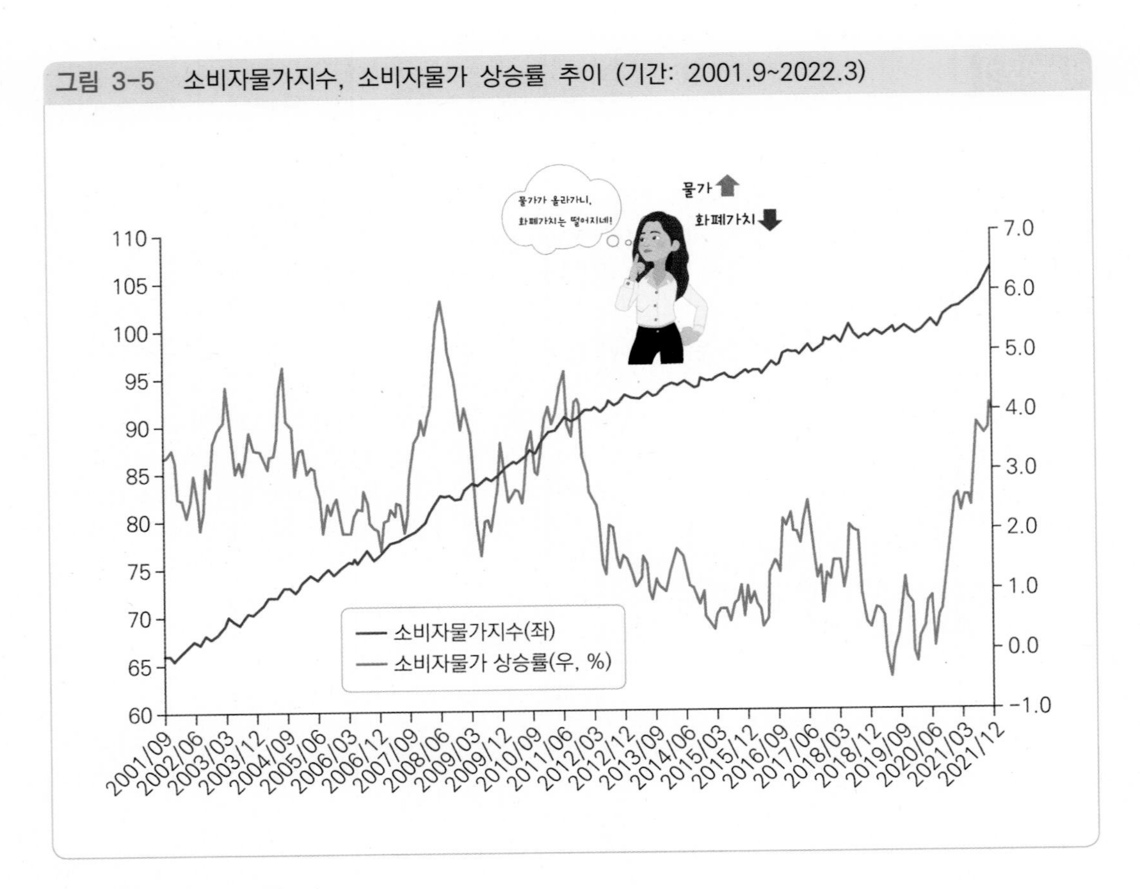

출처: 한국은행 경제통계시스템

(3) 이자 지급 방식

우리는 보통 이자 지급 방식에 대해서 생각할 때 만기 시 일시 지급하는 방식을 먼저 떠올리게 된다. 하지만 이와 같은 방식은 이자 지급 방식 중 하나이며 다음과 같이 다양한 이자 지급 방식이 존재한다.

우선 단기 대출에 주로 사용되는 대출 이자 방식이 있다. 이는 앞서 설명한 것과 같이 자금의 수요자가 일정 기간 자금을 사용한 후 만기 때 원금과 이자를 같이 상환하는 방식이다. 해당 방식은 상업 은행 대출 상품에서 주로 이용하는 방식으로 만기가 짧아 상환 리스크가 적은 대출에 주로 이용된다. 예를 들어 가계의 신용 대출이나 기업의 단기 운용 자금 등을 위한 대출 등이 이에 속한다.

다음으로 분할 상환방식이 있다. 분할 상환방식은 이자를 매월 일정한 금액으로 나눠서 지급하는 방식으로 주로 장기 대출에 사용된다. 장기 대출의 경우 만기가 길기 때문에 단기 대출에 비해서 상환 리스크가 크다. 따라서 현금 흐름을 자주 발생시켜 이런 상환 리스크를 줄이기 위한 방법으로 분할 상환방식을 활용하며 상업 은행에서는 주로 장기 주택대출 등에 이용된다. 분할 상환방식은 크게 원금 균등 상환방식과 원리금 균등 상환방식으로 나눌 수 있다. 원금 균등 상환방식은 대출받은 원금을 납입기간으로 똑같이 나눈 후 원금이 줄어드는 대로 이자를 줄이는 방식이다. 반면 원리금 균등 상환은 납입하여야 할 원금과 이자를 모두 더한 후 납입기간으로 나눠 매월 일정한 금액을 납입하는 방식이다. 따라서 원금 균등 상환은 만기가 될수록 납입하는 금액이 줄어드는 반면 원리금 균등 상환은 만기까지 동일한 금액을 납입한다. 예를 들어 1억 원을 10년 간 연 10%에 대출받아 매년 원금 균등 상환과 원리금 균등 상환으로 납입하는 조건에 대해 계산해보자. 우선 원금 균등 상환은 매년 1천만 원의 원금을 갚아나갈 경우 10년 뒤 원금 1억 원을 모두 상환할 수 있을 것이다. 따라서 첫해는 원금인 1천만 원과 1억 원에 대한 이자인 1천만 원을 합해 2천만 원을 납입하고 2년차에는 원금 1천만 원과 9천만 원에 대한 이자인 9백만 원을 합해 1천 9백만 원을 납입하는 형태로 계속 납입금이 감소하는 형태가 된다. 이렇게 계속 납입하다가 마지막 해에는 1천만 원의 원금과 1천만 원에 대한 이자인 1백만 원을 합해 1천 1백만 원을 납입하는 것으로 대출금의 상환이 종료된다. 반면 원리금 균등 상환은 원금 1억 원과 10년 간 이자인 5천 5백만 원을 합해 1억5천5백만 원을 10년으로 나눠서 상환하는 방식이다. 이럴 경우 아래 그림에 나타나 있는 것과 같이 10년 동안 매년 1천5백5십만 원씩 상환하게 된다. 상환 금액은 1천5백5십만 원으로 매년 같지만 상환 금액의 구성비는 다르다. 상환 최초 1년에는 이자가 1천만 원이고 원금이 5백5십만 원인데 반해 10년째에는 이자가 100만 원, 원금이 1천4백5십만 원으로 원금의 비중은 점차 증가하고 이자의 비중은 점차 감소하는 형태를 따른다. 원리금 균등 상환은 매년 같은 금액을 상환한다는 특징이 있는 반면 원금 균등 상환은 대출 당시 상환 금액에 대한 부담이 크고 만기로 갈수록 상환 부담이 줄어든다는 특징이 있다.

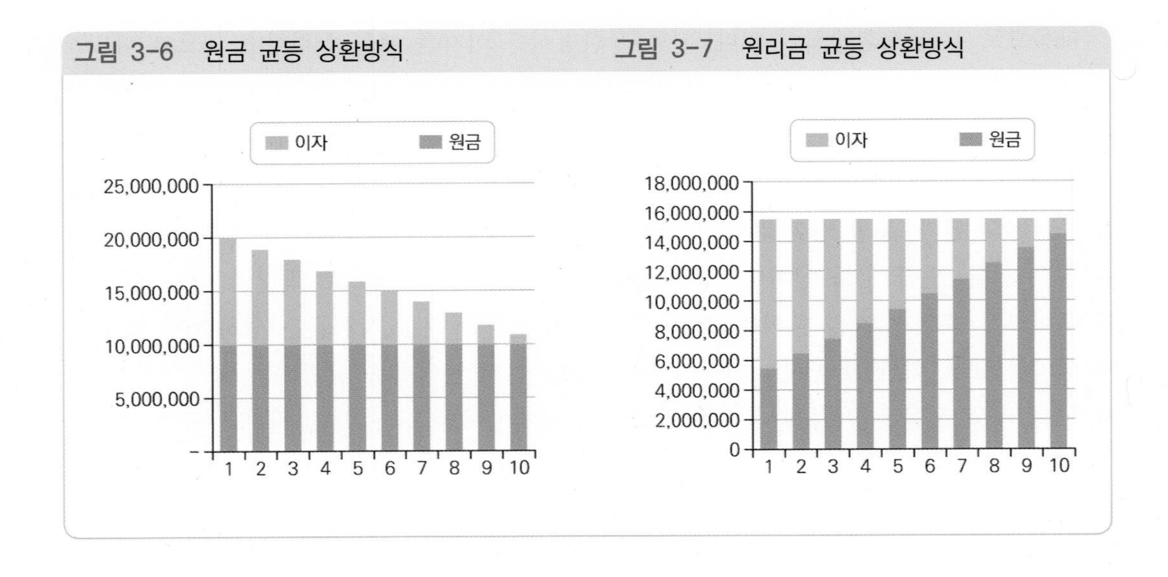

세 번째는 이표(coupon) 방식이다. 이표는 채권에서 주로 사용되는 용어로서 만기 이전에 특정한 일정을 정하여(매월, 매분기, 반기 등) 중간에 이자를 지급하는 방식을 말한다. 즉 만기가 긴 경우 유동성에 대한 리스크를 줄이고자 중간에 현금 흐름을 발생시키는 방식이다. 예를 들어 액면가가 100만 원인 채권의 만기가 3년이고 매년 10%의 이표(액면 이자율)를 지급하는 방식이라면 이 채권의 매수자는 1년 후 10만 원, 2년 후 10만 원, 3년 만기 때 10만 원의 이자를 지급받게 된다. 본 방식은 채권뿐만 아니라 대출에서도 활용 되는데 대체로 만기가 긴 대출이나 금액이 큰 대출의 경우 매월 대출에 대한 이자를 지급하고 만기 때 남은 이자와 원금을 지급하는 방식으로 활용된다.

마지막으로 할인(discount) 방식이다. 할인 방식이란 흔히 선이자라는 개념으로 금융에서 많이 사용되고 있는 방식을 말한다. 보통 대출이나 예금에 대한 이자는 만기 때 상환하거나 받는 것으로 생각하는 경향이 크다. 반면 할인 방식은 최초 채권이나 대출이 실행될 때 미래에 받을 이자를 미리 공제하고 채권이나 대출을 발생하거나 실행하는 방법이다. 예를 들어 할인 방식으로 발행된 채권이 만기가 1년 이고 액면가가 100만 원이며 10%의 이자율로 발행된 경우, 채권 매수자는 10%의 이자율인 10만 원을 이자로 공제하고 90만 원에 채권을 매수하게 되는 것이다. 그리고 1년 후 만기 때 액면가인 100만 원을 상환 받는 방식이다. 여기서 눈치가 빠른 독자라면 최초에 설정된 10%의 이자율보다 만기 이자율이 높다는 사실을 알아챘을 것이다. 즉 10%의 이자율이라면 최초 구매 금액인 90만 원에서 99만 원이 되어야 하지만 100만 원을 받았기 때문에 실제 수익률은 이보다 높다.[4] 따라서 대출의 경우 선이자를 공제한 방식으로 대출을 하게 되면 최초 설정한 선이자율보다 실제 이자율이 높다는 것을 꼭 확인하여야 한다.

(4) 이자율과 수익률

금융에서 이자율과 수익률을 혼용해서 사용하는 경우가 많아 이자율과 수익률을 같은 의미로 오해하는 독자들이 많을 것이다. 하지만 수익률은 투자금 대비 수익금의 비율을 나타내는 단어로서 엄밀히 말하면 이자율과 수익률은 다른 개념이다. 수익률은 채권이나 주식, 펀드 등과 같은 자본 시장의 금융 상품에서 주로 사용된다. 수익률의 종류는 다음과 같다.

우선 단순 수익률은 최초 투자금 대비 수익금의 비율로 나타낸 지표로 아래와 같이 표현할 수 있다.

$$\text{단순수익률} = \frac{\text{수익금}}{\text{투자금}}$$

다음으로 주가 수익률은 최초 주식 매수 금액에서 매도 금액을 차감한 자본 이득(capital gain)과 배당(dividend) 소득을 합한 총 수익금을 최초 매수 금액으로 나눈 비율을 말한다. 예를 들어 A 주식을 1천 원에 매수하였고 중간에 2백 원의 배당을 받을 후 1천5백 원에 매도하였다면 A 주식의 투자 수익률은 70%($\frac{(1,500-1,000)+200}{1,000} \times 100$)가 된다.

$$\text{주가 수익률} = \frac{(\text{매도금액} - \text{매수금액}) + \text{배당}}{\text{최초 매수금액}}$$

채권의 경우 실효 수익률, 경상 수익률, 만기 수익률[5] 등이 있으며 경상 수익률은 단순 수익률로 채권에 대한 표면 이자 수입을 채권 구입가로 나눈 비율을 말한다. 예를 들어 채권을 1만 원에 구입하였고 표면 이자율에 따라 이자를 1천 원씩 3번에 걸쳐 수령하였다면 경상 수익률은 30%($\frac{3 \times 1,000}{10,000} \times 100$)가 된다.

$$\text{경상 수익률(단순 수익률)} = \frac{\text{이자 수익금}}{\text{채권 매수가}}$$

---

4) 실제 수익률을 계산해보면 11.11%라는 것을 알 수 있다.

5) 이외의 수익률은 직접 찾아보길 바란다.

이외에 보유 기간 수익률(Holding Period Return, HPR)이란 것이 있는데 이는 보유 기간 중 가격 변동에 대한 수익률을 계산하는 방식이다. 예를 들어 A 주식의 주가가 1월에 1천 원에서 2월 1천5백 원으로 상승한 후 3월에 다시 1천 원으로 하락하였다면 실제로 1월에서 3월까지 수익률은 0%가 된다. 하지만 2월과 3월, 각각의 수익률을 계산하면, 2월은 50%이고 3월은 −33%이므로 단순 계산할 경우 2월과 3월의 수익률 합은 17%가 된다. 이런 오류를 막기 위해 다음과 같은 방법이 사용된다.

$$(1+0.5)(1-0.33)-1 \simeq 0$$

이 계산법은 재투자의 개념을 사용한 것으로 2월에 A 주가가 1천5백 원이 되었다면 3월 계산에서는 원금이 1천 원이 아닌 1천5백 원을 원금으로 봐야 한다는 방식이다. 원금인 1천5백 원에서 −33%가 하락 하였으므로 $(1-0.33)$을 3월의 수익률에 대입하여 계산하면 해당 기간 수익률은 0%라는 것을 확인할 수 있다. 이를 일반화하면 다음과 같다.

$$HPR(\text{보유기간수익률}) = (1+r_1)(1+r_2)\cdots(1+r_t)-1$$

연습문제

01 현대의 관점에서 "이자"의 정의에 대해서 설명해 보시오.

02 다음 상황을 이용하여 물음에 답해 보시오.

> • A 국가의 정기 예금(1년) 금리는 3%이며 기대 물가 상승률은 4.5%이다.
> • B 국가의 정기 예금(1년) 금리는 -0.5%이며 기대 물가 상승률은 -1.0%이다.
> • 1년 뒤 실제로 A 국가와 B 국가 물가 상승률은 각각 4.5%와 -1.0% 기록하였다.

(1) A와 B 각 국가의 실질 금리를 계산해 보시오.

(2) 각국의 실질 금리를 이용하여 어느 국가의 실질 구매력이 상승하였는지 설명해 보시오.

03 다음 상황을 이용하여 A 은행의 대출 금리를 계산해 보시오.

> • A 은행은 대출을 실행하기 위한 임대료, 인건비 등과 은행 마진을 감한하여 실질 금리를 4%로 측정하였다.
> • A 은행은 최근 글로벌 공급망 차질과 과도한 유동성으로 물가가 크게 오를 것으로 예상하여 기대 물가 상승률은 5%로 계산하였다.

04 다음의 상황을 이용하여 물가 상승률을 계산해 보시오.

> • 2021년 3월 CPI : 107.4
> • 2022년 3월 CPI : 111.2
> • 2022년 4월 CPI : 113.5

(1) 2022년 4월 전월 대비 물가 상승률은 얼마인가?

(2) 2022년 3월 전년 동월 대비 물가 상승률은 얼마인가?

05 원금 균등 상환방식과 원리금 균등 상환방식의 차이점에 대해서 설명해 보시오.

06 **다음과 같은 상황을 고려하여 물음에 답하시오.**

- 액면가 1천만 원의 채권이 할인 방식으로 발행
- 만기는 1년, 표면 금리는 5.5%, 할인 방식 발행

(1) 위의 채권의 현금 흐름(cash flow)을 그려보시오.

(2) 표면 금리와 실제 수익률을 계산하고 차이가 발생한 이유에 대해서 설명해 보시오.

07 **주식을 투자하여 1기에 30% 수익이 발생하였고, 2기에 -10% 손실이 발생하였다. 또한 3기에 -15% 손실이 발생하고 4기에 +5% 수익이 발생하였다면 최종 수익률은 얼마인가? (보유 기간 수익률로 계산)**

02 화폐 공급 이론

돈은 누가 발행하는가? 라는 질문에 대부분의 사람은 조폐공사를 제일 먼저 떠올릴 것이다. 어떤 의미에서 틀린 답은 아니다. 그러나 조폐공사가 지폐를 인쇄하는 곳은 맞지만 시중에 공급하는 주체는 아니다. 그렇다면 다음으로 생각하는 곳이 한국은행일 것이다. 한국은행은 국내 중앙은행으로서 독립적으로 통화정책을 이행하며 통화량을 조절하는 주요 기구다. 즉 한국은행은 물가 안정과 경제 성장, 금융 안정 등을 목적으로 화폐를 발행하고 통화량을 조절하는 기능을 수행한다.

화폐의 공급 지표로서 통화량을 사용하며 통화량을 단순히 한국은행이 발행한 지폐나 동전의 총합으로 생각할 수 있으나, 사실 그렇게 단순하지만은 않다. 그 이유는 통화량을 어디까지로 정의하느냐에 따라 통화의 총량이 달라질 수 있기 때문이다. 예를 들어 통화량을 지폐나 동전으로 정의할 경우, 한국은행에서 발행한 본원통화가 통화량으로 정의될 수 있다. 하지만 은행의 예금 및 금융 상품 등도 통화로 간주할 경우(실제로 예금이나 일부 금융 상품 등은 해지나 해약을 통해 현금화할 수 있음), 통화량은 한국은행에서 발행한 본원통화보다 훨씬 커질 수 있다. 따라서 통화지표 항목을 통해 이를 먼저 확인하고 통화의 팽창 기능을 가진 신용 창출에 대해서 살펴보도록 하자.

그림 3-8 우리나라 중앙은행인 한국은행

그림 3-9 돈을 찍어내는 조폐공사

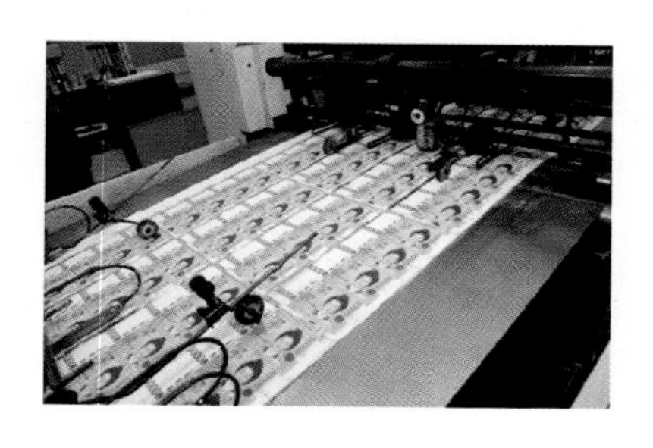

출처: https://cafe.naver.com/haruhi

(1) 통화 지표

국내의 통화 지표는 크게 4가지로 구분하고 있다. 우선 2002년부터 유동성을 기준으로 협의 통화(M1), 광의 통화(M2)로 구분하였고 2006년부터 더 넓은 통화 지표를 구분하기 위해 금융기관 유동성(Lf), 광의 유동성(L)을 추가하여 총 4가지로 작성하고 있다. 이하에서 살펴볼 통화 지표는 유동성을 기준으로 분류된 것이다.

1) 협의 통화(M1)

협의 통화(narrow money)는 유동성이 크며 지급 결제 수단으로서 기능을 중시하여 정의된 통화량 지표다. 지급 결제 수단으로서 기능이란 언제든 재화와 서비스를 구매할 수 있는 용도로 활용할 수 있다는 의미로 거래의 목적을 가진 화폐를 정의한다. 또한 유동성이 크다는 의미는 언제든지 현금화할 수 있음을 나타내는 것으로 예금취급기관이 취급하는 요구불 예금과 수시입출금식 예금 등이 이에 해당한다. 요구불 예금은 고객이 지급을 요구할 시 언제든 현금을 인출할 수 있는 예금을 의미하며 수시입출금식 예금 역시 언제든 입출금이 가능한 예금을 의미한다. 이런 예금의 경우 대부분 이자가 없거나 아주 작다.

이외에 수시입출금식 저축성 예금 등이 포함되며 MMDA(Money Market Deposit Account), MMF(Money Market Fund), MMT(Money Market Trust) 등도 포함된다. 여기서 저축성 예금이란 수시입출도 가능하지만 일정한 만기를 포함할 수 있는 예금으로 요구불 예금 등에 비해 금리가 높은 상품을 말한다. 발행 기관에 따라 은행은 MMDA를, 자산운용사는 MMF를, 신탁사는 MMT를 판매한다. 그러나 최근 「자본시장과 금융투자업에 관한 법률」(이하 자본시장법)에 따라 투자증권사(증권사) 내에 자산운용사와 신탁사를 둘 수 있으므로 MMF와 MMT는 증권사를 통해 운용·판매되고 있다. 보통 M1은 단기 금융시장의 유동성을 측정하는데 매우 유용한 지표로 활용된다.

$$M1 = \text{현금통화} + \text{요구불예금} + \text{수시입출금식 저축성 예금}(MMDA, MMF, MMT\ \text{등})$$

2) 광의 통화(M2)

광의 통화(broad money)는 협의 통화에 준결제성 예금을 추가한 통화 지표다. 준결제성 예금이란 협의 통화에 비해 유동성은 낮지만 소유자가 원할 경우 이자 소득을 포기하면 언제든 결제성 자금으로 전환할 수 있는 예금을 뜻한다. 준결제성 예금에 포함되는 지표는 정기 예·적금 및 부금, 시장형 금융상품, 실적배당형 금융상품, 금융채 등이 속한다.

먼저 정기 예금은 최초 불입액을 만기에 이자와 같이 상환 받는 상품을 말하며 정기 적금은 일정 금액을 매월 납입하고 만기 시 이자와 같이 상환 받는 상품을 뜻한다. 시장형 금융상품에는 양도성 예금증서(Certificate of Deposit, CD), 환매조건부채권(Repurchase Agreements, RP), 표지어음 등이 있다. 여기서 CD는 무기명 예금 증서로 예금의 역할을 하지만 양도가 가능한 증서를 말한다. RP는 일정한 기간과 조건으로 되살 것을 전제로 매매하는 채권을 말한다. 표지어음은 기업어음이나 무역어음 등을 근거로 은행이 재발행한 어음을 말한다. 다음으로 실적배당형 금융상품에는 금전신탁, 수익증권, CMA(Cash Management Account) 등이 있다. 금전신탁은 신탁에 자금을 맡기고 운용 수익에 따라 배분 받는 금융 상품을 말하며 수익증권은 우리가 흔히 말하는 펀드를 뜻한다. 수익증권은 자금을 불특정 다수에게 위탁받아 펀드를 구성하고 이에 따른 수익을 배분할 증서를 발행하는데, 이를 수익증권이라 한다. CMA는 투자증권사가 자금을 위탁받아 단기채무증서, 발행어음, CD 등을 운용하여 수익금을 배분하는 단기 금융상품이다. 기타 부분에는 발행어음이나 증권저축 등이 포함된다. 이들 상품들은 만기가 2년 이내의 유동성을 갖는 상품들이다.[6]

M2 = M1 + 정기예 · 적금 및 부금 + 시장형 금융상품(CD, RP, 표지어음 등) + 실적배당형 금융상품(금전신탁, 수익증권, CMA 등) + 금융채 + 기타

3) 금융기관 유동성(Lf)

금융기관 유동성은 비은행금융기관까지도 포함하는 유동성 수준을 측정하기 위한 지표로 M2에 예금취급기관의 만기 2년 이상 예 · 적금과 금융채 등을 포함한다. 또한 2년 이상의 금전신탁과 생명보험사의 보험준비금 및 증권금융사의 예수금 등이 포함된다.

Lf = M2 + M2포함 금융상품 중 만기 2년 이상 정기 예 · 적금 및 금융채 등 + 한국증권금융의 예수금 + 생명보험회사의 보험계약준비금 등

4) 광의 유동성(L)

광의 유동성은 발행 주체에 상관없이 정부나 기업이 발행한 모든 유동성을 의미한다. 따라서 광의 유동성에는 금융기관 유동성에 정부와 기업이 발행한 국채, 지방채, 회사채, 기업어음 등이 포함된다.

---

6) M2에 포함된 금융 상품은 "7장 금융 상품" 단원에서 자세히 확인할 수 있다.

L=Lf+정부 및 기업 등이 발행한 유동성 시장금융상품(증권회사 RP, 여신전문기관의 채권, 예금보험공사채, 자산관리공사채, 자산유동화전문회사의 자산유동화증권, 국채, 지방채, 기업어음, 회사채 등)

표 3-1 통화 및 유동성 지표 구성 금융 상품

	통화지표		유동성지표	
	M1(협의통화)	M2(광의통화)	Lf(금융기관유동성)	L(광의유동성)
현금통화	●	●	●	●
요구불예금	●	●	●	●
수시입출식 저축성예금	●	●	●	●
MMF		●	●	●
2년 미만 정기예적금		●	●	●
수익증권		●	●	●
시장형상품[1)]		●	●	●
2년 미만 금융채		●	●	●
2년 미만 금전신탁		●	●	●
기타 통화성 금융상품[2)]		●	●	●
2년 이상 장기금융상품			●	●
생명보험계약 준비금 등[3)]			●	●
기타 금융기관 상품[4)]				●
국채, 지방채				●
회사채, CP[5)]				●

주: 1) CD, RP, 표지어음
2) CMA, 2년 미만 외화예수금, 종합금융회사 발행어음, 신탁형 증권저축
3) 증권금융 예수금 포함
4) 손해보험회사 장기저축성보험계약 준비금, 증권사 RP, 예금보험공사채, 여신전문기관 발행채 등
5) 전자단기사채 포함

그림 3-10 통화 및 유동성 지표 증감률 추이(단위 : %, 기간 : 2002.12~2022.2)

출처: 한국은행

(2) 통화 공급

1) 통화 발행

서두에도 설명했지만 통화의 발행은 조폐공사가 행하는 것이 아니며 조폐공사는 단지 한국은행의 지시에 의해 화폐를 찍어내는 역할을 하는 곳이다. 그렇게 찍어낸 화폐는 한국은행으로 이동하여 창고에 보관되는데 이 시점까지도 통화가 발행된 것이 아니기 때문에 이를 미발행 화폐라고 한다. 이렇게 한국은행에 보관된 미발행 화폐는 통화당국의 정책 등에 의해 정부나 금융기관 등의 경로를 통해 시중에 공급되며 이것을 통화 발행이라고 한다. 즉 한국은행 출납 창구를 통해 발행된 화폐는 법화로서의 지위를 얻고 비로소 통화의 기능을 발휘하게 되는 것이다.

2) 본원통화와 지급 준비금

본원통화(Reserve Base, RB)는 한국은행의 창고에 있던 화폐가 창구를 통해 시장에 공급된 형태를 말한다. 만약 독자들 중 경제나 금융을 처음 접하는 독자가 있다면 본원통화라는 단어가 생소하게 느껴질 것이다. 그럼 본원통화의 의미를 하나하나 살펴보도록 하자. 중앙은행을 통해 시장에 나온 통화는 경제주체인 가계에 현금 형태로 보유될 수도 있고 일부는 상업 은행에 예치되기도 할 것이다. 여기서 가계가 보유한 현금을 민간보유 현금이라고 한다. 또한 가계가 상업 은행에 예치한 예금 역시 예금 통화의 형태로 통화량의 범주에 들어간다. 여기서 상업 은행은 가계 예금 중 인출에 대비하여 일부분만 남기고 대출을 실행하게 되는데 이때 인출에 대비하여 남긴 현금을 지급 준비금(reserve)이라고 하며 상업 은행의 예금, 대출 기능은 후에 배울 신용 창조의 중요한 역할을 한다.

상업 은행의 지급 준비금을 이해하기 위해서는 현대 은행의 탄생을 한 번 되짚어 보는 것이 좋다. 현대 은행의 시초는 금세공업자(goldsmith)에서 출발하였다. 당시 금은 화폐 기능을 하고 있었지만 무겁고 분실의 위험이 있었으며 약탈에 대한 위험도 있었다. 따라서 상인들은 금을 금세공업자에게 맡기고 보관증서를 발급받아 거래에 이용하였다. 처음에는 상인들이 물건을 거래하고 바로 금을 찾으러 왔지만 이런 행위들이 상인들에게 번거롭게 느껴졌을 것이다. 따라서 상인들은 물건을 거래한 후 받은 금보관증서를 다시 다른 물건 거래에 사용하게 되었으며 이는 현대의 지폐처럼 사용되게 된 것이다. 상인들이 이렇게 금 보관증서를 가지고 금을 찾으러 오지 않게 되면서 금세공업자는 많은 금을 보유하게 되었다. 그 시기 금세공업자에게 많은 금이 있다는 사실을 알게 된 상인들은 사업 확장을 위해 금세공업자를 찾아가 금을 빌려줄 것을 요청하였다. 금세공업자는 마침 맡고 있는 금이 너무 많다고 생각하고 있었으며 최근에 금을 찾으러 오는 상인들이 많지 않다는 사실도 확인하였다. 그리하여 금세공업자는 결심을 하게 된다. 즉 자주 찾으러 오지도 않는 금을 그냥 보유하고 있는 것보다 일부를 빌려주고 추가적인 수익을 올릴 수 있다면 그보다 좋은 건 없을 것이라 생각한 것이다. 이때 금의 일부분을 빌리는 것이 현대 은행의 대출 형태이고 상인들이 금을 찾으러 올 것을 대비하여 남겨둔 금이 지급 준비금의 형태가 된 것이다.

좀 더 구체적으로 예를 들어 설명하자면 금세공업자는 최근 몇 개월 간 금의 출납부를 조사하여 전체 금의 약 5%만 금을 찾으러 온다는 사실을 확인했다고 하자. 금세공업자는 혹시 모를 일을 대비하여 약 10% 금을 보유하고 나머지 90% 금은 사업을 확장하고자 하는 상인에게 빌려주고 빌려준 금에 10%를 추가하여 받기로 했다고 한다면 금세공업자는 예금 중 90%를 대출해주고 10%만 금으로 보유하고 있다고 해석할 수 있다. 여기서 금을 현금으로 대체하면 현금을 찾으러 올 예금 고객들을 대비하여 10%를 현금으로 보유하는 상황이 되고 이는 현재의 지급 준비금 형태로 이해할 수 있다. 금세공업자는 수익을 올리기 위해 통계적 수치인 5%까지 지급 준비금을 낮출 수 있으나 갑자기 금을 찾으러 오는 사람이 늘어날 경우 금을 상환해 줄 수 없기 때문에 위험(risk)이 커질 수 있다. 실제로 이런 현상을 뱅크런(bank run)이라고 하며 2008년 미국의 금융위기(서브프라임 모기지 사태)때 미국 은행과 유럽의 은행에서 발생하기도 하였고 최근 우크라이나－러시아 전쟁으로 러시아에서 발생하기도 하였다. 또한 국내에서도 2011년 저축은행사태(부산저축은행) 당시 예금자들이 인출을 위해 한 번에 몰리면서 뱅크런 사태가 발생하기도 하였다. 현대 은행 시스템에서 지급 준비금 시스템은 법률적으로 꼭 지켜야 하는 법정 지급 준비금이 있으며 은행 자체적으로 리스크 관리 등의 이유를 들어 추가적인 현금을 보유하기도 하는데 이를 초과 지급 준비금(excess reserve)라고 한다. 따라서 은행이 실제로 보유하고 있는 준비금은 법정 지급 준비금과 초과 지급 준비금의 합인 실제 지급 준비금(actual reserve)이 된다. 또한 흔히 현업에서는 지급 준비율이라는 용어를 많이 사용하는데 이는 지급 준비금을 예금 총액으로 나눈 비율을 뜻한다.

실제 지급 준비금 = 법정 지급 준비금 + 초과 지급 준비금

다시 본원통화로 돌아와서 본원통화는 민간이 보유한 현금과 은행이 보유한 지급 준비금으로 정의된다고 하였다. 여기서 지급 준비금은 은행이 예금자들의 인출 요구에 응하기 위해 준비한 현금이라고 하였다. 은행은 지금 준비금을 은행의 금고에 현금 형태로 보관하기도 하지만 한국은행에 예치해두기도 한다. 한국은행은 은행이 예치해 둔 예치금을 은행의 요구가 있을 때 언제든지 인출해줘야 한다. 이렇게 은행이 한국은행에 예치해둔 지급 준비금을 지준 예치금이라고 한다. 또한 한국은행에 예치한 이외의 현금을 시재금(vault cash)이라고 한다. 주변에 은행원이 있다면 시재금 맞추느라 늦었다는 이야기를 들은 적이 있을 것이다. 여기서 시재금은 바로 위에서 설명한 시재금과 같은 뜻이다.

본원통화 = 민간 보유현금 + 은행의 지급 준비금
= 민간 보유현금 + 한국은행 지준 예치금 +은행 시재금
= 화폐 발행액 + 한국은행 지준 예치금

그림 3-11 본원통화

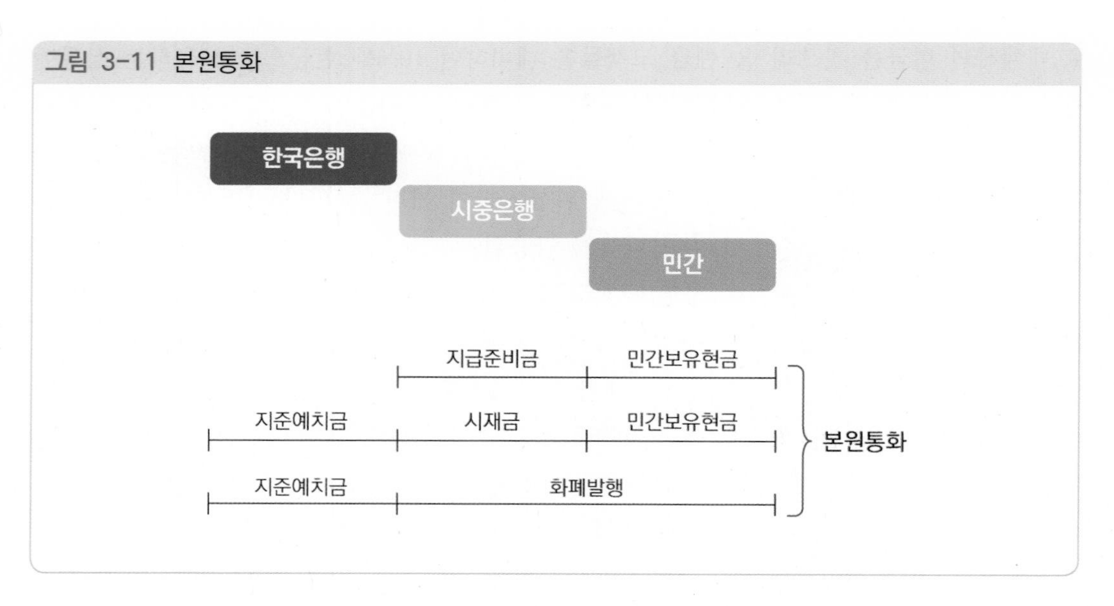

그림 3-12 국내 저축은행사태(뱅크런)와 러시아의 뱅크런

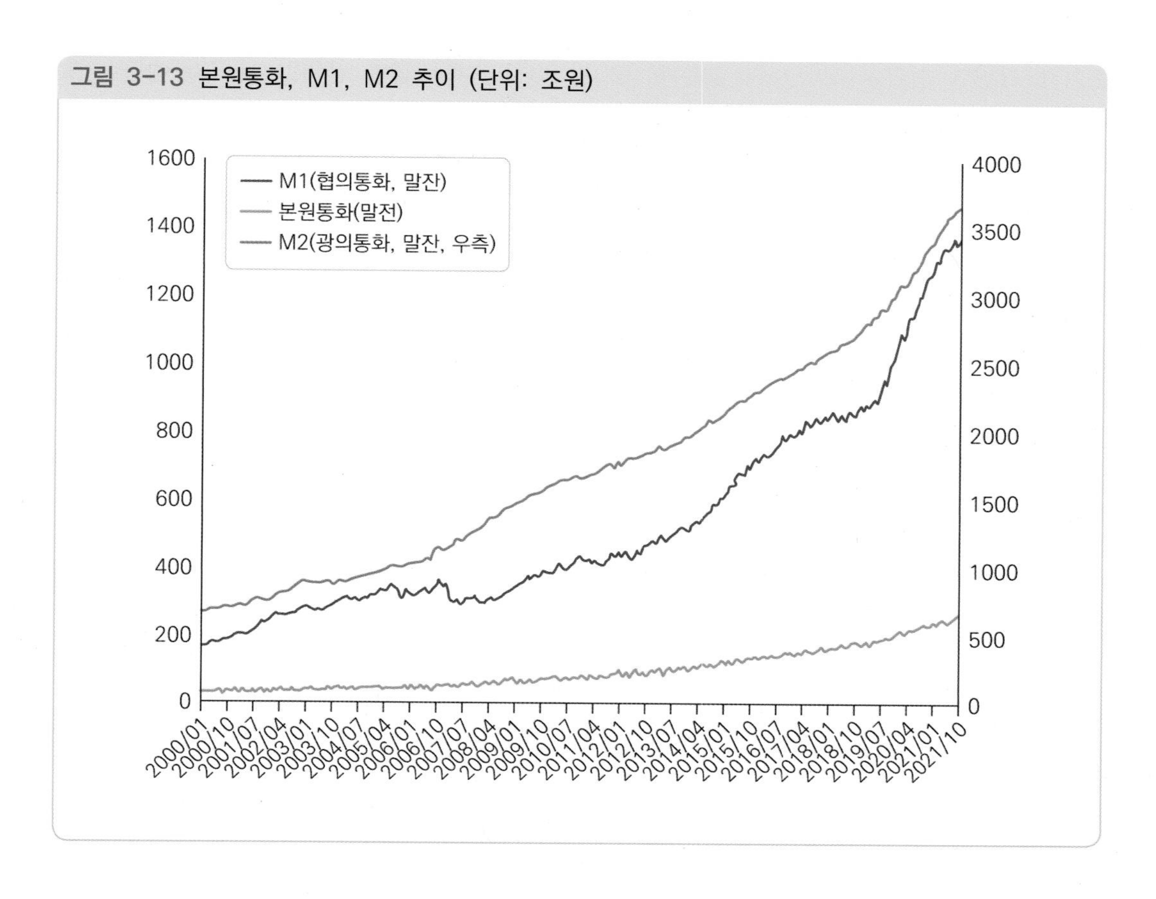

그림 3-13 본원통화, M1, M2 추이 (단위: 조원)

3) 은행의 마술 신용 창조

한국은행 창구를 통해 시장으로 나온 화폐는 민간이나 은행, 한국은행에 보유되며 이를 본원통화라고 하였다. 그렇다면 한국은행 창구를 통해 나온 화폐만이 시장에 통화로 계산될까? 그렇지 않다. 우리는 앞서 본원통화보다 M1, M2 등 통화 지표가 훨씬 크다는 사실을 확인할 수 있었다. 그렇다면 한국은행을 통해 나온 화폐 이외에 무엇이 이렇게 통화를 팽창 시켰을까? 그 해답은 은행의 신용 창조에 있다. 앞서 은행의 지급 준비금에 대해서 설명하였는데 은행은 예금자의 예금 중 일부분(지급 준비금)을 남기고 나머지 금액은 수익 창출을 위해 대출을 실행하게 된다. 이 예금과 지급 준비금, 대출을 통해 자금이 계속 회전하게 되면서 통화를 팽창시키는 역할을 한다.

좀 더 쉬운 이해를 위해 사례를 들어 설명해 보도록 하자. 우선 사례를 들기 위해서는 다음과 같은 가정이 필요하다. 첫째, 민간은 현금을 단 한 푼도 보유하지 않고 있어야 한다. 이는 민간이 현금을 보유하면 바로 은행에 예치한다는 전제와 같다. 둘째, 은행은 지급 준비금 이외에 현금을 보유하지 않는다. 즉 법정 지급 준비금만 남기고 나머지 예금은 모두 대출로서 사용한다는 뜻이다. 셋째, 은행의 부채는 요구불 예금으로만 설명하고 은행의 수익 구조는 예대마진(예금과 대출의 차이)으로만 정의한다.

최초 00 국가는 중앙은행을 통해 100만 원의 화폐를 발행하였다. 이는 민간으로 흘러들어 갔고 민간인 B씨는 이 현금을 A 은행에 예치하였다. 이는 앞서 가정한 민간은 현금을 보유하지 않는다는 전제와 같다. A 은행은 B씨로부터 예금을 받았기 때문에 A 은행의 대차대조표는 다음과 같아진다.

자산	부채
현금 1,000,000원	예금 1,000,000원

A 은행은 앞선 전제와 같이 지급 준비금 이외에 현금을 보유하지 않으며 지급 준비금을 제외한 나머지는 대출을 통해 수익 사업을 한다. 여기서 지급 준비율은 10%라고 가정하자. 그럼 A 은행은 10만 원(100만 원 × 0.1)만 지급 준비금으로 남기고 90만 원은 대출을 하게 된다. 대출을 진행할 경우 은행의 대차대조표는 다음과 같이 변경된다.

자산	부채
현금 100,000원 대출 900,000원	예금 1,000,000원

이제 대출을 받은 C씨 역시 현금을 보유하지 않고 은행에 예치한다. 이는 앞선 가정에 의한 것이지만 실제로 최근 금융과 통신의 발달로 인터넷 뱅킹, 모바일 뱅킹, 핀테크 등 계좌에서 바로 사용하는 방식을 많이 선호한다는 점에서 해당 가정이 크게 무리가 없음을 확인할 수 있다. 이렇게 C씨가 대출금 90만 원을 다시 은행에 예치하게 되는데 이것을 파생적 예금(derived deposit)이라고 한다. 이에 반해 최초 본원통화에서 창출된 예금을 본원적 예금(primary deposit)이라고 한다. 파생적 예금이 은행에 다시 예치됨에 따라 은행의 대차대조표는 다음과 같이 변경된다.

자산	부채
현금 100,000원 대출 900,000원	예금 1,900,000원

여기서 A 은행은 예금이 90만 원 들어왔기 때문에 이중 지급 준비율인 10%만을 남기고 나머지는 또 대출을 실행하게 된다. 즉 9만 원(90만 원×0.1)을 지급 준비금으로 남기고 나머지 81만 원은 또 대출을 통해 현금이 은행 밖으로 나가게 되는 것이다. 이럴 경우 은행의 대차대조표는 다음과 같이 변경된다.

자산	부채
현금 190,000원 대출 1,710,000원	예금 1,900,000원

81만 원의 대출을 받은 D씨 역시 81만 원을 보유하지 않고 다시 은행에 예치하게 된다. 그럼 은행의 대차대조표는 다음과 같이 변경된다.

자산	부채
현금 1,000,000원 대출 1,710,000원	예금 2,710,000원

이제 신용 창조에 대한 규칙이 눈에 들어오는가? 은행 자산 중 현금은 계속 100만 원에 머물러 있다. 이는 최초 중앙은행에서 발행한 본원통화가 100만 원으로 변경이 없음을 뜻한다. 반면 은행 자산 중 대출과 부채인 예금은 계속해서 증가하는 모습을 확인할 수 있다. 앞서도 설명했지만 예금도 통화량의 일종임으로 통화량으로 계산된다는 사실을 알고 있을 것이다. 가장 중요한 규칙은 자산의 합계와 부채의 합계가 1에서 지급 준비율을 차감한 만큼 계속해서 증가한다는 사실이다. 이는 등비수열의 합과 같은 원리다. 즉 초항이 최초 중앙은행이 발행한 본원통화인 100만 원이고 공비가 예금에서 지급 준비율만큼을 제외한 대출금이라는 사실을 확인할 수 있다. 더욱이 공비가 0.9(1−0.1)로 $|r| < 1$라는 사실을 확인할 수 있기 때문에 등비수열의 합인 $\frac{a}{1-r}$를 사용하여 신용 창조를 구할 수 있다. 식에 대입

해 보면 $\frac{1,000,000}{1-0.9}$원으로 1천만 원이 됨을 확인할 수 있다.

정리하면 은행 대출과 지급 준비금 시스템을 통해 중앙은행에서 발행한 통화가 팽창하게 되는데 이를 신용 창조라 한다. 따라서 통화 당국은 신용 창조 규모를 조절하기 위해 지급 준비율을 조절할 수 있으며 시중에 통화량을 확대 혹은 축소하기 위해 예상되는 통화량보다 적은 양의 본원통화를 공급하거나 회수를 통하여 목적을 달성할 수 있다.

앞서 신용 창조를 설명하기 위해 민간에선 현금을 보유하고 있지 않다고 가정하였다. 또한 실제로 금융과 통신 기술 발달로 인해 현금을 보유하거나 사용하는 금액 및 횟수가 줄고 있다고 설명하였다. 독자들도 최근 주변에 지갑이나 주머니에 현금을 두둑하게 챙겨 다니는 사람을 본적이 드물 것이다. 그럼에도 불구하고 케인즈가 주장한 것과 같이 거래적·예비적 목적으로 현금을 보유하기도 한다. 따라서 위에서 가정한 것보다 신용 창조 효과가 작아질 수 있다. 이것을 현금 누출(cash drain)이라고 한다. 만약 시장에 불확실성이 커지거나 유동성 함정 등에 빠지게 되면 신용 창조 기능이 약해진다. 즉 정부가 단기적인 경기 부양을 위해 확장적 통화정책을 시행하여도 시중에 통화량은 계획하던 만큼 늘지 않을 수도 있다는 뜻이다.

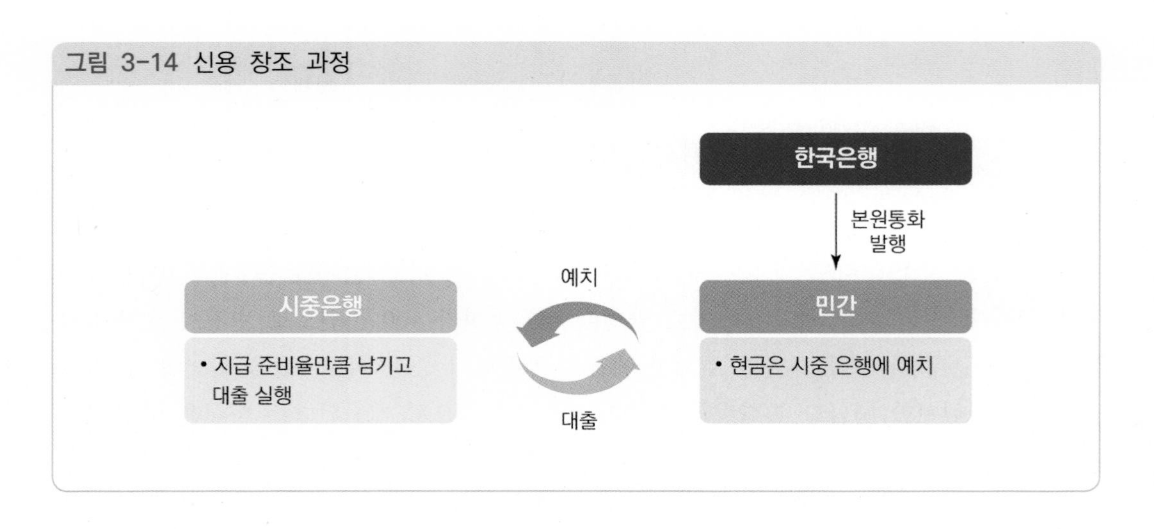
그림 3-14 신용 창조 과정

연습문제

01 화폐가 시장에 공급되는 과정을 조폐공사에서 돈을 제작하는 과정부터 설명해 보시오.

02 M1, M2, Lf, L의 정의에 대해서 설명해 보시오.

03 다음은 본원통화를 나타낸 것이다. 괄호안을 채우시오.

본원통화 = 민간 보유현금 + 은행의 (   )

본원통화 = (   ) + 한국은행 지준 예치금 +은행 (   )

본원통화 = (   ) + 한국은행 지준 예치금

04 실제 지급 준비금은 (   )준비금과 (   )준비금의 합계이다.

05 신용 창조는 상업 은행의 (   ), (   ), (   )은 시스템에 기인하여 본원통화가 확장되는 것을 뜻한다.

06 중앙은행은 100억 원의 본원통화를 시중에 공급하였다. 현재 지급 준비율이 5%라면 신용 창조를 통해 시중에 확대된 통화는 얼마가 되는지 계산해 보시오.
(단, 민간은 현금을 보유하고 있지 않으며, 은행은 지급 준비금 이외에 현금을 보유하고 있지 않다. 또한 은행의 수익 구조는 예대마진으로만 정의)

07 위의 예에서 중앙은행이 지급 준비율을 10%로 인상하였다면 시중의 통화량은 어떻게 되는지 계산하고 지급 준비율 5%와 비교하여 지급 준비율이 통화량에 어떤 영향을 미치는지 설명해 보시오.

03 화폐 수요 이론

금융을 이해함에 있어서 가장 중요한 요소 중에 하나가 화폐 가격이라 할 수 있는 이자율이다. 시장 경제에서 수요량과 공급량은 가격 조정 메커니즘에 의해 이뤄지는 것과 같이 금융 시장에서는 이자율의 조정 메커니즘에 의해 자금의 수요와 공급이 조정된다. 또한 이자율은 실물 시장과 금융 시장을 이어주는 매개체로서도 매우 중요한 요소임으로 우리가 꼭 알고 가야할 요소다. 본 단원에서는 이자율 결정 이론의 한 축인 화폐 수요 이론에 대해서 알아볼 것이다. 보통 화폐 공급은 중앙은행에 의해서 결정되므로 외부 영향을 받지 않는다고 가정한다. 하지만 화폐 수요는 여러 가지 외부 요인에 의해 변동될 수 있으므로 이런 외부 요소들에 대해서 자세히 살펴볼 필요가 있다.

(1) 고전학파적 견해

1) 피셔의 거래화폐수량설

대표적 고적학파이자 경제학자인 피셔(I. Fisher)는 아래의 교환 방정식(equation of exchange)을 통해 화폐 수요를 설명하였다.

$$MV = PT$$

(M: 통화량, V: 유통속도, P: 물가, T: 상품과 서비스의 총 거래액)

위의 교환 방정식에서 M은 현시점(stock) 통화량을 나타내고 V는 일정 기간 동안(flow) 화폐 1단위가 몇 번 주인이 바뀌는지를 나타내는 유통속도(velocity)를 나타낸다. P는 일반 물가를 나타내며 T는 일정 기간 동안(flow) 상품과 서비스의 총 거래액을 나타낸다. 이 식은 발행된 통화가 몇 번의 거래를 통해 사용된 총 지출액이 현재 물가에서 재화와 서비스의 총 거래액과 같다는 의미다. 예를 들어 현재 물가 P에서 재화와 서비스의 총 거래액이 100억 원일 때, 현재 발행된 통화가 10억 원이라면 화폐의 유통속도는 10이라는 뜻이다. 이는 화폐의 발행액은 10억 원이지만 이 화폐가 거래되면서 주인이 10번 바뀌었다는 뜻이고 이로 인해 화폐의 지출액은 100억 원이 되었다는 뜻이다. 이와 같이 교환 방정식은 우변과 좌변이 항상 같아야 하는 항등식이다.

고전학파는 교환 방정식에 몇 가지 제약을 가하며 화폐 수요를 결정하였다. 우선 유통속도(V)가 단기적으로는 일정하다고 보았다. 그 이유는 유통속도가 지급 결제 관행, 개인의 소비 패턴, 금융 기술 등에 의해 의존하며 이는 단기적으로 쉽게 변할 수 없는 요인으로 보았다. 또한 상품과 서비스의 총 거래액(T) 역시 단기적으로 일정하다고 보았다. 이는 고전학파가 가격이 신축적이어서 단기적으로 완전 고용수준의 국민소득을 달성하고 있으며 이 때문에 생산에 의존하는 상품과 서비스의 총 거래액도 단기적으로 일정하다고 가정하였다. 유통속도와 총 거래액이 일정하다는 제약을 가하면 교환 방정식은 다음과 같다.

$$M\overline{V} = P\overline{T}$$

위의 식을 화폐의 수요에 대한 식으로 표현하기 위해 좌변의 유통속도를 우변으로 보내면 다음과 같이 표현이 가능하다.

$$M_d = \frac{1}{\overline{V}} P\overline{T}$$

즉 교환 방정식에 의한 화폐 수요는 상품과 서비스의 총 거래액에 의존하며, 통화량은 물가에만 영향을 준다는 사실을 확인할 수 있다. 고전학파의 이런 주장은 화폐가 단순히 재화와 서비스의 교환 수단으로만 사용된다는데 근거를 두고 있다.

2) 마샬과 피구의 현금잔고수량설

먀셜(A. Marshall)과 피구(A.C. Pigou)는 화폐를 가치저장 수단인 자산으로 상정하였다. 따라서 통화 수요가 거래의 편의성과 안정성이 주는 효용의 가치와 예상 이자율, 물가 등의 변동 요인에 따른 이자 소득 및 자본 소득을 비교하여 얼마만큼의 화폐를 보유해야 하는지 결정한다고 주장하였다. 하지만 화폐가 주는 편의성과 안정성, 이자율, 물가 등의 요소가 변화가 없기 때문에 화폐 수요는 명목 소득에 의해서 결정된다고 단순화 하였다. 현금잔고 방정식(cash balance equation)은 다음과 같다.

$$M_d = kPY$$

현금잔고방정식에서 Y는 실질 국민소득을 나타내며 현금잔고는 실질 국민소득에 물가를 곱한 명목 국민소득에 비례한다고 가정하였다. 여기서 상수 k는 마샬 k이라고 부르며 명목 국민소득 중 현금보유 비율을 나타낸다. 다른 해석을 위해 우변에 있는 물가를 좌변으로 이항하면 우리는 다음과 같은 식을 얻을 수 있다.

$$\frac{M_d}{P} = kY$$

이는 좌변이 실질 화폐수요로 명목 화폐수요를 물가로 나누었다는 것을 확인할 수 있으며 실질 화폐수요가 실질 국민소득에 일정한 비율(k)이라는 것도 확인할 수 있다. 여기서 독자들은 위의 식을 자세히 보면 앞서 설명한 교환 방정식과 매우 유사하다는 점을 확인할 수 있다. 두 식을 비교하기 위해 상수 k를 교환 방정식에서 사용한 $k = \frac{1}{V}$로 정의 하면 다음과 같은 식을 유도할 수 있다.

$$MV = PY$$

위의 식에서 V는 교환 방정식에서 사용한 유통속도와 구분하기 위해 소득 유통속도(income velocity of money)라고 부른다. 본 식이 교환 방정식과 다른 점은 총 거래액 T가 실질 소득인 Y로 바뀌었다는 것 이외에는 없다는 점을 확인할 수 있다.

고전학파의 거래화폐수량설과 현금잔고수량을 정리하자면 두 이론에서 주장하는 방정식은 총 거래액과 실질 소득요소만 다른 뿐 유사하다는 것을 확인하였다. 또한 만약 유통속도가 일정하다고 가정할 경우 화폐 수요는 총 거래액과 명목 소득에 비례함을 확인 할 수 있다. 마지막으로 유통속도 뿐만 아니라 완전 고용수준 하에서 총 거래액과 실질 소득이 일정하다면 통화량은 물가에 비례한다는 것을 확인할 수 있다.

$$M\overline{V} = P\overline{Y}$$

(2) 케인즈의 유동성 선호설

고전학파는 화폐 수요의 목적이 단순 교환을 위한 수단이라고 주장한 것에 반해 케인즈(J.M. Keynes)는 화폐 수요의 목적이 유동성에 기인한다는 유동성 선호설(liquidity preference theory)을 주장하였다. 여기서 유동성이란 환금성을 뜻하는 것으로 원래 자산의 손실 없이 얼마나 빠르게 화폐로 교환할 수 있느냐를 나타낸다. 가장 유동성이 큰 자산을 화폐로 정의함에 따라 유동성 자체가 시중에 화폐량을 나타내기도 한다.

유동성 선호설은 화폐를 수익성 자산으로 인식하여 이자율이 화폐 수요에 직접적인 영향을 미친다고 주장하였다. 즉 이자율 변동이 금융 상품 수익률에 영향을 미치게 됨으로 경제주체는 이를 통해 화폐 보유량을 결정하게 된다고 보는 것이다. 예를 들어 이자율이 상승한 경우 현금을 보유하고 있는데 따른 효용보다 정기 예금이나 고정이자부(fixed income) 상품에 투자하는 것이 효용을 증가시킴에 따라 화폐 보유에 대한 수요가 감소한다고 본 것이다.

케인즈는 개인의 화폐 보유 동기를 다음 3가지로 구분하였다.

첫째는 거래적 화폐 수요에 대한 동기(transactional demand for money)다. 이는 화폐를 단순 교환 수단으로서의 동기를 정의한 것으로 소득의 발생 시점과 재화와 서비스 구매 시점 간에 발생하는 시점 불일치(mismatch)에 기인한다. 즉 현실 경제에서 가계 소득은 매월 정해진 날(월급)에 지급된다. 반면 재화와 서비스를 구매하는 시점은 특정되어 있지 않으므로 항상 구매를 위한 화폐를 보유해야 한다고 보는 것이다.

둘째는 예비적 화폐 수요에 대한 동기(precautionary demand for money)다. 이는 일상을 살아가며 언제든 돌발 상황에 직면할 수 있기 때문에 예비적으로 화폐를 보유하고 있어야 한다고 보는 것이다. 예를 들어 가족 중에 누군가가 다쳐서 갑자기 병원에 갈수도 있고, 집에 보일러가 고장 나서 긴박하게 수리를 해야 할 수도 있다. 이때 어느 정도의 화폐를 보유하고 있어야 돌발 상황에 대처할 수 있다. 해당 이론에 따르면 거래적 화폐 수요와 예비적 화폐 수요는 소득 수준에 의해서 결정된다. 이는 소득 수준이 증가할수록 재화와 서비스 구매액이 증가하므로 예비적으로 보유하는 화폐도 늘어나야 함을 의미한다. 따라서 거래적 화폐 수요와 예비적 화폐 수요는 명목 소득에 증가함수로 가정한다. 이는 고전학파의 화폐 수요와도 같은 맥락이다.

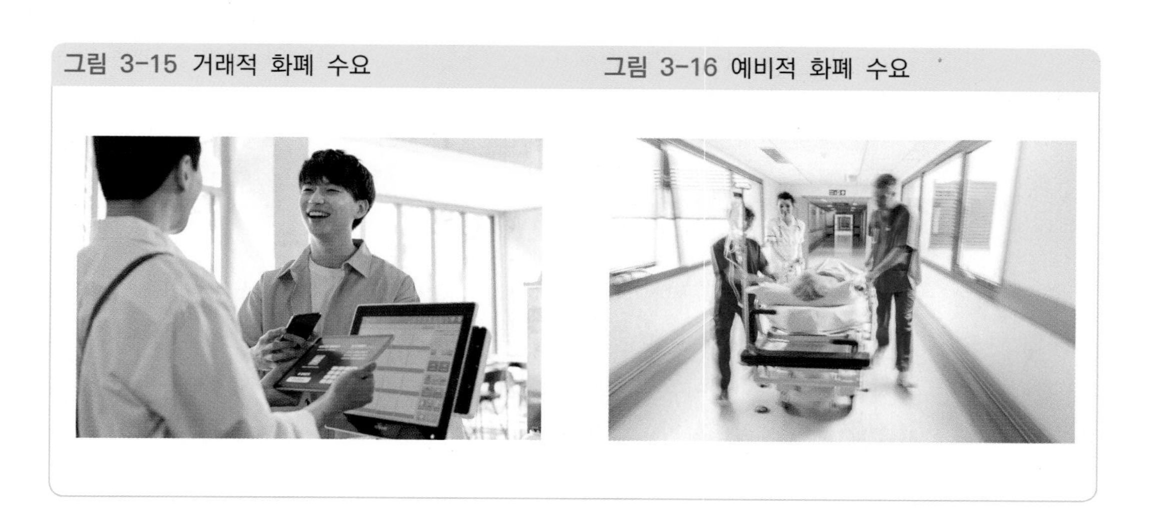

그림 3-15 거래적 화폐 수요

그림 3-16 예비적 화폐 수요

마지막으로 투자적 화폐 수요 동기(speculation demand for money)다. 이는 고전학파적 견해와 가장 큰 차이점으로 고전학파는 투자적 목적으로 화폐를 보유하는 것은 비합리적이라고 주장하였다. 고전학파는 투자적 목적이 있다면 굳이 화폐를 보유할 필요가 없으며 채권을 매수하면 된다고 주장한 것이다. 하지만 케인즈는 이자 수익률만을 고려한 투자적 목적이 아니라 이자율에 따라서 채권 가격이 변동될 수 있기 때문에 자본 소득(capital gain)을 고려한 화폐 수요가 필요하다고 주장하였다. 실제로 개인들은 주식이나 채권 등 금융 상품에 투자하기 위해 화폐를 보유하기도 한다. 예를 들어 글로벌 금융위기처럼 외부 충격이 발생할 경우 주가는 하락한다는 사실을 알고 있기 때문에 충격이 충분히 반영된 후, 즉 하락 장세가 멈춘 후 주식을 매수하기 위해 화폐를 보유하기도 한다.

케인즈는 투자적 화폐 수요의 주요 매개체를 이자율로 간주하였다. 즉 이자율이 상승할 경우 금융 상품을 소유하는 것에 대한 효용이 화폐를 보유하는 것에 대한 효용보다 높아지게 되므로 화폐 수요를 줄이게 된다. 반면 이자율이 하락하면 금융 상품을 소유하는 것에 대한 효용이 화폐를 보유하는 것에 대한 효용보다 낮아지게 되므로 화폐 수요를 늘리게 된다. 이를 통해 투자적 화폐 수요는 금융 상품의 수익률과 반비례한다는 사실을 확인할 수 있다.

현실에서 투자 목적인 금융 상품은 주식, 채권, 신탁, 정기 예금, 펀드 등 매우 다양하다. 하지만 다양한 종류의 금융 상품을 이자율 경로로만 설명하기에는 한계가 있다. 따라서 케인즈는 투자적 화폐 수요를 채권과 화폐 두 종류 자산만을 가정하였으며 채권을 통한 수익은 이자 소득과 시장 이자율 변동에 따른 자본 소득만을 고려하였다. 여기서 채권은 영구적으로 이자(coupon)만 지급하는 콘솔(consol)[7]을 가정하였다. 콘솔의 채권 가격은 다음과 같이 나타낼 수 있다.

$$P_{\text{채권 가격}} = \frac{R_{\text{표면 이자율}}}{i_{\text{시장 이자율}}}$$

위의 식을 통해 채권 가격이 표면 이자와는 비례하고 시장 이자율과는 반비례 한다는 사실을 확인할 수 있다.[8] 즉 시장 이자율이 오르면 채권 가격은 하락하고 시장 이자율이 하락하면 채권 가격은 상승한다. 이는 직관적으로도 설명이 가능한데 만약 시장 이자율이 올라서 표면 이자율보다 높아지면 채권을 매도하고 시장 이자율로 예금을 하는 것이 투자

7) 이를 영구 채권이라고 한다.
8) 채권 가격에 대한 자세한 설명은 "7장 금융 상품"에서 확인하기 바란다.

자에게 이득이 될 수 있다. 이 과정에서 채권을 매도하게 됨으로 채권 가격은 하락하게 되는 것이다.

채권의 가격 변동을 통해 투자적 목적의 화폐 수요가 시장 이자율에 따라 결정된다는 것을 위의 식을 통해 확인하였다. 하지만 보다 엄밀히 말하면 현재 시장 이자율이 아니라 예상 이자율에 따라 투자적 화폐 수요가 결정된다고 할 수 있다. 즉 시장 이자율이 상승할 것이라고 예측할 경우, 채권을 매입하게 되면 향후 채권 가격 하락으로 자본 손실이 발생할 수 있으며 이표(액면 이자율) 이자율이 손실을 상계하지 못한다면 채권을 매입하는 것보다 화폐를 보유하는 것이 유리하다는 것이다.[9] 반면 시장 이자율이 하락할 것으로 예상되는 경우, 채권 가격이 상승하여 자본 소득을 얻게 됨으로 화폐를 보유하는 것보다 채권을 매입하는 것이 유리하다.

그런데 앞에서 언급한 이자율은 어떤 수준이 높은 것이고 어떤 수준이 낮은 것인지 알 수 없다. 이에 케인즈는 사람마다 각자 생각하는 정상 이자율(normal rate of interest)이 존재하고 만약 현재 시장 이자율이 낮으면 시장 이자율이 상승하여 정상 이자율로 회귀하고, 현재 시장 이자율이 높다면 시장 이자율이 하락하여 정상 이자율로 회귀한다고 가정하였다. 예를 들어 시장 이자율이 지속적으로 오를 경우 대부분의 사람들이 생각하는 정상 이자율은 현재의 시장 이자율보다 낮다고 생각하기 때문에 향후 시장 이자율이 하락할 것이라고 예측한다는 것이다. 이 경우 향후 채권 가격이 상승하여 자본 소득이 발생한다고 보는 것으로 투자적 화폐 수요는 감소한다. 반면에 지속적으로 시장 이자율이 하락할 경우 대부분의 사람이 생각하는 정상 이자율은 이보다 높다고 생각하여 향후 시장 이자율이 상승할 것으로 예측된다. 이는 향후 채권 가격이 하락하여 자본 손실이 발생한다고 예측한 것으로 이 경우 투자적 화폐 수요는 증가한다.

정리하면 현재 시장 이자율이 높은 수준이라면 개별 주체들은 향후 시장 이자율이 하락할 것으로 예상하기 때문에 채권을 매입하므로 투자적 화폐 수요는 감소한다. 반면 현재 시장이자율이 낮은 수준이라면 개별 주체들은 향후 시장 이자율이 상승할 것으로 예상하기 때문에 채권을 매도하므로 투자적 화폐 수요는 증가한다.

---

9) 케인즈는 콘솔을 가정하였으므로 이표를 고려하지 않았다.

그림 3-17 채권 가격과 시장 이자율 간 관계10)

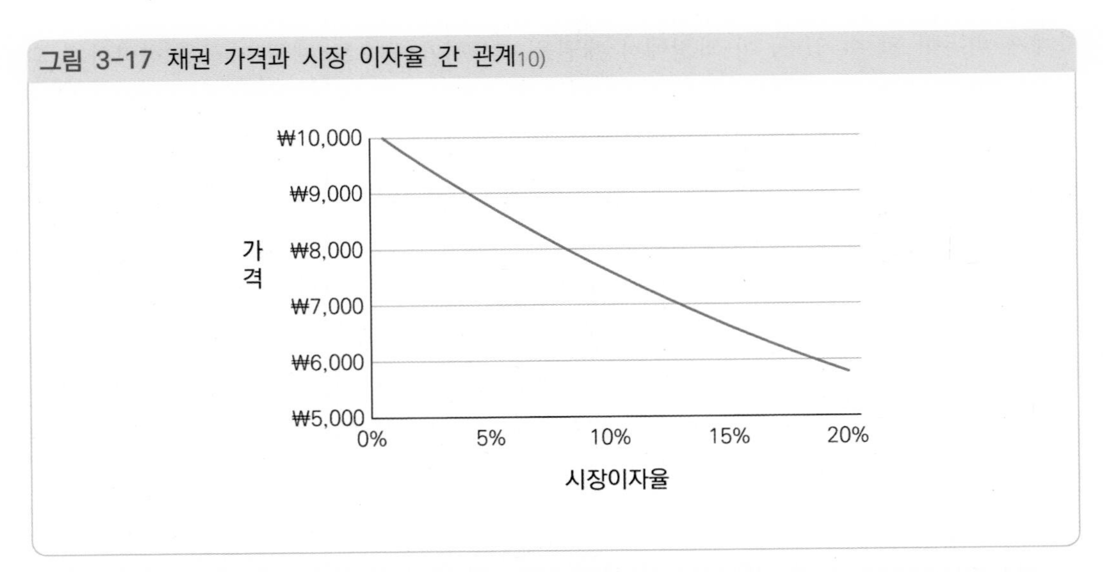

그림 3-18 시장 금리와 채권 가격, 채권 수요 및 화폐 수요 메커니즘

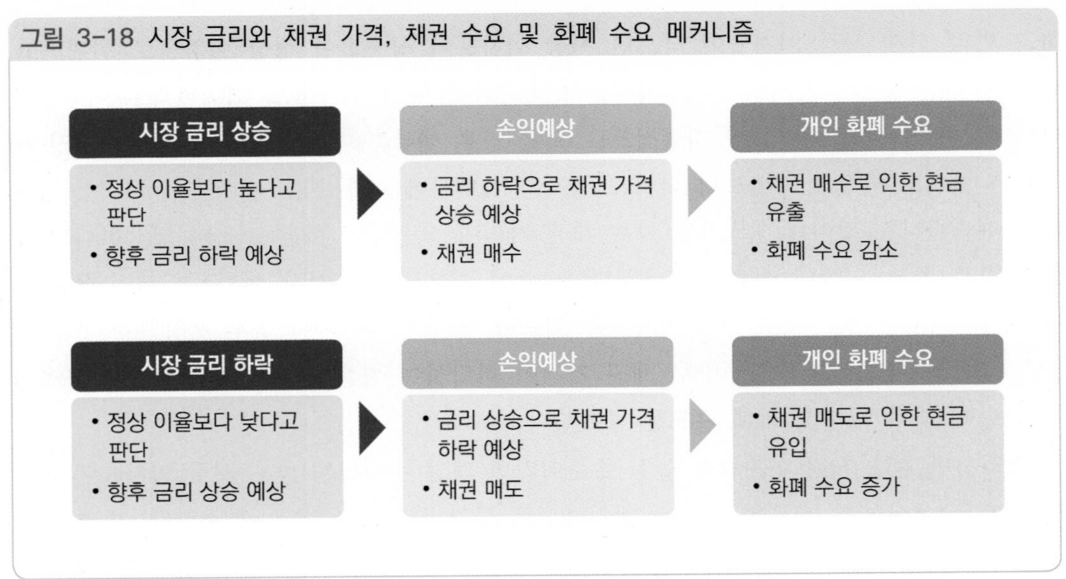

1) 화폐 수요 함수

케인즈에 따르면 거래적 화폐 수요와 예비적 화폐 수요, 투자적 화폐 수요를 합하면 총 화폐 수요가 결정된다고 보았다. 이미 앞에서 설명하였듯이 거래적 화폐 수요와 예비적 화폐 수요는 명목 소득에 증가함수로 가정하였다. 즉 명목 소득이 증가하면 거래적·예비적

10) 구체적인 채권 가격 계산은 "7장 금융 상품"에서 확인하길 바란다.

화폐 수요는 증가한다. 반면 투자적 화폐 수요는 이자율의 감소함수로 정의하였는데, 이자율이 상승하면 채권에 투자할 것임으로 투자를 위해 소지하고 있는 화폐는 감소한다. 따라서 총 화폐 수요는 다음과 같이 표현할 수 있다.

$$M_d = M_{거래적화폐수요} + M_{예비적화폐수요} + M_{투자적화폐수요}$$

여기서 거래적 화폐 수요와 예비적 화폐 수요는 명목 소득의 증가함수임으로 L(Y)로 나타낼 수 있고 투자적 화폐 수요는 이자율의 감소함수임으로 L(i)로 나타낼 수 있다. 따라서 총 화폐 수요를 함수의 형태로 표현하면 다음과 같다.

$$M_d = L(Y) + L(i) = L(Y, i)$$

총 화폐 수요함수를 그래프로 표현하면 아래 그림과 같이 우하향하는 그래프로 표현할 수 있다. 그래프의 가로축은 화폐 수요를 나타내며 세로축은 이자율을 나타낸다. 즉 화폐 수요와 이자율 관계를 보고자 하는 그래프이다. 총 화폐 수요함수가 우하향 한다는 것은 이자율이 상승할 때 투자적 화폐 수요는 감소하고, 이자율이 하락할 때 투자적 화폐 수요는 증가함을 의미다. 이를 간단한 예를 통해 확인해보자. 우선 현재 이자율 수준이 i^*에 형성되어 있으며 점점 상승하여 i^{**}까지 올랐다고 가정해보자. 그렇다면 개인들은 현재 본인들이 생각하는 정상 이자율(자연 이자율)보다 높게 형성되어 있다고 보기 때문에 향후 i^*근처로 하락할 것이라 예상할 것이다. 이는 채권 가격이 향후 상승할 것이라는 의미와 같다. 즉 이자율이 향후 하락할 것이기 때문에 채권을 매수하면 가까운 미래에 자본 소득을 기대할 수 있다. 따라서 합리적인 사람이라면 채권을 매수 할 것이다. 개인들이 채권을 매수한다는 의미는 보유하고 있던 화폐를 사용한다는 의미로 이때 화폐 수요는 감소한다. 이는 개인이 최초에 가지고 있던 M_d^*에서 M_d^{**}로 화폐 수요가 감소했음을 의미한다. 반대로 이자율이 i^{***}로 점점 하락하였다면 개인들은 현재 이자율이 정상 이자율보다 낮게 형성되어 있으므로 가까운 미래 이자율이 상승할 것으로 기대할 것이다. 이는 채권 가격이 향후 하락할 것이란 것과 같은 맥락이다. 따라서 합리적인 개인들은 채권 가격 하락으로 인한 자본 손실을 피하기 위해 채권을 매도하고 화폐를 보유하려 할 것이다. 이 과정에서 개인들은 채권 매도 자금을 화폐로 보유하기 때문에 화폐 수요는 증가한다. 이는 그래프 상에서 최초 개인이 가지고 있던 M_d^*에서 M_d^{***}로 화폐 수요가 증가했음을 의미한다.

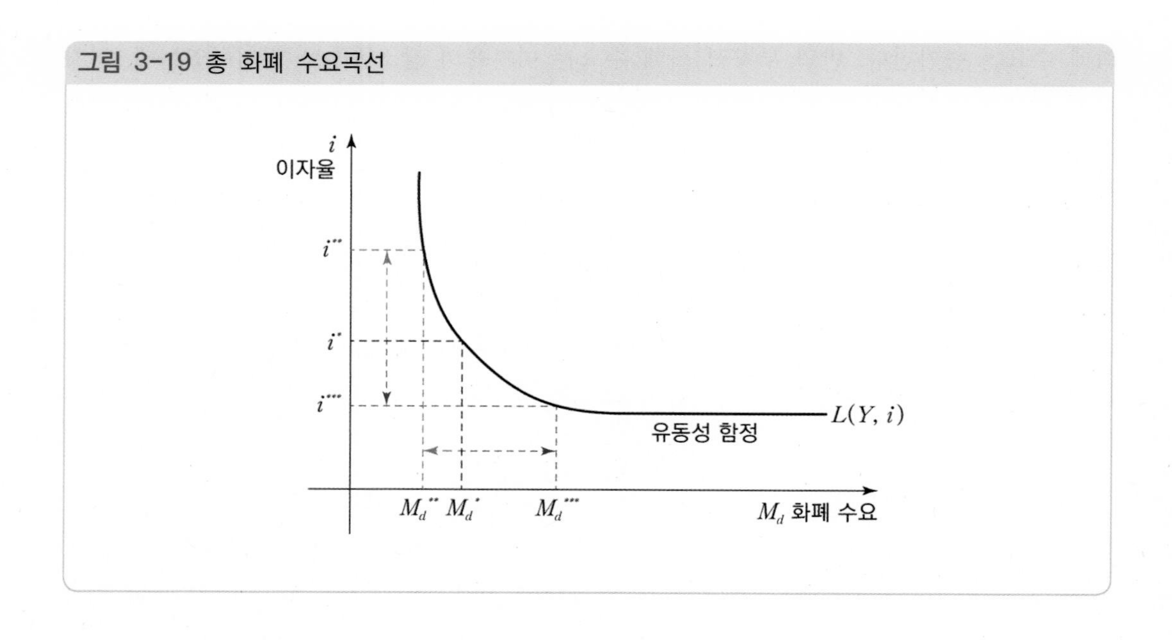

그림 3-19 총 화폐 수요곡선

앞서 투자적 화폐 수요 요인을 통한 총 화폐 수요와 이자율 간의 관계를 설명하였다. 그러나 거래적·예비적 화폐 수요에 대한 설명을 하지 않았다. 이미 언급하였듯이 거래적·예비적 화폐 수요는 명목 소득에 증가함수이기 때문에 이자율과 화폐 수요로 표현된 평면 그래프상에서 이를 표현하기 위해서는 축을 하나 추가하여 3차원 그래프를 그려야 한다. 하지만 이 방법은 복잡하고 그리기도 쉽지 않기 때문에 좋은 방법이 아니다. 따라서 이를 쉽게 표현하기 위한 수학적 방법인 그래프의 이동을 통해 명목 소득의 증가를 표현할 수 있다. 예를 들어 명목 소득이 증가할 경우 거래적·예비적 화폐 수요 증가로 인해 개인의 총 화폐 수요는 이전보다 증가하게 된다. 이는 이자율과는 무관하기 때문에 이자율은 i^*에서 변화가 없고 단지 총 화폐 수요만 M_d^*에서 M_d^{***}로 증가했음을 그래프의 우측 이동으로 표현할 수 있는 것이다. 만약 명목 소득이 감소하였다면 이자율이 변화가 없는 상태에서 총 화폐 수요만 M_d^*에서 M_d^{**}로 감소했음을 그래프 좌측 이동으로 표현하면 된다.

한편 총 화폐 수요 그래프 상에서 이자율이 하락함에 따라 화폐 수요가 증가함을 확인할 수 있는데 어느 구간 이상이 되면 총 화폐 수요 그래프가 수평하게 유지되는 모습을 볼 수 있다. 즉 금리가 i^{***}이하가 되면 총 화폐 수요는 무한대가 됨을 확인할 수 있다. 이는 이자율이 매우 낮은 상태에서, 다시 말해 채권 가격이 너무 높은 상태에서는 채권 가격이 하락할 상황만 남았기 때문에 개인들은 채권에 투자하지 않고 모두 화폐만 보유하려 함을 의미한다. 이것을 유동성 함정(liquidity trap)이라고 한다. 유동성 함정은 케인즈의 재정정책 이론에 힘을 실어준 현상으로 경기 침체기에는 아무리 돈을 풀어도 돈이 돌지 않기 때문에 통화정책 효과가 없으므로 재정정책을 실시해야 한다는 이론을 뒷받침 하였다.

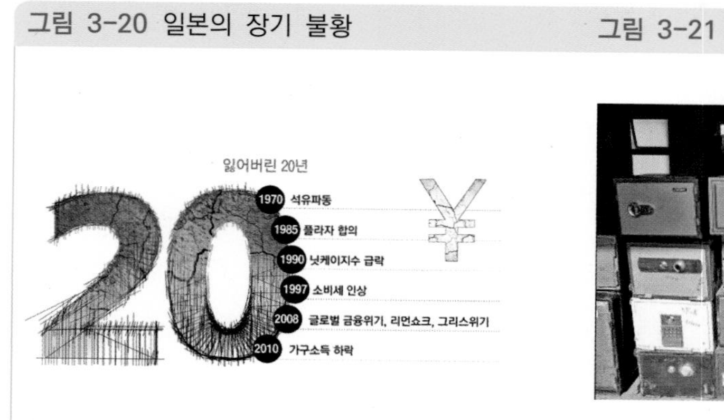

그림 3-20 일본의 장기 불황

그림 3-21 스나미 사태 당시 개인 금고

읽을거리

일본의 장기 침체와 유동성 함정

우리는 앞서 유동성 함정에 대한 이론적 배경을 알아보았다. 그렇다면 실제로 유동성 함정 이라는 것이 발생될 수 있을까? 이 견해에 대해서는 노벨 경제학상을 수상한 폴 크루그먼(P. Krugman)의 주장과 논문에 잘 나타나 있다. 일본은 1990년 초부터 시작된 장기 불황을 타개하기 위해 통화정책과 재정정책 등 많은 정책을 시행했지만 장기 불황에서 벗어나지 못했다. 우리는 이것을 "일본의 잃어버린 10년" 혹은 "일본의 잃어버린 20년" 등으로 기억하고 있다. 일본은 침체가 시작된 1990년 초부터 지금까지 저금리 정책을 유지하고 있다. 더욱이 금리를 제로수준까지 낮췄는 데도 성장률이 회복되지 않자, 비전통적 통화정책인 양적 완화정책까지 꺼내들며 시장에 유동성을 거의 무제한적으로 공급하게 되었고, 현재는 마이너스 금리까지 도입하고 있다. 이론적으로 확장적 통화정책의 목적은 기준금리를 인하하여 투자 수요 및 소비 수요를 자극함으로서 성장률을 끌어올리려 하는 정책이다. 하지만 일본은 금리를 낮추고 유동성을 풀었지만 결국 성장률을 끌어올리지 못했다. 이런 결과가 나타난 이유는 위의 이론과 같이 채권 가격이 너무 높기 때문에 앞으로 하락할 일만 남았다고 생각하여 채권 투자를 하지 않고 현금을 보유하려는 욕구가 강했을 수도 있다. 하지만 이는 분명하지 않다. 중요한 사실은 기준금리를 제로수준으로 낮추고, 유동성을 그렇게 많이 풀었는데도 투자 수요 및 소비 수요를 자극하지 못했다는 것에 있다.

이렇듯 여러 가지 경제 이론적 관점에서 일본의 장기 불황과 통화정책 간에 관계를 명확히 밝혀내지 못한 가운데 최근 일본의 스나미 사태 직후 일본이 유동성 함정에 있었다고 짐작할 수 있는 사건이 하나 발생했다. 이는 스나미로 인해 부서진 집들 사이로 발견된 "개인 금고"에서 그 원인을 찾을 수 있다. 실제로 일본에서는 개인 금고를 흔하게 볼 수 있으며 개인 금고에는 우리나라 화폐 가치로 억 원단위 이상의 현금을 가지고 있는 사람도 많다고 알려졌다. 이런 현상은 우리나라와 대조적인 모습으로 실제 일본 국민들이(특히 노인들) 화폐에 대한 수요가 굉장히 높다는 시실을 입증하는 결과라고 할 수 있다.

연습문제

01 고전학파의 현금잔고방식을 이용하여 실질 화폐수요가 무엇에 의해서 영향을 받는지 수식을 이용하여 설명해 보시오.

02 고전학파가 주장하는 화폐 수요와 케인즈의 유동성 선호설에 주장하는 화폐 수요의 가장 큰 차이점은 무엇인지 설명해 보시오.

03 유동성 선호설의 화폐 보유 동기 3가지를 설명해 보시오.

04 다음과 같은 상황을 가정하여 투자적 화폐 수요 변화를 설명해 보시오.

• 현재 시장 금리는 정상 이자율을 상회하여 상승 • 채권 투자는 향후 채권 가격 변화의 기대를 반영하여 투자

05 화폐 수요 함수를 이자율과 화폐 수요에 대한 평면 그래프로 그려보고 왜 우하향 하는지 설명해 보시오.

06 "유동성 함정"이 발생하는 원인에 대해서 설명해 보시오.

04 이자율 결정 이론

이자율 결정 이론은 크게 실물 부분만을 고려한 고전학파의 자연 이자율 이론과 화폐 시장의 수요와 공급, 즉 화폐에 의해서 결정된다는 케인즈의 유동성 선호설로 구분된다. 그리고 고전학파의 이론을 계승한 현대적 대부자금설 등이 있다.

(1) 고전학파의 자연 이자율 이론

고전학파는 이자율이 실물 시장의 저축과 투자에 의해서 결정된다고 주장하였다. 여기서 저축의 주체는 가계이며 저축은 현재 소비를 포기한 대가로 정의하였다. 따라서 이자율이 상승한다는 것은 현재 소비를 포기한 대가가 증가 한다는 의미로 해석된다. 이는 현재 예금 금리가 10%라면 내가 당장 재화나 서비스를 구매하지 않고 현재의 소비를 미래로 이전 시키는 대가가 10%라는 의미다. 만약, 금리가 20%로 증가한다면 현재 소비를 미래로 더 많이 이전시킨다는 의미를 내포하고 있다. 실제로 다른 투자 대안이 없고, 물가 상승률이 낮다면 금리가 오를 경우 예금을 늘리는 것은 효율적인 선택일 것이다. 따라서 고전학파는 저축이 이자율의 증가함수라고 가정하였다.

반면 투자는 이자율의 감소함수로 정의하였다. 이는 기업의 한계생산성(marginal productivity)으로 대변되는 미래 기대 수익과 자본조달 비용 간의 관계를 나타낸 것으로 미래 기대 수익보다 자본조달 비용이 증가하면 기업은 투자를 줄일 것이고, 반대의 경우에는 투자를 늘릴 것이란 의미다. 다시 말해 기업은 투자를 위해 자본을 조달하여야 하며 여기서 이자율은 비용과 직결되기 때문에 이자율이 상승할 경우 투자가 감소하고 이자율이 하락하면 투자가 늘어날 것으로 가정한 것이다.

고전학파의 주장에 따르면 아래 그림과 같이 저축은 우상향하는 모습을 나타내고 투자는 우하향 하는 모습을 보일 것이다. 이렇게 저축과 투자가 만나는 점에서 균형 이자율이 형성되며 이를 자연 이자율(natural rate of interest)이라고 부른다. 균형 이자율에서 자금의 공급자는 원하는 만큼 자금을 공급하며 자금의 수요자 역시 원하는 만큼 자금을 공급받게 된다. 그러나 만약 가격을 나타내는 지표인 이자율이 상승한다면 투자하려는 기업이 줄어들어 자금 수요는 감소하는 반면, 현재 소비를 포기한 대가가 증가하므로 저축하려는 가계는 증가하게 된다. 따라서 초과 저축에 대한 잉여 자금이 생겨나게 된다. 잉여 저축은 금리를 조금 낮추더라도 자금의 수요가 있는 곳에 투자되기를 원하며 계속적으로 하락하여 결국 균형 이자율까지 하락한 후에 멈추게 된다.

고전학파의 자연 이자율의 가장 큰 특징은 실물 요인만을 고려하였다는 점이다. 즉 이자율 결정에 있어서 화폐는 전혀 관여하지 못하고 실물 요인인 저축과 투자만이 이자율을 결정하는 요인으로 작용했다는 것이다. 고전학파에 통화량은 물가에만 영향을 미치며 이자율과는 무관하다고 간주하였다.

그림 3-22 고전학파의 이자율 결정 모형

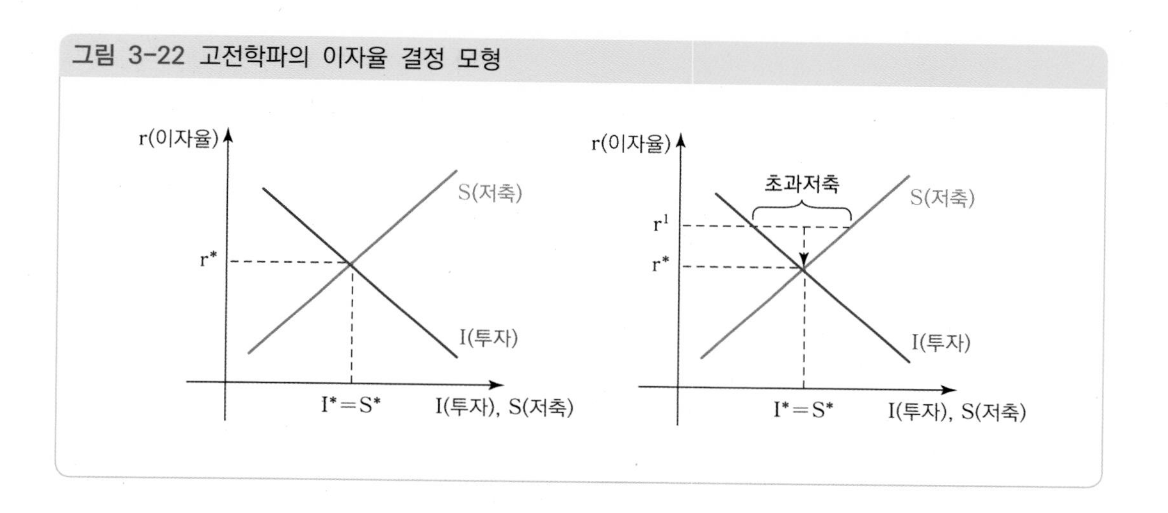

(2) 케인즈의 유동성 선호설에 의한 이자율 결정 이론

유동성선호 이론에 입각한 이자율 결정 이론은 이자율이 화폐 수요와 공급에 의해서 결정된다는 이론이다. 즉 이자율은 유동성을 포기하는 대가로 고전학파가 주장한 소비를 포기한 대가와는 다른 해석이다.

그렇다면 화폐의 수요와 공급은 어떻게 결정되는 것일까? 우선 화폐의 공급은 외생적(exogeneous)으로 결정된다고 보았다. 실제로 통화 공급은 통화당국인 한국은행에서 결정하는 것으로 내부적인 변수에 의해 변화되는 것이 아니다. 따라서 아래 그림과 같이 수직인 형태(비탄력적인 형태)를 갖는다. 다음으로 화폐 수요는 앞서 케인즈의 유동성 선호설에 입각한 화폐 수요 이론과 같이 거래적·예비적·투자적 화폐 수요에 의해서 결정된다고 보았다. 거래적·예비적 화폐 수요는 명목 소득의 증가함수이고, 투자적 화폐 수요는 이자율의 감소함수라는 점은 이미 화폐 수요 이론을 통해 확인했기 때문에 우리는 그림 3-23에서와 같이 화폐 수요가 우하향하는 곡선을 갖는다는 사실을 알고 있다. 이들을 수식으로 나타내면 아래와 같다.

$$M_s = \text{외생적 결정(중앙은행에 의해서 결정)}$$

$$M_d = L(Y, i)$$

그림 3-23 유동성 선호설의 화폐 공급 곡선과 화폐 수요 곡선

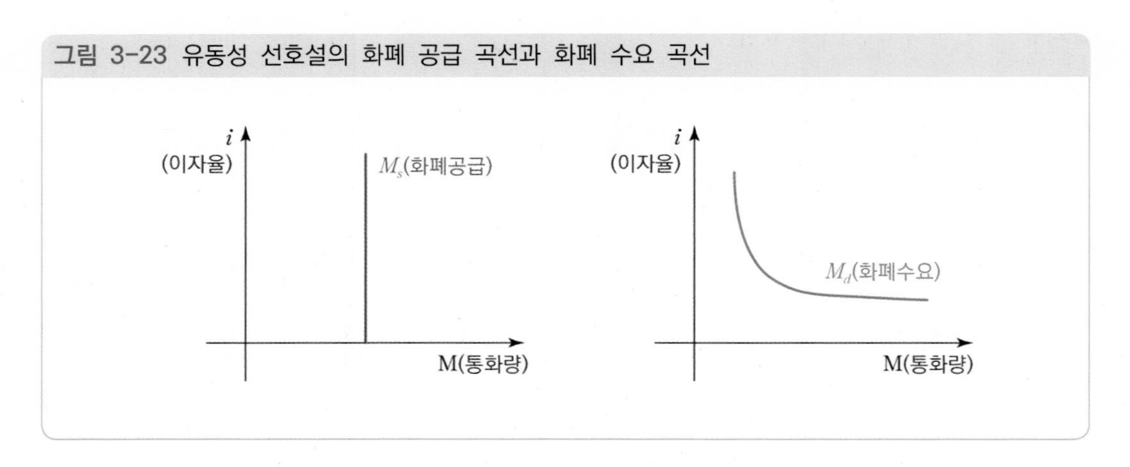

이제 우리는 재화 시장의 균형 조건과 같이 수요와 공급 곡선이 만나는 점에서 균형 이자율을 찾을 수 있다. 아래 그림에서는 i^*가 균형 이자율이 된다. 균형 이자율은 외부 충격이 없는 한 현재 이자율 상태를 유지하려 하지만 외부 충격 혹은 수요, 공급의 변화에 의해서 새로운 균형점을 찾아가기도 한다. 우선 그림처럼 외부 충격에 의해 이자율이 i^{**}로 상승하였다고 가정해보자. 그럼 시장은 초과 자금 공급 상태가 된다. 이때 개인들은 이자율이 너무 높은 상태라고 생각하고 향후 이자율이 하락할 것을 예상하여 채권을 매수하게 된다. 즉, 채권 가격이 향후 올라갈 것을 예상하여 보유하던 현금 자산을 채권 구매에 사용한다는 것이다. 개인들은 균형 이자율로 회귀할 때까지 계속해서 채권을 매수하고 균형 이자율인 i^*에 다다르면 더 이상 추가적인 자본 소득을 얻을 수 없으므로 채권 매수를 멈추게 된다.

다음은 외생적으로 가정한 화폐 공급의 변화에 따라 이자율이 변동하게 된다. 통화당국은 단기적으로 경기를 부양하거나 과도한 인플레이션을 억제하기 위해서 통화 공급을 늘리거나 줄일 수 있다. 만약 단기적인 경기 부양을 목적으로 통화량을 늘린다면 아래 그림과 같이 통화 공급은 M_s에서 오른쪽인 $M_s{}'$로 이동하게 된다. 이럴 경우 이자율은 i^*에서 i^{***}로 하락한다. 반면 인플레이션을 억제하기 위해 이자율을 올리고자 한다면 시중에 통화를 회수하여 이자율을 상승시킬 수 있다. 마지막으로 명목 소득이 증가하게 되면 거래적·예비적 화폐 수요가 증가하여 화폐 수요 곡선을 오른쪽으로 이동시킨다. 따라서 그림과 같이 명목 소득이 Y에서 Y'로 증가할 경우 이자율은 i^*에서 i^{****}로 상승하게 된다.

그림 3-24 유동성 선호설에 의한 이자율 결정

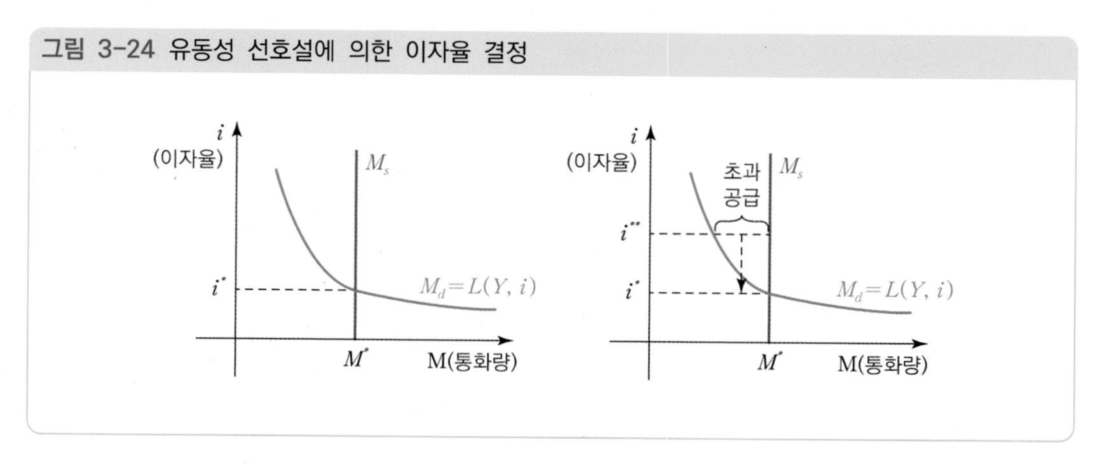

그림 3-25 통화 공급 확대 시 이자율 변동과 통화 수요 증가 시 이자율 변동

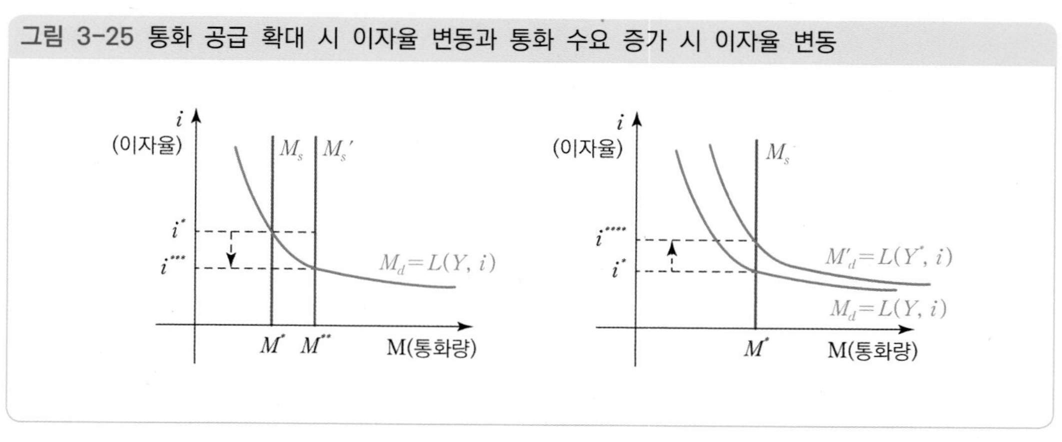

연습문제

01 그림 3-22는 고전학파적 이자율 결정 모형이다. 만약 시장 충격이 발생하여 균형 이자율인 자연 이자율보다 시장 이자율이 상승할 경우 어떤 경로를 통해 자연 이자율로 회귀하는지 설명해 보시오.

02 고전학파적 이자율 결정 이론과 케인즈의 유동성 선호설에 입학한 이자율 결정 이론의 가장 큰 차이점은 무엇인지 설명해 보시오.

03 케인즈의 유동성 선호설에 입각한 이자율 결정 이론에 입각하여 다음과 같은 경우 시장 이자율은 어떻게 변동되는지 설명해 보시오.

(1) 중앙은행이 통화량을 회수하는 경우

(2) 가계 소득이 감소하는 경우

04 최근 COVID-19으로 인한 세계 공급망 차질 및 전쟁으로 인한 원유 가격 상승 등으로 인플레이션 압력이 가중되고 있다. 이에 중앙은행은 긴축적 통화정책을 실시하여 물가 상승 압력을 억제하려 하고 있다. 이를 유동성 선호설에 입각한 이자율 결정 이론을 이용하여 중앙은행의 긴축적 통화정책 경로를 설명해 보시오.

05 기준금리 결정

앞서 고전학파와 케인즈안적 견해를 통해 이자율이 어떻게 결정되는지 살펴보았다. 하지만 독자들은 신문이나 방송 어디에서도 이런 이론적 견해로 이자율이 결정된다고 본 적이 없을 것이다. 대신에 "한국은행 금융통화위원회에서 이번 기준금리를 00% 인하(인상)하였습니다."라는 기사나 방송을 본적이 있을 것이다. 그렇다면 금리를 결정하는 한국은행의 금융통화위원회와 기준금리(base rate)라는 것은 무엇인지 살펴보도록 하자.

우선 우리나라의 기준금리를 결정하는 기관은 한국은행의 금융통화위원회라는 곳이 있으며 흔히 줄여서 금통위라고 부른다. 금통위는 우리나라의 통화신용정책에 대한 주요 사항을 심의·의결하는 기관으로서 한국은행 총재 및 부총재를 비롯하여 총 7인으로 구성되어 있다. 구성원의 임기는 한국은행 총재 4년, 부총재 3년, 나머지 위원은 4년으로 위원들은 연임이 가능하나 총재와 부총재는 1차례에 한해서만 연임할 수 있다. 금통위는 매월 둘째 주 목요일에 정기 회의를 열며, 기준금리에 대한 결정은 본회의를 통해 연 8회 결정한다. 통상적으로 전체 위원 7인 중 5인 이상 출석과 출석위원 과반수의 찬성이 있을 시 안건을 심의·의결하게 된다.

이렇게 금통위에서 결정한 기준금리는 은행의 예금 금리, 대출 금리는 물론 자본 시장의 채권 수익률, 회사채 수익률 등에 기준이 된다. 그렇다면 이만큼 중요한 기준금리를 결정하는 금통위 위원들은 무엇을 기준으로 이를 결정할까? 우리나라 중앙은행인 한국은행의 통화정책 목표는 물가안정에 있다.[11] 즉 물가안정목표제를 시행하고 있다. 따라서 과도하게 물가가 상승할 경우 우리나라 경제에 미칠 부작용을 우려하여 선제적으로 기준금리를 조정하는 정책을 시행하는 것이다. 기준금리 결정에 최우선 목표는 물가에 있지만 실제 통화정책 운영에는 경기 및 금융, 외환시장 상황, 세계경제 흐름 등을 종합적으로 고려(look-at-everything approach)한다. 즉 단순히 목표 물가수준만을 타겟(target)하기 위해서 기준금리를 결정하는 것이 아니라 국내외 경기 동향 및 환율 상황 등 모든 경제 상황을 고려하여 기준금리를 결정한다는 것이다. 예를 들어 2008년 이후 국내 저금리 기조는 국내경제가 저성장 국면에 접어들면서 좀처럼 회복되는 기미를 보이지 않았기 때문에 경기 부양을 위한 목적으로 기준금리를 인하한 것이다. 이와 더불어 선진국들의 비전통적 통화정

11) 한국은행법 제 1조 제 1항은 "한국은행을 설립하고 효율적인 통화신용정책의 수립과 집행을 통하여 물가 안정을 도모함으로써 국민경제의 건전한 발전에 이바지함"으로 정의하고 있다.

책인 양적완화에 대응하고자 기준금리를 인하한 것이다. 반면 2021년 이후 기준금리 인상은 과도하게 풀린 유동성과 COVID-19으로 인한 공급망 차질 등으로 급격하게 상승하고 있는 인플레이션을 억제하기 위함에 있다.

국내 기준금리는 현재 한국은행과 금융기관과의 환매조건부채권(RP)매매 금리를 사용하고 있다. 환매조건부채권 매매 금리 이전에는 콜금리를 사용하였으며 콜금리는 은행 간 초단기 거래에 사용되는 금리를 말한다.

그림 3-26 국내 기준금리 및 물가 추이(단위:%, 기간:2001.1~2022.3)

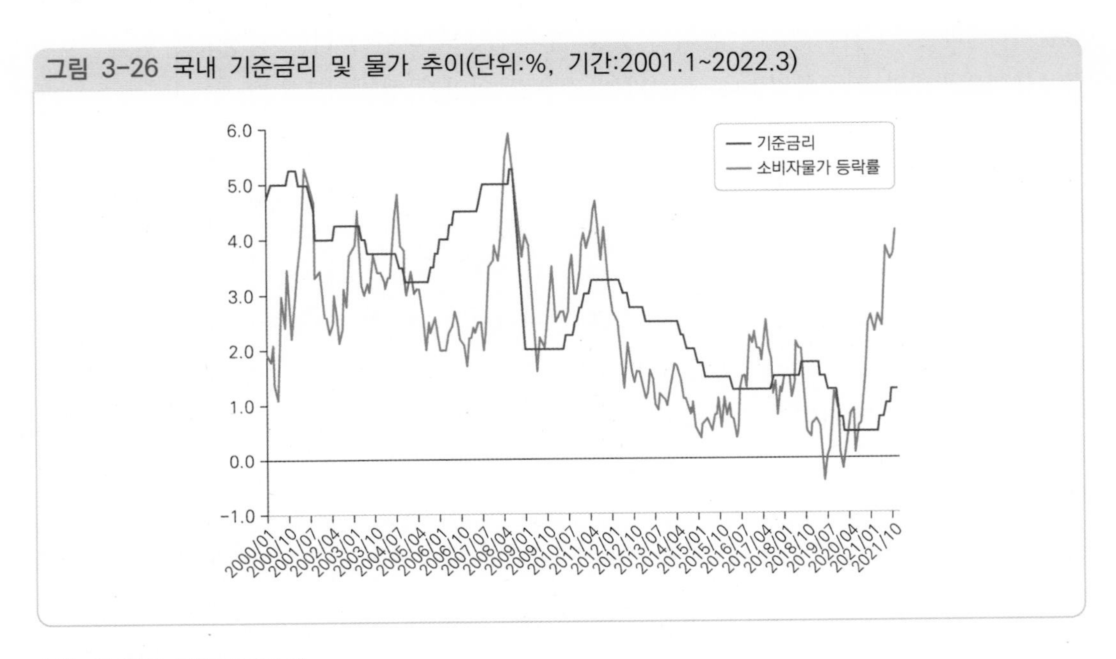

출처: 한국은행 경제통계시스템

그림 3-27 금융통화위원회

출처: 공동 취재단

그림 3-28 미국의 기준금리 추이(기간:2000.1~2022.4)

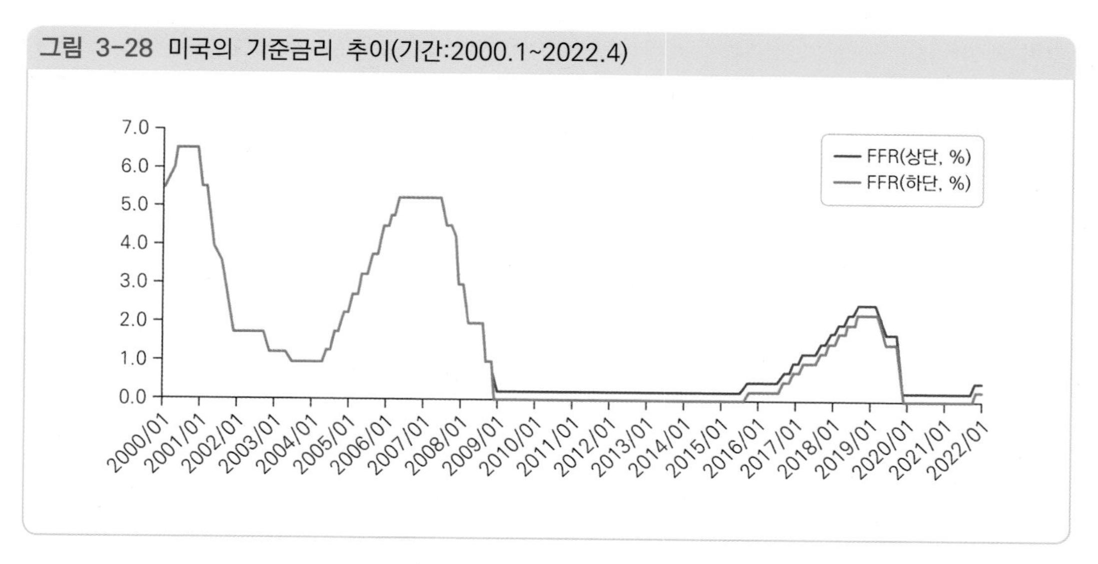

출처: Federal Reserve Bank

06 기준금리의 파급 경로와 장단기 금리 구조

한국은행의 금통위를 통해 결정된 기준금리는 즉시 단기 금융시장 금리를 조정하게 된다. 초단기 금리가 적용되는 금리는 은행 간 하루짜리 금리인 콜금리가 있다. 앞서 지급 준비금이라는 것을 배웠는데 은행의 경우 법정 지급 준비금 만큼은 꼭 현금으로 보유하고 있어야 하기 때문에 자금 과부족이 발생할 경우, 은행 중 법정 지급 준비금 이상의 현금을 보유하고 있는 은행으로부터 단기 차입하게 된다. 이 단기 차입의 대가로 이자를 지급하게 되는데 이를 콜금리라고 한다.

이렇게 기준금리가 변경되면 초단기 금리 등은 즉각적으로 반응하고 이어서 은행의 여수신금리가 조정된다. 보통 정기 예금으로 대변되는 수신 금리는 기준금리 변경에 따라 수일 사이 금리를 반영한다. 여신 금리 역시 기준금리 변경에 따라 수일 혹은 수주 사이에 조정된다.

이어서 장기 금리인 채권이나 장기 대출 금리 등이 변동된다. 채권 금리 혹은 장기 대출 금리 등은 기준금리 뿐만 아니라 시장의 수요－공급(수급)에 의해서도 금리가 변동됨으로 기준금리 변경 이후에도 한동안 변동성이 확대되는 모습을 보이기도 한다.

그림 3-29 금리의 파급 경로

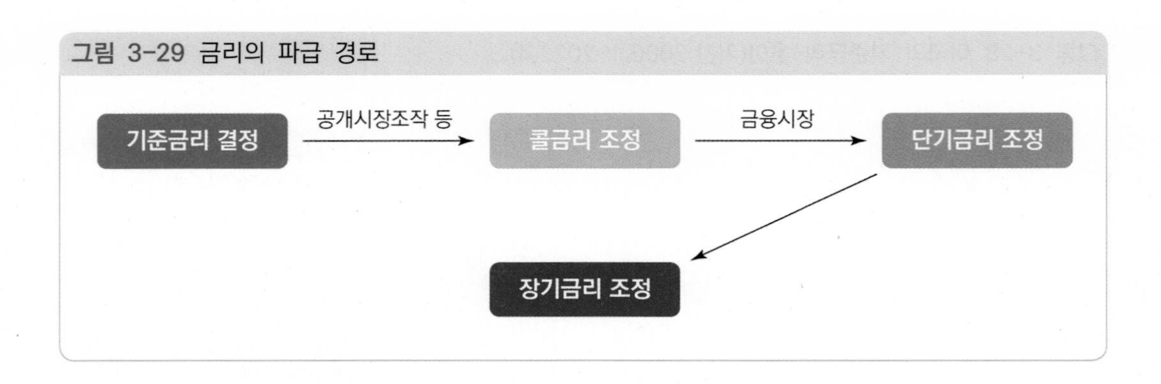

그림 3-30 기준금리, 예금 금리, CD 금리, 채권 금리, 회사채 금리, CP 금리 등 추이 비교

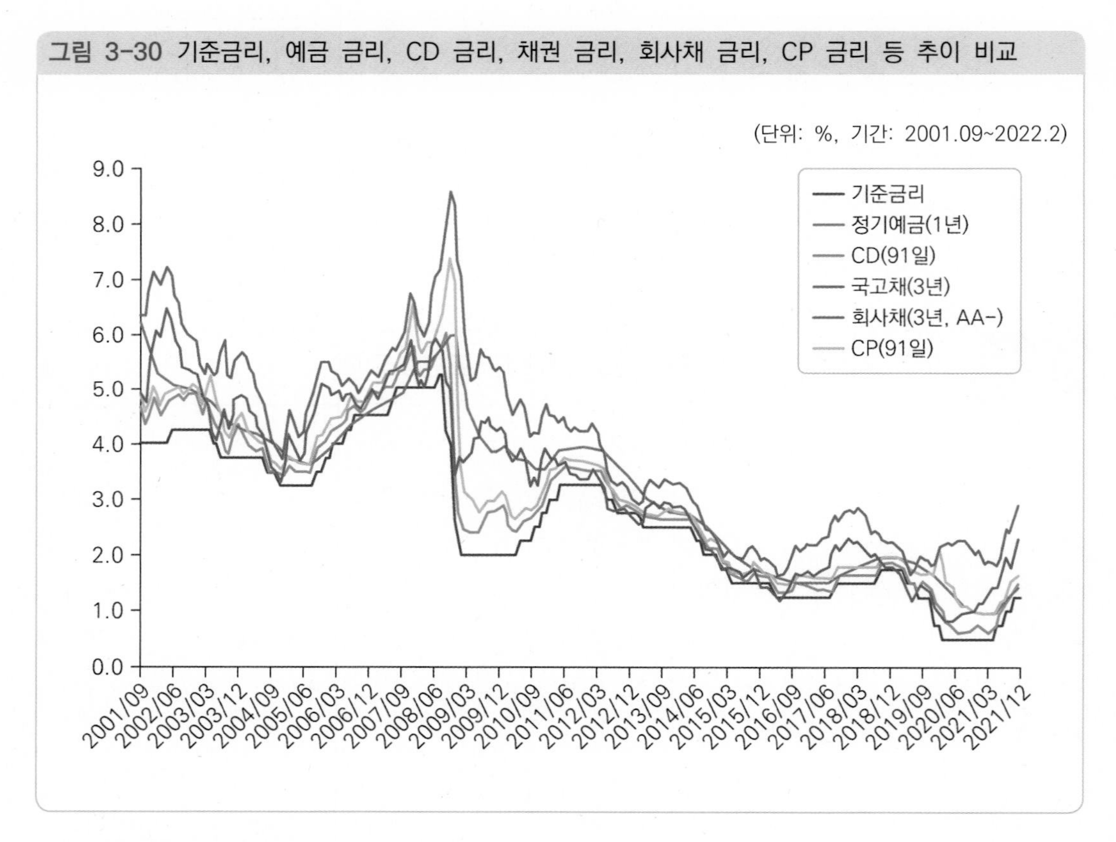

출처: 한국은행 경제통계시스템

위의 그림에서와 같이 보통 단기 금리보다는 장기 금리가 높다. 물론 금리가 역전되는 현상도 있지만 일반적인 현상은 아니다. 그렇다면 장기 금리가 단기 금리에 비해서 높은 구조를 가지고 있는 이유는 무엇일까? 일반적으로 장기 금융상품은 만기가 긴 상품으로 정

의한다. 즉 만기가 2년 이상으로 길기 때문에 투자 원금과 이자를 회수할 때까지 시간이 오래 걸리는 것이다. 금융에서는 원금과 이자를 회수하는데 오랜 시간이 걸리는 것을 유동성 위험(liquidity risk)[12]이라고 한다. 따라서 개인들은 유동성 위험에 직면하고 있는 대신에 추가적인 대가를 원하게 되며 이를 유동성 프리미엄(liquidity premium)이라고 한다. 예를 들어 모든 조건이 동일한데 1년 만기 정기 예금 금리가 4%이고 2년 만기 정기 예금도 4%라면 독자는 어떤 예금을 선택하겠는가? 합리적인 사람이라면 1년 만기 정기 예금을 선택할 것이다. 이유는 만기가 짧기 때문에 유동성 위험이 적으며, 1년 후 현금을 확보하여 또 다른 투자처를 찾거나 이를 소비에 이용할 수 있기 때문이다. 따라서 조건이 동일하면 2년 만기 정기 예금은 4%보다 높은 금리를 제시해야 투자를 받을 수 있다.

그림 3-31 단기 금리와 장기 금리 구조

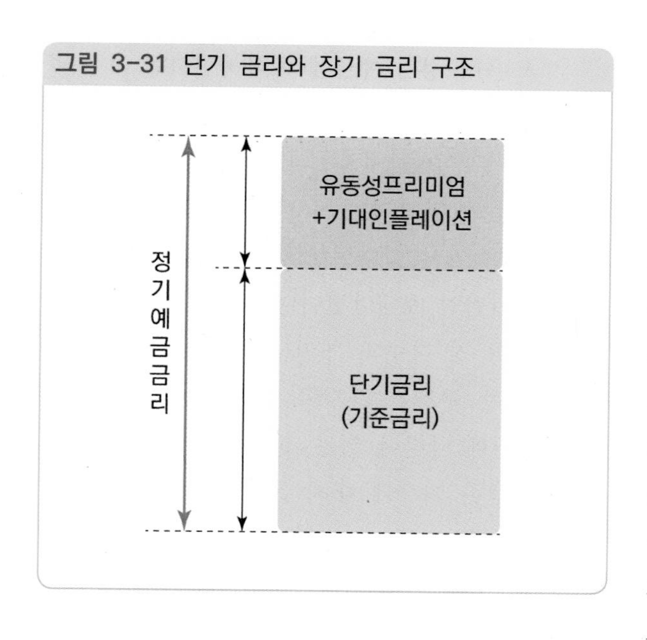

07 예금 금리와 대출 금리 차이

흔히 독자들은 은행 지점을 지날 때나 이체 및 납입 업무를 위해 지점에 들어서면 은행에서 판매하고 있는 금융 상품에 대한 플랜카드와 팜플렛 등을 볼 수 있을 것이다. 또한 이들 광고 매체에 정기 예금과 적금, 대출 상품에 대한 금리가 표시되어 있는 것도 확인 할 수 있을 것이다. 독자들이 은행에서 본 금리가 자세히 기억나지 않겠지만 대출 금리가 예금 금리보다 높다는 점은 어렴풋이 기억하고 있을 것이다. 그리고 항상 대출 금리가 예금 금리에 비해 높게 형성되어 있는 것을 이상하지 않게 생각할 것이다. 그렇다면 우리는 왜

12) 장기 금리에 유동성 리스크를 감안한 이론을 유동성 프리미엄이론이라고 한다. 유동성 프리미엄이론은 J. R. Hicks가 처음 주장한 것으로 만기가 길어질수록 유동성 프리미엄이 증가하여 금리가 높아진다는 이론이다.

은행 대출 금리가 예금 금리에 비해서 높은 것을 당연하게 생각하는 것일까? 이것은 간단한 가정하나로 이해할 수 있다. 만약 A 은행의 1년 만기 정기 예금 금리가 10%이고 B 은행의 1년 만기 대출 금리가 5%라고 가정해보자(금리 이외에 부대 비용은 없다고 가정). 그럼 독자들은 B 은행에서 100만 원을 대출 받은 후 A 은행 정기 예금에 예금하면 1년 후 아주 쉽게 5만 원을 벌 수 있다[13](100만 원에 대출 이자는 5만 원(1,000,000×0.05)이고 100만 원에 대한 정기 예금 이자는 10만 원(1,000,000×0.1)이다). 이와 같은 구조는 투자자 입장에서는 무위험 투자가 가능한 구조지만 은행 입장에서는 영업을 하면 할수록 손해가 발생하는 구조다. 따라서 상식적으로 대출 금리가 예금 금리보다 높아야 한다는 것을 독자들도 직관적으로 알고 있던 것이다. 이것이 바로 은행의 주요 수입원인 예대마진이다. 예대마진이란 예금 금리와 대출 금리의 차를 말하는 것으로 은행은 불특정 다수의 개인들과 기업들로부터 예금을 받아 이를 대출로 운용함으로써 수익을 올리는 구조를 가지고 있다.

예대마진은 은행의 주요 수입원으로서 아래 그림에 나타나 있는 것처럼 수익원 중 많은 부분을 차지하고 있다. 예금과 대출 금리 차가 발생한 이유에 대해 은행 입장에서 설명하였지만 예금자나 대출자 입장에서는 설명하지 않았다. 이유는 여러 논란이 존재하기 때문이다. 우선 예금 금리와 대출 금리 차는 우리가 앞서 직·간접 금융시장을 설명하면서 언급했다. 간접 금융시장의 경우 예금자들은 대출에 대한 리스크를 지지 않는다. 즉, 은행이 불특정 다수로부터 받은 예금을 은행 책임으로 대출을 진행하기 때문에 대출 리스크가 예금자에게 전가되지 않는다. 결국 예금자에게는 안전하게 수익을 올릴 수 있는 기회를 제공하기 때문에 낮은 금리를 책정할 수 있고, 대출자에게는 부도 위험 및 대출자에 대한 신용을 스크리닝하는 비용 등을 감안하여 높은 대출 금리를 책정하는 것이다. 그럼에도 불구하고 예대마진에 대한 논란에서 은행이 자유롭지 못한 이유는 예대마진에 대한 수익 비중이 너무 높다는 점과 기준금리 변동에 따라 대출 금리는 쉽게 인상하고 느리게 인하하는 반면 예금 금리는 느리게 인상하고 빠르게 인하하는 일이 빈번이 발생하기 때문이다.

은행들 입장에서는 고금리보다 저금리 상황에서 수익 구조가 악화되는 현상이 자주 발생하는데 그 이유도 예대마진에 있다. 고금리 상황에서는 예대마진이 높아져도 예금 금리가 높기 때문에 예금자나 대출자가 크게 인지하지 못한다. 반면 저금리 상황에서는 예대마진이 높아지면 예금자와 대출자의 원성이 높아지는데 이는 예대 금리 차의 상대적 비율 때문에 발생한다. 예를 들어 예금 금리가 10%일 때 대출 금리가 12%이면 예대 금리차는 2%

13) 실제로 이런 투자가 국제적 금융 투자에서 가능한데 이를 무위험 차익거래(arbitrage trading)이라고 한다.

가 된다. 이는 예금 금리를 기준으로 봤을 때 20%($\frac{2\%}{10\%}$)에 해당하는 수치다. 반면에 예금 금리가 2%이고 대출 금리가 4%인 저금리 상황에서는 앞서와 같은 2%의 예대 금리차라고 하더라도 예금 금리 대비 예대 금리차는 100%($\frac{2\%}{2\%}$)가 된다. 따라서 예금자와 대출자는 은행이 예대마진으로 폭리를 취하고 있다고 생각 할 수 있다. 결국 이러한 이유 때문에 은행들은 저금리 상황에서 은행의 수익 구조가 악화될 가능성이 높다.

그림 3-32 은행의 수신 금리와 여신 금리 및 금리 차 추이(단위: %, 기간: 2001.9~2022.2)

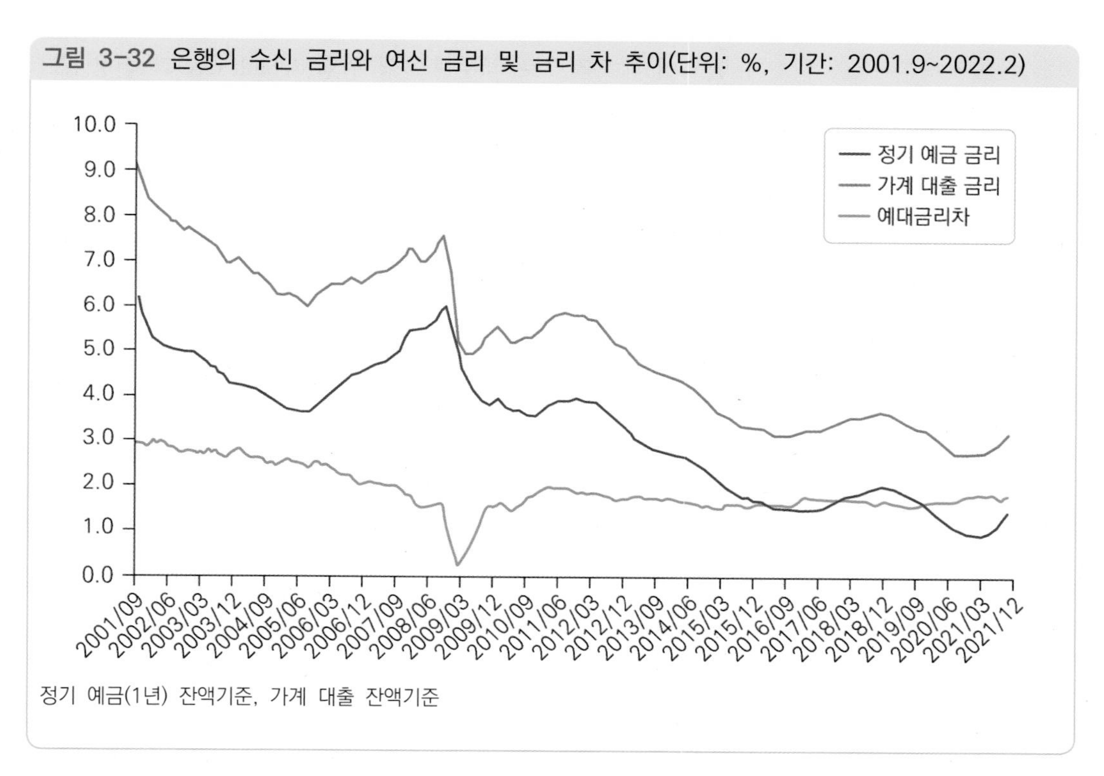

정기 예금(1년) 잔액기준, 가계 대출 잔액기준

출처: 한국은행 경제통계시스템

08 금융 상품 간 금리 차

은행이나 투자증권사의 고정금리부[14] 금융상품들은 금리가 각각 다르다. 실제로 은행의 고정금리부 상품인 정기 예금, 양도성 예금증서(CD)부터 투자증권사의 기업어음(CP), 회사채, 국채 등 이 금융 상품들 간에 금리는 같지 않다. 앞서 금리 구조에서 유동성 프리미엄이 존재하며 만기가 긴 상품일수록 금리가 높다고 하였다. 금융 상품에서 만기 이외에도 금리를 결정하는 중요 요소가 있으며 대표적으로 채무불이행 위험(default risk)과 신용 위험(credit risk) 등이 있다. 이는 고정금리부 금융상품을 발행한 기관 신용도에 따라 금리가 결정됨을 전제로 한다. 예를 들어 삼성전자와 일반 중소기업 간 부도율을 비교해보자. 합리적 투자자라면 각 기업 간 내·외부 자료를 바탕으로 일반 중소기업 부도율이 높다는 것을 알 수 있을 것이다. 반대로 부도율이 낮은 삼성은 투자자로부터 투자 안정성에 대한 신뢰를 얻을 수 있기 때문에 투자 수요가 증가하게 될 것이고 이는 삼성이 낮은 조달 비용(낮은 금리)으로 자금을 조달할 수 있음을 의미한다. 하지만 일반 중소기업은 부도율이 삼성보다 상대적으로 높기 때문에 투자 수요 역시 삼성보다 낮을 것이다. 이는 일반 중소기업의 경우 상대적으로 높은 금리를 제시하여야 자금 조달을 할 수 있음을 의미한다. 정리하면 삼성전자와 일반 중소기업 간 기업의 신용도로 인해 자금 조달을 위한 금리 차가 발생하는데 이를 신용 스프레드(credit spread)라 한다.

신용 스프레드는 위의 예에서와 같이 상품 내(회사채 간)에서도 존재하지만 상품 간에도 발생한다. 우선 상품 간 신용 스프레드는 상품을 발행한 기관 신용도에 따라 신용 스프레드가 달리 설정된다. 예를 들어 국채와 회사채를 비교하면 회사채가 국채에 비해 신용 스프레드가 높은 것이 일반적이다. 이는 국채의 경우, 국가가 부도나지 않는 이상 지급을 보증하기 때문에 신용도가 매우 높은 것으로 간주한다. 실제로 미국 국채인 T-bill, T-note 등은 무위험 자산(risk free asset)으로 간주된다. 무위험 자산이란 말 그대로 위험이 없는 자산이라는 뜻으로써 미국이 부도날 위험이 없다는 의미다.[15] 반면 회사채의 경우, 발행 회사의 신용도를 중심으로 발행되기 때문에 국가 부도위험보다 높다고 보는 것이 일반적이다. 즉 회사가 부도나는 일은 한 국가 안에서도 빈번하게 발생하지만 국가가 부도나는 일

14) 고정이자부 금융상품이란 정해진 기간에 정해진 이자를 지급하고 만기 시 원금을 지급하는 금융 상품을 말한다.
15) 미국은 세계에서 가장 큰 경제 시장을 보유하고 있는 것과 더불어 달러라는 절대적인 기축 통화를 가지고 있기 때문에 글로벌 투자자들은 현재로서 미국의 부도율이 굉장히 낮다고 판단하는 것이다.

은 거의 없다고 보는 것이다. 다음으로 상품 내 신용 스프레드는 같은 국채 혹은 회사채 간에도 신용 스프레드가 존재한다고 보는 것이다. 우선 국채 간 신용 스프레드는 국가 신용도에 따라 국가 간 국채 금리가 결정된다고 보는 것이다. 아래 그림은 국가별 신용도를 나타낸 표이다. 한국은 2021년 5월 기준으로 AA(Aa2) 등급(Moody's와 S&P)으로 아시아에서 일본과 중국에 비해 높은 신용도를 가지고 있다. 국채와 마찬가지로 회사채 역시 신용 등급이 존재한다. 회사채는 신용도가 가장 높은 AAA에서 D까지 18개 등급으로 나눠져 있다. 또한 기업의 신용도로 발행되는 단기성 고정이자부 금융상품이 있으며 이를 기업어음(CP)이라고 한다. CP는 기업이 단기 자금 조달을 목적으로 발행하는 것으로(1년 이내) A1에서 D까지 6등급으로 나눠져 있다.16)

표 3-2 주요국 국가 신용 등급 비교 ('20.5월 현재)

구분	등급	Moody's	S&P	Fitch
투자 등급	AAA(Aaa)	독일, 캐나다, 호주, 싱카포르, 네덜란드, 덴마크, 스웨덴, 스위스, 룩셈부르크, 노르웨이, 미국, 뉴질랜드 (12개국)	독일, 캐나다, 호주(-), 싱가포르, 네덜라드, 덴마크, 스웨덴, 스위스, 룩셈부르크, 노르웨이, 리히텐슈타인 (11개국)	독일, 캐나다, 호주, 싱가포르, 네덜란드, 덴마크, 스웨덴, 스위스, 룩셈부르크, 노르웨이, 미국 (11개국)
	AA+(Aa1)	핀란드, 오스트리아 (2개국)	핀란드, 오스트리아, 미국, 홍콩 (4개국)	핀란드, 오스트리아(+) (2개국)
	AA (Aa2)	프랑스, 아부다비, **한국**, 영국(-), 쿠웨이트(RUR)	프랑스, 아부다비, **한국**, 영국, 뉴질랜드(+), 벨기에	프랑스, 아부다비, 쿠웨이트, 뉴질랜드, 마카오
	AA-(Aa3)	대만, 카타르, 홍콩, 벨기에, 마카오	대만, 카타르, 쿠웨이트, 아일랜드	대만, 카타르, 홍콩, 벨기에(-), **한국**, 영국(-)
	A+(A1)	중국, 일본, 칠레, 사우디(-)	중국, 일본(+), 칠레(-)	중국, 아일랜드
	A (A2)	아일랜드	스페인	일본, 칠레, 사우디
	A-(A3)	말레이시아	말레이시아, 사우디	말레이시아(-), 스페인
	BBB+(Baa1)	태국, 스페인, 멕시코(-)	태국, 필리핀	태국
	BBB (Baa2)	인도네시아, 필리핀, 인도(-)	인도네시아(-), 이탈리아(-), 포르투갈, 멕시코(-)	인도네시아, 필리핀, 포르투갈, 러시아

16) 국채, 회사채, CP 신용 등급은 "7장 금융 상품"에서 확인하길 바란다.

구분	등급	Moody's	S&P	Fitch
투자 등급	BBB-(Baa3)	이탈리아, 포르투갈(+), 러시아	러시아, 인도	이탈리아, 멕시코, 인도
투기 등급	BB+(Ba1)	남아프리카공화국(-)		
	BB (Ba2)	브라질	베트남	베트남, 그리스, 남아프리카공화국(-)
	BB-(Ba3)	베트남(-)	브라질, 그리스, 남아프리카공화국	브라질(-), 터키
	B+(B1)	그리스, 터키(-)	터키	이집트
	B (B2)	이집트	이집트, 우크라이나	우크라이나
	B-(B3)	라오스(+)		라오스

1) 주요국은 G20, ASEAN, PIIGS 국가 중심
2) 괄호 안 등급은 무디스 기준
3) 국가 뒤 (-)는 부정적 등급 전망, (+)는 긍정적 등급 전망
4) RUR은 등급 하향 검토(Rating under review)
5) Fitch는 CCC 이하로는 전망을 부여하지 않음

그림 3-33 국채, 회사채, CP 금리 추이(단위: %, 기간: 2000.1~2022.3)

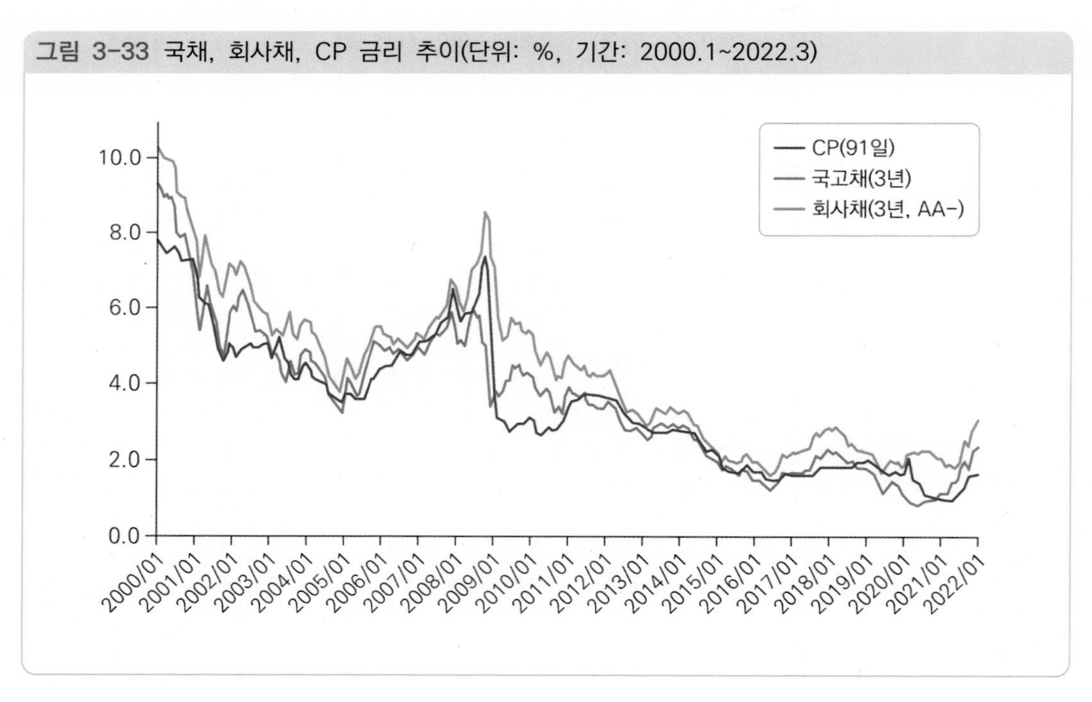

출처 : 한국은행 경제통계시스템

그림 3-34 회사채 간 신용도에 따른 금리 추이(단위: %, 기간: 2000.10~2022.3)

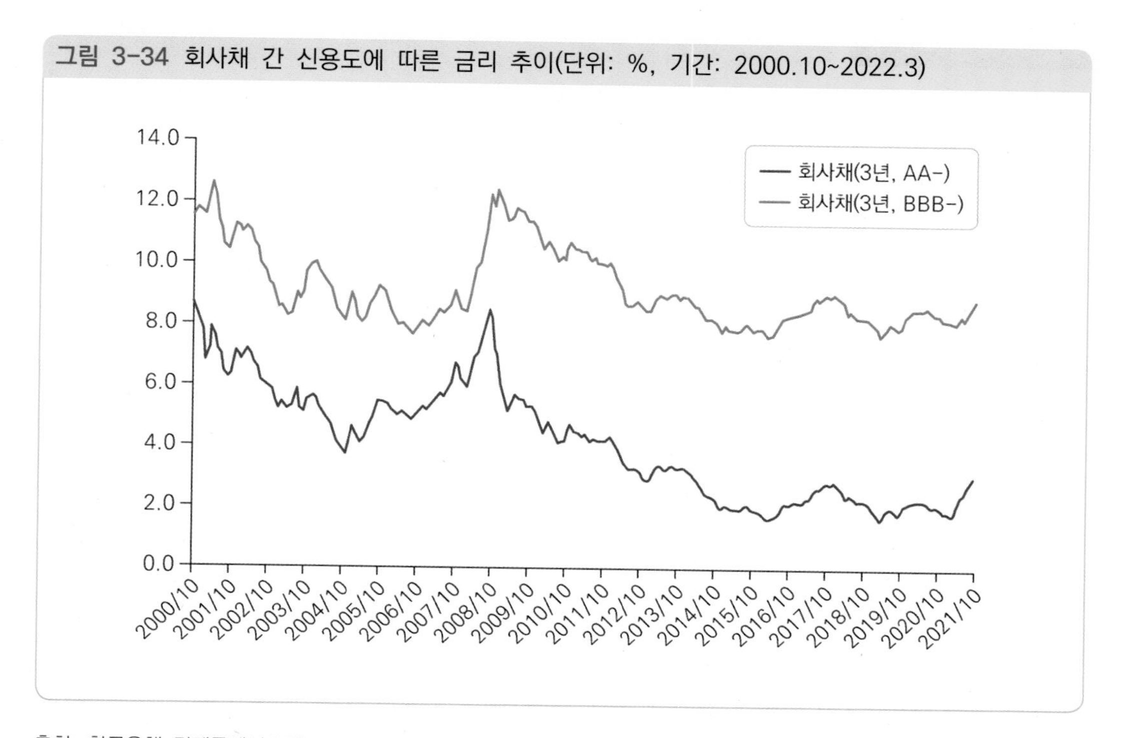

출처: 한국은행 경제통계시스템

연습문제

01 기준금리는 한국은행 ( )에서 연 ( )회 ( ) 통해 결정한다.

02 금융통화위원회는 기준금리 결정에 있어 어떤 사항들을 고려하는지 설명해 보시오.

03 2000년 1월부터 2022년 4월까지 기준금리에 대해서 조사하여 보고, 기준금리가 큰 폭으로 변동된 구간에 어떤 경제적 사건이 있었는지 조사해 보자.

04 국내 기준금리와 미국의 기준금리(FFR)을 같이 조사해보고 왜 미국의 FFR과 국내 기준금리가 비슷한 움직임을 보이는지 설명해 보시오.

05 단기 금리와 장기 금리 차가 발생하는 이유에 대해서 설명해 보시오.

06 신용 스프레드(credit spread)의 정의에 대해서 설명해 보고, 국채와 회사채, 회사채(AA-)와 회사채(BBB-) 간 금리 차이가 발생하는 이유에 대해서 설명해 보시오.

4

실물 경제와 금융

4

PART

실물 경제와 금융

01 실물 경제와 금융 · 통화

(1) 실물 경제에서 화폐의 역할

흔히 실물 경제에서는 화폐를 우리 몸의 혈액으로 비유한다. 즉 우리 몸에 혈액이 잘 돌지 않으면 생존할 수 없는 것처럼 실물 경제에서 화폐가 잘 돌지 않으면 경제도 위기가 발생할 수 있음을 의미한다. 이런 비유는 사실 경제학의 아버지로 불리는 애덤 스미스(A. Smith)가 국부론(The Wealth of Nations)을 집필할 때 큰 영감을 준 프랑스의 경제학자 프랑수아 케네(F. Quesnay)에 의해서 처음 사용되었다. 케네는 의학자이면서 경제학자였기 때문에 의학을 경제학에 접목시켜 생각했으며 화폐를 영양분을 운반하는 혈액과 같다고 생각한 것이다. 그렇다면 화폐는 어떻게 우리 경제 안에서 순환될까?

우리는 경제 순환 2분면 모형을 통해 재화와 서비스의 흐름과 화폐 흐름을 확인할 수 있다. 경제 순환 2분면 모형[1)]에서 경제 주체는 기업과 가계만 존재한다고 가정한다. 여기서 기업은 생산 요소를 사용해 재화와 서비스를 생산하고 이를 판매하여 수익을 올린다고 가정하며 가계는 모든 생산 요소를 소유하고 있다고 가정한다. 또한 생산 요소 시장과 생산물 시장 등 2개의 시장이 존재한다고 가정한다. 생산 요소 시장은 기업이 재화와 서비스 생산에 필요한 요소들이 거래되는 시장을 뜻하며 생산물 시장은 기업이 생산한 재화와 서

1) 폐쇄경제 하에서 2분면 모형보다 확장된 모형은 정부가 포함되며, 개방경제 모형은 재화와 서비스의 수 · 출입이 포함된다. 3분면 개방경제 모형은 "1장 금융 기초"에서 확인하기 바란다.

비스가 거래되는 시장을 말한다. 우선 가계는 모든 생산 요소를 소유하고 있으므로 생산 요소 시장을 통해 노동, 자본, 토지, 경영 능력 등을 제공한다. 기업은 생산 요소 시장을 통해 가계가 제공한 노동, 자본, 토지, 경영 능력을 구매하여 재화와 서비스를 생산하고 이를 대가로 임금, 이자, 지대, 이윤을 가계에게 지급한다. 또한 기업은 이렇게 만들어진 재화와 서비스를 생산물 시장을 통해 판매하게 되며 가계는 생산 요소를 제공하고 벌어들인 수입으로 생산물 시장을 통해 구매 행위를 하게 된다. 이 과정에서 기업은 생산물 시장을 통해 판매 수익을 얻게 되고 가계는 소비지출을 하게 된다. 그림 4-1에서 파란색의 화살표로 연결된 부분이 재화와 서비스 등 실물이 이동하는 경로이고 이와 반대로 연결된 적색 화살표 부분이 화폐가 이동하는 경로다.

그림 4-1 2분면 순환 구조

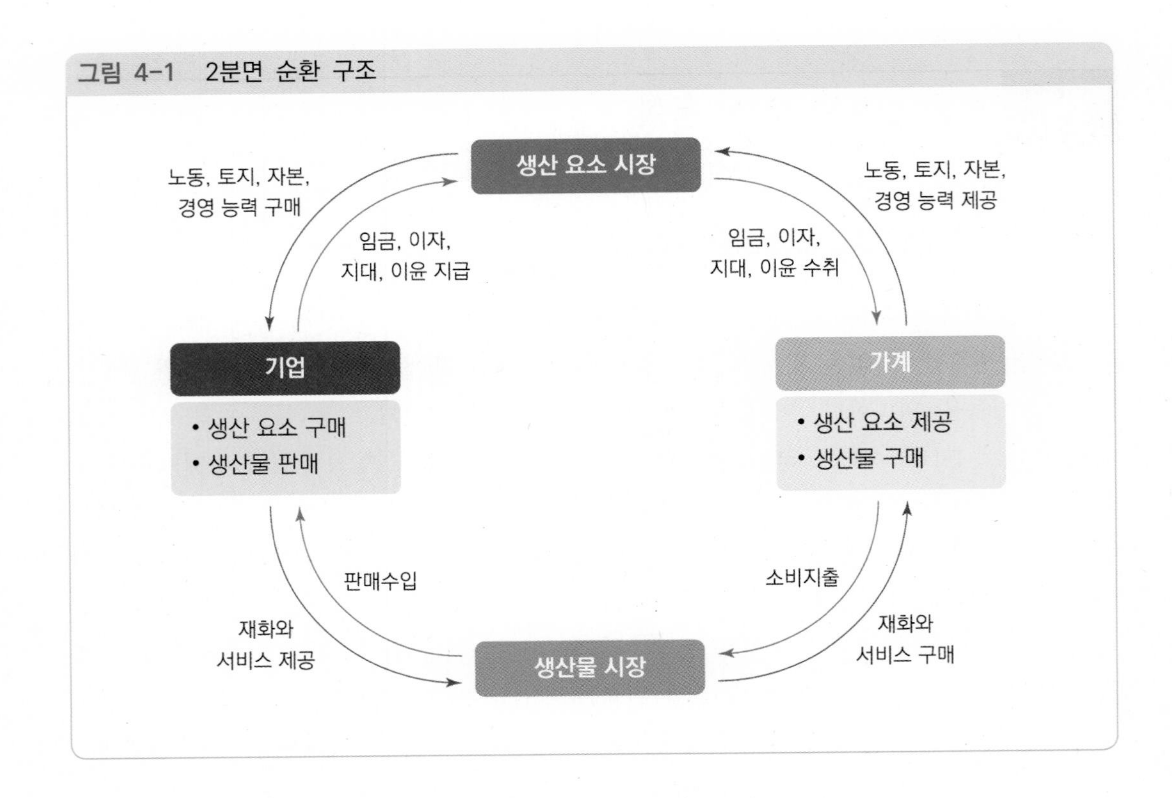

(2) 통화정책과 실물 경제

우리는 "3장 이자율 결정"에서 기준금리를 결정하는 기관이 한국은행이라는 사실에 대해서 학습하였다. 구체적으로 중앙은행인 한국은행의 금융통화위원회를 통해 기준금리가 결정된다고 학습하였다. 이런 기준금리 결정 등을 포괄적으로 통화정책이라고 한다. 즉 통화정책은 통화당국(중앙은행)이 독립적으로 통화당국의 목적을 실행하기 위해 행하는 정책을 말한다. 이런 중앙은행의 통화정책은 기준금리 조정을 통해 실물 경제에 영향을 미치게 된다. 아래 기사는 중앙은행이 통화정책을 통해 기준금리를 조정하는 내용을 포함하고 있다.

> **美금리, 또다시 1% 시대로**
> 신용경색 해소냐 '유동성 함정' 고착화냐
>
> 미국의 연방기금금리가 또다시 1% 시대를 맞았다. 미국 연방준비제도이사회(FRB)는 29일(현지시간) 공개시장위원회(FOMC)를 개최, 기준금리를 1.5%에서 1%로 0.5%포인트 인하했다고 발표했다.
>
> 연준은 지난 8일 긴급FOMC에서 금리를 0.5%포인트 인하한 것을 포함, 13개월간 9차례에 걸쳐 5.25%이던 금리를 1%까지 하향 조정했다. 연준은 이와 함께 중앙은행이 은행에 대출할 때 적용하는 재할인율도 0.5%포인트 내린 1.25%로 조정했다.(이하 생략)
>
> 프레시안 이승선 기자

> **한국 5월 금리인상 여부…최대변수는 '미국 빅스텝'**
> 연준 0.5%P 이상 올리면 자본유출 · 환율 고려해야
> 성장보다는 물가가 더 걱정
> 시장선 5 · 7월 금리인상 전망
>
> 이창용 한국은행 총재가 25일 국내 기준금리 향방을 묻는 질문에 "다음달(3~4일 · 현지시간) 열릴 미국 연방공개시장위원회(FOMC)에서 50bp(0.5%포인트 · 1bp=0.01%포인트) 인상 얘기가 있는데, 그렇게 될 때 또는 그 이상이 될 경우 자본 유출입이라든지, 환율 움직임을 봐야 할 것 같다"고 답했다.
>
> 이 총재는 이날 한은 출입기자단과의 간담회에서 "전반적인 기조는 물가를 (성장보다) 더 걱정하고 있고 앞으로 어떤 속도로 금리를 변화시킬지, 아니면 방향 자체를 바꿔야 할지는 데이터를 보고 유연하게 대처해야 할 때"라며 이같이 말했다. (이하 생략)
>
> 매일경제 안병준 기자

위의 첫 번째 기사는 기준금리 인하에 대한 내용을 보여주고 있다. 지난 2008년 미국의 서브프라임 모기지 사태로 촉발된 글로벌 금융위기로 인해 전 세계가 저금리에 들어서게 되었으며 우리나라도 예외는 아니였다. 두 번째 기사는 최근 국내 물가가 크게 상승하고

이로 인해 경제적 부작용이 우려되므로 기준금리를 지속적으로 올려야 한다는 내용을 포함하고 있다.

그렇다면 위의 기사처럼 통화정책이 실물 경제에 어떤 경로를 통해 영향을 미치게 되는지 확인해 보도록 하자. 이를 위해서는 우선 국내 경제를 구성하는 국내총생산(GDP)의 정의에 대해서 알아야 한다. 아래 식은 지출측면에서의 GDP를 나타낸 것으로 GDP는 민간소비, 설비 투자, 정부 지출, 순수출로 정의된다.[2] 간단하게 설명하면 민간 소비 혹은 민간투자, 정부 지출, 순수출이 증가하면 GDP의 증가 요소가 될 것이고 반대로 이 요소들이 감소하면 GDP의 하락 요인이 될 것이다.

$$Y_{\text{국내총생산}} = C_{\text{민간 소비}} + I_{\text{설비 투자}} + G_{\text{정부 지출}} + NX_{\text{순수출}}$$

그럼 위 기사의 사례를 통해 통화정책과 실물 경제 사이 관계를 확인해 보도록 하자. 우선 2008년 글로벌 금융위기는 세계 경제에 매우 큰 부의 충격을 주었다. 이로 인해 자산가격은 크게 하락하였고, 소득이 줄어든 가계는 소비를 줄이게 되었다. 또한 금융권에서는 부실채권 상승으로 자산 건전성이 악화되며 자금을 시장에 원활히 공급하지 못하였다. 이런 악순환이 반복되며 일자리 감소와 소비 감소, 자산 가격 하락, 자금 순환 경색 등이 발생하였고 이는 실물 경제 위축으로 나타났다. 이런 상황들을 고려하여 중앙은행은 통화량을 늘리거나 기준금리를 낮추는 (확장적)통화정책을 실시하였다. 여기서 기준금리를 낮추거나 통화량을 증가시키는 것은 모두 시장 이자율을 낮추는 기본 방향이라는 점을 이해해야 한다. 실제로 우리는 앞서 "3장 이자율 결정 이론"을 통해 케인즈의 유동성 선호설[3]을 살펴보았으며 통화량 증가가 이자율을 하락시킨다는 사실을 확인하였다. 이렇듯 기준금리 인하 정책은 금융시장을 통해 장단기 금리에 영향을 미치게 되며 결국 고정이자부 금융 상품 전체에 파급된다. 이렇게 전달된 금리 하락은 실물 경제인 설비 투자와 민간 소비에 영향을 준다. 우선 설비 투자는 기준금리 인하에 직접적인 영향을 받는다. 기업은 투자의 주체로서 대체 투자(기존 설비가 마모되어 교체하는 투자) 혹은 신규 투자(사업 확장을 위한 새로운 투자), 연구 개발 투자(R&D) 등을 위해 상업 은행에서 장기의 거액 자금을 차입한다. 따라서 금리는 직접적으로 기업 자금 조달 비용과 연계되며 이때 차입 금리가 인하되면 기업들은 투자를 늘리게 되는 것이다. 또한 기준금리 인하는 민간 소비에도 간접적으로 영향을 준다. 최근 금융의 발달로 인해 할부 금융시장이 크게 확대됨에 따라 금리 하락은 할부 금

---

2) 국내총생산(GDP에 대한 자세한 정의 "한국인의 경제학 기초(박영사, 최남진 저)"에서 확인하기 바란다.

3) "3장 이자율 결정 이론"을 참조하기 바란다.

융을 사용할 수 있는 자동차나 가전제품(내구 소비재) 등을 중심으로 소비가 증가되는 경향을 보이고 있다. 즉 기준금리 인하는 금리 경로를 통해 할부 금리 인하로 연결되며 이는 소비자들의 구매 비용 감소로 이어져 민간 소비 증가에 영향을 주게 되는 것이다. 아래 그림은 기준금리 인하가 금융시장을 통해 실물 경제에 어떻게 영향을 주는지 도식화한 것이다.

그림 4-2 확장적 통화정책의 실물 경제 파급경로

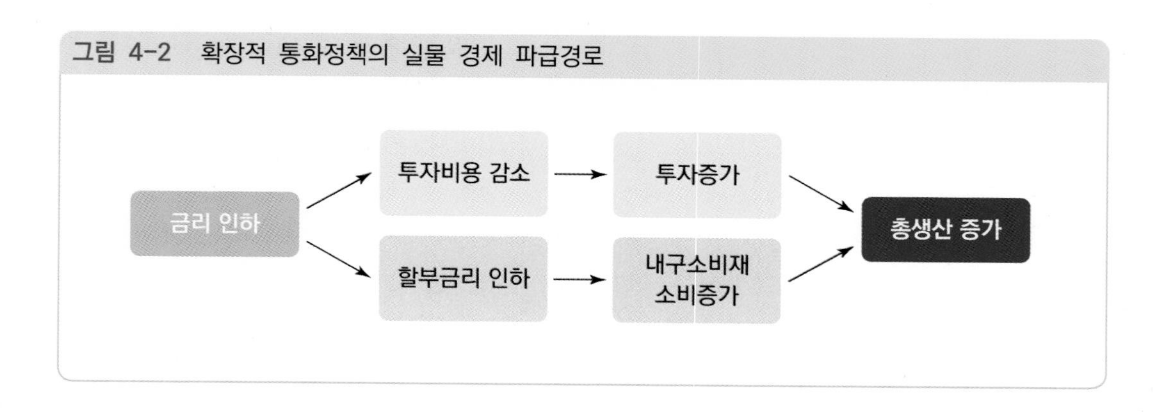

다음으로 글로벌 금융위기 이후 풀렸던 많은 유동성과 더불어 COVID-19과 우크라이나-러시아 전쟁 등으로 전 세계 공급망 차질이 발생하며 국내 물가를 크게 상승시켰다. 또한 국내보다 더 큰 폭의 물가 상승을 보이고 있는 미국이 큰 폭의 기준금리 인상을 예고하며 국내 기준금리 결정에도 중대한 영향을 미치고 있다. 실제로 한국은행은 이런 상황들을 종합적으로 고려하여 기준금리를 인상하는 (긴축적)통화정책을 실시하였다. 이렇게 중앙은행이 기준금리를 인상하는 것은 실물 경제가 과열되는 것을 막기 위함에 있다. 즉, 기준금리를 인상함으로써 시중의 통화량을 흡수하여 실물 경제인 자산 가격 안정화를 꾀하는 것이다. 또한 선진국과의 금리 차(한-미 금리 차)가 확대되면 글로벌 투자자들이 자산 포트폴리오 조정을 통해 국내에서 많은 투자자금이 유출될 수 있고 이는 결국 환율에 영향을 미쳐 실물 경제에 부정적인 영향을 줄 수 있다. 결과적으로 중앙은행은 기준금리 인상을 통해 실물 경제에 나타날 수 있는 부정적인 효과들을 줄이거나 제거할 수 있다.

(3) 자산 효과와 투자 효과

실물 경제와 금융 상품 간에 관계는 앞서 경제 순환 2분면 모형에서도 확인하였듯이 서로 긴밀한 관계를 유지하고 있기 때문에 오래전부터 지속적으로 연구되어 오고 있다. 이런 연구 중에 대표적인 연구 사례가 주식과 실물 시장 사이의 관계다. 주식은 대표적인 금융 투자 상품 중에 하나이며 개인 투자자는 자본 소득과 배당 소득을 목적으로 주식을 매수하게 되는데 이렇게 주식을 매수하는 행위는 금융시장을 통해 이뤄진다. 기업은 향후 기대되는 이익을 위해 투자 자금 모집 방법으로 주식을 발행한다. 이 또한 금융시장을 통해 이뤄진다. 그렇다면 주식과 실물 시장 간에는 어떤 관계가 있을까?

그림 4-3 자산 효과

출처: 한국은행

우선 자산 효과(wealth effect)를 통해 주식은 실물 경제인 소비에 영향을 미친다. 여기서 자산 효과란 자산 가격 상승이 개인 소비를 증가시킨다는 이론이다. 예를 들어 A라는 개인투자자가 S전자 주식을 100만 원에 매입했다고 가정해보자. 이 S전자 주식이 1년 후 200만 원이 되었다면 A는 100만 원의 잠재 수익을 얻었기 때문에 기분이 매우 좋을 것이다. 여기서 잠재 수익이란 아직 실현되지 않은 수익을 말한다. 즉 S전자 주식을 매도하여 A 계좌에 200만 원이 입금되어야 실현 이익이 되는 것이다. 하지만 사람들은 주가가 올랐다는 사실만으로도 재산이나 소득이 올랐다고 믿는 경향이 있다. 따라서 A는 재산 혹은 소득이 증가하였기 때문에 현재 소비할 수 있는 여력이 증가하였다고 생각하게 된다. 이 때 실제로 자산 가격 상승이 소비 증가로 이어지면 자산 효과가 나타난 것이다. 즉 A가 소유한 금융자산 가치가 상승하여 소비가 증가하는 현상이 발생하게 되는 것이다. 앞서 국내총생산(GDP)을 구성하는 요인들에서 보았듯이 이럴 경우 민간 소비가 증가하여 국내총생산이 증가하는 결과가 나타난다.

$$Y\uparrow = C\uparrow + I + G + NX$$

다음은 투자 효과(investment effect)를 통해 주식은 실물 경제에 영향을 미친다. 만약 S전자 주가가 지속적으로 오르고 있는 상황이라면 투자자들은 S전자에 대해 긍정적으로 생각하고 있음을 판단해 볼 수 있다. 주가가 오르는 이유는 해당 회사의 이익이 앞으로 확대될 것이라고 기대하거나 향후 성장 가능성이 높다고 믿기 때문이다.[4] 이렇듯 주가가 지속적으로 상승하는 추세를 보이고 있다면 기업은 자금 조달을 위해 주식을 추가 발행(증자)할 수 있다. 기업이 투자를 위해 차입이나 채권을 발행하는 방법도 있지만 이는 이자 비용이 발생하고 재무제표 상 부채가 확대되기 때문에 투자에 대한 수익만을 고려한다면 증자를 통한 투자 자금 모집이 좋은 대안이 될 수 있다. 기업은 이처럼 좋은 주가 흐름을 바탕으로 주식을 추가 발행할 수 있으며 투자자들의 많은 청약을 기대할 수 있다. 기업은 증자를 통해 얻은 자금으로 신규 투자를 행할 수 있고 이는 국내총생산(GDP)을 구성하는 설비 투자를 증가시켜 국내총생산에 긍정적인 영향을 미치게 되는 것이다.

$$Y\uparrow = C + I\uparrow + G + NX$$

그렇다면 실제로 이런 효과들이 실물 경제에 긍정적인 영향을 미쳤을까? 미국의 연구 결과에 따르면 1년 간 10%의 시가총액 상승이 있었더라도 소비 지출은 3년에 걸쳐 약 4% 증가하는 데 그쳤으며 투자 효과는 이보다 낮았다고 발표하였다. 우리나라 역시 주식 시장에 의한 자산 효과는 크지 않은 것으로 나타났다. 앞서 자산 효과의 이론에 대해서 설명할 때 대부분의 독자들은 그럴 수도 있겠다고 고개를 끄덕였을 것이다. 하지만 왜 이론과 달리 효과가 낮게 나타날까? 그 이유 중 하나는 우리나라 국민 중 주식 투자를 경험했거나 실제로 하고 있는 비중이 30%에 미치지 못하기 때문이다. 즉 주식 투자를 하는 인구가 10명 중 3명뿐이다 보니 주가가 상승하여도 이로 인한 소비 증가가 미미할 수밖에 없다. 또 다른 이유로 주가 변동성을 들을 수 있다. 현재 국내 주가 변동폭은 상·하한선 30%다. 이 말은 주가가 시가 대비 당일 최대로 상승할 수 있는 비율이 30%까지고 반대로 최대로 하락할 수 있는 비율도 30%까지라는 뜻이다. 이는 아래 그림에서 확인할 수 있으며 이를 통해 직관적으로 하루 최대 주가 변동폭이 60%라는 사실도 확인할 수 있다. 하루 주가 변동폭이 60%라고 하더라도 매우 크게 느껴지겠지만 실제 변동폭은 이보다 크다. 예를 들어 100원으로 시작한 주가가 하한가까지 내려갔고 이때 A 투자자가 이 주식을 매수하였다고 해보자. 이어서 종가에 해당 주가가 상한가에 마무리 되고 A 투자자는 종가에 해당 주식을 매

4) 일부 투기 거래에 의해서도 주가가 상승하는 모습을 보이기도 하지만 이는 지속적이지 못하며 금융감독원 혹은 한국거래소의 감시에 의해서 단기에 확인된다.

도하였다고 가정해보자. 그렇다면 A 투자자의 최종 수익률은 얼마일까? 이를 통해 우리는 주가의 하루 최대 변동폭을 계산해 볼 수 있다. 우선 100원 이었던 주가가 하한가(-30%)로 하락하였기 때문에 70원(100원-(100원*0.3))이 된다. 이때 A 투자자는 이를 매수한다. 이후 종가에서는 상한가(+30%)에 마무리되었기 때문에 130원(100원+(100원*0.3))이 된다. 종가에 A 투자자는 주식을 매도하였다. 그렇다면 A 투자자의 수익률은 해당 주식을 70원에 매수하여 130원에 매도하였기 때문에 85.7%(60원/70원*100)에 달한다는 것을 확인할 수 있다. 즉 A 투자자의 당일 최대 수익률은 해당 주식의 최대 변동폭과 일치함으로 해당 주가의 최대 변동폭은 약 86%에 달하는 것이다. 실제로 이와 같은 일이 자주 발생하는 것은 아니지만 외환위기 당시인 1997년 주가가 42.2%나 폭락한 적이 있으며 이듬해인 1998년 6월부터 1999년 7월까지 300%가 넘게 상승하기도 하였다. 이처럼 주가는 변동성이 크기 때문에 주가가 올랐다고 해서 투자자들이 바로 소비로 연결되지 않을 수 있다는 것이다.

그림 4-4 주가의 상·하한 변동폭

그림 4-5 외환위기 당시 주가의 흐름

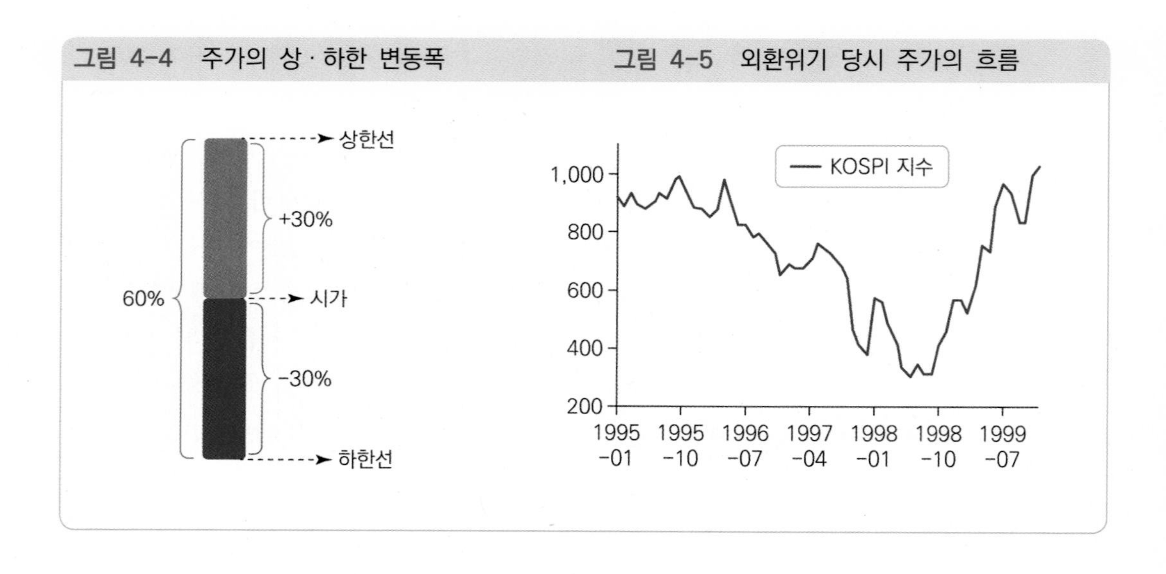

앞서 설명한 대로라면 자산 효과는 이론과 같이 유의하게 나타나지 않는다고 오해할 수도 있다. 하지만 그렇지만은 않다. 우리가 앞서 살펴본 자산은 모두 금융 자산이었다. 따라서 다른 실물 자산, 특히 부동산 자산에 대한 자산 효과에 대해 살펴볼 필요가 있다. 부동산 자산에 대한 자산 효과에 대한 연구는 여러 국가에서 폭넓게 진행되었다. 대부분의 연구 결과 부동산 자산에서는 자산 효과가 유의하게 나타나는 것으로 확인되었다. 특히 미국의 경우 지난 2000년 닷컴버블 및 2001년 911테러, Enron 회계부정 사건 등이 연이어 발생하며 미국 주식 시장 시가총액이 2000년 3월부터 2002년 7월까지 약 3조 7천억 달러 급락하였다. 이런 이유 때문에 부의 자산 효과[5]가 발생하여 소비가 줄어들 것으로 예상하였으나 소비는 줄지 않은 것으로 나타났다. 당시 소비가 줄지 않은 가장 큰 이유 중에 하나가 주택 가격 상승 때문인 것으로 확인되었다. 즉 주가가 크게 하락하여 금융 자산은 감소하였지만 주택 가격 상승으로 인해 부동산 자산이 늘며 금융 자산 하락을 상쇄한 것이다. 물론 동 기간에 세금을 낮추고 금리를 인하하는 등 여러 가지 정책적 원인도 있었지만 소비가 줄지 않은 가장 큰 원인으로는 주택 가격 상승 때문이라고 할 수 있다. 국내에서는 가계부채 증가로 인한 부동산 자산 가격 상승이 소비에 영향을 미치는 자산 효과가 있었는지를 연구한 자료가 있다.[6] 해당 연구 자료에 대한 결과는 부동산 자산 가치 상승으로 인한 소비 변동분이 15.65%에 달했으며 GDP의 변동분은 28.55%에 달한다는 결론을 제시하였다. 즉 국내에서도 부동산 가격 상승에 대한 소비 증가가 통계적으로 유의하게 나타났었다는 말로 해석할 수 있다.

5) "부의 자산 효과"는 "자산 효과"의 반대되는 용어로 자산 가격 하락으로 소비가 감소함을 의미하는 것이다.
6) 최남진 · 주동헌(2016)의 『가계부채 및 부채의 변동성이 소비와 성장률에 미치는 영향』를 참고하길 바란다.

연습문제

01 경제 2분면 모형을 통해 재화와 화폐의 흐름에 대해서 설명해 보시오.

02 통화당국은 최근 침체된 경기를 부양하기 위하여 확장적 통화정책을 실시한다고 발표하였다. 통화당국이 확장적 통화정책을 통해 달성하고자 하는 실물 경제 부양 경로에 대해서 설명해 보시오.

03 금융 자산의 가치 상승이 실물 경제에 영향을 주는 현상을 자산 효과, 투자 효과라고 부른다. 그렇다면 자산 효과와 투자 효과가 무엇인지 자세히 설명해 보시오.

04 국내에서는 금융 자산 가치 상승을 통한 자산 효과가 크게 발생하지 않는다고 하였다. 그 이유에 대해서 설명하시오. 그리고 부동산 자산 효과는 왜 유의한 결과를 나타내는지 설명하시오.

5

금융시장

01. 금융시장 개관

02. 자금 시장(단기 금융시장)

03. 자본 시장(장기 금융시장)

5 PART 금융시장 개관

우리는 필요한 재화가 있으면 흔히 시장에서 돈을 지불하고 구매한다. 이는 우리가 살아가면서 수십 번 아니 수백만 번을 반복하며 학습 되어진 관습이나 규범처럼 너무도 당연하게 생각하는 행동이라 할 수 있다. 즉 시장(market)이란 경제학에서 구매자와 판매자가 만나서 거래하는 장소로 정의된다. 또한 경제학에서 시장의 중요성은 구매자와 판매자가 만나 거래를 하며 시장 가격이 형성되고 이를 통해 구매자와 판매자가 모두 만족하는 거래 장소를 제공하는데 있다. 그렇다면 금융시장(financial market)은 어떻게 정의될까? 금융시장은 자금 공급자와 자금 수요자 간에 금융 거래가 조직적으로 이뤄지는 장소를 뜻한다. 즉 실물 시장에선 재화의 수요자와 공급자가 거래하는 장소를 말하지만 금융시장에선 자금의 수요자와 공급자가 거래하는 장소를 뜻하는 것이다.

조금 더 쉽게 설명하자면 내가 식료품이 필요하면 시장에 가는 것과 같이 자금(돈)이 필요하면 은행에 가는 것이다. 은행은 후에 설명할 간접 금융시장의 한 부분으로 자금을 필요로 하는 자금 수요자인 나와 여유 자금을 예치해 놓은 자금 공급자를 연결시켜주는 장소다. 우리가 흔히 재화나 서비스를 통해 설명하면 굉장히 쉽게 받아들이는 것도 금융으로 설명하면 어렵다고 생각하는 경향이 있는데 이는 금융이 익숙하지 않기 때문이다. 따라서 조금 더 쉽게 이해하기 위해서 실물 시장과 연계시켜 생각해보는 것도 금융을 이해하는데 많은 도움을 줄 수 있다.

이렇듯 금융시장은 자금의 공급자와 수요자가 만나서 거래하는 장소로 우리는 자금 중계 기관 여부에 따라 직접 금융시장과 간접 금융시장, 유통 과정에 따라 발행 시장과 유통 시장, 만기에 따라 자금 시장(단기 금융시장, money market)과 자본 시장(장기 금융시장, capital market) 등으로 구분한다.

01 금융시장 개관

(1) 직접 금융시장과 간접 금융시장

금융시장을 금융 중개 기관 여부에 따라 직접 금융시장과 간접 금융시장으로 나눈다.

우리는 은행이라는 금융 중개 기관에 매우 익숙해져 있으므로 먼저 간접 금융시장에 대해서 알아보도록 하자. 간접 금융시장은 흑자 주체에서 적자 주체로 자금 흐름이 이어질 때 중간에 은행(상업 은행)이 금융 중개 기관으로 삽입되어 있는 형태를 말한다(그림 5-1 참조).

그림 5-1 직접 금융시장과 간접 금융시장

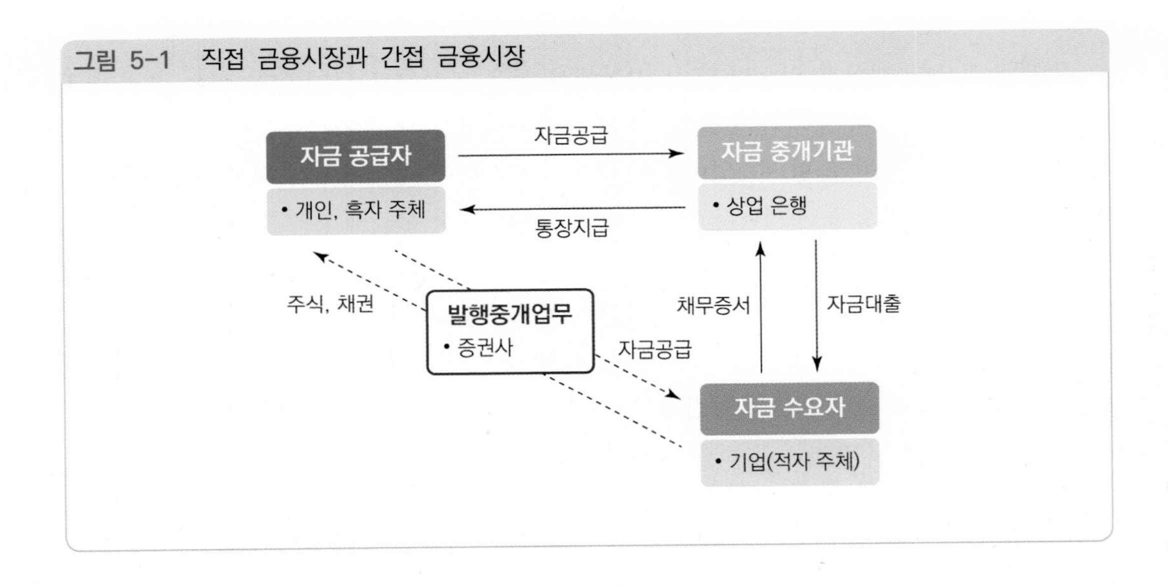

이 과정은 대표적인 상업 은행 업무와 연관되어 있으며 독자들의 기본적인 금융 생활과도 관련 있다. 이해를 돕기 위해 다음 상황을 가정해 보자. 독자들이 소득에서 일정 부분을 소비하고 남는 잉여 자금을 이자 소득을 위해 은행에 예치하면 은행은 독자들에게 예금 통장을 개설해 준다. 반면 적자 주체인 기업은 새로운 기술 투자나 공장 증설, 상품 개발을 위해 은행으로부터 자금을 차입하고 채무 증서를 받는다. 이는 현재 독자들이 살고 있는 사회에서 지극히 현실적인 가정임을 명심하자. 또한 자금을 공급(예금)하거나 자금을 수요(차입)하는 행위 중간에 상업 은행이 연계되어 있음을 독자들은 확인할 수 있을 것이다. 즉 간접 금융이라고 부르는 이유는 자금 공급자에서 수요자에게 자금이 직접 전달되지 않고 중간에 금융 중개 기관(상업 은행)을 거치기 때문이다.

다음으로 직접 금융시장은 자금의 수요자와 공급자 사이에 금융 중개 기관 없이 자금이 직접 전달되는 방식을 말한다. 이는 앞서 설명한 간접 금융시장보다 독자들에게 생소하게 느껴질 수 있다. 이유는 우리나라 국민 중 주식 거래를 하는 사람이 2021년 기준으로 전체 국민의 약 30%(10명 중 3명)에 불과하기 때문이다. 즉 국민 중 실제 직접 금융시장을 경험한 사람이 드물기 때문에 그에 대한 이해도가 높지 않다는 것이다. 반면 우리나라 제도권 금융 계좌를 보유하고 있는 국민은 90%를 상회하며 OECD국가 중에서도 상위권을 기록하고 있다. 이는 대부분의 국민이 은행 계좌를 개설하고 이용하고 있다는 뜻으로 간접 금융시장에 대한 이해도가 높다는 것으로 해석해 볼 수 있다. 이해를 돕기 위해 다시 적자 주체인 기업의 경우를 생각해보자. 기업은 새로운 투자나 시설 확충을 위해 자금이 필요할 것이다. 이에 기업은 은행에서 자금을 차입하는 방법도 있지만 주식(stock)이나 채권(bond)[1]을 발행하여 자금을 조달하는 방법도 있다. 주식이나 채권을 발행하기 위해서는 기본적으로 발행기업의 신용이 뒷받침 되어야 한다. 또한 주식이나 채권을 발행하기 위해서는 매우 전문적인 지식을 필요로 하기 때문에 이를 직접 발행하는 기업은 매우 드물다. 따라서 증권사(투자증권사)들이 전문 지식을 바탕으로 주식이나 채권 발행 업무를 담당한다. 이 경우 언뜻 보면 증권사가 금융 중개업자의 역할을 하고 있는 것처럼 보여질 수도 있지만 그렇지 않다. 그 이유는 직접 금융시장에서 증권사는 단순 중개업무만 하기 때문이다. 즉 증권사는 주식이나 채권 발행을 위한 절차를 도와주고 일정 수수료(commission)를 받기 때문에 거래 당사자로 참여한다고 볼 수 없다. 다시 말해 직접 금융시장의 자금 흐름은 자금의 수요자인 기업이 본원증권을 발행하고 자금의 공급자인 가계는 본원증권을 수취하며 자금을 공급하는 역할을 하는 것이다.

직접 금융시장과 간접 금융시장의 의의에 대해서 알아보았는데 이 둘 사이에는 큰 차이점이 몇 가지 있다. 우선 위험(risk)에 대한 수용 여부다. 우리에게 친숙한 간접 금융시장은 위험을 금융 중개 기관인 상업 은행이 부담하고 있다. 이는 독자들이 은행에 예금하면서 기대하는 것을 생각해보면 쉽게 이해할 수 있다. 독자들이 은행에 예금을 하는 이유는 안전하게 이자 소득을 얻을 수 있기 때문이라는 사실에 대해 어느 누구도 부인할 수 없을 것이다. 그렇게 생각하는 이유는 은행이 책임지고 원리금(원금과 이자)을 돌려줄 것이란 믿음이 있기 때문이다. 또한 은행은 불특정 다수로부터 예금을 받아 그 자금을 기업에 대출해준다. 만약 기업이 부도가 나거나 지급불능 상태가 된다손 치더라도 그 기업과 독자들 사

1) 여기서 주식이나 채권을 본원 증권(primary security)이라고 부른다.

이에는 직접적인 계약 관계가 없으므로 은행은 독자들에게 약속한 예금과 이자를 지불할 것이다. 이처럼 간접 금융시장에서 위험은 금융 중개 기관이 부담한다. 반면 직접 금융시장에서 위험은 본원증권을 매수한 개인이 부담한다. 앞서도 언급했듯이 증권사는 단순 중개업자이므로 위험을 부담하지 않는다. 주식이나 채권을 발행한 기업이 부도나 지급 불능에 빠지게 되면 그 위험은 주식이나 채권을 매수한 개인이나 투자자가 부담하는 것이다. 이렇게 위험을 개인이 부담하는 대신에 은행 금리보다 높은 수익률을 기대하게 된다.

다음으로 본원증권의 형태 여부에 따라 직접 금융시장과 간접 금융시장 간 차이가 발생한다. 우선 직접 금융시장은 본원증권인 채권이나 주식을 자금 수요자가 직접 발행한다. 따라서 자금 수요자인 기업은 본인 회사의 명의로 된 본원증권을 발행하고 본원증권 형태 그대로 자금의 공급자에게 전달된다. 즉 직접 금융시장을 통한 본원증권은 형태가 변하지 않고 자금의 수요자가 발행한 형태 그대로 자금 공급자에 전달된다. 직접 금융시장에 대표적인 본원증권은 주식과 채권이다. 반면 간접 금융시장은 본원증권 형태가 금융 중개 기관에 의해 변형된다. 그 이유는 자금 공급자와 수요자가 각각 금융 중개 기관과 일종의 계약을 하기 때문이다. 우선 자금 공급자는 금융 중개 기관 신용도를 믿고 자금을 공급하는 것이기 때문에 거래 당사자는 자금 공급자와 금융 중개 기관이 된다. 이때 발행되는 증권이 간접 증권이다. 간접 증권의 형태는 독자들에게 익숙한 예금 통장이다. 예금 통장에는 자금의 수요자에 대한 언급은 단 한마디도 없다는 사실을 독자들은 확인할 수 있을 것이다. 그 이유는 이 거래에서 자금 수요자는 거래 당사자가 아니기 때문이다. 다음으로 자금 수요자는 금융 중개업자로부터 자금을 공급받을 때 본원증권이 발행되며 우리는 이것을 채무 증서라고 한다. 채무 증서 역시 자금 공급자에 대한 언급은 어디에도 없다. 그 이유는 앞서와 마찬가지로 이 거래에서 자금 공급자는 당사자가 아니기 때문이다.[2]

---

2) 이외에도 직접 금융시장과 간접 금융시장 간에는 수익률의 차이가 존재한다. 간접 금융시장의 경우 위험을 금융 중개 기관이 감수하여 안정적이기 때문에 낮은 금리를 적용 받는다. 반면 직접 금융시장의 경우 위험을 자금의 공급자가 직접 감수하기 때문에 금리보다 높은 기대 수익률을 요구한다.

학습용어

동학 개미 운동

"동학 개미 운동"이 있기 전까지 국내 국민 중 주식 거래 경험이 있는 사람은 전체 국민에 10% 내외에 불과하였다. 하지만 2020년 동학 개미 운동 이후 국내 주식 투자자 비중은 크게 증가하였다.

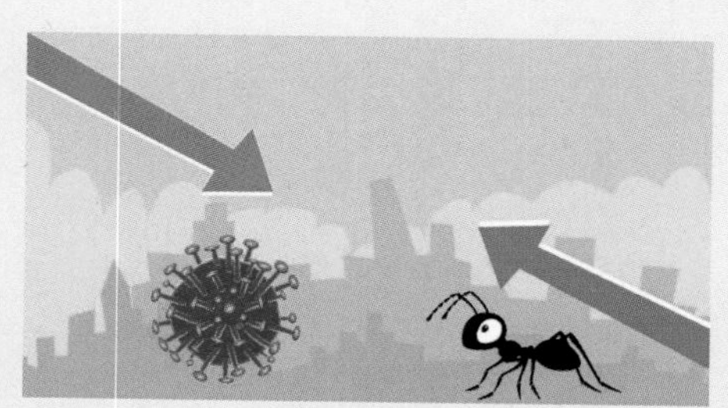

출처: https://blog.naver.com/fount_blog/221958358792

2020년 COVID-19 발생으로 전 세계가 팬데믹(pandemic) 사태에 놓이자 외국인 투자자들은 리스크 관리 차원에서 국내 주식을 대거 매도하였으며 이로 인해 국내 주가는 연일 하락세를 기록하였다. 이때 국내 개인 투자자들이 외국인 투자자들에 맞서 국내 주식을 대거 사들이면서 주가를 방어하였는데 이 모습이 마치 1894년 반외세 운동이었던 동학농민운동과 닮았다고 하여 "동학 개미 운동"이란 신조어가 생겨난 것이다. 실제로 2020년 3월에만 외국인들은 국내 주식을 10조 원어치 매도한 반면 국내 개인 투자자들은 9조 원 가까이 매수한 것으로 나타났다.

(2) 발행 시장과 유통 시장

금융시장은 유통 과정에 따라 발행 시장(primary market)과 유통 시장(secondary market)으로 구분된다. 발행 시장은 금융 상품이 최초로 발행되어 판매되는 시장을 의미하며 유통 시장은 이미 발행된 금융 상품이 거래되는 시장을 말한다. 보통 발행 시장과 유통 시장은 자동차 시장에 비유되며 발행 시장은 자동차가 최초로 판매되는 신차 시장에 비유되고 유통 시장은 중고 자동차가 거래되는 시장과 비유된다. 그럼 대표적인 금융 상품인 주식과 채권의 발행 시장과 유통 시장에 대해서 알아보자. 우선 채권은 발행 시장과 유통 시장 모두 활발하게 거래된다. 그 이유는 채권의 경우 만기가 존재하며 만기가 도래할 경우 재발행 등을 통해 장기 자금을 재차입하여야 하기 때문이다. 따라서 만기가 도래한 발행 시장도 활발한 거래가 이뤄지고 만기 전의 채권도 투자 및 유동성 확보 목적으로 활발한 거래가 이뤄진다. 반면 주식은 발행 시장에 비해 유통 시장이 월등하게 큰 구조를 가지고 있다. 이유는 주식의 경우 만기가 없기 때문에 주가 상승으로 인한 수익을 실현하거나 유동성을 확보하는 수단으로 유통 시장을 이용하기 때문이다. 즉 수익을 실현하거나 현금을 확보하기 위해서 유통 시장을 통해 주식을 매도하는 방법을 활용하는 것이다.

그림 5-2 채권의 유통 시장

그림 5-3 자동차 중고매매 시장

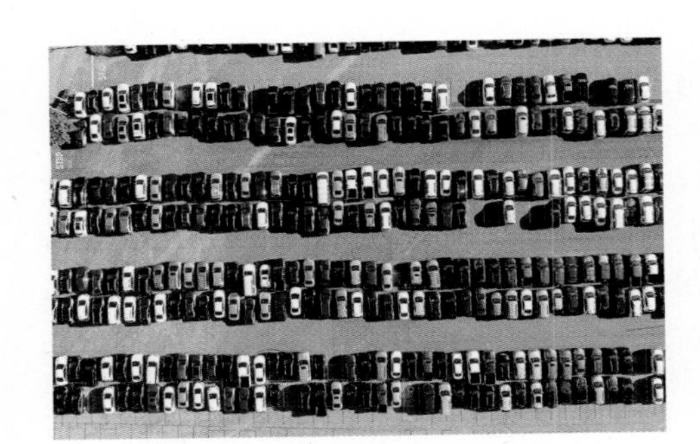

02 자금 시장(단기 금융시장)

자금 시장(money market)은 경제주체들(금융기관, 기업 등)이 단기 자금 과부족 발생 시 이를 조달하기 위해 보통 만기 1년 미만의 금융 상품을 발행·유통하는 시장으로 단기 금융시장이라고도 한다. 자금 시장은 콜 시장, 환매조건부매매 시장, 양도성예금증서 시장, 기업어음 시장, 전자단기사채 시장, 표지어음 시장 등으로 구분된다. 자금 시장은 단기 자금의 흑자 주체와 적자 주체를 연결시켜 준다는 점에서 금융시장 역할을 한다.

자금 시장은 경제주체들에게 단기 자금을 효율적으로 조달, 운영하여 유휴 현금보유에 따른 기회비용을 절감할 수 있는 기회를 제공한다. 이는 자금 시장이 존재하지 않을 경우 흑자 주체는 여유 자금을 단지 금고에만 넣어둬야 하기 때문에 투자 기회가 사라지며 이로 인한 기회비용이 발생함을 뜻한다. 반면 자금 시장이 존재할 경우, 흑자 주체는 안정성과 유동성이 높은 단기 금융상품에 운용할 수 있고, 적자 주체는 단기 채무증서 등을 발행하여 단기 자금을 조달할 수 있다.

다음으로 자금 시장은 경제주체에 금융 상품 보유에 따른 위험을 관리할 수 있는 수단을 제공한다. 일반적으로 단기 금융상품에 비해 장기 금융상품의 가격 변동 폭이 크며, 시장 위험 및 유동성 위험도 높다. 반면 자금 시장의 단기 금융상품들은 만기가 짧기 때문에 가격 변동성이 크지 않고 유동성 위험도 낮다. 더욱이 자금 시장 내 유통 시장이 발달된 경우 금융 상품을 언제든 현금화할 수 있는 수단이 있기 때문에 유동성 위험은 더욱 낮아진다. 따라서 외부 충격이 발생할 경우 경제주체들은 장기 금융상품에 포함되는 주식이나 채권을 매도하고 상대적으로 가격 변동성이 낮으며 유동성이 높은 단기 금융상품을 매수함으로써 리스크를 관리할 수 있다.

마지막으로 자금 시장은 중앙은행의 통화정책이 수행되는 시장이며 정책 효과가 파급되는 시발점이기도 하다. 중앙은행은 정책 목표에 따라 기준금리를 조정하며 이는 단기 금융 시장 내 금리 변동을 통해 여·수신 금리, 장기 금리로 파급되는 경로를 따른다. 이를 통해 실물 경제인 생산, 물가, 투자, 소비 등에 영향을 주게 됨으로 중앙은행의 정책적 효과를 높이기 위해서는 자금 시장 발달이 전제되어야 한다.

(1) 콜(Call) 시장

콜 시장은 금융 기관들의 일시적 자금 과부족을 조절하기 위해 상호 간에 초단기로 자금을 차입하거나 대여하는 시장을 말한다. 여기서 초단기라 함은 하루를 말하며 "over night"로도 표현한다. 콜 시장의 거래 당사자는 "금융 기관들"이다. 즉 일반 투자자는 참여할 수 없음을 뜻한다. 콜 시장의 대부분 거래는 지급 준비제도에 적용을 받는 금융사들로 지급 준비금 과부족을 콜 거래를 통해 주로 하기 때문에 "지준(지급 준비금) 시장"이라고도 부른다. 예를 들어 지급 준비제도에 적용 받는 A 상업 은행은 매일 거래가 종료된 후 법정 지급 준비금(예를 들어 100억 원이라고 하자) 이상의 현금을 보유하고 있어야 한다. 하지만 A 상업 은행은 당일 예금보다 대출이 많이 실행되어 시재금[3]이 90억 원 밖에 남지 않았다면 법정 지급 준비금을 달성하지 못하게 된다. 이런 경우 A 상업 은행은 10억 원을 차입하여야 한다. 하지만 A 상업 은행은 익일 대출보다 예금을 늘려 법정 지급 준비금을 달성하면 되기 때문에 많은 비용을 들여 10억 원을 장기로 차입할 필요는 없다. 즉 1일(over night)물 10억 원을 차입하면 되는 것이다. 이때 활용하는 것이 콜 자금이며 이런 거래가 이뤄지는 시장을 콜 시장이라고 부르고 이에 적용되는 금리를 콜 금리라 한다.

콜 거래의 기본 조건은 다음과 같다. 콜 거래는 담보콜과 무담보콜로 구분되지만 1일물이기 때문에 대부분 무담보콜이 주를 이룬다. 다음으로 만기는 최장 90일까지 할 수 있지만 대부분 1일물로 거래가 이뤄진다. 최소 거래 단위는 1억 원이며 단위는 억 원단위로 이

3) 시재금은 지급 준비금 중 중앙은행에 지준예치금을 예치하고 은행에 남은 현금을 의미한다.

뤄지고 콜 금리는 0.01%(1BP) 단위로 거래된다.

콜 시장에서 자금의 공급자는 법정 지급 준비금 이상의 잉여 자금을 가진 국내 은행과 펀드 환매를 대비하여 유동성이 높은 자산을 보유한 자산운용사 등이 있으며 자금 수요자는 법정 지급 준비금을 맞추기 위한 국내 은행과 외국은행 국내지점, 자본 조달을 고객예탁금과 RP매도에 의존하는 증권사 등이 있다. 자금 중개는 직거래와 중개거래가 있으며 직거래는 거래 당사자 간 직접 거래하는 방식으로 대부분은 중개거래에 의존한다. 콜 자금 거래중개업자는 유선을 통해 자금의 수요자와 공급자의 주문을 접수받아 거래조건(이율, 만기, 금액 등)에 따라 자금의 공급자와 수요자를 연결해 준다.

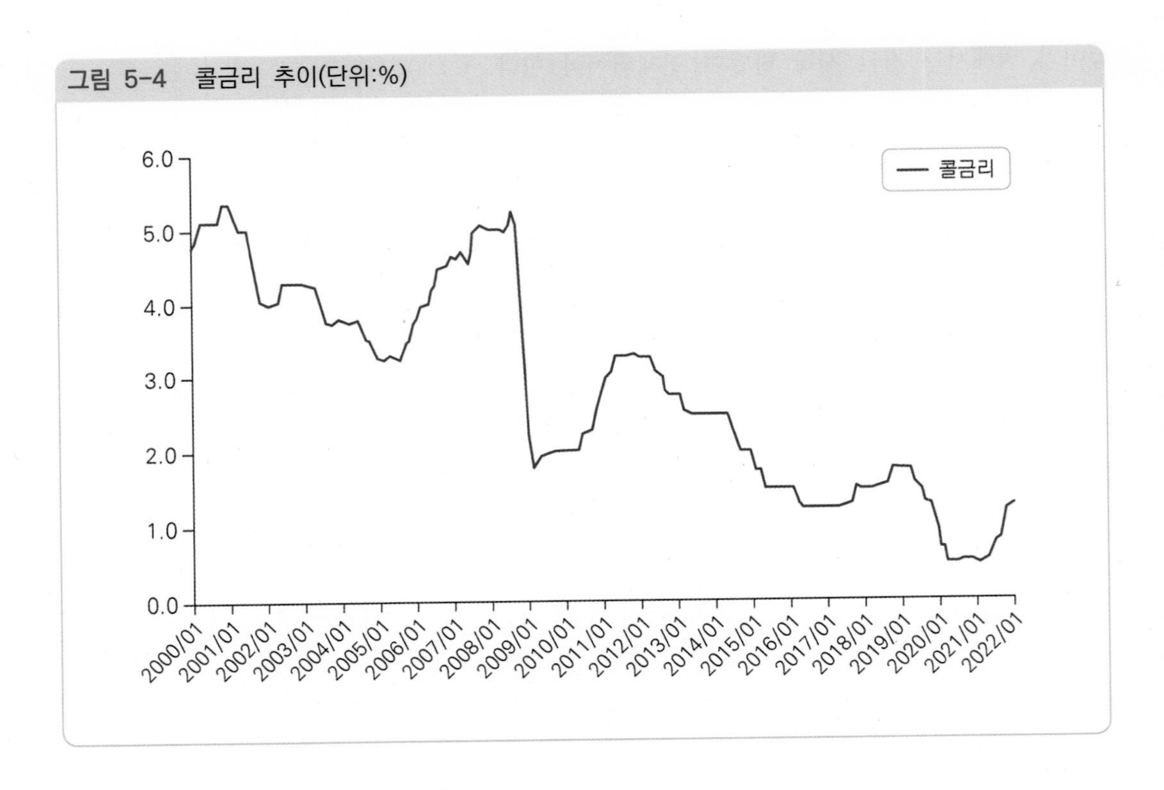

그림 5-4 콜금리 추이(단위:%)

(2) 환매조건부매매 시장

환매조건부(Repurchase Agreement, 이하 RP) 매매는 미래 특정 시점 또는 거래 당사자 중 일방이 통지한 시점에 특정 가격으로 동일한 증권을 다시 매수 및 매도할 것을 약정하고 증권을 매매 거래 하는 것을 말한다. 증권의 매매가 처음 이루어지는 시점과 이후 환매가 이루어지는 시점을 각각 매입일(purchase date)과 환매일(repurchase date)이라 하며, 매입일의 증권 매매 가격은 매입가(purchase price), 환매일의 매매 가격은 환매가(repurchase price)라고 부른다. 또한 "RP 매수"는 증권의 매입가를 지급하고 증권을 매수하는 것을 뜻하며 "RP 매도"는 증권의 매입가를 수취하고 증권을 매도하는 것을 말한다.

RP 거래는 매수자에게 단기 여유자금을 안전하게 운용할 수 있는 수단을 제공하고 매도자에게는 무담보 차입에 비해 저렴한 자금 조달 수단으로서의 기능을 제공함으로써 자금시장의 효율적인 작동에 기인한다. 예를 들어 A 증권을 보유하고 있는 당사자가 추가 자금조달을 할 경우, 담보 없이 자금을 조달하게 되면 조달 비용이 상승하게 되지만 A 증권을 담보로 자금을 조달하게 되면 조달 비용을 상당 부분 낮출 수 있다. 또한 여유자금 단기운용을 원하는 당사자는 A 증권을 담보를 제공 받고 자금을 대여하기 때문에 운용 리스크를 감소시킬 수 있을 뿐만 아니라 적절한 수익률도 추구할 수 있다.4)

RP 거래는 거래주체별로 대고객 RP, 기관 간 RP, 한국은행 RP로 구분할 수 있다. 우선 대고객 RP는 금융기관과 일반고객 간 거래를 말한다. 이는 일반고객을 대상으로 하기 때문에 투자자 보호를 위해 RP 매도 금융기관은 거래원장에 대상증권을 직접 기입하고 거래 내역을 고객에게 통지하여야 한다. 또한 RP 매도 증권의 시가가 환매가의 105% 이상이 되도

그림 5-5 환매조건부채권 금리 추이

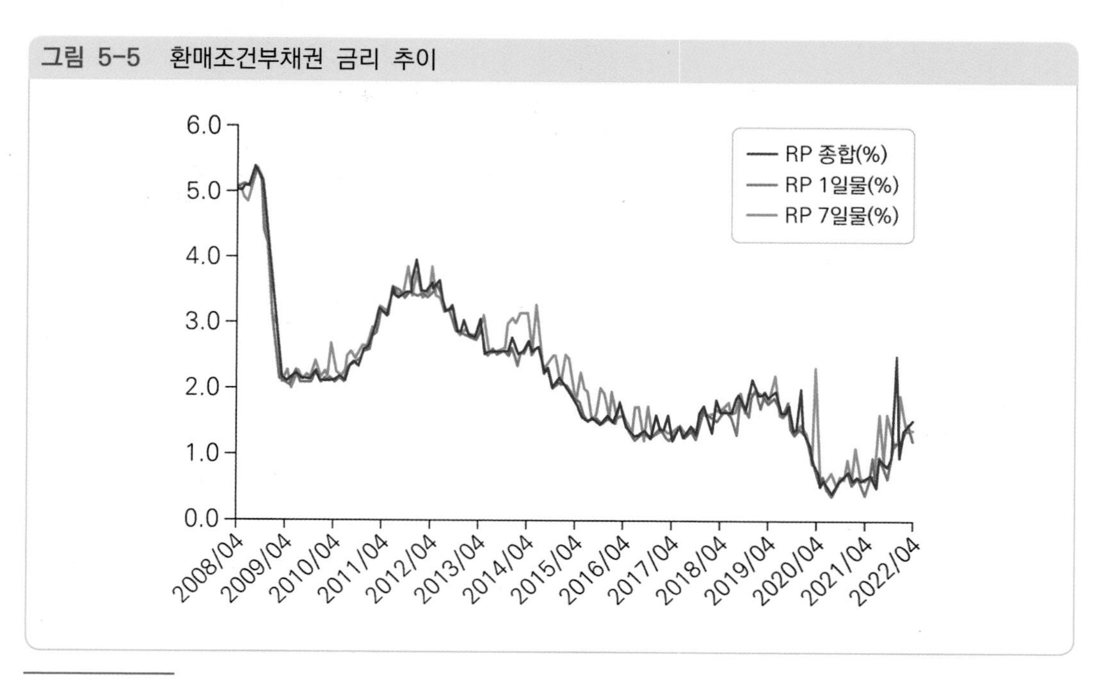

4) 환매조건부채권의 실무적인 부분은 "7장 금융 상품"에서 확인하기 바란다.

록 유지하여야 하며 한국예탁결제원은 이를 일일 정산하여야 한다. 대고객 RP 매매에 적용되는 대상 증권은 국채, 지방채, 특수채, 보증사채 등이며 이들은 채권평가사가 일별로 시가평가 할 수 있어야 하고 투자적격 이상의 신용평가를 받거나 정부, 지자체가 보증한 증권으로 제한된다. 다음으로 기관 간 RP는 금융기관 끼리 거래하는 RP를 말하며 전문가들이 참여하는 시장이기 때문에 RP 대상 증권의 종류, 가격, 만기, 거래 금액 등 거래 조건에 제한이 없다. 마지막으로 한국은행 RP는 한국은행의 공개시장운영 수단으로서 한국은행과 금융기관 거래를 말한다.

(3) 양도성예금증서 시장

양도성 예금증서(negotiable Certificate of Deposit, 이하 CD)는 이름에서 알 수 있듯이 양도가 가능한 예금증서를 뜻한다. CD의 법적 성격은 예금증서를 교부하고 예금을 받는다는 점에서 그 법적 성격을 일반 예금과 같은 금전의 소비임치[5]로 볼 수 있으나 권리의 이전과 행사를 위해서는 동 증권의 소지가 필요하다는 점에서 유가증권을 성격도 가지고 있다.

보통 예금증서라 함은 예금 통장을 일컫는 말로 양도성 예금증서와 같이 예금 통장도 제 3자에게 양도할 수 있으리라 생각할 수 있다. 하지만 이는 매우 위험한 발상으로 예금 통장을 양도성 예금증서와 동일시하여 제 3자에게 양도하는 것은 절대 안 된다. 예금 통장은 가입자의 서명이 기입되어 있는 것으로 제 3자에게 양도할 경우 악의든 선의든 법적처벌이 불가피하다.[6]

그림 5-6 예금 통장과 양도성 예금증서 비교

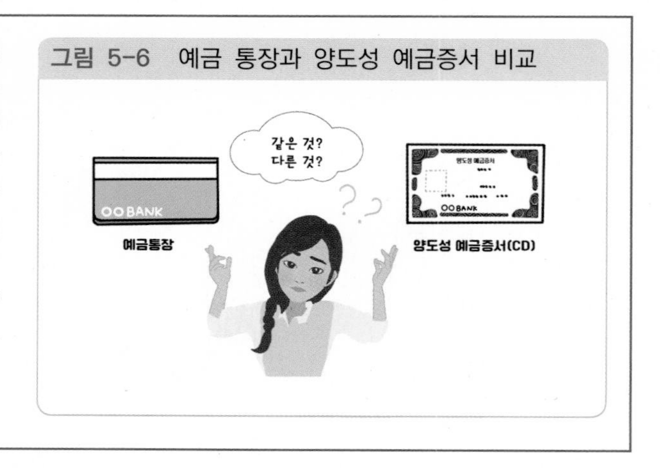

CD는 주로 상업 은행에서 발행하며 상업 은행은 예금 이외 자금 조달 방법으로 CD 발행을 많이 사용하여 왔다. 특히 CD는 단기 운용자금을 필요로 하는 상업 은행과 단기 자금

5) 임치인은 계약대상물의 소유권을 수치인에게 이전하고 일정기간 경과 후 수치인은 계약대상물과 동종 · 동질 · 동량의 것을 임치인에게 반환하는 계약이다.

6) 대포 통장에 대한 법의 처벌의 강도는 점점 강해지고 있는 추세를 따르고 있는 만큼 예금 통장을 제 3자에게 양도하여서는 절대 안 된다.

운용을 원하는 운용사, 증권사, 보험사, 연기금에게 좋은 단기 금융상품을 제공하였다는 점에서 자금 시장의 주요 금융 상품에 속한다.

CD는 다음과 같은 특수성을 갖는다. 우선 CD는 일반 예금과 같이 지급 준비금 적립대상이 된다. 즉 정기 예금, 정기 적금, 상호 부금, 주택 부금 등과 같이 고객의 예금 인출에 대비한 지급 준비금[7] 적립대상에 해당한다. 하지만 은행을 상대로 발행될 경우 지급 준비금 적립대상에서 제외된다. 다음으로 CD는 일반 예금과 달리 유가증권으로 해석되어 예금자보호대상에서 제외된다.

CD는 다음과 같은 특징을 갖는다. 우선 CD는 중도해지가 불가능하다. 정기 예금은 일정 부분 이자 소득을 포기하면 중도해지를 통해 유동성을 확보할 수 있지만 CD는 중도해지가 불가능하기 때문에 발행사를 통한 유동성 확보가 불가능하다. 하지만 CD는 양도 가능하다는 특징이 있기 때문에 이를 해결할 수 있다. 즉 CD 보유자가 이를 현금화하고 싶은 경우 제 3자에게 매도하여 현금화할 수 있다는 것이다. 이 말은 양도성예금증서 시장 내 유통 시장이 발달되어 있다는 것으로 해석할 수 있다. 다음으로 CD의 최단 만기는 30일로 제한되어 있지만 최장 만기는 규정에 제한이 없다. 다만 단기 상품으로서 대부분 1년 미만으로 발행되며 91일물이 주를 이루고 있다. CD의 최저 액면 금액에 대한 법적 제한은 없으나 각 은행들의 내규 등을 통해 5백만 원 또는 1천만 원으로 설정하여 운영하고 있다. CD는 할인 방식으로 발행된다.[8] 이는 최초 CD 매수자가 CD를 매수할 때 액면 금액에서 액면 이자율 만큼을 제외하고 매수하는 방식이다. 또한 시장 이자율 변동에 따라 CD 가격이 변동되기 때문에 만기 전 중도 매매를 통해 시세차익을 얻을 수도 있다. CD 금리는 일반적으로 은행채 등 다른 시장 금리, 발행 금액 및 만기 등을 감안하여 결정되는데 은행별 신용도에 따라 금리 수준이 다를 수 있다.

※ 생각해 볼 문제

> 액면가 1천만 원인 CD가 10% 금리로 발행되었다면 이 CD의 매수 가격은 얼마인가?
> CD 가격이 변동될 수 있는 이유에 대해서 설명해 보자.

7) 「금융기관 지급준비규정」제 2조 제 1항의 2에 따라 2.0% 이상의 지급 준비금 적립대상이다.
8) 할인 방식에 대한 자세한 내용은 "3장 이자율 결정"에서 확인할 수 있다.

그림 5-7 양도성 예금증서 견본

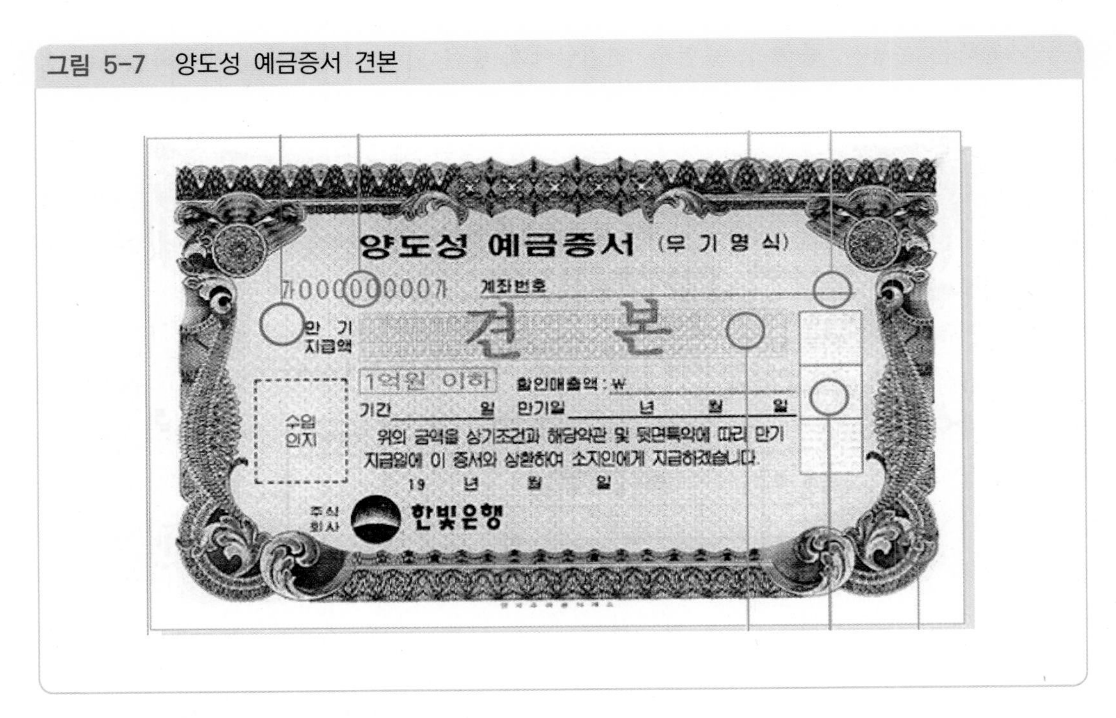
양도성 예금증서 (무 기 명 식)

가000000000가 계좌번호

만 기 지급액 견 본

1억원 이하 할인매출액 : ₩

수입 인지

기간 일 만기일 년 월 일

위의 금액을 상기조건과 해당약관 및 뒷면특약에 따라 만기 지급일에 이 증서와 상환하여 소지인에게 지급하겠습니다.

19 년 월 일

주식 회사 한빛은행

출처: https://blog.naver.com/ceo_zeus/70141691923

그림 5-8 CD 금리 추이(단위: %)

그림 5-9 CD 잔액, 순발행액 추이

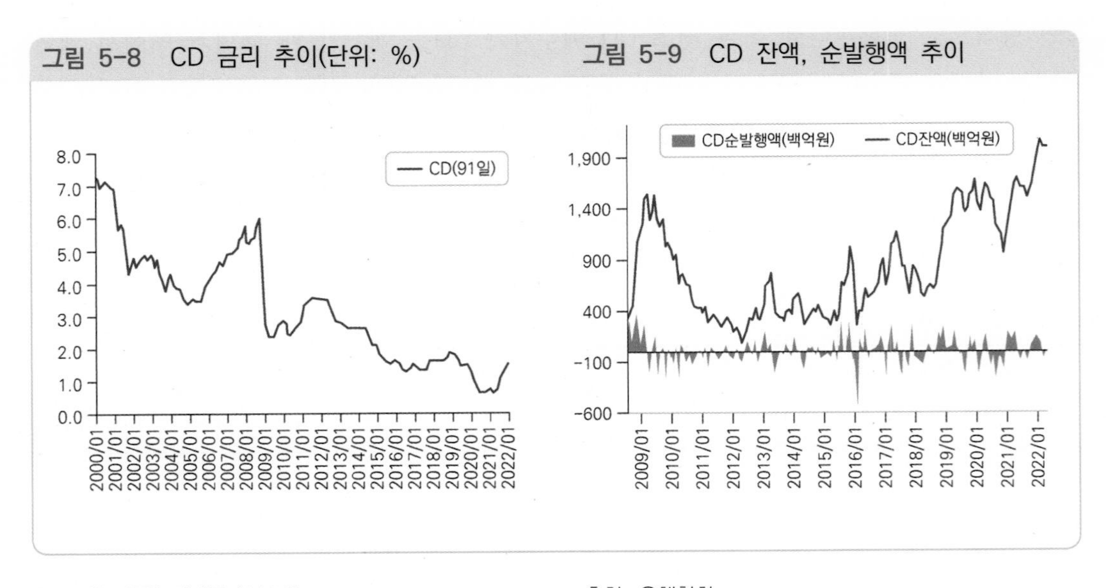

출처: 한국은행 경제통계시스템

출처: 은행협회

(4) 기업어음 시장

기업어음(Commercial Paper, 이하 CP)은 신용 상태가 양호한 기업이 상거래와 관계없이 운전 자금 등 단기 자금을 조달하기 위해 자기 신용을 바탕으로 발행하는 융통어음(약속어음)을 말한다. CP는 주식이나 회사채 등에 비해 발행 절차가 간편하고 통상 담보 없이 신용으로 발행(ABCP 제외)되는 대다가 금리 면에서도 은행 대출보다 유리하기 때문에 CP 발행이 가능한 기업들[9]은 단기 자금을 신속하게 조달하고자 할 때 유용한 수단으로 이용한다. 기업어음 시장도 마찬가지로 단기 자금을 필요로 하는 기업에게 낮은 조달 비용으로 자금을 조달할 수 있으며 여유 자금을 가진 경제주체에게 단기 투자 수단을 제공한다는 점에서 자금 시장에 유용한 단기 금융상품이다.

CP 발행의 당사자는 발행 기업(issuers), 할인·매출기관(dealers), 매수 기관(investors)으로 구분된다. 우선 발행 기업은 거래은행으로부터 기업어음 증권이 명시된 어음용지를 교부받아 발행하고 은행의 당좌 예금 계정을 통해 결제한다. 할인·매출기관은 발행 기업으로부터 CP를 할인 매입한 후 이를 매수 기관에 매출함으로써 매매 차익을 수취한다. 마지막으로 매수 기관은 단기 자금 운용수단으로서 CP를 매입한다.

그림 5-10 기업어음 시장 참가자 및 자금흐름도

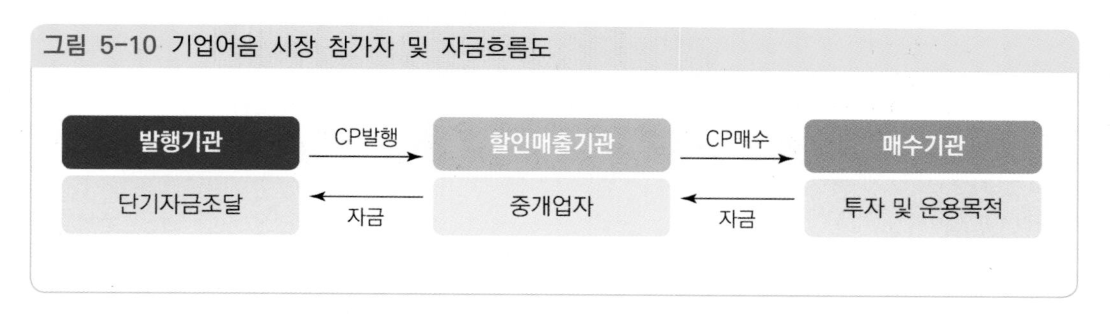

출처: 금융과 경제(박영사, 최남진 저)

9) CP는 기업이면 누구나 발행할 수 있는 것은 아니며 일반 기준을 상회하는 재무 건전성이 좋은 기업만 발행이 가능하다.

그림 5-11 기업어음 견본

출처: Naver

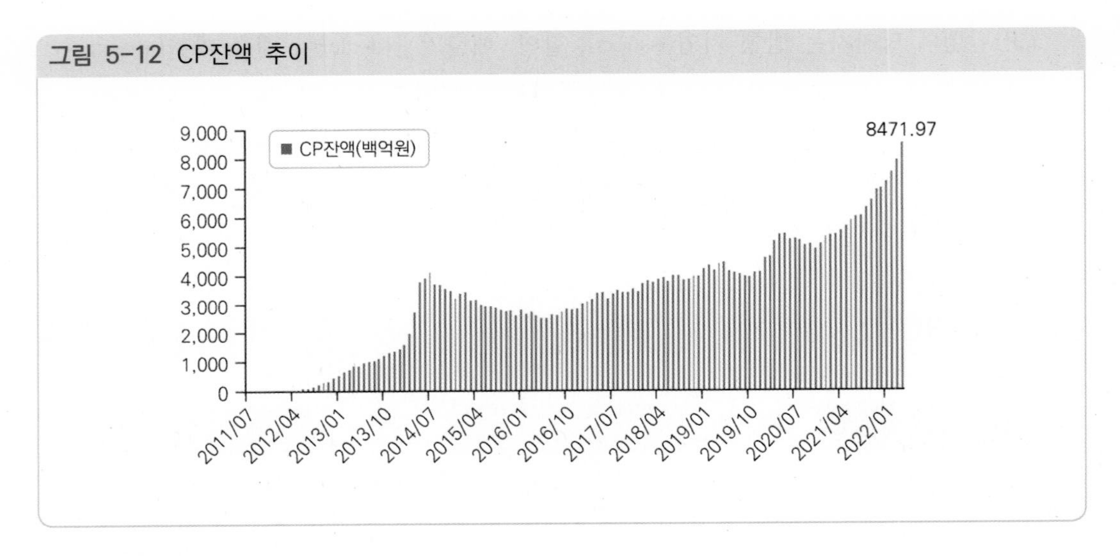

그림 5-12 CP잔액 추이

출처: 한국금융투자협회

(5) 전자단기사채 시장

전자단기사채는 「자본시장법」상의 사채권으로서 실물이 아닌 전자적으로 발행·유통되는 단기 금융상품으로 정의된다. 전자단기사채는 2013년 1월 15일부터 도입되었으며 도입 이유는 기존 단기 금융상품들의 위·변조, 분실, 정보 비대칭성으로 인한 문제 등을 해소하고 제도권에서 단기 자금시장을 활성화하기 위함에 있다. 전자단기사채는 법적 성격으로 사채에 속하지만 경제적 실질은 기존의 기업어음과 동일하다. 다만, 기업어음과 다른 점은 실물 없이 중앙등록 기관의 전자장부에 등록 되는 방식으로 발행·유통 된다는 점이다.

전자단기사채는 다음과 같은 장점을 가진다. 첫째, 전자단기사체를 인수 또는 인도 시 위·변조 분실 등 실물 발행에 수반되는 위험을 원천적으로 차단한다. 둘째, 발행 비용을 절감할 수 있다. 셋째, 모든 거래가 중앙등록기관의 전자장부에 등록되기 때문에 거래의 투명성이 제고된다. 넷째, 증권과 대금의 실시간 동시결제가 가능하기 때문에 신용 리스크 및 유동성 리스크를 줄일 수 있다. 즉 발행 기업은 당일 자금을 활용할 수 있으며 투자자는 신용 위험을 줄일 수 있다.

전자단기사채의 발행 요건은 다음과 같다. 첫째, 발행 규모는 1억 원 이상이다. 둘째, 만기는 1년 이내로 한다. 셋째, 사채 금액은 일시 납입한다. 넷째, 만기에 일시 상환하다. 다섯 째, 주식관련 권리부여를 금지한다. 이는 이미 채권에 신주인수권부사채 등 주식의 권리 등이 부여된 채권이 발행·유통되고 있기 때문에 이와 구분하기 위함이다. 여섯 째, 담보설정을 금지한다. 이상 6가지 요건을 모두 만족할 때만 전자단기사채를 발행할 수 있다.

그림 5-13 전자단기사채 신용도별 잔액 추이

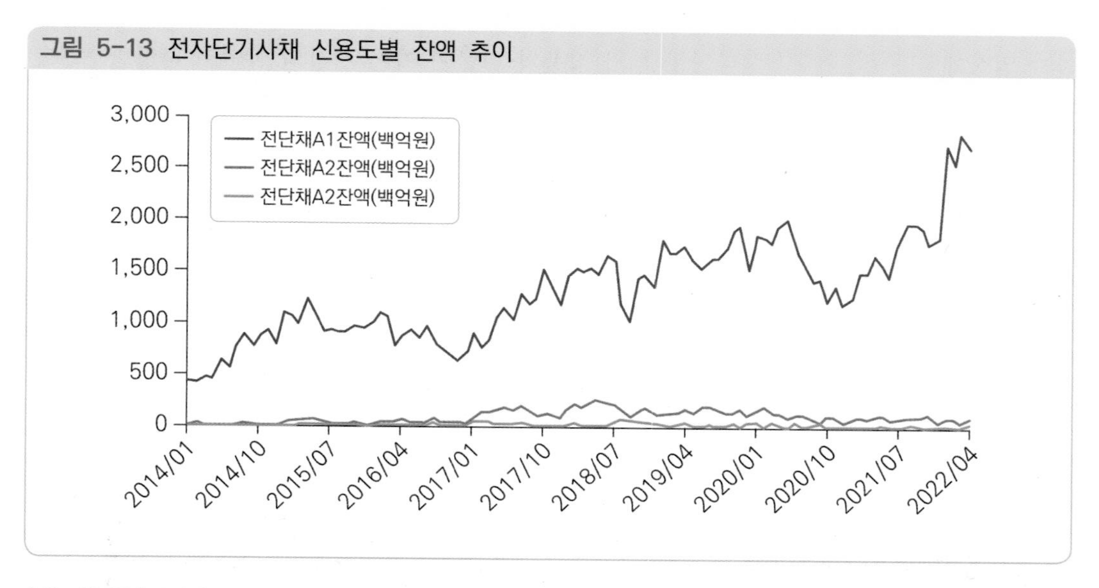

출처: 한국금융투자협회

03 자본 시장(장기 금융시장)

자본 시장(capital market)은 기업, 정부, 지방자치단체, 공공기관 등이 장기 자금을 조달하는 시장을 말한다. 보통 국채, 회사채, 주식 등 직접 금융시장에서 거래되는 증권 시장(securities market)을 의미한다.

증권 시장의 기능은 다음 4가지로 설명한다. 첫째, 가계 등 흑자주체의 여유자금을 적자주체인 기업 등에 장기 투자재원으로 공급함으로써 국민경제의 자금잉여 부분과 자금부족 부분의 수급불균형을 조절하는 기능을 한다. 둘째, 자금의 효율적 배분 기능을 한다. 이는 한정된 자금을 미래 수익성이 높고 성장이 기대되는 기업으로 자금을 집중되도록 하여 기업입장에서 필요자금을 낮은 비용으로 조달하게 함으로써 생산능력을 확충할 수 있도록 해준다. 즉 국민 경제 전반적으로 생산의 효율성을 극대화시키고 산업구조의 고도화를 촉진하여 경제 전체의 부(wealth)를 증대시키는 역할을 한다. 셋째로 다양한 투자수단을 제공한다. 이는 투자자 입장에서 주식, 채권 등 다양한 투자 상품과 더불어 자본 시장의 발달로 다양한 포트폴리오를 구성할 수 있는 기회를 제공한다. 넷째로 중앙은행의 통화정책이 실물 경제에 영향을 미치는 매개기능을 수행한다. 이는 중앙은행이 통화정책의 수단으로 기준금리를 변경할 경우 자본 시장 경로를 통해 실물 경제에 영향을 미치는 경로를 설명하는 것이다. 실제로 중앙은행이 기준금리를 변경하게 되면 초단기 금리를 거쳐 여·수신 금리, 장기 금리에 영향을 미치게 되고 이는 기업의 자본조달 비용을 변동시킴으로서 기업의 투자 의사결정에 영향을 미치게 되는 것이다. 이와 더불어 중앙은행의 기준금리 변동은 채권, 주식 등의 자산 가치를 변동시켜 가계의 소비에 영향을 미치게 되는데 이를 부의 효과(wealth effect)라 부른다.

그림 5-14 미국의 월스트리트

그림 5-15 영국 런던의 금융가

그림 5-16 싱가포르의 금융가

그림 5-17 홍콩의 금융가

(1) 증권 시장

증권 시장(securities market)은 자금의 수요자인 기업이 유가증권(주식, 채권) 발행을 통해 자금을 조달하고, 자금의 공급자인 투자자들은 여유 자금을 유가증권 매입을 통해 운용하는 시장을 말한다. 유가증권이 거래되는 장소는 조직적이고 체계적인 증권거래소 시장을 통해 대부분 이뤄진다.

또한 유가증권이 최초에 발행되는 시장을 발행 시장(primary market)이라고 하며 발행 이후에 거래되는 시장을 유통 시장(secondary market)이라고 한다. 이렇게 증권 시장이 양분된 이유는 유가증권 발행자인 기업과 투자자 사이에 투자 기간 불일치(mis-match)가 발생하기 때문이다. 즉 유가증권 발행자는 신규 투자 및 설비 투자 등의 목적으로 안정적인 장기 자금을 원하는 반면 투자자는 언제든지 투자 자금을 회수하여 현금화할 수 있는 유동성을 원하기 때문에 두 주체 간 기간 불일치가 발생한다는 것이다. 이 문제는 발행 시장과 유통 시장의 양분화를 통해 해결할 수 있다. 즉 장기적으로 안정적인 자금 공급을 원하는 유가증권 발행자는 발행 시장을 통해 자금을 조달할 수 있고, 투자자들은 유가증권을 현금화하고 싶다면 언제든지 유통 시장을 통해 유가증권을 매도하여 현금화할 수 있다.

증권 시장은 다음과 같은 몇 가지 경제적 기능을 가지고 있다.

첫째, 산업자본 조달이 가능하다. 기업은 간접 금융시장을 통한 자금 조달 이외에 시장의 유휴 자금을 기업 장기 조달자금으로 전환하여 기업 투자에 활용할 수 있다. 이는 규모의 경제 실현 및 연구 개발 확대 등을 통해 기업의 장기적인 산업안정화를 이룰 수 있도록 도와준다.

그림 5-18 증권 시장을 이용한 기업의 자금 조달 구조

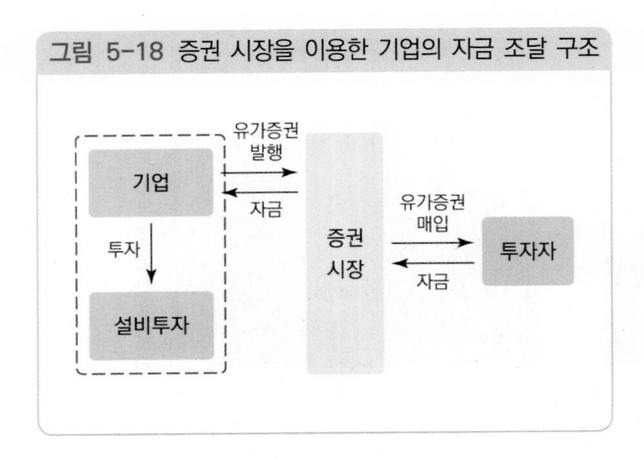

그림 5-19 기업 이윤의 증권 시장 전달 구조

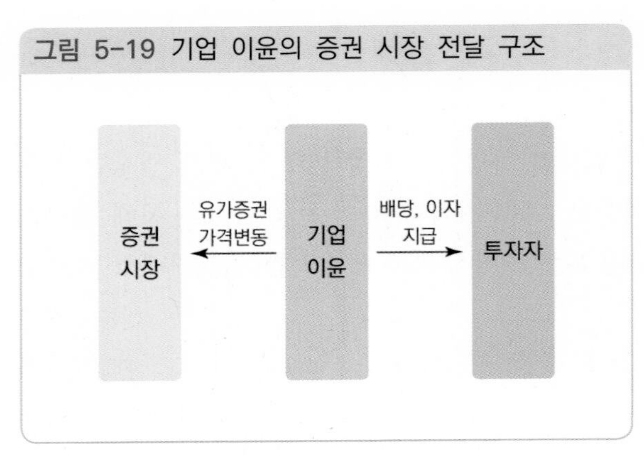

둘째, 저축 및 투자 수단 제공이다. 증권 시장을 통한 유가증권 발행은 새로운 금융투자 수단을 제공함으로써 개인 투자자들의 투자 선택 폭을 확대해 준다.

셋째, 재정금융정책의 수단을 제공한다. 정부는 통화정책의 일환으로 공개시장조작을 통한 시중 통화량 조절을 통해 경기 안정화를 도모한다. 즉 통화당국은 증권 시장을 통해 국채를 매수 혹은 매도함으로써 시중 통화량을 조절하는 기능을 한다. 또한 정부는 증권 시장을 통한 국채 발행을 통해 재정정책 재원을 조달할 수 있다. 즉 정부가 정책적 사업을 위한 적자 예산을 증권 시장을 통한 국채 발행으로 조달한다는 것이다.

1) 채권 시장

채권(bond)은 기업, 정부, 공공기관, 민간기업 등이 불특정 다수로부터 비교적 장기의 거액 자금을 조달하기 위하여 정해진 이자와 원금의 지급을 약속하면서 발행하는 증권을 말한다. 또한 채권은 일정 금액의 이자를 지급한다는 의미에서 고정이자부증권(fixed-income securities)의 대표 상품에 해당된다.

채권은 다음과 같은 특징을 가진다. 우선, 채권은 기한부 증권이다. 즉 만기가 정해져 있는 증권이다. 다음으로 채권은 확정이자부 증권이다. 이는 채권 발행 당시 이자를 확정하여 지급하는 증권이라는 뜻이다. 마지막으로 채권은 이자지급 증권이다. 즉 채권은 이자를 지급하여야 하는 증권이라는 뜻이다.

채권은 발행 주체에 따라 국가가 발행하면 국채, 지방 단체가 발행하면 지방채, 특수목

적기업이 발행하면 특수채, 상법상 회사가 발행하면 회사채라고 한다. 이외에도 발행 주체에 따라 다양한 채권이 존재한다. 다음으로 이자 지급 방식에 따라 이표채(coupon bond), 할인채(discount bond), 복리채(compound interest bond) 등으로 구분한다. 이표채는 1년을 분기 혹은 반기로 구분하여 이자를 지급하는 방식을 의미하며 할인채는 채권 발행 당시 이자 지급 분을 차감하고 발행하는 것을 의미한다. 복리채는 이자를 만기에 복리로 계산하여 한 번에 지급하는 방식을 말한다. 또한 채권은 보증 유무에 따라 보증이 있는 채권을 보증채권, 보증이 없는 채권을 무보증채권 이라고 하며 담부가 있는 채권을 담보부채권이라고 한다. 채권은 만기별로 단기채, 중기채, 장기채로 구분하며 단기채는 1~3년, 중기채는 3~10년, 장기채는 10년 이상으로 구분한다. 마지막으로 채권은 이자율 변동에 따라 최초 발행 당시 이자가 고정되어 있는 채권을 고정금리부채권(straight bond)이라고 하며 만기 이전에 이자가 변동되는 채권을 변동금리부채권(floating rate bond)이라고 한다.

채권 시장은 채권이 최초로 발행되는 발행 시장(primary market)과 기 발행된 채권이 거래되는 유통 시장(secondary market)으로 구분된다. 채권 투자자는 채권을 발행 시장에서 인수하거나 유통 시장에서 매매를 통해 매수할 수 있으며 이자 소득 이외에 시장 이자율 변동에 따라 자본 소득(capital gain)도 기대할 수 있으므로 채권은 투자자들에게 자산 포트폴리오를 구성하는 중요한 투자 수단이 된다.

그림 5-20 채권의 종류

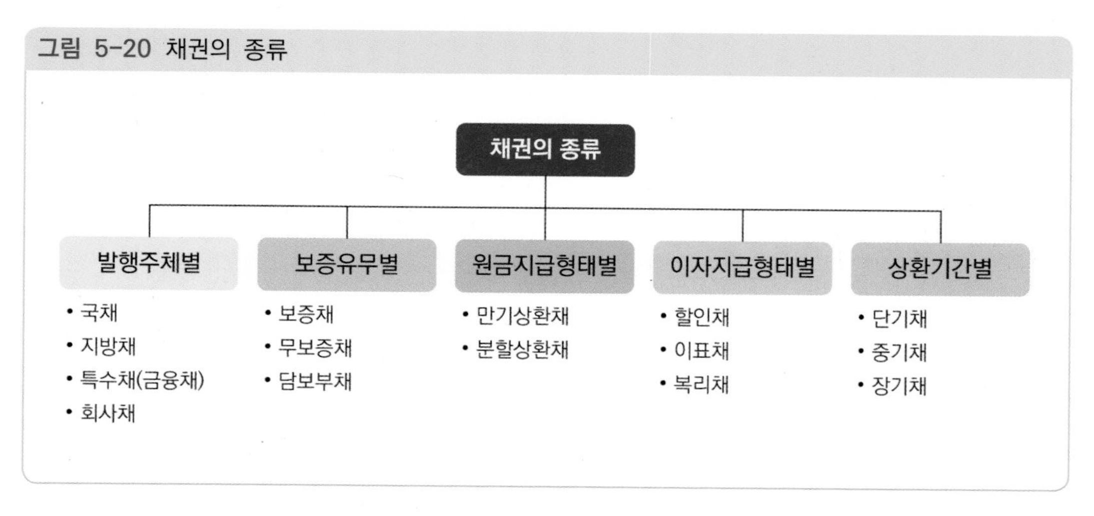

출처: 금융과 경제(박영사, 최남진 저)

① 발행 시장

발행 시장(primary market)은 채권이 최초로 발행되는 시장으로 발행자, 발행 중개 기관(증권사), 투자자 등을 기본 참가자로 구성된다. 채권 발행자의 주체는 정부, 지방자체단체, 특별법에 의해서 설립된 법인, 주식회사 등으로 구성되어 있으며 투자자는 기관 투자자[10]와 개인 투자자가 있다. 채권은 발행 단위가 큰 경우가 대부분이기 때문에 투자자는 대부분 전문적 지식과 대규모 자금을 보유하고 있는 기관 투자자 비중이 높다.

채권 발행에서 중요한 역할을 하며 여러 가지 업무(판매 기능 및 위험 부담 등)를 하는 곳이 발행 중개 기관이다. 보통은 발행 중개 기관에 투자증권회사, 종합금융회사 등이 속한다. 우선 발행 중개 기관 채권발행 업무는 크게 주관회사, 인수기관, 청약기관으로 구분할 수 있다. 주관회사는 채권 발행의 타당성, 발행 시기, 발행 조건 등을 채권 발행 회사와 협의하고 결정하는 채권 발행 총괄회사다. 만약 채권 규모가 클 경우 주관사 업무를 나눠서 진행하게 되는데 이 때 주관사 업무를 총괄하는 회사를 대표 주관사라 하고 주관업무에 참여한 회사를 공동 주관사라고 부른다. 현재 우리나라에서 주관사 업무를 할 수 있는 언더라이팅(underwriting) 회사는 금융투자회사, 종합금융회사, 한국산업은행 등이 있다. 다음으로 인수기관은 발행된 채권을 인수하여 청약기관과 일반투자회사로 매도하는 업무를 수행하는 기관을 말한다. 쉽게 말해 도매업자와 비슷하다고 생각하면 된다. 즉 생산업자로부터 납품 받은 물건을 소매업자(retail)에게 판매하는 역할을 하는 것이다. 마지막으로 청약기관

그림 5-21 채권 발행 구조

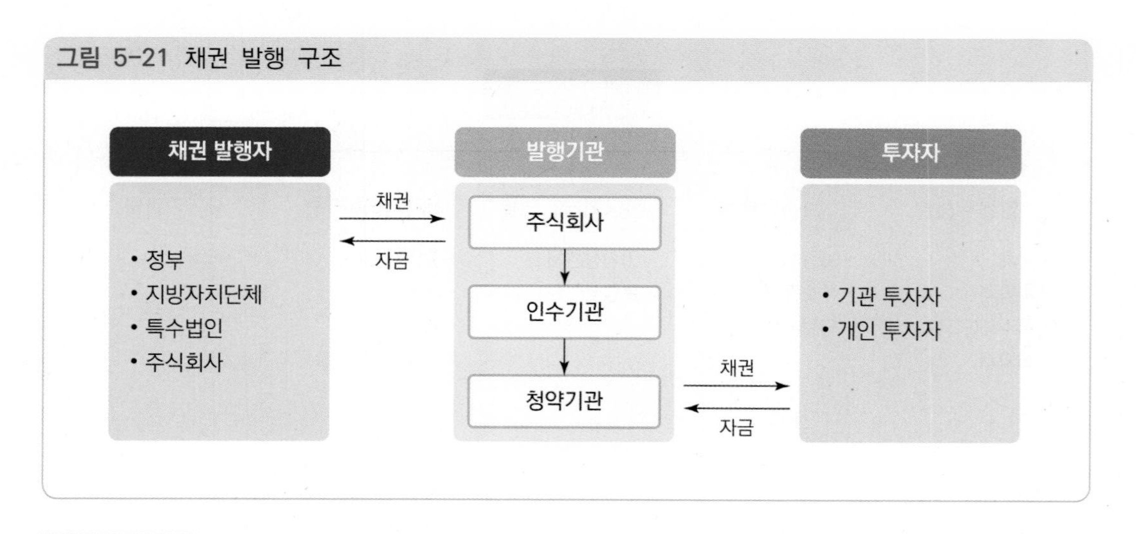

10) 기관 투자자는 은행, 보험회사, 투자 신탁, 증권회사, 신용금고 등 금융관련 대규모 투자자들과 연기금, 재단기금과 같이 대규모 자금을 운용하는 투자자들이 있다.

은 발행된 채권을 자금 공급자인 투자자에게 판매하는 역할을 담당한 판매 회사이다. 보통 청약 업무는 청약 업무 허가를 받은 금융투자회사가 하고 있으며 본점과 지점(retail)을 통해 불특정 다수로부터 청약을 받아 채권을 판매한다.

i) 국채

국채는 정부가 자금을 필요로 할 때 발행하는 채권이다. 일반 가계의 경우 자금을 필요로 하게 되면 제일 먼저 고려하는 것이 은행의 대출일 것이다. 하지만 국가는 일반 상업 은행에서 자금을 차입할 수 없기 때문에 국채 발행을 통해 자금을 조달하게 된다. 국채는 자금용도에 따라 국고채권, 재정증권, 국민주택채권, 보상채권 등 4가지 종류로 나뉘며 종목에 따라 발행 방식 및 이자 지급 방식에 차이가 있다.

우선 발행 방식으로 분류하면 국고채와 재정증권은 경쟁입찰 방식을 채택하고 있고 국민주택채권은 인허가와 관련하여 의무적 매입토록 하는 첨가소화 방식을 채택하고 있다. 즉 자산을 매입할 경우 의무적으로 해당 채권을 매입토록 하는 것이다. 예를 들어 부동산이나 자동차 같은 자산을 매입할 때 의무적으로 매입하게 되므로 준조세 성격을 갖는다. 실제로 독자들이 자동차를 구매하여 등록할 때 어떤 채권을 매입토록 하고 그 자리에서 바로 매도토록 하는 것이 있는데 그 채권이 바로 국민주택채권이다. 보통 단위가 크지 않고 그 자리에서 바로 할인하여 매도하기 때문에 대부분의 사람들은 첨가소화 방식의 채권을 인지하지 못한다. 보상채권은 당사자 앞 교부 방식으로 발행된다.

다음으로 이자 지급 방식에 따라 국고채권은 분기 지급의 이표채로 발행되며 재정증권은 할인채, 국민주택채권과 보상채권은 복리채로 발행된다. 각 채권의 만기별 구분에 따르면 국고채권은 2[11], 3, 5, 10, 20, 30, 50[12]년물 등으로 발행된다. 재정증권의 경우 만기가 1년 미만으로 정하고 있으나 통상 3개월 이내로 발행되고 있다. 국민주택채권(1종)은 5년 만기로 발행되며 물가연동채권은 2007년 3월부터 10년물로 발행되고 있다.[13]

11) 국고채 2년물은 2021년 2월 처음 발행되었다.

12) 국고채 50년물은 2021년 4월 처음 발행되었다.

13) 물가연동채권의 경우 2014년 12월 31일 이전에 발행된 채권에 대해서는 물가 상승분만큼 증가한 원금 증가분에 대해서는 비과세하는 것을 원칙으로 하고 있다.

표 5-1　국고채권 발행(잔액기준, 비율, 2021년 말 기준)

	2년 만기	3년 만기	5년 만기	10년 만기	20년 만기	30년 만기	50년 만기
잔액기준	12.5조원	36.1조원	31.8조원	36.7조원	9.8조원	47.8조원	4.6조원
비율기준	7.0%	20.1%	17.7%	20.5%	5.5%	26.6%	2.6%

출처: 한국은행, 기획재정부

금리결정 방식은 2009년 9월 이후 단일금리방식(dutch auction)에서 복수금리방식(conventional auction) 요소를 가미한 방식으로 변경하였다. 단일금리방식이란 낙찰 금액 합계가 발행 금액에 도달할 때까지 가장 낮은 수익률(가장 높은 가격)을 제시한 입찰자부터 낙찰자를 순차적으로 결정하고 발행 금액에 도달하게 되면 낙찰자가 제시한 가장 높은 수익률(가장 낮은 가격)을 모든 낙찰자에게 일률적으로 적용하는 것을 말한다. 반면 복수금리방식은 낙찰금액 합계가 발행 금액에 도달할 때까지 가장 낮은 수익률(가장 높은 가격)을 제시한 입찰자부터 순차적으로 낙찰자를 결정하고 발행 금액에 도달하게 되면 입찰자가 제시한 각자의 수익률로 금리를 정하는 것을 말한다.

국고채 입찰에는 국고채전문딜러와 일반인이 참여할 수 있으나 일반인의 경우 국고채전문딜러를 통해서만 참여 가능하며 별도의 입찰금리 등을 제시할 수 없다. 일반인의 매입금액은 최소 10만 원에서 최대 10억 원까지로 이는 국고채 시장의 저변확대를 위함이다.[14)] 이런 시장 저변확대를 위한 제도에도 불구하고 실제 일반인의 국고채 입찰 참여는 거의 없는 실정이다. 이유는 국고채 매매 단위가 대부분 100억 원으로 일반인이 매매하기 쉽지 않기 때문이다. 국고채전문딜러는 국고채 입찰에 낙찰된 이후 3영업일까지 낙찰물량에 비례하여 발행 국고채를 매입할 수 있는 권리(call option)도 부여된다.[15)]

ii) 회사채

회사채는 공모 발행(public offering)과 사모 발행(private placement)으로 구분된다. 사모 방식은 채권을 소수의 특정인을 대상으로 발행하는 방식을 말하며 보통 소규모 단기 자금이 필요한 경우 사용한다. 반면 공모 방식은 50인 이상의 불특정 다수 투자자에게 청약을 받아 발행하는 방식이다.

다음으로 직접 발행과 간접 발행 방식이 있다. 직접 발행은 회사채 발행기관이 투자매매업 인가를 받아 직접 자기위험부담 하에 회사채를 발행하는 방식이다. 간접 발행은 전문투자 기관인 금융투자회사에게 발행에 모든 권한을 위임하여 회사채를 발행하는 방식이다.

14) 일반인의 경우 비경쟁입찰방식으로 발행예정금액의 20% 범위 내에서 배정이 가능토록 하고 있다 .
15) 이런 혜택을 주는 이유는 국고채딜러들의 시장조성기능을 강화하기 위함이다.

간접 발행은 다시 총액 인수, 잔액 인수 및 위탁 모집으로 구분된다. 총액 인수는 모든 회사채 발행 업무를 인수기관이 맡아하고 발행 총액을 인수기관이 인수하여 투자자에게 매도하는 방식이다. 잔액 인수는 인수회사가 먼저 청약, 투자자에게 판매한 후 남은 잔량을 인수하는 방식이다. 따라서 증권사 지점이나 홈트레이딩 시스템에 접속하여 증권사가 판매하고 있는 회사채를 검색해 보면 증권사가 인수하여 판매하고 있는 회사채를 쉽게 찾아볼 수 있다. 위탁 모집은 인수회사가 발행 기업의 대리인 혹은 자기이름으로 투자자를 모집하고 모집되지 않은 발행 위험을 발행자가 모두 부담하는 방식이다.

회사채는 또한 발행 가액에 따라 액면발행, 할증발행, 할인발행으로 구분할 수 있다. 액면발행이란 채권 액면에 표시된 금액으로 발행되는 채권을 말하며 채권에 표시된 이자와 시장이자율이 같을 경우가 이에 해당된다. 할증발행은 액면 이자율이 시장 이자율보다 높은 경우 액면가보다 높은 가격으로 발행되는 채권을 말한다. 마지막으로 할인발행은 액면 이자율이 시장 이자율보다 낮은 경우 액면가보다 낮은 가격으로 발행되는 채권을 말한다. 이는 다음의 예를 통해 쉽게 이해할 수 있다. 만약 시장 이자율보다 채권 이자율이 낮다면 해당 채권은 투자 매력이 없다. 즉 채권을 매수하는 것보다 시장 이자율로 예금 하는 것이 이익이라는 말이다. 따라서 시장 이자율 보다 낮은 채권 이자율을 보상하기 위해 액면가보다 낮은 가격으로 채권을 발행하는데 이를 할인발행이라 하는 것이다.

회사채는 일반적으로 1, 2, 3, 5, 10년 등으로 발행되는데 대체로 3년 혹은 3년 이하가 주종을 이루고 있다. 표면 금리는 발행 기업과 인수기관 간 협의에 의해 자율적으로 결정하지만 해당 기업의 신용도가 크게 영향을 미친다.

② 유통 시장

그림 5-22 메신저를 통한 채권 장외 거래

채권의 유통 시장(secondary market)은 주식의 유통 시장과 같이 기 발행된 채권이 거래되는 시장을 말한다. 채권의 유통 시장은 조직적인 거래소 시장(exchange market), 즉 장내 시장과 비조직적인 시장인 장외 시장(over-the-counter market)으로 구성되어 있다. 채권은 주식과 달리 장내 시장보다는 장외 시장 거래가 활발하며 비중도 높다. 장외 시장은 증권사 창구를 이용하여 증권사 간, 증권사와 금융사 간,

증권사와 고객 간 종목에 대해서 상대 매매로 이뤄진다. 장외 시장 거래에서 증권사가 가장 많이 쓰는 매매수단은 메신저다.

i) 장내 시장(거래소 시장)

장내 시장은 한국거래소에 상장된 채권을 대상으로 표준화된 거래 방식에 따라 거래가 이뤄지는 조직화된 시장을 말한다. 장내 시장은 크게 일반채권 시장과 국채전문유통 시장으로 구분된다.

ㄱ) 일반채권 시장

일반채권 시장은 불특정 다수의 투자자가 참가하는 경쟁 시장으로 국고채를 제외한 모든 상장 채권이 거래될 수 있으나 실제로는 소액국공채와 상장전환사채가 주로 거래되고 있다. 소액국공채는 국민주택 1종, 서울도시철도채권, 지역개발공채, 지방도시철도채권 등 5천만 원 이하의 채권들을 말한다. 상장전환사채는 전환사채, 신주인수권부사채, 교환사채 등 콜옵션이 붙어 있는 채권 등을 뜻한다. 또한 최근 채권 투자 활성화를 위해 2009년 7월부터 국고채 ETF[16)]가 상장되어 거래되고 있다. 장내 시장 참가자는 한국거래소의 회원 증권사로 제한하고 있기 때문에 일반 투자자가 장내 시장 거래에 참여하기 위해서는 회원증권회사의 위탁계좌를 개설하여 매매에 참여해야 한다.

표 5-2 일반채권 시장의 주요 매매제도

구분	주요 매매제도
매매 대상	일반채권 및 주권관련사채와 거래소 상장된 모든 채권 - 주권관련사채 : 전환사채, 신주인수권부사채, 교환사채 등 - 소액채권은 소액채권시장에서 매매
호가 접수 시간	08:00 ~ 15:30
호가 단위	1원
호가 수량	액면 10,000원
매매 시간	09:00 ~ 15:30
매매 수량	액면 1,000원(전자단기사채 액면 1억 원)
호가 유형	지정가 호가
가격 제한폭	없음

16) 국고채 ETF는 국고채를 주로 운용하는 펀드(fund)로 주식처럼 거래할 수 있도록 구조화된 상품을 말한다.

구분	주요 매매제도
매매체결 방법	단일가격에 의한 개별경쟁매매(단일가 매매) 복수가격에 의한 개별경쟁매매(접속 매매)
주요 참가자	증권사(자기매매), 기관 투자자, 일반 투자자(위탁 매매)
결제 시간	당일결제

ㄴ) 국채전문유통 시장

국채전문 시장(inter-dealer market)은 국고채시장 활성화를 위해 1999년 개설한 국채전자거래 시장이다. 주요 참가자는 은행과 금융투자회사, 연금, 보험, 기금 등이 한국거래소의 국채매매시스템(KTS)에 직접 접속하여 거래한다. 거래 대상은 국고채, 통안증권, 예금보험공사채이며 대부분 국고채를 거래한다. 국채전문시장은 거액의 전문 투자자를 위한 시장으로 일반 투자자를 위한 시장은 아니다. 하지만 이런 노력에도 불구하고 채권거래정보 노출을 꺼리는 채권딜러들로 인해 이용이 부진해지며 이는 가격 발견기능(price discovery)의 부재로 이어지고 있다.

ii) 장외 시장

장외 시장에서 거래되는 채권은 종목이 다양하고 거래 조건이 표준화 되어 있지 않아 조직적인 장내 시장에서 거래하기 어려움으로 대부분 증권회사를 중개기관으로 하여 장외에서 이뤄진다. 채권은 주식과 달리 거래 규모(100억 원 단위)가 크기 때문에 개인 투자 대상이 아니며 증권사, 자산운용사, 은행, 연기금, 보험사 등 기관 투자자 중심으로 거래가 이뤄진다. 또한 장외 거래는 정형화 된 시스템이 없기 때문에 거래 상대방을 찾기 위해 증권사 브로커를 통한 상대 매매 방식으로 거래가 이뤄진다.

증권사는 전화, 메신저 등으로 매수자와 매도자의 호가를 받아 거래가 이뤄질 수 있도록 브로커 역할을 한다. 따라서 증권사들이 직접 채권을 보유할 필요가 없으며 상대방 거래에 반드시 응할 의무도 없다.

장외 시장은 거래규모가 매우 크기 때문에 기관 투자자 등과 같은 전문 투자자 시장이며 일반 투자자는 직접 참여하기 어렵다. 따라서 일반 투자자가 국공채 등 거액의 채권 투자를 원한다면 ETF나 펀드를 통한 간접 투자 방식을 추천한다. 반면 주권관련사채 등 소액채권은 일반 투자자도 쉽게 투자에 참여할 수 있다.

표 5-3 채권 장외 시장 제도

구분	채권 장외 시장
주요 참가자	딜러, 브로커
매매 방식	상대매매
매매 수단	메신저, 전화
호가 방법	수익률호가
매매 단위	100억 원(1단위)
매매 시간	통상 거래소 시간과 같음
결제 시점	T+1~30까지
결제 방법	총액결제

2) 주식 시장

주식 시장은 주식회사의 지분권을 표시하는 유가증권인 주식이 거래되는 시장이다. 여기서 지분권이라 함은 회사의 지분을 뜻하는 것으로 회사의 주인인 주주를 말한다. 주식은 상환의무가 없고 경영 실적에 따라서 배당[17]을 결정하기 때문에 발행 기업 입장에서는 매우 안정적인 장기 자금 조달 수단이다. 특히 재무적 측면에서도 주식 발행을 통한 자금은 자기자본(equity)으로 분류되기 때문에 재무 개선에도 큰 이점이 있다. 다만, 주식을 추가로 발행할 경우 기존 주주들의 경영권의 희석된다는 단점이 있다. 주식 시장은 주식이 새롭게 공급되는 발행 시장과 투자자 간 거래되는 유통 시장으로 구분된다. 현재 우리나라의 유통 시장은 유가증권 시장(Korea Composite Stock Price Index, KOSPI), 코스닥 시장(Korea Securities Dealers Automated Quotations, KOSDAQ), 코넥스 시장(Korea New Exchange, KONEX) 및 K－OTC시장(Korea Over－The－Counter, 종전 프리보드)으로 구분된다.

① 발행 시장

주식 발행은 기업공개 및 유상증자 등을 통해 이뤄지며 주식 발행을 위한 당사자는 주식 발행인, 투자자, 인수기관으로 구분한다. 우선 주식 발행인은 자금 수요자인 기업이 대표적이며 투자자는 개인 투자자, 기관 투자자[18], 외국인 투자자 등이 있다. 인수기관은 국내에서 투자증권사를 말하며 주식 매매와 중개업무 등을 담당한다. 주식 발행 방식은 공모

17) 채권 이자는 약속한 날에 꼭 지불하여야 하는 의무를 지지만, 주식 배당은 주주총회를 통해 지급 유무를 결정할 수 있다. 즉 영업이익이 크게 발생하여도 새로운 투자를 위해 배당하지 않고 자금을 유보할 수 있다는 말이다.
18) 기관 투자자는 은행, 보험, 증권사, 연기금 등이 포함된다.

와 사모, 직접 발행과 간접 발행으로 구분되며 주식 발행 형태는 기업공개 및 증자를 통한 주식 발행으로 구분된다.

i) 발행 방식

ㄱ) 공모 발행(public offering)과 사모 발행(private placement)

공모 방식은 불특정 다수를 대상으로 주식을 발행하는 것을 말한다. 즉 주식 발행에 대해 일반 대중을 상대로 공개하고 동일 가격과 조건으로 투자자를 모집하는 방식을 말한다. 보통 독자들이 증권사에서 주식을 공모한다는 정보를 들었다면 이는 공모 발행 방식인 것이다.

반면 사모 발행 방식은 기업 발기인 또는 기존 주주 등 특정인만을 상대로 주식을 발행하는 것을 말한다. 사모 발행의 경우 발행 방식이 공개되지 않는 것이 일반적이기 때문에 사모 발행에 관계자가 아니라면 모르는 경우가 많다.

ㄴ) 직접 발행과 간접 발행

그림 5-23 직접 발행 구조

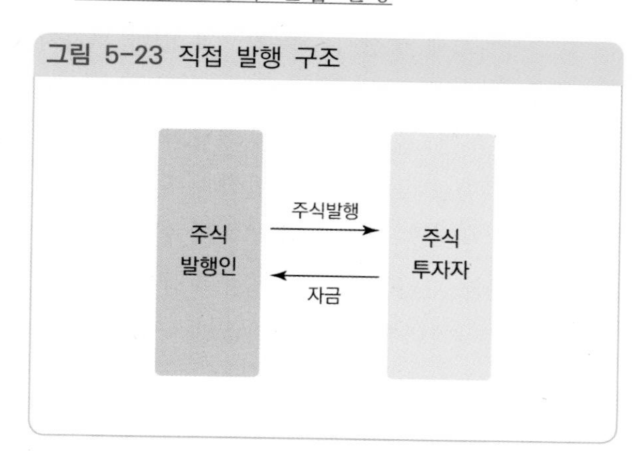

직접 발행이란 주식 발행자가 발행 사무 및 주식 발행에 대한 모든 위험을 직접 부담하는 방식을 말한다. 즉 주식 발행 회사가 주식 발행에 필요한 모든 행정적 절차를 직접 진행하며 주식 발행 모집이 미달되었을 경우 주식 잔량을 모두 발행인이 인수하는 형태다. 실제로 발행 시장에서 주식을 직접 발행하는 경우는 흔치 않으며 상대적으로 발행 규모가 작고 발행 절차가 단순한 경우에 한해서만 직접 발행한다.

간접 발행은 주식 발행을 전문으로 하는 인수기관을 선정하여 주식 발행에 대한 사무업무 및 위험을 인수기관에 위탁하는 것을 말한다. 보통 주식 발행 인수기관은 증권사를 말하며 증권사는 주식 발행 회사로부터 업무를 의뢰 받아 모집 발행을 실시하고 수수료를 수취한다. 간접 발행은 주식 발행위험 부담여부에 따라 위탁 모집(offering on commitment) 방식, 잔액 인수(stand-by underwriting) 방식, 총액 인수(firm-commitment underwriting) 방식으로 나뉜다. 위탁 모집 방식은 증권사에 발행 주식의 모집만을 위탁하는 방식으로 미달된 주식에 대해서는 주식 발행 회사가 위험을 부담하는 방식이다. 이런 경우 증권사는 모집 발행에 대한

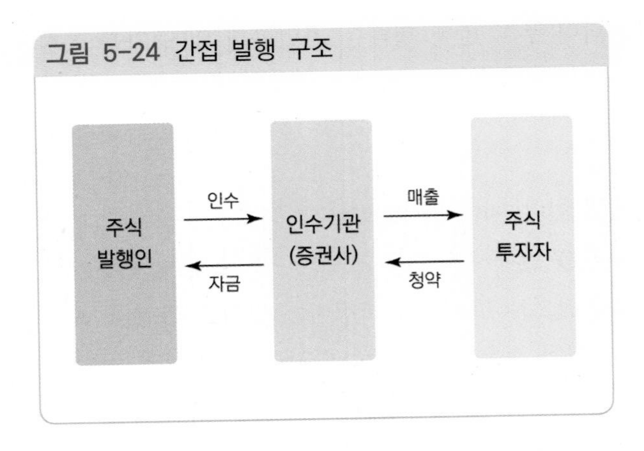

그림 5-24 간접 발행 구조

수수료만을 수취한다. 다음으로 잔액 인수 방식은 증권사가 발행 사무를 비롯하여 모집 발행 업무를 진행하고 만약 모집이 미달된 경우 주식 잔량을 전부 인수하는 방식이다. 마지막으로 총액 인수 방식은 주식 발행 초기부터 증권사가 발행된 모든 주식을 자신의 명의로 인수하고 주식 발행에 대한 위험 및 발행사무 등도 증권사가 담당하는 방식이다.

ii) 발행 형태

ㄱ) 기업공개(IPO)

기업공개(Initial Public Offering)란 기업을 최초 거래소에 상장시킬 목적으로 일반 투자자들에게 주식을 공모하거나 기 발행된 주식 일부를 매출하는 것을 말한다. 기업은 자본시장법상 직접 금융시장을 통한 자금 조달 및 경영과 소유 분리를 위해 30% 이상의 주식을 분산시켜야 한다. 기업공개를 통해 주식을 분산시키는 방법은 신주공모 방식과 구주매출 방식이 있다. 우선 신주공모 방식은 주식 분산을 위해 새로운 주식을 발행하여 일반 투자자들에게 청약하는 방식을 말한다. 신주공모 방식을 통한 기업공개는 기존 주주의 지분율 감소 및 주식 분산의 효과를 볼 수 있으며 신규로 발행된 자금은 기업에 귀속된다. 반면 구주매출 방식은 기존 주주들이 보유하고 있는 기 발행된 주식을 분산하는 방법이다. 해당 방식은 기존 주주의 주식을 일반 투자자에게 매도하는 방식으로 매도 자금은 기존 주주에게 귀속된다.

ㄴ) 증자

증자란 회사의 주식 자본을 증가키는 것을 말하며 유상 증자와 무상 증자가 있다. 우선 유상 증자(seasoned equity offering)는 기업이 신주를 발행하여 자금 혹은 재산이 기업에 유입되는 형태를 말한다. 유상증자는 크게 구주주배정(direct rights offer) 방식, 제3자배정 방식, 일반공모 방식(general cash offer), 주주우선공모(stand-by right offer) 방식 등이 있다. 구주주배정 방식이란 신주 발행 시 구주주의 주식 수에 비례하여 우선 신주를 배정하는 방식이다. 제3자배정 방식은 신주를 특정 연고자(임원, 거래은행 등)에게 신주인수권을 우선 배정하는 방식이다. 이 방식은 향후 기존주주나 경영권에 심대한 영향을 줄 수 있기 때문에 주총 특별결의 절차 등 엄격한 통제를 거쳐 진행된다. 일반공모증자 방식은 미국의 일반적인 형태로 신주를 불특정 다수인 일반 공모자들로부터 모집하는 방식이다. 주주우선공모방식은 신주 발행 시 우선적으로 기존주주에게 소유 지분 비율만큼을 청약하고 미청약 된 신주를 일반 공모하는 방식이다. 무상 증자는 회사가 신규 자금조달 목적이 아닌 자본준비금이나 재평가적립금의 자본전입을 목적으로 할 때 기존 주주에게 무상으로 신주를 발행하는 것을 말한다. 즉 주금납입 없이 이사회의 결의로 준비금 또는 자산재평가적립금을 자본에 전입하고 전입액만큼 발행한 신주를 기존주주에게 소유 주식 수에 비례하여 무상으로 교부한다.

ㄷ) 주식 배당

주식 배당은 배당금을 현금으로 지급하지 아니하고 주식으로 지급하는 형태를 말한다. 이 경우 상법상 주식회사의 이익을 자본금으로 전입하는 효과를 발휘한다. 「상법」에서는 주식배당을 배당 가능 이익의 50% 이내로 제한하고 있다.

② 유통 시장

주식의 유통 시장은 기 발행된 주식이 거래되는 시장을 말한다. 즉 자동차 시장이 신차 시장과 중고차 시장으로 양분되어 중고차 시장에서는 중고차들이 거래되고 있는 것처럼 주식 시장도 기 발행된 주식이 거래되는 유통 시장이 있다. 유통 시장은 주식 투자자에게 유동성을 확보할 수 있게 해줌으로써 거래 활성화를 유도한다. 즉 주식 투자자는 언제든지 유통 시장을 통해 주식을 현금화할 수 있다. 또한 이런 장점 때문에 다수의 주식 투자자들이 유통 시장을 통해 주식을 거래함으로 주식의 공정한 가격 형성이 가능하다. 이와 더불어 유사한 산업군의 신규 주식 발생 시 기준 가격을 제공하는 역할도 한다.

유통 시장에서 투자자의 매매 주문은 투자중개업을 영위하는 금융투자회사를 거쳐 한국거래소에서 체결되며 이에 따른 결제는 매매일로부터 3일째 되는 날(T+2일) 한국예탁결제원을 통해 이루어진다. 즉 투자자가 오늘 주식을 매수하였다면 주식은 3거래일 째인 모래 계좌에 들어오는 것이다. 그렇다면 어떻게 내 계좌에는 해당 주식이 있는 것처럼 표시되고 또 바로 매도할 수 있을까? 이는 금융투자회사가 이틀 후 계좌에 들어올 실물을 기준으로 매도처리 할 수 있도록 시스템화 되어 있기 때문이다.

현재 우리나라에 장내 시장은 한국거래소(KRX)에서 운영하고 있으며 장외 시장은 한국금융투자협회에서 운영하는 K-OTC시장이 있다. 한국거래소에는 코스피(KOSPI)시장과 코스탁(KOSDAQ)시장 및 코넥스(KONEX)시장이 개설 운영되고 있다.

표 5-4 국내 증권 시장 현황(2022년 3월말 기준)

구분	KOSPI	KOSDAQ	KONEX
설립	1956년	1996년	2013년
운영 주체	유가증권시장본부	코스닥시장본부	코스닥시장본부
시장 특성	중대형 우량기업 위주	중소벤처 및 성장기업 위주	창업초기 중소벤처기업 위주
시가총액	2,164조 원	417.3조 원	4.9조 원
일평균거래금액	10.8조 원	8.8조 원	21.4억 원
일평균거래량	6.7억 주	12.5억 주	59.4만 주

i) 유가증권 시장(KOSPI 시장)

코스피 시장은 우리나라를 대표하는 주식 시장으로 삼성전자 등 대기업과 중견기업 등이 상장된 주요 시장이다. 코스피 시장은 1997년~1998년 외환위기로 인해 큰 폭의 하락을 경험했지만 1999년, 단 1년 만에 상승폭을 회복했으며 2000년대 초반부터 미국의 금융위기가 있기 전까지 꾸준히 상승하여 2,000P를 돌파하였다. 이후 글로벌 금융위기, 유럽의 재정위기 등을 겪으며 2,000P 박스권에 6년 간 갇혀있었으나 2017년 들어서며 박스권을 돌파하여 2,500P까지 상승하였다. 하지만 2019년 말 발생한 COVID-19으로 2020년 3월 1,400P선까지 하락하였다. 하지만 삼성 등 주요 기업 실적과 COVID-19 종료 기대감으로 2021년 6월 사상 최고가인 3,300P까지 상승한 후 2022년 4월 현재는 2,600P 선에서 보합을 이루고 있다.

코스피 시장은 토요일과 일요일, 공휴일 및 근로자의 날, 연말 등을 제외하고 매일 개장되며 장중 거래 시간은 09:00부터 15:30까지 거래된다. 또한 07:30분부터 08:30, 16:00부터 18:00시까지는 시간 외 시장으로 구분하여 거래가 이뤄진다. 장중 거래는 복수 가격 방식으로 거래가 이뤄지며 08:00부터 09:00 및 15:20분부터 15:30까지는 단일 가격 방식으로 거래가 이뤄진다. 복수 가격 원칙이란 주문별로 경쟁 매매를 원칙으로 거래가 이뤄지는 것으로 매수 호가와 매도 호가가 만나는 가격에서 거래가 이뤄지는 것을 말한다. 즉 매수자가 많은 경우 현재 호가보다 높은 가격에 거래가 이뤄지고 매도자가 많은 경우 현재 호가보다 낮은 가격에 거래가 이뤄지기 때문에 매매 가격이 수시로 변동될 수 있다. 반면 단일 가격 방식은 해당 시간 동안 가장 많은 주문 호가를 나타낸 단일 가격으로 거래가 이뤄지는 것을 말한다. 실제로 장이 마감되기 10분 전에는 거래가 이뤄지지 않고 호가와 매수, 매도 주문 잔량만 변동되는 것을 확인할 수 있다. 10분 동안 계속 변동되던 호가와 주문 잔량은 15:30분이 되면서 단일 가격에 매수자와 매도자가 체결되면서 거래가 마무리된다.

이외에도 07:30부터 08:30까지 장 개시 전과 16:00부터 18:00까지 장 종료 후 시간 외 종가 매매를 할 수 있다. 이는 정규 시장 시간에 매매를 하지 못한 투자자들에게 당일 종가로 투자 기회를 제공하는 것이다. 시간 외 종가 매매는 단일 가격을 적용하기 때문에 주문의 시간적 우선순위 만 고려한 시간우선 원칙을 적용한다. 또한 장 종료 후 16:00부터 18:00까지 10분 단위로 시간 외 단일가매매가 적용된다. 이는 10분 동안 당일 종가의 ±10%[19] 이내에서 매수자와 매도자가 호가를 결정하고 거래는 단일가로 체결되는 방식이다.

표 5-5 주식 체결 방식 및 거래 시간

체계 방식	시간
장 전 종가매매	07:30 ~ 08:30
동시호가	08:00 ~09:00 15:20 ~ 15:30
정규시장매매	09:00 ~ 15:30
장 후 종가매매	15:40 ~ 16:00
시간 외 단일가매매	16:00 ~ 18:00

그림 5-25 KOSPI 지수 추이

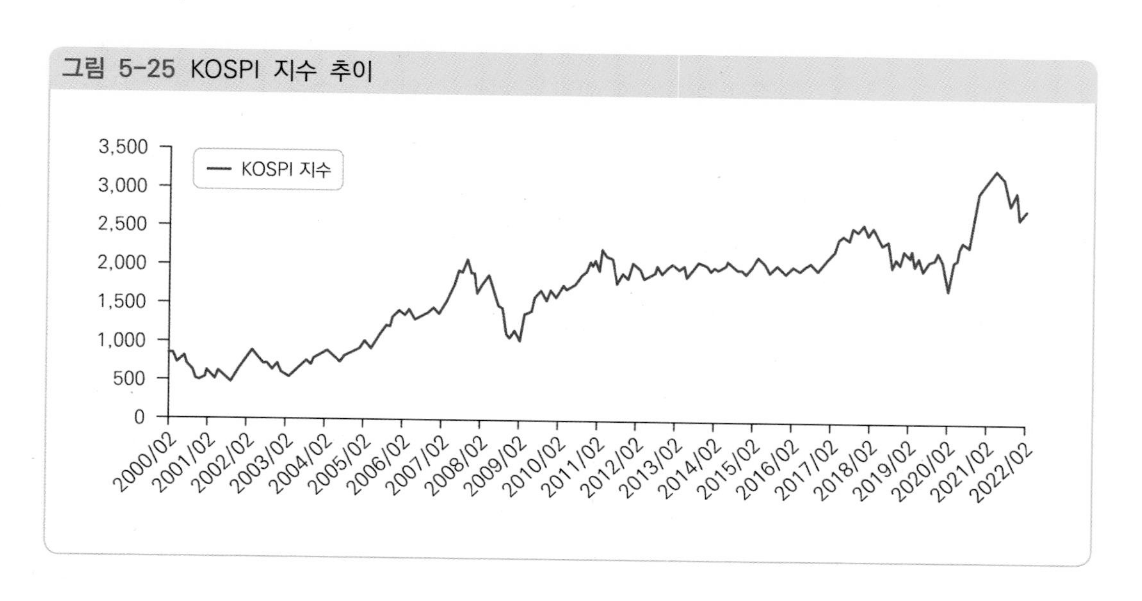

19) 당일 종가의 ±10%가 당일 상한가와 하한가를 넘어가는 경우 당일 상한가와 하한가 이내에서 가격이 결정된다.

그림 5-26 KOSPI 종목 수 추이

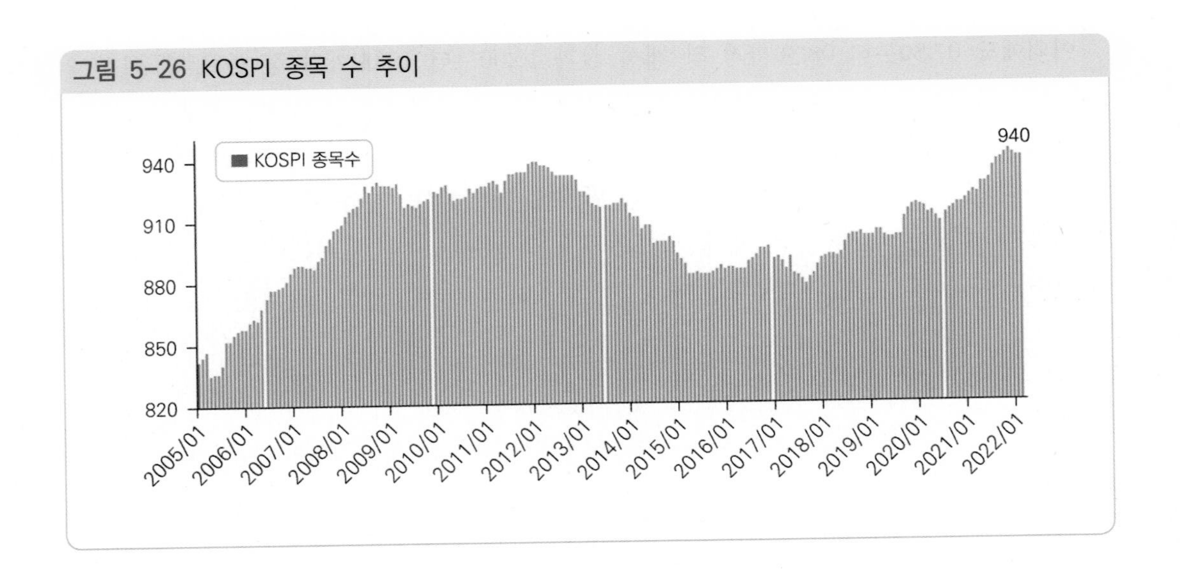

주식의 주문은 지정가 주문, 시장가 주문, 조건부지정가 주문, 최유리지정가 주문, 최우선지정가 주문 등이 있다. 이중에 보편적으로 사용하는 주문 방식은 지정가 주문과 시장가 주문이다. 지정가 주문은 주식의 매수자나 매도자가 호가를 지정하여 주문을 하는 방식을 말한다. 예를 들어 A 주식을 5천 원에 10주 매수 주문 냈다면 매수자는 지정가 주문을 낸 것이다. 매도도 마찬가지로 주식 매도자가 원하는 가격에 원하는 수량의 지정가 주문을 낼 수 있다. 시장가 주문은 현재 거래되고 있는 주식을 즉시 체결할 목적으로 주문하는 것을 말한다. 예를 들어 A 주식이 5천 원 매도 호가에 100주 대기 주문이 있고 4천 원 매수 호가에 100주 대기 주문이 있을 경우, 10주 시장가 주문 방식으로 매수 주문을 내면 5천 원에 바로 10주 체결이 이뤄진다. 시장가 주문은 보통 주가의 가격 변동이 심할 경우 사용하는 주문 방식이다. 즉 매수하고 싶은 주식이 계속해서 가격이 상승하고 있다면 지정가로 체결이 되지 않을 가능성이 크고, 이렇게 시간이 지체될 경우 더 높은 가격으로 주식을 매수해야 하기 때문에 바로 체결 할 수 있는 시장가로 주문을 내는 것이다. 반대로 주가가 급락할 때도 매도 타이밍을 놓치면 손실이 커짐으로 시장가 주문을 통해 주문을 체결시키는 방법을 사용한다. 조건부지정가 주문은 15:20분 전까지 지정가로 주문된 주식이 체결되지 않을 경우 15:20분 이후 단일 가격으로 변경될 경우 자동적으로 시장가 주문으로 변경되어 15:30분 주문이 시장가로 체결되는 것을 말한다.

주식 매매 단위 호가의 경우 주가가 1천 원 미만인 경우는 1원씩 호가가 변경되며 1천 원 이상~5천 원 미만인 경우 5원, 5천 원 이상~1만 원 미만 10원, 1만 원 이상~5만 원 미만은 50원, 5만 원 이상 ~ 10만 원 미만은 100원, 10만 원 이상 ~ 50만 원 미만은 500원, 50만 원 이상은 1천 원씩 호가가 지정된다. 또한 매매 수량은 1주 단위다.

표 5-6 매매 거래 단위 호가

구분	유가증권 시장	코스닥 시장
1,000원 미만	1원	1원
1,000원 이상 ~ 5,000원 미만	5원	5원
5,000원 이상 ~ 10,000원 미만	10원	10원
10,000원 이상 ~ 50,000원 미만	50원	50원
50,000원 이상 ~ 100,000원 미만	100원	100원
100,000원 이상 ~ 500,000원 미만	500원	500원
500,000원 이상	1,000원	1,000원

증권 시장은 주가의 급등락에 따른 투자자의 피해를 막고 공정한 거래 정착을 위해 매매거래 중단제도(circuit breakers)와 프로그램매매호가 관리제도(side car)를 운용하고 있다. 매매중단제도는 코스피지수가 직전거래일 종가보다 10% 이상 하락하면 매매거래 중단 발동을 예고하고 이 상태가 1분 이상 지속되면 모든 주식 매매를 20분 간 중단한다. 또한 프로그램매매호가 관리제도는 주가와 같이 움직이는 선물가격이 전일 종가대비 5%(코스닥은 6%) 이상 등락하여 1분 이상 지속되면 프로그램 매매 호가에 대해서 5분 간 효력을 정지하는 제도이다. 여기서 프로그램 매매란 주문을 사람이 직접내지 않고 컴퓨터 프로그램이 대량으로 주문을 넣는 것을 말한다. 이 때 프로그램 매매는 차익거래라는 것을 하는데 현물인 주식과 선물을 동시에 사고파는 거래를 한다. 선물은 현 시점이 아니라 미래 시점에서 주식을 사거나 팔겠다는 하나의 약속인 셈이다. 예를 들어 선물을 팔고 현물을 사는 것을 프로그램 매수라고 하는데 이런 경우 프로그램이 대량으로 현물(주식)을 매수하는 과정에서 주가가 오르게 된다. 반대로 선물을 대량으로 파는 과정에서 선물 가격은 하락하게 된다. 따라서 사이드카가 발동하여 프로그램 매매가 중단 된 경우 이런 대량의 매수, 매도 거래가 중지되므로 가격 변동 폭이 작아지게 되는 것이다.

이와 더불어 거래소 시장에는 공정한 시장 형성과 투자자의 피해 축소 등을 위해 주식 가격의 상하한선을 두고 있다. 이는 주가가 하루 최대 변동할 수 있는 폭을 정하여 그 이상 혹은 그 이하로 주가가 하락하지 못하게 하는 것이다. 현재 우리나라의 가격 상하한선은

2015년 6월 15일을 기준으로 이전 ±15%에서 ±30%로 확대되었다. 가격 변동 폭의 확대는 선진 금융시장을 위한 대안이지만 이로 인해 투자자들의 피해가 커질 수 있으므로 주가 급변방지를 위한 장치인 변동성안정장치(VI, volatility interruption)를 운용하고 있다. VI제도는 동적VI와 정적VI제도로 나뉜다. 우선 정적VI는 참조 가격보다 ±10%주가가 변동하면 정적 VI가 발동하여 2분 간 거래가 중지되고 단일가 매매로 전환된다. 여기서 참조 가격은 시가 결정전에는 당일기준가격(전일종가)이 되며 시가 결정 후에는 직전단일가격(시가단일가)가 된다. 동적 VI는 종가 단일가매매 시간, 시간외 단일가매매 시간 등에 호가 제출 직전 체결 가격이 예상 가격과 차이가 나면 2분 동안 거래가 중지되는 것을 말한다. 발동기준은 아래 표를 참조하기 바란다.

표 5-7　변동안정장치(VI) 참고

참조가격

동적 VI	정적 VI
호가제출 직전 체결가격	호가제출 직전 단일가격 시가결정 전: 당일 기준가격 시가결정 후: 직전 단일가격

발동가격: 참조가격±(참조가격×발동가격율)

<table>
<tr><th colspan="2" rowspan="2">구분</th><th colspan="3">동적 VI</th><th>정적 VI</th></tr>
<tr><th>접속매매시간
(9:00~15:20)</th><th>종가단일가
매매시간[1]
(15:20~15:30)</th><th>시간외단일가
매매시간
(16:00~18:00)</th><th>정규시장
모든 세션</th></tr>
<tr><td rowspan="2">주식</td><td>KOSPI200 구성종목</td><td>3%</td><td>2%</td><td>3%</td><td rowspan="2">10%</td></tr>
<tr><td>유가 일반종목,
코스닥종목</td><td>6%</td><td>4%</td><td>6%</td></tr>
<tr><td rowspan="2">ETF/ETN</td><td>KOSPI200/100/50,
KRX100, 인버스, 채권</td><td>3%</td><td>2%</td><td>3%</td><td rowspan="2">10%</td></tr>
<tr><td>레버리지, 섹터·
해외지수, 상품 등
기타지수</td><td>6%</td><td>4%</td><td>6%</td></tr>
</table>

주 1) 다만, 주식 관련 파생상품 최종거래일(각 파생상품별 결제월의 두 번째 목요일) 종가단일가매매시간에는 파생상품 기초자산 주식에 대해 별도의 동적 VI 발동률(1%) 적용
(KOSPI200 지수 구성종목, KOSDAQ150 지수 구성종목, 섹터지수 구성종목, 개별주식 선물·옵션 구성종목이 이에 해당)

• 하루 중 발동횟수의 제한 없음

출처: 한국 거래소

이런 변동안정화장치로 인해 가격상한선 혹은 하한선에 도달하기 위해서는 적어도 두 번의 VI가 발동되기 때문에 쉽게 상하한선에 도달하지 못한다. 이는 과거에 연속 상한가 혹은 하한가를 기록하며 움직이는 주가의 모습을 이제는 거의 볼 수 없다는 뜻이다. 또한 변동안정화장치 도입 초기에는 코스피나 코스닥 모두 하루에 100번도 넘게 정적VI가 발동되기도 하였으나 점차 시장이 안정화를 찾고 제도에 적응함에 따라 현재는 약 20회 정도로 VI발동 횟수가 줄어들어 안정적인 모습을 보이고 있다.

ii) 코스닥(KOSDAQ) 시장

코스닥(Korea Securities Dealers Automated Quotation) 시장은 정부가 중소벤쳐기업 육성 및 첨단산업에 대한 투자 증진을 위해 미국의 NASDAQ을 벤치마크하여 설립한 증권 시장이다. 따라서 코스피 시장에 비해 상장 조건이 완화되어 있으나 매매거래 제도 등은 동일하게 적용하여 운영하고 있다. 코스닥 시장은 1996년 7월 1일부터 우량 기업, 성장 유망 중견기업, 혁신형 기업 등이 상장되고 얼마 지나지 않아 코스닥 붐을 일으켰다. 2000년대 초 벤처 붐 및 미국의 닷컴버블 등에 힘입어 사상 최고치인 2,800P를 넘어섰으나 벤처 버블이 붕괴됨에 따라 지수는 500P이하로 하락하였다. 이후에 세계적 호황기를 맞아 코스피는 크게 상승한 반면 코스닥은 코스피 만큼 상승하지 못했다. 2000년대 중반 바이오 등 테마주를 중심으로 잠시 상승세를 보였지만 2008년 미국의 글로벌 금위기가 발생하며 200P대로 다시 하락하는 모습을 보였다. 후에 500P까지 회복하기는 하였으나 2015년 초까지 특별한 흐름 없이 박스권인 500P에 갇혀 있다가 2015년 후반 박스권을 뚫고 상승하는 모습을 보였다. 최근 COVID−19 팬데믹으로 다시 큰 하락폭을 보였으나 COVID−19 종료 기대감으로 다시 반등하는 모습을 보이고 있다.

코스닥 시장은 우량 기업, 중견 기업, 신 성장기업, 혁신 기업 등이 혼재되어 있어 코스피 시장처럼 우량 기업을 선별(screening)하는 기능에 의문점이 제기됨에 따라 코스닥 상장을 기피하는 현상이 발생하였다. 더욱이 코스닥 시장에서 일정 부분 성장하고 나면 코스피 시장으로 이전하는 현상이 지속적으로 발생함에 따라 코스닥 시장 기피 현상은 더욱 가속화 되었다. 이에 코스닥 시장 활성화를 위하여 우량 기업에 대한 공시 사전 리뷰 면제 등 특혜를 부여하고 부실 징후 기업에 대해서는 관리를 강화하는 등 제반 여건을 정리하고 있으나 코스닥 시장의 대장주였던 NAVER가 코스피 시장으로 이전하는 등 문제점은 여전히 지속되고 있다.

그림 5-27 KOSDAQ 지수 추이

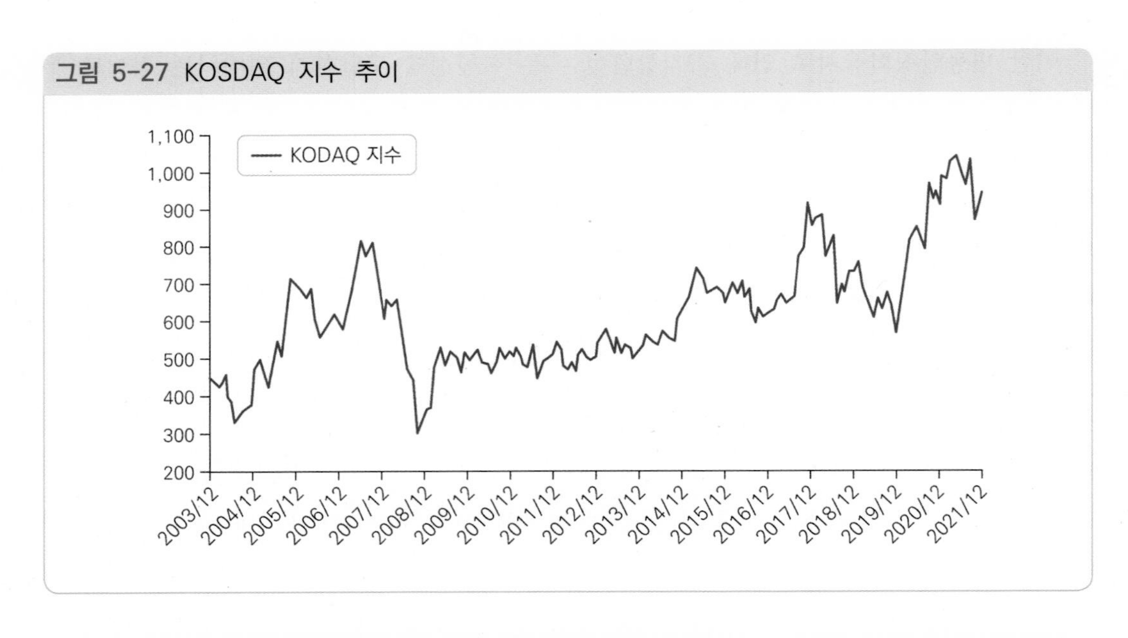

그림 5-28 KOSDAQ 종목 수 추이

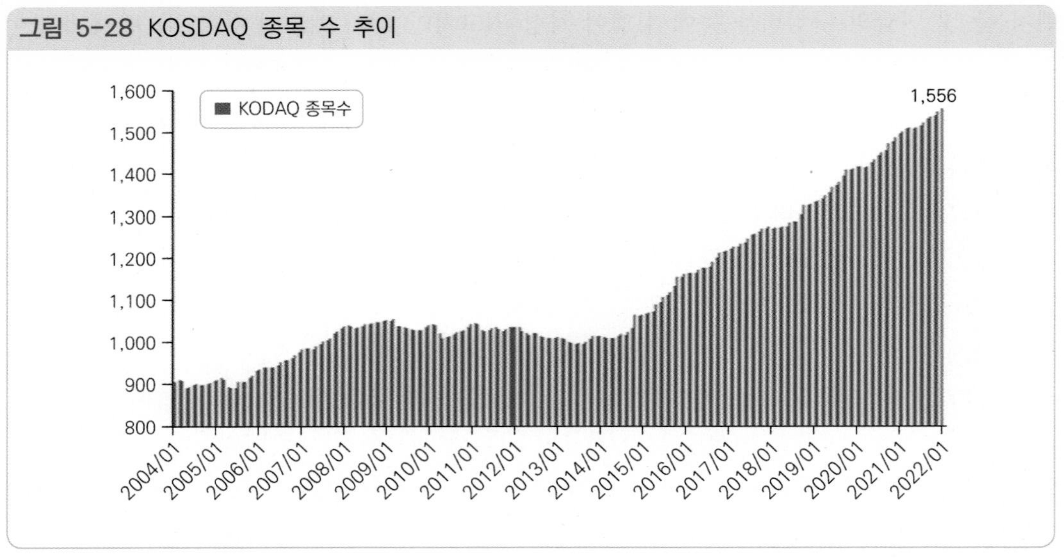

출처: 한국은행, 한국거래소

iii) 코넥스(KONEX) 시장

코넥스(Korea New Exchange) 시장은 2013년 7월 1일 개장되었으며 코스닥 시장에 상장하지 못하는 중소기업들의 원활한 자금 공급을 위하여 개설되었다. 특히 벤처기업이나 중소기업 등이 사업 초기 운영 자금 문제가 자주 발생한다는 점에 착안하여 중소, 벤처기업의 자금 공급을 원활하게 하고 이후 건실한 중소기업으로 성장할 수 있도록 코넥스 시장이 성장사다리 역할을 하는 것이다.

이 때문에 코넥스 시장은 코스닥 시장에 비해서 상장 요건이 대폭 완화되어 있다. 즉 공시 의무, 기업지배구조 등 코스닥 시장에서 요구하는 기본 요건들을 코넥스 시장에서는 요구하지 않는다. 또한 기업 간 성장을 위해 M&A 지원 및 합병요건 완화, 대량매매 제도 등이 도입되어 운영되고 있다. 더욱이 중소기업 등은 재무나 회계 담당자를 채용하는 비용 등에 대한 부담이 있으므로 지정자문인 제도를 도입하여 이를 해결하고 있다. 이 제도는 증권사 특정인을 지정자문인으로 지정하여 사업보고서, 공시업무 지원, 상장 지원 등의 업무를 지원하는 제도다.

코넥스 시장은 누구나 투자자로 참여할 수 없다. 그 이유는 코스피 시장이나 코스닥 시장에 비해 공시의무 등이 완화되어 있어 일반 투자자들이 상장업체에 대한 정보를 정확히 알 수 없고 제도 또한 상이한 점이 많아 일반 투자자들에게는 익숙하지 않기 때문이다. 더욱이 현재까지 상장기업도 154개(2017년 12월 기준)로 많지 않기 때문에 거래가 활성화 되어 있는 것이 아니다. 따라서 코넥스 시장에 투자자로 참여할 수 있는 주체는 전문 투자자나 벤처캐피탈, 전문 엔젤투자자 등 기관 투자자 중심의 한정된 시장이다. 그렇다고 개인이 전혀 투자를 못하는 것은 아니며 투자를 원할 경우 3천만 원(2019년 4월, 투자활성화를 위해 기존 1억 원에 완화)의 기본 예탁금을 예치하고 투자자로 참여할 수 있다.

그림 5-29 코넥스 시장 구조

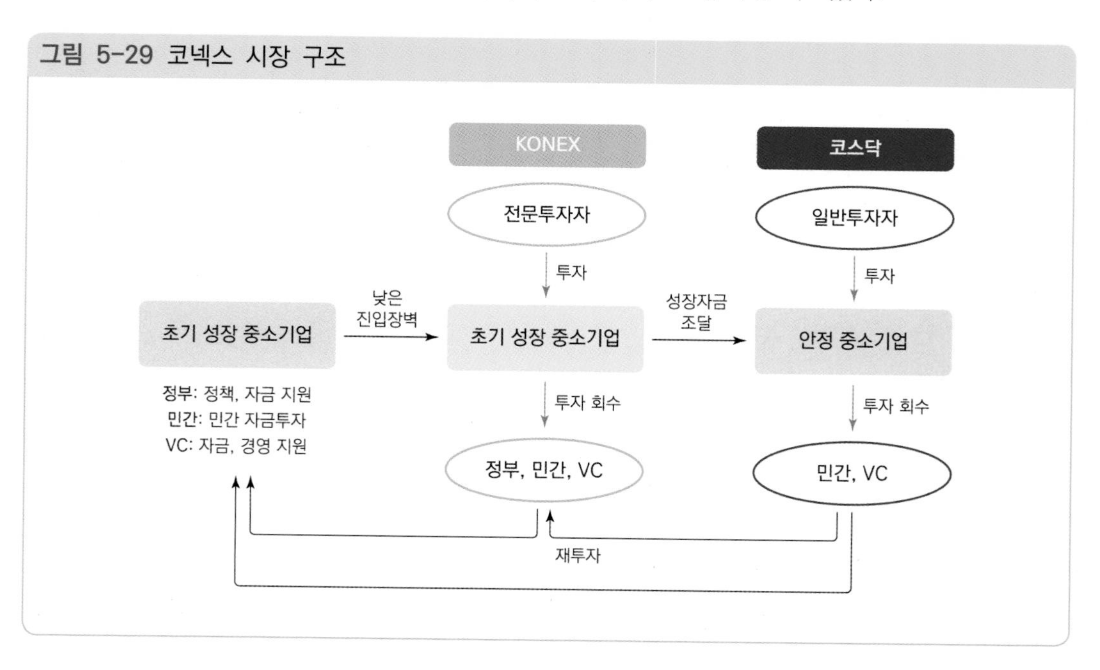

iv) K-OTC시장

K－OTC(Korea Over－The－Counter) 시장은 비상장주식이 매매되는 시장이다. 장외 시장은 2000년에 한국금융투자협회가 비상장주식 투자 활성화를 위해 제 3시장을 개설하면서 시작되었고 2005년에 프리보드(freeboard) 시장으로 이름을 변경하여 운영했으나 코넥스 시장이 개장됨에 따라 시장에서 역할이 애매모호한 위치가 되었다. 이에 비상장주식 거래 활성화를 위해 2014년 K－OCT로 이름을 바꾸고 운용하고 있다.

K－OTC의 매매 시간은 장외 거래시간 따로 없이 정규시간인 09:00시부터 15:00까지 거래된다. 상하한 가격 제한폭은 코스피, 코스닥 시장과 같은 ±30%다. 또한 매매 주문 시 100%의 증거금이 필요하며 결제 전에도 매매가 가능하다.

K－OTC 시장은 거래 활성화를 위해 여러 가지 노력을 하고 있지만 코넥스 시장과 차별성 부재 등의 이유로 크게 성장하기는 어려울 것으로 보인다.

표 5-8 주식 유통 시장 정리

	KOSPI 시장	KOSDAQ 시장	KONEX 시장	K-OTC 시장
거래 시간	정규시장 09:00~15:30 시간외 시장 07:30~09:00 15:40~18:00	정규시장 09:00~15:30 시간외 시장 07:30~09:00 15:40~18:00	정규시장 09:00~15:30 시간외 시장 07:30~09:00 15:40~18:00	09:00~15:30
가격 제한폭	기준가격±30%	기준가격±30%	기준가격±15%	기준가격±30%
매매 방식	경쟁매매 동시호가매매	경쟁매매 동시호가매매	경쟁매매 동시호가매매 경매매	상대매매
위탁 증거금	증권회사 자율경쟁	증권회사 자율경쟁	증권회사 자율경쟁	매수:현금100% 매도:주식100%
결제 전 매매	가능	가능	가능	가능
양도소득세	없음 대주주만 과세	없음 대주주만 과세	면제	대기업주식:20% 중소기업주식:10%
증권거래세	거래세: 2023년에는 0% 농특세: 0.15%	거래세: 2023년에는 0.15%	거래세: 0.1%	거래세: 0.5%

20) 미국 주식의 경우 2022년 기준으로 미국 S&P500 지수 편입종목 및 NASDAQ 종목에 대한 주가가 크게 상승하며 국내 증권사들은 미국 주요 주식의 매매 단위를 소수점 단위로 거래할 수 있는 시스템을 도입하였다.

	KOSPI 시장	KOSDAQ 시장	KONEX 시장	K-OTC 시장
금융투자소득세	펀드의 배당소득, 파생상품증권의 배당소득, 주식의 양도소득을 합하여 5천만원을 초과할 경우 초과분에 대해 20% 과세		-	-
호가	지정가 시장가 최유리지정가 최우선지정가 조건부지정가 경쟁대량매매 호가	지정가 시장가 최유리지정가 최우선지정가 조건부지정가 경쟁대량매매 호가	지정가 시장가	지정가
기준가	전일종가	전일종가	전일종가	전일종가
매매 단위[20]	1주	1주	1주	1주
신용공여	가능	가능	가능	불가능

3) 자산유동화증권(Asset-Backed Securities, ABS) 시장

자산유동화증권(이하 ABS)은 부동산, 매출채권, 유가증권, 주택저당채권(mortgage) 등과 같이 유동성이 낮은 자산을 기초로 하여 발행되는 증권을 의미한다. ABS는 자산 보유자(originator)가 특수목적기구(Special Purpose Vehicle, SPV)를 설립하여 이 기구에 기초자산의 법률적인 소유권을 양도하는 절차를 거쳐 발행되며 이 증권의 원리금은 일차적으로 기초자산으로부터 발생하는 현금 흐름으로 상환된다는 특징이 있다. 여기서 특수목적기구(SPV)는 상법상 페이퍼 컴퍼니(paper company)로 유동화 대상 자산을 유동화시키기 위한 목적으로만 설립된 회사를 말한다. 즉 직원이나 생산 공장 등이 존재하지 않는다.

ABS는 증권의 법적 성격 및 기초자산에 따라 별도의 명칭이 붙여 사용한다. 예를 들어 기초자산이 사채인 경우 ABS사채, 기초자산이 CP인 경우 ABCP(Asset Backed Commercial Paper), 기초자산이 출자증권인 경우 ABS출자증권, 기초자산이 수익증권인 경우 ABS수익증권, 기초자산이 주택저당증권인 경우 MBS(Mortgage-Backed Securities), 기초자산이 부채인 경우 CDO(Collateralized Debt Obligations), 기초자산이 이중채권의 경우 CBO(Collateralized Bond Obligations), 기초자산이 대출채권인 경우 CLO(Collateralized Loan Obligations), 기초자산이 신용카드 매출채권인 경우 CARD(Certificates of Amortizing Revolving Debts), 기초자산이 자동차 할부 대출인 경우 auto-loan ABS 등이라고 한다.

ABS의 장점은 다음 세 가지로 설명할 수 있다. 첫째, 기초자산 보유자의 재무 상태를

그림 5-30 자산유동화의 흐름도

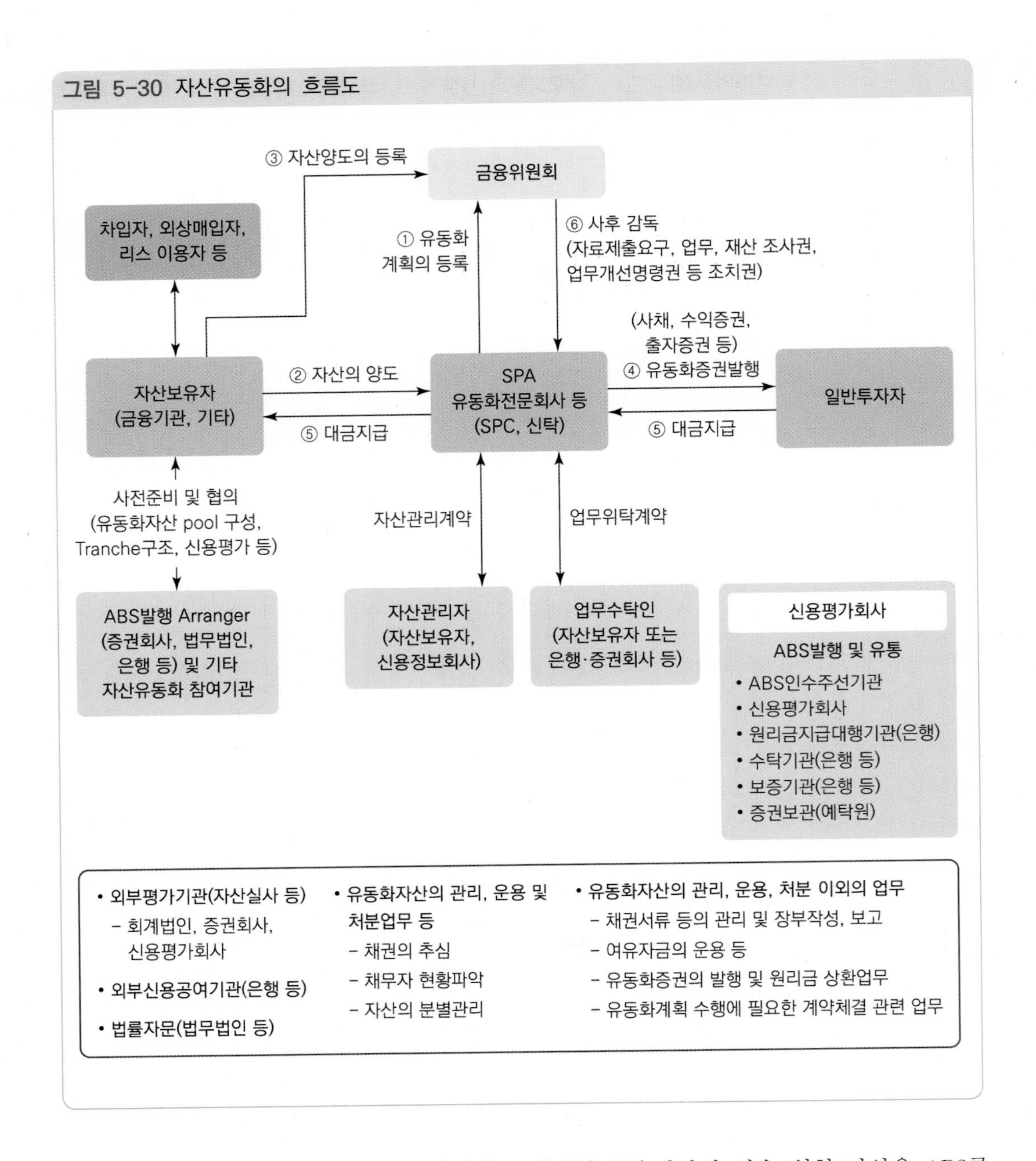

개선할 수 있다. 예를 들어 ABS를 발행하는 기관이 금융기관일 경우 위험 자산을 ABS를 통해 유동화 함으로서 BIS 자기자본비율[21]을 제고할 수 있다. ABS를 발행하는 기관이 일반 기업일 경우 부채 비율을 높이지 않고 자금을 조달할 수 있다. 즉 소유하고 있는 자산을

21) BSI(Bank for International Settlement), 국제결제은행 자기자본 비율

ABS 발행을 통해 자산을 유동화 할 경우 유동화한 현금이 기업에 유입됨으로서 부채 비율을 늘리지 않고 현금을 늘리는 효과를 발휘할 수 있다. 더욱이 이렇게 확보한 현금으로 부채를 상환하면 부채 비율을 낮추는 효과도 발휘할 수 있다.[22] 둘째, ABS는 자금 조달 비용을 경감시킬 수 있다. 이는 자산 보유자의 자체 신용도가 낮아 자금 조달 비용이 높은 경우, 보유하고 있는 자산(우량자산일 경우)을 기초로 신용도가 높은 ABS를 발행할 수 있기 때문에 자산 보유 주체의 자금 조달 비용을 상당 부분 낮출 수 있음을 뜻한다. 다만, ABS를 발행하는 과정에서 신용평가회사, 신용보증기관, 법률회사 및 주간회사 등에 대한 수수료가 발생하기 때문에 이를 고려하여야 한다. 셋째로 투자자 입장에서 양호한 투자 상품 제공이다. ABS는 신용평가기관의 엄밀한 평가와 신용 보강(credit enhancement)을 거쳐 발행되므로 상대적으로 안전하면서도 일반 회사채보다 수익률이 높은 상품을 제공한다.

① 발행구조

ABS의 발행 구조는 다음과 같다. 우선 자산 소유자가 기초자산을 모아(pooling) SVP에 양도한다. 상법상 페이퍼 컴퍼니인 SPV는 양도받은 기초자산을 근거로 ABS를 발행하고 발행된 ABS는 매출을 전문으로 하는 금융회사를 통해 투자자에게 매각된다. 매각된 자금은 자산 보유자에게 양도된다. ABS 발행에는 자산보유자, 특수목적기구(SPV), 자산관리자, 업무수탁인, 신용평가사, 매출전문금융기관 등이 포함된다. 자산관리자는 주로 신탁사가 맡으며 양도된 기초자산을 관리하고 기초자산으로부터 발생하는 수익 등을 배분하는 역할을 한다. 업무수탁인은 페이퍼 컴퍼니의 일반 사무업무를 수탁하여 업무를 수행하며, 신용평가사는 ABS의 신용을 평가하고 부여하는 역할을 한다. 매출전문금융기관은 이렇게 발행된 ABS를 일반 투자자에게 청약하고 투자 대금을 송금하는 역할을 한다.

② 주요 자산유동화증권

i) ABCP(Asset-Backed Commercial Paper)

ABCP는 CP의 형태로 발행되는 ABS를 의미한다. ABCP는 기존 ABS의 발행 구조와 동일하지만 ABS의 경우 자금이 필요로 하는 만기까지 1회 발행되는 반면 ABCP는 단기 ABS를 발행한 후 만기도래 시 ABCP를 발행하여 ABS를 상환하고 자산유동화기간 동안 계속 ABCP를 차환 발행하는 것이다. 이는 국내 중대형 부동산 프로젝트 파이낸싱(Project Financing)에 주로 활용되었으며 대부분 6개월 단위 ABCP를 발행하여 이를 상환하는 방식으로 부동산 개발 자금을 조달하였다.

---

22) 다만, IFRS(국제회계기준)가 적용될 경우 이런 효과는 반감된다.

이렇게 ABCP 형태로 단기 발행 후 차환 발행하는 형태를 유지하게 되면 장단기 금리차에 의한 조달 비용을 절감할 수 있다. 즉 장기로 자금을 조달하게 되면 유동성 프리미엄 등 장기 상환에 대한 리스크 프리미엄으로 더 높은 금리를 제공하여야 하지만 단기에는 이들이 포함되지 않기 때문에 낮은 금리로 자금을 조달할 수 있는 장점이 있다.

그림 5-31 PF관련 ABCP 사례

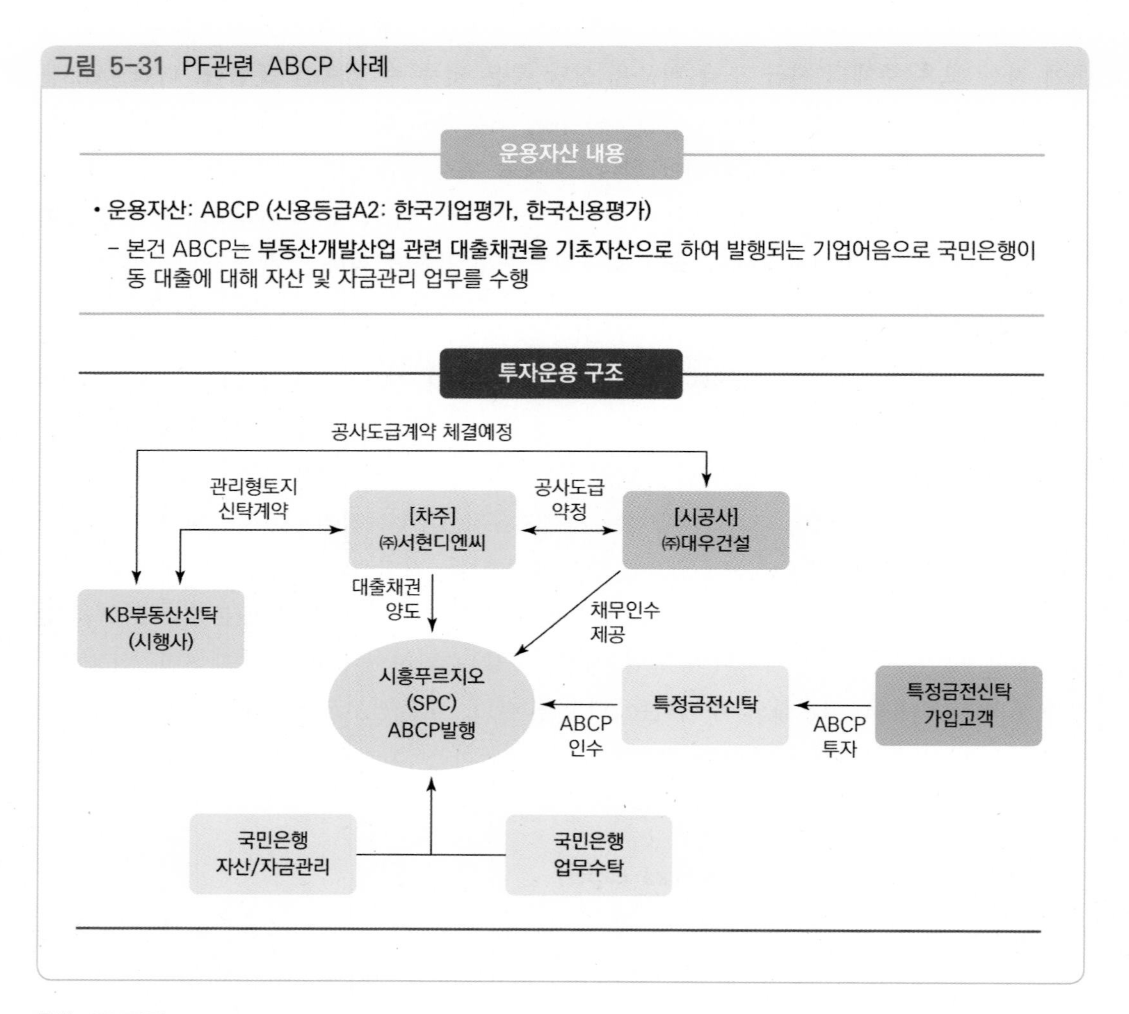

출처: 교보증권

ii) 주택저당증권(Mortgage-Backed Securities, MBS)

주택저당증권(이하 MBS)은 주택저당채권(mortgage)을 기초로 발행하는 ABS다. 여기서 주택저당채권이란 주택의 구입 또는 건축에 소요되는 대출 자금 등에 대한 채권으로서 당해 주택에 설정된 저당권에 의하여 담보된 채권을 지칭한다. MBS 시장은 1차 시장, 2차 시장 및 자본 시장을 구분된다. 1차 시장은 주택 구입을 원하는 경제주체와 이에 대해 주택을 담보로 장기 대출을 하는 상업 은행 사이 발생하는 시장을 말한다. 즉 주택을 구입하는 경제주체가 모기지론을 통해 상업 은행에서 주택담보대출이 이뤄지는 시장을 말한다. 다음으로 2차 시장은 모기지 대출기관이 보유하고 있는 주택저당채권을 유동화하는 시장을 말한다. 즉 주택담보대출을 진행한 상업 은행이 보유하고 있는 주택저당채권을 SPV를 통해 해당 채권을 유동화하는 시장을 말한다. 마지막으로 자본 시장은 증권화된 MBS가 기관 투자자들에게 매각되어 유통되는 시장을 말한다.

MBS와 일반 ABS의 차이점은 조기상환 위험(prepayment risk)을 갖는다는 것이다. 이는 모기지 차입자가 모기지론 만기 전에 잔존대출원금을 일시 상환하는 것으로 MBS 발행자 또는 투자자의 현금흐름에 불확실성이 발생하는 위험을 말한다. 모기지론에 대한 조기상환이 발생하는 원인은 모기지 차입자가 이사를 가거나, 타주택 구입 등으로 기존 주택을 매각하거나, 모기지론에 대한 이자와 원금을 상환하지 못해 주택이 경매에 붙여지거나, 금리가 현저하게 하락하여 재차입 비용을 고려해도 재차입을 하는 것이 유리하다고 판단된 경우 발생할 수 있다.

※ 생각해 볼 문제

그림 5-32 미국 패니매와 프레디맥

* 최초 주택저당증권이 발행된 이유와 패니매(Fannie Mae), 프레디맥(Freddie Mac Company)의 역할에 대해서 한 번 설명해 보자.

** 2008년 글로벌 금융위기를 촉발한 서브프라임 모기지 사태에 대해서 설명해 보자.

4) 집합투자증권 시장

집합투자증권(collective investment security)이란 흔히 펀드(fund)라고 불리는 투자 상품으로 집합투자업자가 불특정 다수로부터 투자 자금을 모집하여 운용한 후 수익금을 투자자의 출자비율 만큼 배분하는 증권을 말한다. 보통 개인 투자자들은 전문적 지식이 부족하고 투자에 대한 정보 획득이 어려우며 투자 규모 또한 한정되어 있기 때문에 선택할 수 있는 투자 자산이 제한되고 거래 비용도 높다. 따라서 펀드는 전문 투자자가 개인 투자자들의 투자 자금을 모집하여 운용대상 폭도 넓히고 규모의 경제를 실현하여 거래 비용도 낮출 수 있다는 장점을 가지고 있다. 현재 우리나라 펀드는 수백 종류가 될 만큼 다양하며 개인 투자자들은 자신의 투자 스타일에 맞게 펀드를 선택하여 소액으로 다양한 투자 혜택을 누릴 수 있다. 집합투자업자는 전문 운용과 다양한 서비스를 제공하며 일정수수료를 수취한다.

펀드는 주요 투자 대상 자산을 기준으로 증권펀드, 부동산펀드, 특별자산펀드 등으로 구분한다. 또한 단기 자금이 운용되는 MMF(Money Market Fund)도 있다. 게다가 상장지수펀드(Exchange Traded Fund, ETF)와 같이 펀드지만 주식의 성격을 갖추고 거래 비용을 절감한 펀드도 있다. 현재 집합투자업자는 자산운용사와 겸업이 허용된 투자증권사 등이 있다.

① 펀드의 형태

펀드는 자금을 모으는 형태에 따라 공모 방식과 사모 방식으로 구분한다. 공모 방식은 다시 모집(public offering of new issues)과 매출(public offering of outstanding subscription)방식으로 나뉜다. 모집은 50인 이상의 투자자에게 새로 발행되는 증권 취득을 권유하는 것을 말한다. 다음으로 매출은 50인 이상의 투자자에게 기 발행된 증권의 매도를 청약하거나 매수 청약을 권유하는 것을 말한다. 사모와 공모를 나누는 기준은 50인의 불특정 다수인이며 불특정 다수인이 50인 이상일 경우를 공모, 미만일 경우를 사모라 한다.

공모 방식의 경우 불특정 다수 투자자들을 대상으로 자금을 유치하는 것이기 때문에 투자자 보호를 위해 공시 등 일반적인 규제가 강한 편이다. 반면 사모는 일부 기관 투자자나 적격투자자 대상이기 때문에 규제가 없거나 공모에 비해 상대적으로 적다.

우리나라의 펀드는 투자 신탁, 투자 회사, 투자 전문 회사 등으로 구분된다.[23] 펀드를 운용하는 전문 투자자는 불특정 다수로부터 투자 자금을 모집하여 운용하기 때문에 전문 투자자의 개인 자산과 투자 자산을 혼재하여 운용할 경우 이해 상충 및 대리인 문제가 발

23) 펀드의 형태는 이외에도 유한회사, 투자합자회사, 투자익명조합, 투자조합 등의 형태가 있지만 해당 내용은 본서의 범위를 벗어남으로 전문 금융서적을 참고하기 바란다.

생할 수 있다. 따라서 자산 분리의 법적 수단으로 신탁 혹은 회사의 형태가 이용된다.

i) 투자 신탁

투자 신탁은 위탁자(집합투자업자), 수탁자(신탁업자), 수익자(투자자) 간 집합투자계약(신탁 계약)으로 이뤄지는 신탁형 펀드라고 한다. 여기서 위탁자란 집합투자업자로 투자 신탁재산을 설정, 운영하는 회사이고 수탁자는 신탁업자로 집합투자업자와 신탁 계약을 체결하여 집합투자재산을 보관, 관리하는 회사를 말한다. 수익자는 투자 신탁에 자금을 투자한 투자자로서 집합투자재산의 지분증서인 수익증권을 배분받는 자를 말한다.

신탁 계약에는 위탁자와 수탁자의 업무, 수익증권, 수익자, 신탁재산의 운용 방법, 신탁보수 및 수수료, 상환 및 이익의 배분, 신탁 계약 해지, 수익증권 기준가격의 계산 방법, 수익증권 환매에 관한 사항이 기재되어 있다. 집합투자업자는 투자 신탁을 설정할 경우 신탁원본을 전액 금전으로 납입하여야 하며, 집합투자업자가 신탁 계약을 변경하고자 하는 경우에는 신탁업자와 변경 계약을 체결하고 중요 사항 변경 시 수익자총회의 결의를 거쳐야 한다.

집합투자업자는 투자 신탁 재산을 운용함에 있어 신탁업자에게 투자 대상 자산의 취득 및 처분 등에 관해 지시하고 신탁업자는 이 지시에 따라 투자 대상 자산을 취득, 처분하여야 한다. 집합투자업자도 신탁업을 겸영할 수 있으나 자신이 운용하고 있는 집합투자재산에 대해서는 이해 상충 등의 문제로 신탁업의 당사자가 될 수 없다. 신탁업자는 집합투자자의 운용지시가 법령 및 투자설명서 등을 위반했는지 확인하고 위반 사실이 있을 경우 집합투자자에게 운용행위 철회, 변경 등 시정 요구하며 이 사실을 지체 없이 금융위원회에 보고하여야 한다. 신탁업자는 또는 집합투자계약의 주요 변경 및 투자운용인력 변경 등이 있는 경우 이 사실을 투자자에게 제공하여야 한다.

투자 신탁형 펀드에 가입한 투자자는 수익증권을 배분받게 된다. 여기서 수익증권이라 함은 투자 신탁의 수익권을 균등하게 배분받을 수 있는 지분증권으로 투자자는 좌수에 따라 균등하게 수익을 배분받는다. 집합투자업자는 수익증권의 발행가액 전액이 납입되면 신탁업자의 확인을 받아 한국예탁결제원에 예탁하고 수익증권을 발행한다. 수익증권에는 집합투자업자 및 신탁업자의 상호, 수익자의 성명, 신탁 원본 가액, 수익증권의 총좌수, 발행인 등이 기재되어 있다. 그러나 실제로는 증권사에 방문하여 투자 신탁형 펀드를 가입하여도 수익증권이 배부되지 않는데 이는 최근 금융과 통신의 발달로 실물 발행보다 한국예탁결제원에 수익자명부를 전달함으로써 이를 대용하고 있기 때문이다. 수익증권은 무액면, 기명식으로 발행된다.[24)]

투자 신탁의 주요 사항은 수익자들이 결정하는 수익자총회를 통해 이뤄지지만 사실 주식과 같이 활발히 이뤄지지는 못하기 때문에 현실을 감안하여 서면 의결권을 행사하거나 서면으로도 의사를 행사하지 못하는 수익자들은 중립적 행사(shadow voting)제도를 도입하여 운용하고 있다. 투자 신탁의 주요 사항들은 신탁 계약의 변경, 투자 신탁의 합병 등이 있다.

그림 5-33 투자 신탁의 운영 구조

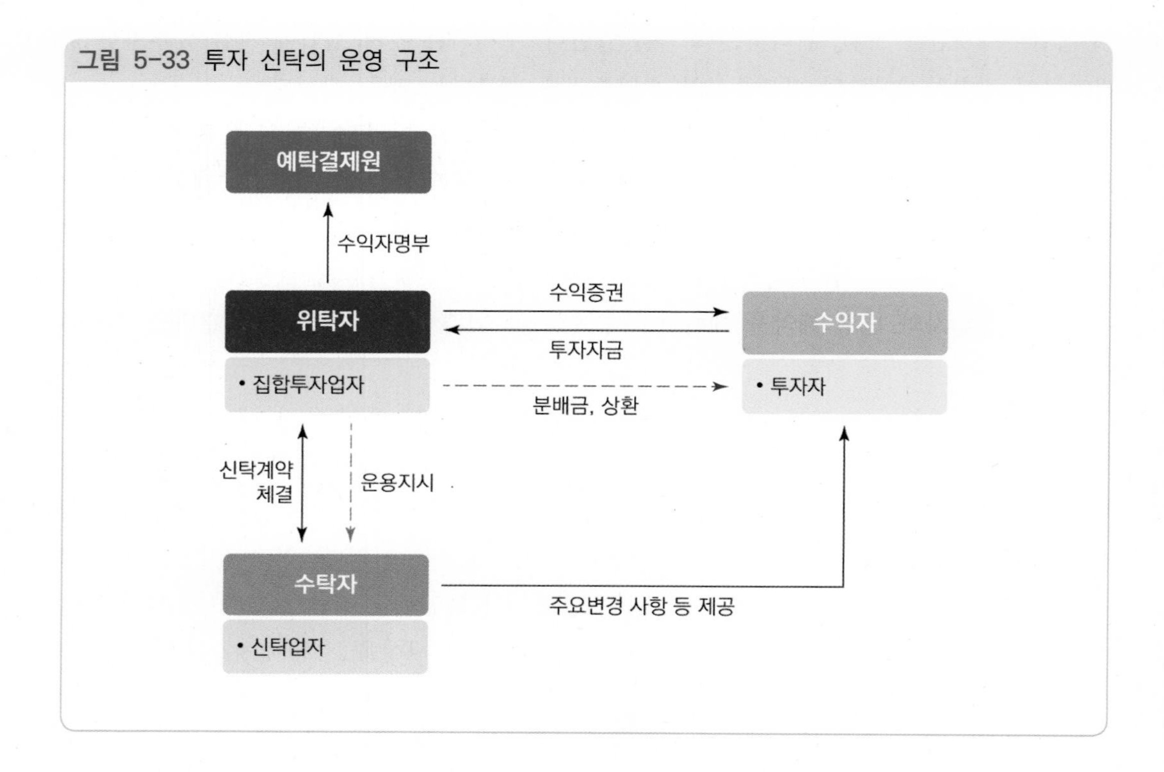

ii) 투자 회사

투자 회사는 투자 대행만을 목적으로 설립된 명목상 페이퍼 컴퍼니(paper company)다. 투자 회사가 명목상 회사의 형태를 갖는 것은 집합투자증권 서두에서 언급했듯이 집합투자업자의 고유재산과 집합투자재산을 분리하여 운용하기 위함이다. 투자 회사는 발기인(promotor)[25]이 중심이 되어 설립되며 발기인은 발행주식 총수를 인수하고 그 가액을 금전

24) 무액면이라 함은 액면 가액이 기재되어 있지 않은 것을 말하며 기명식은 누가 발행했는지 등이 기재되어 있는 것을 말한다.

25) 최초 회사 설립을 위해 정관을 작성하고 기명날인한 자를 발기인이라고 한다. 상법상 주식회사 설립에 발기인은 7인 이상이다.

으로 납입함으로서 설립된다. 투자 회사의 주식 역시 투자 신탁의 수익증권처럼 무액면, 기명식으로 발행된다.

집합투자업자는 집합투자재산을 투자 회사의 명의로 투자대상 재산을 취득, 처분 등 운용하고 자산보관 및 운용에 관한 사항은 신탁업자가 행한다. 또한 주식의 모집 또는 매출은 판매회사, 증권의 발행, 명의 개서, 자산 가치 계산 등 일반적 사무 처리는 일반사무관리회사가 담당하여 진행한다. 우선 신탁업자는 투자 신탁과 유사한 업무를 하며 집합투자재산의 보관 및 관리 업무를 행하고 집합투자재산 운용에 중요한 지시를 받는다. 신탁업자는 예탁 받은 집합투자재산을 자신의 고유재산과 분리하여 펀드별로 예탁결제원에 예탁하여야 한다. 집합투자업자는 자산운용보고서(asset management report)를 작성하여 신탁업자의 확인을 받은 후 3개월에 1회 이상 투자자들에게 제공하여야 한다. 신탁업자는 투자 회사가 법령, 투자설명서 등을 위반하는 경우 지체 없이 투자 회사의 감독이사에게 보고해야 하며 보고 받은 감독이사는 집합투자업자에게 시정 요구를 할 수 있다. 일반관리회사는 집합투자재산 운용에 있어 일반적인 사무처를 위탁받아 실행하며 업무의 객관성 확보를 위해 이해 상충 방지 체계를 구축하여야 한다. 이외 참여자로서는 집합투자기구를 평가하고 이를 투자자에게 제공하는 집합투자평가회사와 집합투자재산 중 채권 자산 등의 가격을 평가하고 정보를 제공하는 채권평가회사 등이 있다. 이들 회사 역시 펀드의 공정한 평가와 이해 상충 방지를 위해 집합투자업자의 계열사가 아니어야 하며 소정의 요건을 갖춰야 한다.

투자 회사는 주주의 환매 청구에 대한 이행 여부에 따라 개방형과 폐쇄형으로 구분된다. 개방형은 주주의 환매 요청이 있을 시 주식을 매수해야 할 의무가 있으며 보통 뮤추얼 펀드(mutual fund)라고 부른다. 폐쇄형의 경우 주주의 환매 요청에 응할 수 없으므로 주주들의 유동성 확보를 위해 주식 발행일로부터 90일 이내 거래소에 상장하여야 한다. 즉 주주들은 거래소를 통해 주식을 매도함으로써 현금을 확보할 수 있게 되는 것이다.

투자 회사는 주식회사이므로 주요 사항을 변경하고자 하는 경우에는 투자자들로 구성된 주주총회 결의를 거쳐야 한다. 투자자는 서면으로 결의할 수 있으며 정관 변경이나 합병에 반대하는 경우 주식매수청구권[26]을 행사할 수 있다. 집합투자자는 집합투자재산을 운용함에 있어 펀드의 계산으로 금전을 차입할 수 없으며 자기 계산으로 자기가 발행한 집합투자증권을 원칙적으로 취득할 수 없다.

---

26) 주주는 합병이나 정관변경에 반대하는 경우 투자 회사를 상대로 주식매수청구권을 행사할 수 있다. 이 경우 투자 회사는 주주의 주식을 매수할 의무가 있다.

그림 5-34 투자 회사의 운영 구조

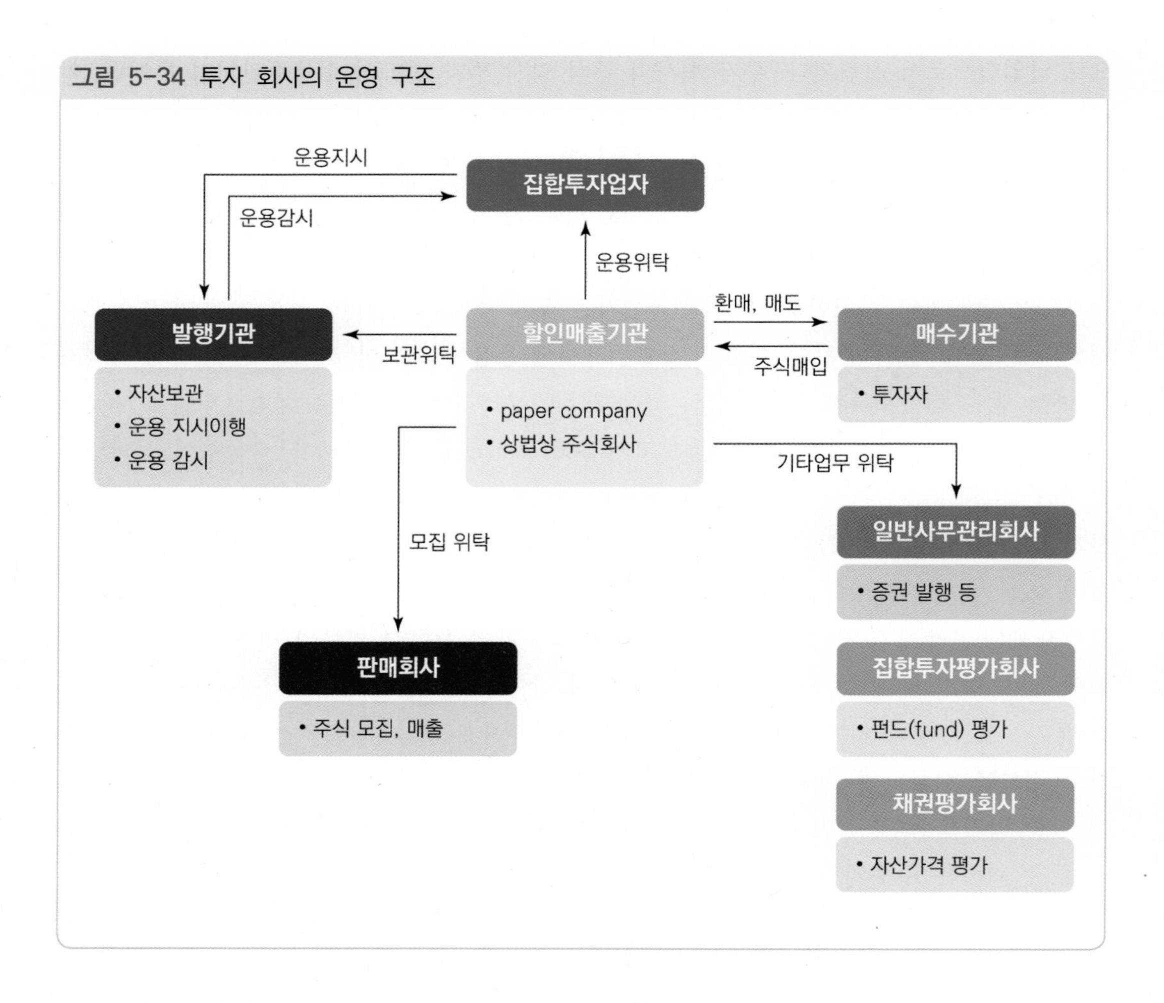

5) 자산관리운용 시장

① 신탁(trust)

신탁이란 위탁자(재산의 소유자)가 수탁자(재산을 관리, 처분하는 자, 신탁업자)에게 재산권을 위임하고 수탁자는 신탁의 목적에 따라 재산을 관리, 처분하여 수익을 위탁자 혹은 수익자에게 귀속시키는 것을 말한다.[27] 신탁행위는 대체로 위탁자와 수탁자 간 쌍방계약에 의해 이루지지만 유언신탁(testamentary)과 같이 위탁자의 단독행위로 이뤄지는 것도 있다.

27) 『신탁법 제 1조 2항』 신탁(trust)이란 위탁자(trustor)와 수탁자(trustee)간의 신임관계(fiduciary)를 바탕으로 위탁자가 수탁자에게 재산이나 영업 등을 이전하거나 담보권을 설정 또는 그 밖의 처분을 하고 수탁자로 하여금 수익자(beneficiary)의 이익 또는 특정의 목적을 위하여 그 재산의 관리, 처분, 운용, 개발, 그 밖에 신탁목적의 달성을 위해 필요한 행위를 하는 법률관계를 말한다.

신탁은 『신탁법 제33조』에 의해 수탁자는 신탁의 본지에 따라 선량한 관리자의 주의로써 신탁재산을 관리 처분하여야 한다.

신탁업자가 위탁자로부터 수탁할 수 있는 재산의 종류에 대해서 제한은 없다. 즉 자본시장법상 금전, 증권, 금전채권, 부동산, 동산, 지상권, 전세권, 부동산임차권 등 투자자 보호 및 건전한 거래 질서를 해할 우려가 없는 재산들을 모두 포함하여 시장에 유연하게 대처하고 있다. 신탁은 수탁재산 형태에 따라 크게 금전신탁(money in trust)과 재산신탁(property in trust)으로 구분된다. 재산신탁은 본서의 범위를 벗어남으로 금전신탁에 대해서만 살펴보도록 하겠다.

금전신탁은 신탁 자산인 금전의 운용 방법에 따라 불특정 금전신탁과 특정 금전신탁으로 구분된다. 불특정 금전신탁은 위탁자가 금전을 위탁하면서 특정한 지시를 내리지 않고 수탁자가 불특정 다수로부터 공모한 자금을 일괄적으로 운용하여 수익을 위탁자에게 배분하는 형태다. 즉 펀드와 유사한 형태다. 하지만 불특정 금전신탁은 2004년 7월부터 연금신탁을 제외하고 신규판매가 금지되어 현재는 신규로 불특정 금전식탁을 설정할 수 없다. 특정 금전신탁은 위탁자의 운용지시에 따라 수탁자가 금전을 운용하는 것이다. 예를 들어 위탁자가 1억 원을 신탁에 맡기고 수탁자에게 ㅇㅇ회사 CP 매수를 지시하면 수탁자는 위탁자의 지시에 따라 ㅇㅇ회사 CP를 매수하면 되는 것이다.

특정 금전신탁은 원칙적으로 집합운용[28]이 금지되어 있으나 위탁자의 개별 신탁재산을 분별할 수 있는 경우 매매 주문 집합 처리가 가능하다. 예를 들어 A, B, C 등 3명이 금전신탁을 맡기고 Z 주식에 대해 매수할 것을 지시한 경우, 수탁자는 A, B, C의 자금을 모아 Z 주식을 매수하고 이를 금액에 따라 공정하게 배분할 수 있다. 실제로 월 적립식 ETF 신탁은 ETF 매매 시 집합 처리하여 운용하기도 한다.

현재 대표적인 특정 금전신탁은 단기 운용상품인 MMT(Money Maket Trust)와 고정이자부(fixed income) 신탁 등이 있다. MMT는 별도의 중도해지 수수료 없이 수시입출금이 가능한 초단기 특정 금전신탁 상품이다. MMT의 운용자산에는 당일 매도가 가능한 발행어음, 콜론, RP 등이 포함된다. 다음으로 고정이자부 신탁은 대체로 신탁 운용자산 안에 고정이자부 상품인 CP, 정기 예금, CD, 단기 채권 등이 운용되며 만기 매칭형으로 운용되는 경우가 대부분이다. 하지만 매도가 가능한 CP, 단기 채권, CD 등은 위탁자의 지시에 의해 매도하여 유동화 할 수도 있다.

28) 집합운용은 펀드 및 불특정 금전신탁과 같이 불특정 다수에게 받은 자금을 운용하는 것을 말한다.

② 투자자문 · 일임

투자자문업(non-discretionary investment advisory service)이란 투자 판단에 대한 자문을 영업으로 하는 업을 말한다. 즉 개인 투자자가의 정보 부족 등 투자 판단에 대한 어려움을 도와주는 역할을 하는 것이다. 또한 투자일임업(discretionary investment advisory service)은 투자자로부터 금융 투자에 대한 전부 또는 일부를 일임받아 자산을 취득, 처분 하는 등의 운용을 영업으로 하는 업을 말한다.

언뜻 보면 자산운용회사의 공모펀드와 유사하다고 생각할 수 있으나 몇 가지에서 차이점이 있다. 우선 공모펀드는 투자목적별[29] 상품을 만든 후 불특정 다수에게 공모하는 방식인데 반해 투자자문 · 일임업은 특정 고객으로부터 투자에 대한 관리를 대행하는 방식이다. 다음으로 공모펀드의 경우 집합 자산의 소유권을 신탁회사(수탁회사)가 보유하고 고객은 수익을 분배받을 수 있는 수익증권을 보유한 반면 투자자문 · 일임업은 투자재산 소유권을 투자자가 직접 소유하고 있다. 이외에도 규모면에서 공모펀드가 투자자문 · 일임업에 비해 월등히 크다는 차이점이 있다.

투자자문 · 일임업은 특정 금전신탁과 달리 투자자가 투자에 대한 전권을 일임하는 형태이기 때문에 직원의 도덕적 해이와 이기적 행동에 따른 투자자 피해 소지가 존재한다. 따라서 자통법에서는 투자자문 · 일임 업자의 금지행위와 일임 재산 운용상의 금지행위를 나열하고 있다. 또한 투자자문 · 일임 업자의 과당 경쟁 방지 및 고위험군 투자 방지를 위해 성공보수(incentive fee)를 금지하고 있다. 만약 성공보수를 인정할 경우 투자자문 · 일임업자들은 레버리지 비율이 높은 파생상품에 과다 투자하게 되어 리스크가 크게 상승할 수 있다.

i) 랩어카운트

랩어카운트(wrap account)는 투자일임업의 대표적인 상품으로 투자자의 자금을 위탁받아 개별투자자 성향에 맞게 운용, 관리하는 금융 상품을 말한다. 랩어카운트는 증권사의 전형적인 수수료(commission) 형태가 아닌 예탁자산의 일정 비율을 보수(fee) 형태로 지급받는다. 이는 금융투자회사가 수수료 증대를 목적으로 한 과당 매매회전을 방지하기 위함이다. 랩어카운트는 크게 자산관리자가 직접 포트폴리오를 구성하여 운용하는 일임형과 투자자문회사의 자문을 받아 운용하는 자문형, 전문성을 갖고 있는 리서치센터 등으로부터 투자종목 등을 선별 추천 받아 운용하는 연계형 등으로 구분된다.

랩어카운트는 고객의 취향에 맞는 맞춤형 자산관리서비스(customized service) 형태로 정

---

29) 예를 들어 주식형, 채권형, 혼합형 등을 말한다. 주식형도 주식형 안에서 또 세분화할 수 있다.

형화된 공모펀드의 수익증권과는 다른 이점이 있다. 최근 저성장, 저출산, 고령화 추세로 개인 자산 형성에 대한 관심이 어느 때보다 높은 시점이다. 따라서 랩어카운트에 대한 관심이 높아질 가능성이 있다.

표 5-9 랩어카운트와 펀드의 비교

	랩어카운트	펀드
운용 방식	개별 계좌	펀드메니져 통합
맞춤형 투자	투자자 성향에 따라 조절	반영할 수 없음
단일종목 투자한도	제한 없음	10%이내
목표 수익률	절대수익 추종	벤치마크 추종
투자 내용	실시간 확인 가능	운용보고서(3개월)
판매 수수료	없음(서비스 수수료 있음)	있음
환매 수수료	없음	있음(일정 기간 내)

ii) 개인자산종합관리계좌(ISA)

개인자산종합관리계좌(Individual Savings Account)는 근로자들의 재산형성 과정을 돕는 금융 상품으로 예·적금, 펀드, 파생결합증권 등 다양한 금융 상품을 종합관리계좌 내에서 포트포리오로 구성하고 수익률 제고를 위해 운용할 수 있는 계좌다.

개인자산종합관리계좌는 크게 신탁형과 일임형으로 구분되며 신탁형은 기본적으로 신탁 계약을 통해 자금을 금융회사에 맡기는 구조로 은행, 금융투자회사, 보험사 등 모든 기관이 취급가능하다. 반면 일임형은 고객이 자금을 일임하는 구조로 금융투자회사에서만 취급가능하다.

본 상품은 근로자들의 재산 형성을 돕는 금융 상품으로 연간 2천만 원 한도 내에서 투자할 수 있으며 상품 수익의 200만 원까지는 비과세이며 200만 원 초과분에 대해서는 9.9%의 분리과세가 적용된다. 보통 이자·배당 소득세인 15.4%와 비교하면 세금에 강점이 있다. 하지만 의무가입기간이 3년이기 때문에 3년 이내 해지하게 되면 혜택을 받지 못한다.

최근에 개인자산종합관리계좌에 대한 개정의 목소리가 높다. 이유는 근로자들의 재산 형성 현실에 상품 조건이 맞지 않는다는 의견이 많기 때문이다. 실제로 펀드와 파생결합증권은 투자자들의 정확한 이해가 부족하여 쉽게 접근하지 못하는 경우가 많다. 이로 인해 대부분의 개인자산종합관리계좌는 예·적금으로 운용되고 있으나 예·적금 금리는 최근 수년 동안 저금리 기조 영향으로 근로자들의 재산 형성에 크게 기여하지 못하고 있다. 또한

3년 동안 해당 계좌를 유지해야 한다는 조건 또한 현실과 거리가 멀다는 주장이 있다. 마지막으로 3년 간 200만 원 비과세 혜택은 근로자들이 비과세에 대한 혜택을 피부로 느끼기에 많이 부족하다는 의견이 있다.

그림 5-35 개인자산종합관리계좌(ISA)

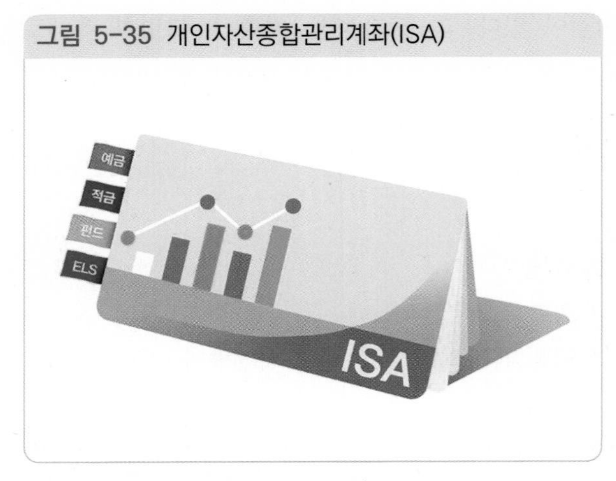

출처: https://kenssi3.tistory.com/

6) 파생결합증권 시장

파생결합증권이란 기초자산[30]과 연동하여 상품설계 시 정해진 방법에 따라 수익금 또는 회수금액을 결정하는 권리가 표시된 유가증권을 말한다. 파생결합증권은 기초자산 및 공학적 방법이 매우 다양하기 때문에 그 종류가 상당히 많다. 현재 국내에서 판매되고 있는 파생결합증권은 크게 주식이나 주가지수와 연계된 주가연계증권(ELS)과 주가연계파생결합사채(ELB), 및 기타파생결합증권으로 구분할 수 있다.

주가연계증권(Equity Linked Security)은 개별 주가 및 종합주가지수 등과 연동된 파생결합증권으로 현재 우리나라에서 주로 판매되는 상품은 주가지수와 연동된 주가지수연계증권이 대부분이다. 이 밖에도 예금과 주식워런트 등이 결합된 주가지수연동예금(Equity Linked Deposit, ELD)과 채권, 수익증권, ELS, 주식워런트 등이 결합된 주가지수연동펀드(Equity Linked Fund, ELF) 등이 있다. ELS는 증권사에서만 판매되고 ELD는 은행에서만 판매되는 반면 ELF는 자산운용사, 증권사, 은행 모두에서 판매가 가능하다. 또한 ELD의 경우 예금자보호가 된다는 특징을 가지고 있다.

---

30) 기초자산이란 파생금융상품의 기준이 되는 자산으로 가격, 이자율, 지표, 지수 등 다양한 기초자산이 있다.

표 5-10 ELS, ELD, ELF 비교표

구분	ELS	ELD	ELF
형태	유가증권	정기 예금	펀드
판매 기관	증권사	은행	자산운용사, 은행, 증권사
상품 구조	채권+파생상품	예금+주식워런트	채권+ELS, 펀드 등
원금보장	원금보장, 비보장형	원금보장형	원금보장, 비보장형
예금자보호	안됨	보장	안됨
수익률	제시수익률	제시수익률	실적배당
과세	전액과세	전액과세	배당, 이자율 과세

최근 주식 시장 변동성이 확대되며 ELS에 대한 불안감도 높아짐에 따라 원금보장형 ELS 상품이 주목받고 있다. 특히 최근 법 개정에 따라 채권을 주요 기초자산으로 한 ELB를 따로 분류하였고 은행에서도 판매 가능하도록 함으로써 금융투자자에 대한 수요를 충족시키기 위해 노력하고 있다. ELB는 원금보장형으로 구성되어 있어 위험이 낮은 반면 약정조건에 따라 추가적인 수익을 얻을 수 있기 때문에 저금리 시대에 주요 투자 대안으로 관심이 높다. 그러나 ELB의 기초자산이 대부분 채권에 투자되어 있기 때문에 만기가 길고 상대적으로 고수익을 추구하는 투자자에게는 매력도가 떨어진다는 단점이 있다. ELB의 기본구조는 구성자산의 약 95%를 채권에 투자하여 원금을 보장하고 약 5% 정도 자산을 옵션 등 파생상품에 투자하여 추가 수익을 추구하는 구조다.

그림 5-36 ELB의 기본 포트폴리오 구조

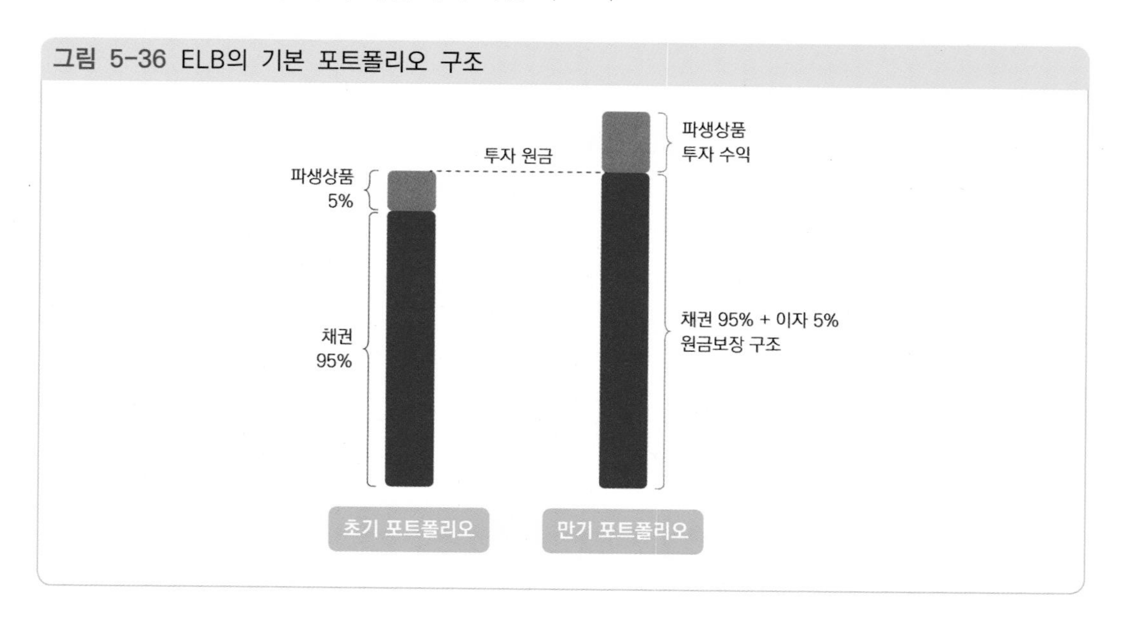

연습문제

01 직접 금융시장과 간접 금융시장에 대해서 도식화하고 각각의 차이점은 무엇이 있는지 설명해 보시오.

02 발행 시장보다 유통 시장이 활발한 금융 상품은 어떤 것들이 있는지 조사해 보고, 그 이유에 대해서 설명해 보시오.

03 콜 시장의 주요 참가자들에 대해서 설명하고, 이들이 콜 시장을 이용하는 이유에 대해서 설명해 보시오.

04 양도성 예금증서와 예금 통장의 차이점은 무엇인지 설명해 보시오.

05 다음 중 양도성 예금증서의 설명으로 맞는 것을 고르시오.

1) CD는 중도해지가 가능하다.
2) CD는 할인 방식으로 발행된다.
3) CD는 최소 1천만 원 이상 발행하여야 한다.
4) CD의 만기는 91일물만 발행 가능하다.
5) CD는 예금자보호 대상이다.
6) CD는 지급 준비금 적립대상이다.

06 **다음 중 전자단기사채 발행 요건으로 맞는 것을 고르시오.**

1) 발행 규모는 5천만 원 이상으로 발행한다.
2) 만기는 1년 이내로 발행한다.
3) 사채 금액은 일시 납입한다.
4) 분할 상환한다.
5) 주식관련 권리 부여가 가능하다.
6) 담보설정을 금지한다.

07 **증권 시장의 경제적 기능 3 가지에 대해서 설명해 보시오.**

08 **채권 시장의 특징이 아닌 것은?**

1) 기한부 증권이다.
2) 만기가 정해져 있지 않은 증권이다.
3) 확정이자부 증권이다.
4) 이자지급 증권이다.

09 **국채에 대한 설명 중 맞는 것을 고르시오.**

1) 국민주택채권은 첨가소화방식을 채택하고 있다.
2) 국채는 모두 이표채로 발행된다.
3) 재정증권의 만기는 1년 미만이다.
4) 국고채권의 만기는 2, 3, 5, 10, 20, 30, 50년이다.
5) 국고채 입찰에는 일반인이 참여할 수 있다.

10 회사채에 대한 설명으로 틀린 것을 고르시오.

1) 회사채의 공모 방식은 50인 이상에게 청약 받는 것이다.
2) 회사채의 간접 발행은 총액 인수, 잔액 인수 등 2가지 방법이 있다.
3) 회사채의 할인 발행은 액면가 보다 낮은 가격에 발행되는 것을 말한다.
4) 회사채의 표면 금리는 발행 회사의 신용도와 상관없다.

11 일반 투자자가 채권의 장외 시장을 이용하기 어려운 이유에 대해서 설명해 보시오.

12 주식의 발행 형태가 아닌 것은?

1) 증자 2) 기업공개(IPO) 3) 주식배당 4) 현금배당

13 유가증권 시장에 대한 설명으로 틀린 것을 고르시오.

1) 정규시장 매매시간은 9시부터 15시 30분까지다.
2) 유가증권시장의 주식 주문은 지정가 주문만을 사용한다.
3) 주가가 2만 원일 경우 호가 단위는 50원이다.
4) 코스피지수가 직전거래일 종가보다 10% 이상 하락하면 매매 거래 중단 발동이 예고된다.
5) 프로그램매매호가 관리제도는 선물가격이 전일 종가대비 5% 이상 등락하여 1분 이상 지속되면 발동한다.

14 최근 코스닥 시장의 문제점이 무엇인지 경제, 금융 뉴스 검색을 통해 확인해 보자.

15 최근 증권거래세 및 금융투자소득세가 금융시장에 큰 화두가 되고 있다. 그렇다면 현재 KOSPI, KOSDAQ, KONEX, K-OTC 시장 등의 증권거래세와 금융투자소득세는 어떻게 정의되고 있는지 설명해 보시오.

16 자산유동화증권(ABS)의 장점 3가지에 대해서 설명해 보시오.

17 자산유동화증권의 발행 당사자는 자산보유자, SPV, 자산관리자, 업무수탁인, 신용평가사, 매출전문금융기관 등이 포함된다. 그렇다면 이들의 역할과 발행 구조에 대해서 설명해 보시오.

18 MBS(Mortgage-Backed Securities) 시장에 대해서 설명하고 일반 ABS와의 차이점에 대해서 설명해 보시오.

19 투자 신탁의 신탁 계약에 포함되지 않는 것은?

1) 수익증권 2) 신탁재산의 운용 방법 3) 신탁보수 및 수수료
4) 수익증권 기준가격 계산 방법
5) 수익증권 환매에 관한 사항 6) 펀드메니져의 인적사항

20 **투자 신탁의 운용구조와 투자 회사의 운용 구조 차이점에 대해서 설명하고 각각의 운용형태를 설명해 보시오.**

21 **신탁에 대한 설명 중 틀린 것을 고르시오.**

1) 신탁은 수탁자가 위탁자에게 자산을 위임하는 것을 말한다.
2) 신탁업자는 위탁자로부터 수탁할 수 있는 재산의 종류에 대한 제한이 없다.
3) 신탁은 수탁자산 형태에 따라 크게 금전신탁과 재산신탁으로 구분된다.
4) 특정 금전신탁은 불특정 다수로부터 자금을 위탁받아 운용하는 형태다.
5) 특정 금전신탁의 단기 운용상품은 MMT라고 한다.

22 **랩어카운트와 펀드의 차이점에 대해서 설명해 보시오.**

23 **개인자산종합관리계좌(ISA)를 만든 취지에 대해서 설명해보고 어떤 세금 혜택이 있는지 설명해 보시오.**

24 **파생결합증권과 파생금융상품의 차이점은 무엇인지 설명해 보시오.**

25 **파생결합증권이 원금을 보장할 수 있는 구조에 대해서 설명해 보시오.**

6

금융기관

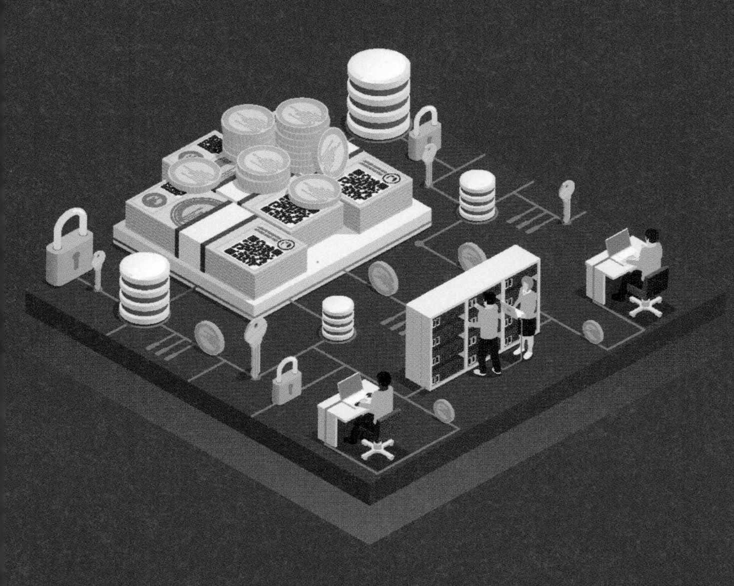

01. 은행

02. 비은행예금취급기관

03. 금융투자업자

6

PART

금융기관

01 은행

(1) 상업 은행(commercial bank)

전통적으로 상업 은행이라 함은 불특정 다수로부터 예금을 받아 대출 등 상업 자금을 공급하는 은행을 말한다. 현재 국내 상업 은행(commercial bank)의 설립 근거는 은행법에 의거하여 규제를 받으며 특수 은행(specialized bank)은 각각의 설립법에 의거하여 규제 받는다. 상업 은행은 전국을 영업 구역으로 하는 시중 은행(nationwide bank)과 특정 지역에서만 영업을 영위하는 지방 은행(local bank) 및 외국은행 국내 지점으로 구분된다.

은행법상 상업 은행의 고유 업무는 독자들이 익히 알고 있는 예금과 적금의 취급 및 대출, 지급결제, 내·외국환 업무 등이 있다. 은행은 고유 업무 이외에 부수 업무와 겸영 업무를 영위하고 있으며 부수 업무로는 지급보증, 어음인수, 상호부금, 팩토링, 보호예수, 수납 및 지급 대행 등의 업무를 말한다. 겸영 업무로는 유가증권의 인수·매출·주선, 신탁업, 방카슈랑스, 신용카드업 등이 있다.

그림 6-1 외환위기 이후 일반은행 변천 추이

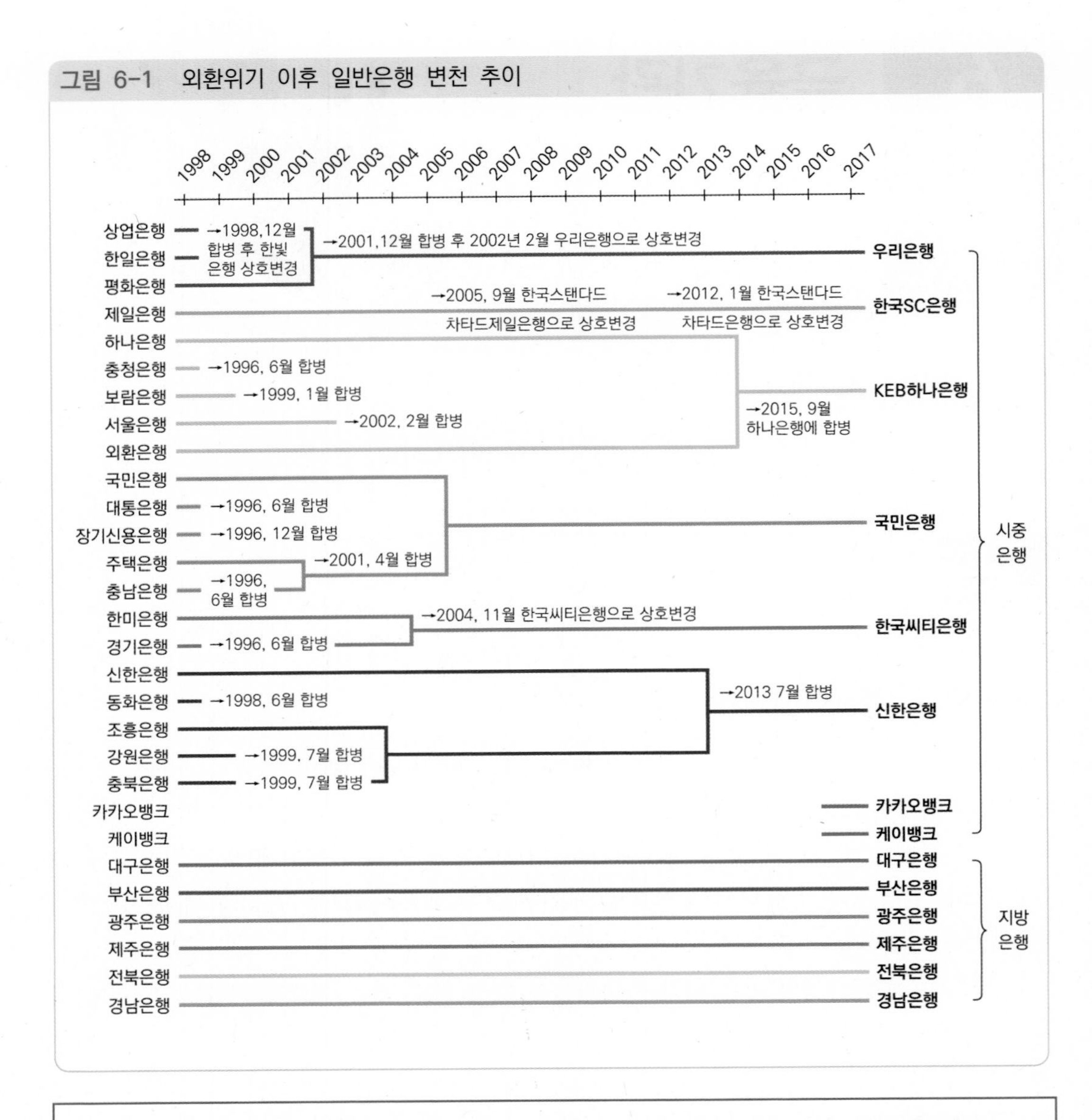

> 2021년 10월 5일 인터넷전문은행인 토스뱅크(toss bank)가 출범함에 따라 현재 인터넷전문은행이 카카오뱅크, 케이뱅크 등을 포함하여 3곳이 운영 중에 있다.

출처: 한국인의 금융제도, 한국은행, 2018

표 6-1 일반은행의 업무 범위

구분	업무내용	근거규정
고유 업무	• 예금 · 적금의 수입 또는 유가증권, 그 밖의 채무증서의 발행 • 자금의 대출 또는 어음의 할인 • 내국환 · 외국환	은행법 제27조
부수 업무	• 채무 보증 또는 어음의 인수, 상호부금, 팩토링, 보호예수 • 수납 및 지급대행, 전자상거래와 관련한 지급대행 • 지방자치단체의 금고대행 • 은행업과 관련된 전산시스템 및 소프트웨어의 판매 및 대여 • 금융 관련 연수 및 도서 · 간행물 출판업무, 조사 · 연구업무 • 업무용 부동산의 임대, 수입인지 · 복권 · 상품권 등의 판매대행 • 은행의 인터넷 홈페이지, 서적, 간행물 및 전산 설비 등 물적 설비를 활용한 광고 대행 • 해당 부수업무를 운영하려는 날의 7일 전까지 금융위원회에 신고한 업무 • 기타 금융위원회가 정하여 고시하는 업무	은행법 제27조의2 시행령 제18조
겸영 업무	해당 법령에서 인허가 또는 등록을 받아야 하는 업무 • 자본시장법에 따른 파생상품의 매매 · 중개 업무, 금융위원회가 정한 파생결합증권 매매업무, 국채증권, 지방채증권 및 특수채증권의 인수 · 매출 및 모집 · 매출 주선업무, 국채증권, 지방채증권, 특수채증권 및 사채권의 매매업무 • 자본시장법에 따른 집합투자업(투자신탁으로 한정), 투자자문업, 신탁업, 투자매매업, 투자중개업, 일반사무관리회사의 업무, 명의개서대행회사의 업무 • 자본시장법 시행령에 다른 환매조건부매도 및 매수 업무 • 보험업법에 따른 보험대리점의 업무 • 근로자퇴직급여 보장법에 따른 퇴직연금사업자의 업무 • 여신전문금융업법에 따른 신용카드업 • 담보부사채신탁법에 따른 담보부사채에 관한 신탁업 • 자본시장법에 따른 자산구성형 개인종합자산관리계약에 관한 투자일임업 • 기타 금융관련법령에 따라 인가 · 허가 및 등록 등을 받은 금융업무 기타 업무 • 금융관련법령에서 정하는 금융 관련 업무로서 해당 법령에서 은행이 운영할 수 있도록 한 업무 • 자산유동화법에 따른 유동화전문회사의 유동화자산 관리 및 채권추심업무에 대한 수탁업무 • 주택저당채권유동화회사법에 따른 주택저당채권유동화회사의 유동화자산관리 수탁업무 및 채권추심 업무에 대한 수탁업무 • 기업의 인수 및 합병의 중개 · 주선 또는 대리 업무 • 기업의 경영, 구조조정 및 금융 관련 상담 · 조력 업무 • 증권의 투자 및 대차거래 업무 • 상업어음 및 무역어음의 매출 • 금융관련법령에 따라 금융업을 경영하는 자의 금융상품 및 「무역보험법」에 따른 무역보험의 판매 대행 • 대출 및 대출채권매매의 중개 · 주선 또는 대리 업무 • 국외지점이 소재하는 국가의 관련 법령에 따라 영위할 수 있는 업무(해당 국외지점이 영위하는 경우로 한정) • 기타 금융위원회가 정하여 고시하는 업무	은행법 제28조 시행령 제18조의2

출처: 한국인의 금융제도, 한국은행, 2018

1) 시중 은행

시중 은행은 독자들이 은행이라고 생각했을 때 가장 먼저 떠올리는 은행들, 즉 우리은행, 신한은행, 국민은행, KEB하나은행 등을 말한다. 시중 은행의 정의는 서울에 본점을 두고 전국을 영업 구역으로 은행업을 영위하는 은행들을 뜻한다. 시중 은행에는 국내 은행뿐만 아니라 외국은행의 국내 지점도 포함되며 대표적으로 스텐다드차타드은행, 씨티은행, HSBC은행, BOA, 중국건설은행, UBS은행, BNP Paribas은행 등이 있다.

표 6-2 외은 국내지점 현황(2021년 12월말 기준)

은행명	지점수	은행명	지점수	은행명	지점수
MUFG은행	1	BNP파리바	1	DBS은행	1
OCBC	1	교통은행	1	노던트러스트컴퍼니	1
뉴욕멜론은행	1	대화(UBO)은행	1	도이치은행	1
메트로은행	1	멜라트은행	1	모간스탠리은행	1
미쓰이스미토모은행	1	미즈호	1	바덴뷔르템베라크주립은행	1
BOA	1	소시에테제네랄	1	스테이트 뱅크 오브 인디아	1
스테이트스트리트	1	아이엔지	1	야마구찌은행	1
웰스파고	1	유바프	1	인도네시아느가라은행	1
제이피모간체이스	1	중국건설은행	1	중국공산은행	4
중국광대은행	1	중국농업은행	1	중국은행	4
크레디 아그리콜 코퍼레이트 앤 인베스트먼트 뱅크	1	크레디트스위스	1	파키스탄국립은행	1
호주뉴질랜드	1	홍콩상하이은행	1		

출처: 금융감독원 금융통계정보시스템

그림 6-2 시중 은행

2) 지방 은행

지방 은행이라 함은 지역에 거점을 두고 지역 경제의 균형적인 발전을 위해 설립한 은행으로 정의된다. 현재 영업을 영위하고 있는 국내 지방 은행은 대구은행, 부산은행, 광주은행, 경남은행, 전북은행, 제주은행 등 6개 은행이 존재한다. 지방 은행의 설립 취지는 해당 지역에서 조성된 자금을 지역발전과 지역주민의 생활 안정 및 향상을 위함에 있다. 하지만 지방에 국한되어 있던 규제가 철폐됨에 따라 일반 시중 은행과 업무에 대한 차가 크게 없으며 지점 역시 전국에 설치할 수 있도록 규제가 완화되어 있으나 대형 시중 은행에 비해 경쟁력이 열쇠에 있으므로 외향 확장에 한계가 있다.[1]

그림 6-3 지방 은행

출처: 각 은행

3) 인터넷전문은행[2]

인터넷전문은행(internet only bank)이라 함은 점포 없이 온라인과 모바일로 계좌를 개설할 수 있으며 예금 및 적금, 대출, 결제 등의 업무를 수행하는 은행을 말한다. 인터넷전문은행은 2018년 K-bank와 카카오뱅크 등 2개 사가 개설되었으며 2021년 10월 토스뱅크가 개설됨에 따라 현재는 모두 3개의 인터넷전문은행이 영업을 영위하고 있다. 정책당국은 향후 은행 산업 발전과 국민들의 효용 증진을 위해 인터넷전문은행을 확대할 방침이다.

인터넷전문은행이 시중 은행과 가장 큰 차이점은 점포가 없기 때문에 점포에 소요되는

1) 지방 은행의 영업구역은 1도(道) 1은행을 원칙으로 하였으나 현재는 철폐되었다.

2) 인터넷전문은행(internet only bank)은 엄밀히 말하면 시중 은행에 포함된다. 하지만 시중 은행과의 차별성이 존재함으로 본서에서는 인터넷전문은행을 별도로 설명한다.

임대료, 시설비, 인건비 등을 절약하여 시중 은행보다 높은 예·적금 금리와 낮은 대출 금리를 제공할 수 있음에 있다. 이는 인터넷전문은행의 강한 경쟁력이라 할 수 있다. 다만, 개인 신용도를 평가하는 빅데이터 분석 시스템과 비대면으로 이뤄지는 시스템상의 해킹 문제 등은 점차 개선해야 할 것으로 보인다.

그림 6-4 인터넷전문은행

출처: 각 은행

4) 상업 은행의 주요 업무

① 예금 업무

예금 업무는 상업 은행의 가장 대표적인 업무로 일반가계, 기업, 공적기관 등 불특정 다수로부터 자금을 예치 받아 관리 운용하는 업무를 말한다. 예금은 은행의 자금 조달에 있어 매우 중요한 위치를 차지하고 있다.

대표적인 예금으로는 필요시 언제든 입출금 할 수 있는 요구불 예금과 이자 수입을 주목적으로 하는 저축성 예금으로 구분된다. 요구불 예금은 당좌 예금, 보통 예금, 별단 예금 등으로 구분하며 독자들이 흔히 사용하는 수시입출금식 예금은 보통 예금에 속한다. 보통 예금은 거래 대상, 예치 금액, 예치 기간, 입출금 횟수 등에 아무런 제한 없이 자유롭게 거래할 수 있는 예금을 말한다. 당좌 예금은 은행과 당좌 계약을 체결한 거래처가 발행한 당좌수표 및 약속어음 등의 지급을 처리하기 위해 개설하는 예금이며 별단 예금은 자기앞 수표 등을 발행하기 위해 일시적으로 자금을 보관하기 위한 예금이다. 요구불 예금은 전체 예금의 약 12% 정도를 차지한다. 다음으로 저축성 예금에는 정기 예금과 정기 적금, 저축 예금, 상호부금 등이 있다. 정기 예금은 이자 수취를 목적으로 일정 기간 자금을 예치하는 기한부 예금으로 은행 입장에서 안정적인 자금 조달 수단이 된다. 정기 예금의 예치 기간은 1개월 이상으로 정의되어 있으나 1년 만기가 주를 이룬다. 정기 적금은 가입 당시 예금주가 계약 기간과 계약 금액을 정하고 일정 금액을 정기적으로 납입하면 만기일에 은행이 원리금을 지급하는 적립식 예금을 뜻한다. 정기 적금 만기는 6개월 이상이지만 1년 만기가 주를 이루고 있다.[3] 저축 예금은 가계 저축 증대를 도모하기 위한 가계우대저축의 하나로 수시입출이 가능한 결제성 예금이면서도 이자를 지급하는 특징이 있다. 또한 다른 금융기관의 MMF, CMA 등과 경쟁하기 위해 고금리 시장금리부 수시입출금예금인 MMDA를 저축예금의 일종으로 출시하기도 하였다. 상호부금은 전통 상호금융인 계(契)가 변천된 제도다.

② 대출 업무

대출은 예금과 함께 상업 은행의 대표적인 업무로 상업 은행의 주된 신용공여 수단이다. 대표적인 대출로는 일반자금대출, 주택관련대출, 기업대출 등이 있다. 일반자금대출은 자금 용도에 대한 특별한 제약이 없고 대출과목도 따로 정하여지지 않은 대출을 총칭하는 대출을 말한다. 대출 기간은 보통 1년으로 기업 운전자금이나 가계의 필요에 의해 대출이 진행된다. 주택관련대출은 주택을 구입할 목적으로 행해지는 대출로 보통 주택담보대출이 이에 해당한다. 주택 가격은 다른 자산들 가격에 비해 높은 만큼 가계 대출에서 주택담보대출이 차지하는 비중 역시 크다고 할 수 있다.[4]

그림 6-5 가계 대출(주택담보대출, 기타 대출)

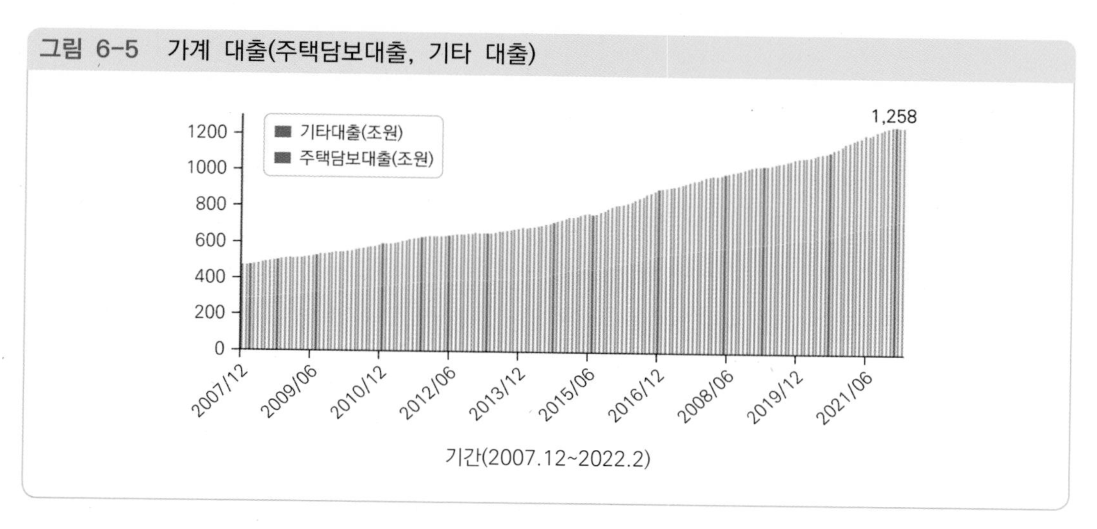

출처: 한국은행 경제통계시스템

3) 정기 예금과 정기 적금은 "7장 금융 상품"에서 자세히 확인할 수 있다.
4) 대출 상품에 대한 사항은 "7장 금융 상품"에서 자세히 확인할 수 있다.

그림 6-6 가계 대출과 산업별 대출 추이

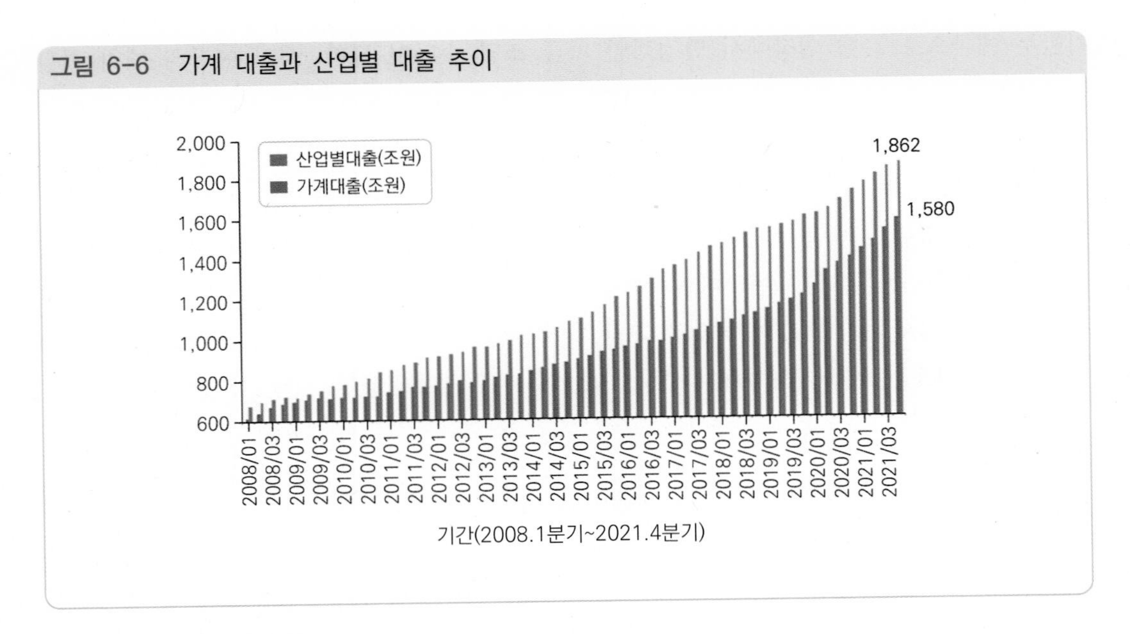

출처: 한국은행 경제통계시스템

③ 상업 은행의 자금 조달과 운용

상업 은행의 주요 자금 조달원은 예금이다. 이외에도 상업 은행은 자금이 필요할 시 양도성 예금증서를 발행하거나 금융채를 발행하여 자금 조달을 할 수 있다. 상업 은행의 자금 조달원 중 예금의 비중은 2010년 말 53.2%에서 2017년 말 60.0%로 상향되었고, 외화예금 비중도 2010년 말 1.8%에서 2017년 말 4.5%로 상승하였다. 반면 은행채 비중은 2010년 말 6.7%에서 2017년 말 4.9% 하락하였다. 이는 상업 은행이 자금을 운용함에 있어 예금에 의존하는 비중이 상당히 높으며 지속적으로 높아졌다고 판단해 볼 수 있는 반면, 자체적으로 자금 조달을 할 수 있는 금융채 등에 대한 비중은 감소하고 있다고 분석해 볼 수 있다. 외국은행 국내 지점의 자금 조달은 본지점 차입 등이 38.7%를 나타내며 국내 상업 은행과 차이를 보였다.

표 6-3 일반은행의 자금조달 추이(기말 기준)

단위: 10억 원, %

	2000		2010		2017	
	금액	구성비	금액	구성비	금액	구성비
국내부채	508,863	89.8	1,122,756	83.4	1,482,793	85.1
예금	327,966	57.8	715,840	53.2	1,046,194	60.0
양도성 예금증서	13,502	2.4	29,728	2.2	21,459	1.2
한은차입금	6,245	1.1	5,132	0.4	9,817	0.6
수입보증금	859	0.2	1,568	0.1	3,817	0.2
외화예금	21,882	3.9	24,211	1.8	78,368	4.5
금융채	16,599	2.9	90,041	6.7	85,419	4.9
기타	121,810	21.5	256,236	19.0	237,719	13.6
해외부채	31,383	5.5	126,885	9.4	130,367	7.5
외화차입금	10,004	1.8	29,371	2.2	10,234	0.6
외화예금	1,739	0.3	2,893	0.2	3,796	0.2
본지점	11,620	2.0	56,282	4.2	44,445	2.6
기타[2)]	8,021	1.4	38,339	2.8	71,892	4.1
자기자본	26,722	4.7	96,122	7.1	129,067	7.4
자본금	19,375	3.4	29,228	2.2	31,420	1.8
잉여금	7,347	1.3	66,893	5.0	97,646	5.6
합계	**566,968**	**100.0**	**1,345,763**	**100.0**	**1,742,226**	**100.0**
(지급보증)	31,355	5.5	55,131	4.1	44,460	2.6

출처: 한국인의 금융제도, 한국은행, 2018

국내 상업 은행 자금운용은 원화대출금이 절대적으로 많다. 더욱이 이에 대한 비중이 2010년 말 51.9%에서 2017년 58.7%로 더욱 확대되었다. 반면 유가증권 투자는 같은 기간 18.9%에서 15.2%로 하락하였다. 이런 현상은 글로벌 금융위기 이후 저금리와 글로벌 규제 등으로 가계 대출이 크게 증가하고 채권 위주의 자금 운용이 늘어난 탓이다. 하지만 이런 설명에도 불구하고 국내 상업 은행들의 자금 운용 구조를 금융 선진국 상업 은행 자금 운용 구조와 비교하여 비판하는 주장도 있다. 즉 국내 상업 은행들은 수익성은 높은데 반해 리스크 관리는 용이하며 영업이 쉬운 대출에 대한 의존도에서 크게 벗어나지 못하는 구조를 비판하는 목소리가 있다.

표 6-4 일반은행의 자금운용 추이(기말 기준)

단위: 10억 원, %

	2000		2010		2017	
	금액	구성비	금액	구성비	금액	구성비
국내자산	524,909	92.6	1,295,837	96.3	1,617,820	92.9
현금	14,114	2.5	10,944	0.8	8,674	0.5
예치금	21,283	3.6	36,429	2.7	49,371	2.8
유가증권	145,814	25.7	254,381	18.9	263,985	15.2
대출금	237,395	41.9	698,737	51.9	1,023,397	58.7
외화대출금	14,107	2.5	55,759	4.1	29,775	1.7
고정자산	19,318	3.4	20,872	1.6	21,262	1.2
기타	72,878	12.2	218,715	16.3	221,356	12.7
해외자산	42,059	7.4	49,925	3.7	124,406	7.1
외국환	22,273	3.9	28,624	2.1	35,545	2.0
외화예치금	3,735	0.7	798	0.1	12,321	0.7
본지점	7,718	1.4	4,628	0.3	13,014	0.7
기타	8,333	1.4	15,875	1.2	63,526	3.7
합계	566,968	100.0	1,345,763	100.0	1,742,226	100.0

출처: 한국인의 금융제도, 한국은행, 2018

(2) 특수 은행

특수 은행은 상업 은행과 같이 수익성을 목적으로는 충분한 자금 조달이 어려운 산업에 금융지원을 위하여 설립된 은행들을 말한다. 국내 대표적인 특수 은행은 농협은행, 수협은행, 한국산업은행, 기업은행, 수출입은행 등이 있다.

이런 특수 은행들의 설립 취지는 특정 산업이 민간에 자금 공급을 통한 대출이 어려운 경우 특정 산업에 안정적인 자금 공급을 위함에 있다. 특히 특수 은행들은 특정 산업 자금 수요자들이 정부나 해외로부터 차입 혹은 채권 발행을 통해 자금을 조달할 수 있도록 도와주는 역할을 한다. 하지만 독자들도 농협은행, 수협은행, 한국산업은행, 기업은행 등 해당 지점을 방문해본 경험이 있다면 시중 은행과 별 차이가 없음을 알고 있을 것이다. 이는 금융환경 변화 및 경제·금융 산업 발달로 인해 자금 조달에 대한 방법 또한 다양화됨에 따라 사실상 특수 은행과 일반 은행의 차별성이 사라지게 된 결과라 할 수 있다.

1) 농협은행

농협은행은 지방에 대표적인 은행으로 농협중앙회에서 관리하는 농협은행과 지역을 중심으로 형성된 지역농협[5]으로 구분된다. 농협은행은 농협금융지주회사의 자회사이며 이외에도 NH생명보험, NH손해보험, NH투자증권 등의 자회사를 두고 있다.

농협은행의 경우 일반 은행이 수행하는 업무 이외에 농업협동조합법상 농업인 및 조합에 대한 자금 대출, 농·축산물 생산·유통·판매 자금 지원 등을 행하고 있다. 또한 농업협동조합법에 의해 조합원들에 대한 복지 및 부대 서비스 등을 제공한다. 농협중앙회는 농업협동조합의 『구조 개선에 관한 법률』에 의거하여 "상호금융예금자보호기금"을 운영하고 있으며 이는 시중 은행의 예금자보호제도와 같이 조합이 파산할 경우 지급을 보장해주는 제도다. 지역농협의 경우 지역농협이 파산할 경우 인근에 있는 지역농협과 통합하여 운영되며 이 과정에서 지역농협에 있는 채무도 인수된다.

2) 한국산업은행

한국산업은행은 한국전쟁 이후 국내 경제 발전과 산업 부흥을 촉구하기 위한 안정적인 자금 공급을 위해 설립된 특수 은행이다. 최초 설립 시에는 원활하지 못한 국내 자금 흐름과 경제 구조의 취약성 때문에 장기 자금 조달이 어려웠으므로 원조자금과 재정자금이 한국산업은행의 주요 재원이었다. 그러나 지금은 국내 경제 및 금융 산업 발달로 인해 산업금융채권 발행, 외국차관 등이 주요 재원이 되고 있다. 특히 산업금융채권은 한국산업은행 소요 재원의 상당 부분을 차지하고 있으며 2017년 말 기준으로 외화표시채권 발행액이 전체 80.6%를 차지하고 있다.

현재는 산업금융지주의 자회사로 한국산업은행이 존재하고 있으며 소매금융 확대를 통한 상업투자은행(commercial investment bank)을 표방하고 있으나 한국산업은행 정체성에 대한 논란으로 지속적인 소매금융 확대는 쉽지 않아 보인다.

3) 중소기업은행

중소기업은행은 설립 초기 자금 공급이 어려운 중소기업에게 자금을 공급하여 자주적인

---

5) 현재 지역농협을 단위농협으로 알고 있는 독자들이 많을 것이다. 단위농협이 지역농협으로 명칭이 개편됨에 따라 현재는 단위농협이라는 명칭을 쓰지 않는다. 지역농협은 제 2금융권에 포함되어 비은행예금취급기관에 포함된다.

경제활동을 원활히 할 수 있도록 지원할 목적으로 1961년 농협은행에서 분리되었다. 현재는 일부 특수한 경우를 제외하고 대부분 상업 은행들과 동일 업무를 수행하고 있기 때문에 이들과 큰 차별성은 없는 상태이며 중소기업은행 역시 상업 은행이 하는 대부분의 업무를 수행하고 있다. 특히 배우 송해를 통해 보여준 중소기업은행 이미지는 중소기업뿐만 아니라 개인들의 자산 형성, 즉 상업 은행 이미지를 보여주고 있다는 면에서 성격이 크게 전환된 것으로 보인다. 2017년 말 현재 주주의 구성은 정부가 51.8%, 국민연금이 9.41%의 지분을 소유하고 있다.

4) 수협은행

수협은행은 농협은행과 유사하게 수산업협동조합 조직 중 수산업중앙회의 신용사업을 영위하는 부분이다. 여기서 신용사업 부분이란 은행법에 의한 은행으로 상업 은행의 전반적인 업무를 수행하고 있다는 뜻이다. 이외에 특수 업무로서 수산금융, 해양 투자 금융 등을 수행하고 있으며 조합원을 대상으로 공제보험, 어선원 및 어선보험 등을 취급하고 있다. 또한 농협은행과 마찬가지로 조합원들의 자금 보호를 위해 수산업협동조합의 『구조 개선에 관한 법률』에 의거한 "상호금융예금자보호기금"을 설치 · 운영하여 수협은행이 파산하더라도 안전하게 조합원들 자금을 지급 보장해주고 있다.

5) 한국수출입은행

한국수출입은행은 수출입, 해외 투자 및 해외 자원 개발에 필요한 금융을 공급하기 위한 특수 목적을 가지고 설립된 은행이다. 과거 수출 주도형 산업 기반을 조성하기 위한 특수 목적의 금융기관이 요구되었으며 그 업무를 한국수출입은행이 담당하게 된 것이다. 주요 업무로는 수출 금융, 해외 투자 금융, 수입 금융, 단기 무역 금융, 보증업, 차입금, 채권 발행 등이 있다. 대표적으로 수출 금융은 국내 수출업자 및 외국 구매자를 대상으로 원활한 수출입을 지원하기 위해 수출 대금에 대한 신용을 지급하는 것을 말한다. 또한 해외 투자 금융은 해외 투자 자금 및 해외 사업 자금을 대출하는 업무로서 국내 기업이 해외 투자를 하거나 국내 기업이 외국에서 영위하는 사업의 설비를 확충하는 등 장기 운영 자금을 대출하는 제도다. 마지막으로 보증 업무는 수출 업자가 계약 조건대로 수출을 이행하지 못할 경우 수출 금액의 일정 비율을 보증해주는 계약이행보증을 통해 수출을 원활히 할 수 있도록 금융을 지원하는 업무다. 현재 한국수출입은행의 주주 구성은 정부 66.3%, 한국산업은행 23.9%, 한국은행 9.8%를 보유하고 있다.

02 비은행예금취급기관

그림 6-7 비은행예금취급기관

비은행예금취급기관이란 은행과 유사한 예금 및 대출 업무를 주요 업무로 취급하고 있지만 자금 조달 및 운용 등에서 은행과는 상이한 규제를 받는 금융기관을 말한다. 조금 더 구체적으로 말하자면 특정한 조직이나 구성원들로부터 자금을 조달하여 그 조직 내에서 대출 업무를 실행하는 기관을 말한다. 대표적으로 주식회사 형태인 상호저축은행과 조합 형태인 신용협동기구, 국영금융 형태의 우체국예금 등이 있다.

상호저축은행과 신용협동기구는 중앙회를 두고 통합금융정보시스템을 구축하여 전국 회원들의 원활한 자금 이체 서비스를 제공하고 있으며 금융결제원 은행공동망에 특별회원으로 참여하여 은행의 창구, CD/ATM기기 등에서 자유롭게 자금이체 및 공과금 납부 등을 수행할 수 있다. 또한 서민들의 금융 편의성을 높이기 위해 2007년부터 직불카드 및 선불카드 발행, 결제 업무를 시행하고 있다. 직불카드와 선불카드는 미리 자금을 충전하여 사용하는 카드로 교통카드나 커피숍의 기프트 카드 등이 이와 유사한 형태다.

(1) 상호저축은행

상호저축은행의 전신인 상호신용금고는 1970년대 제한된 금융 자금을 경제 성장에 우선 공급하는 정책으로 서민 금융이 사설 금융사나 서민 금고에 의존하게 됨에 따라 발생한 서민 금융의 부실 문제를 금융 소비자 보호와 서민을 위한 전문적인 서민 금융기관 육성을 위해 설립되었다. 하지만 1990년대 금융자유화와 금융개방화의 진전으로 대형 시중 은행과 무차별적 경쟁상황에 직면하고 외환위기 당시 지방 중소기업 파산이 급증하며 경영상에 어려움이 크게 증가하였다. 이에 정부는 상호신용금고의 영업력을 활성화하고 공신력을 제고

하고자 2000년 6월 명칭을 "상호저축은행"으로 변경하였다. 또한 경쟁력 강화를 위해 규제를 지속적으로 완화해 주었다. 하지만 상호저축은행은 규제 완화에 힘입어 외형 확대에만 주력하였고 이는 결국 부실로 이어졌다. 특히 수익성 제고를 위해 운용 자금을 리스크가 높은 부동산 PF(Project Financing) 대출에 집중시켰으나 2008년 글로벌 금융위기가 발생하며 부동산 시장이 침체되자 대규모 부실 사태가 발생하였다. 이와 더불어 명칭에 "은행[6]"이라는 단어를 삽입함에 따라 고령 고객들로 하여금 시중 은행과 같을 것이라는 오해의 소지를 제공하였으며 이는 앞선 상호저축은행의 부실 운용과 맞물려 2011년 저축은행 사태를 촉발하였다. 이로 인해 2011년 16개 상호저축은행이 구조조정 되었으며 설립 초기 350여개에 달하던 상호저축은행은 2021년 말 현재 79개사로 축소되었다.

표 6-5 국내 상호저축은행 상호명(2021년 12월 기준)

서울		인천/경기		부산/경남	대구/경북/강원	호남	충청
대신 더케이 동부 민국 삼보 스카이 신안 신한 예가람 웰컴	조은 키움YES 푸른 하나 한신 현대 HK JT친애 KB NH OK OSB SBI	공평 금화 남양 모아 부림 삼정 세람 안국 안양	영진 융창 인성 인천 키움 페퍼 평택 한국투자 한화 JT	고려 국제 동원제일 솔브레인 우리 조흥 진주 흥국 BNK DH IBK S&T	강원 구미 대백 대아 대원 드림 삼일 엠에스 오성 유니온 참	대한 더블 동양 삼호 센트럴 스마트 스타	대명 세종 아산 아주 오투 청주 한성

상호저축은행의 현재 업무는 신용계, 신용부금, 예금 및 적금의 수입, 대출, 어음할인, 내·외국환, 수납 및 지급대행업무 등 사실상 상업 은행 대부분의 업무를 영위하고 있다. 하지만 상호저축은행의 경우 주로 서민과 중소기업의 금융편의 도모를 위해 필요한 예금 및 대출 업무를 영위하며 원칙적으로 정해진 구역 내에서만 영업을 하기 때문에 이런 점들에서는 시중 은행과 차별화 되어 있다. 2017년 말 현재 예수금 중 정기 예금이 총자금 조달액의 74.2%를 차지하며 자금운용에서는 총대출 비중이 82.0%를 차지하고 있어 대부분의 자금 조달이 예금이며 대부분의 자금운용이 대출이라는 점을 확인할 수 있다.

---

6) 시중 은행의 "은행" 영문표기법은 Bank지만 상호저축은행의 "은행" 영문표기법은 Saving이다.

(2) 신용협동조합

신용협동조합은 흔히 신협으로 불리는 비예금취급기관으로서 조합원의 공동 유대를 바탕으로 조합원의 경제적 지위를 향상시키기 위한 민주적 조직이다. 금융기관을 논하면서 민주적 조직이라는 단어가 독자들에게 생소하게 느껴질지도 모른다. 여기서 민주적 조직이라 함은 조합원들이 출자좌수에 상관없이 평등한 의결권과 선거권을 가지며 이를 통해 조합이 운영됨을 뜻한다. 신협 조합원이 되기 위해서는 출자금을 납입하여야 하며 출자금은 1좌 이상 출자하여야 한다. 여기서 1좌라 함은 2022년 기준으로 3만원에서 5만원으로 이는 각 신용협동조합 지점마다 기준이 다를 수 있다.

신용협동조합의 취급업무는 조합원으로부터 예탁금·적금 수입, 조합원에 대한 대출, 내국환업무, 어음할인 등을 취급한다. 원칙적으로는 조합원들 내에서 신용사업을 영위하지만 비조합원이라 하더라도 대출 신규 취급분의 1/3을 초과하지 않는 한도 내에서 이용할 수 있다. 신용협동조합은 2017년 말 현재 898개가 운영 중이다. 또한 2017년 말 기준으로 총자금 조달액 중 87.4%를 정기 예탁금으로 조달하고 있으며 총자금 운용액 중 대출이 70.9%를 차지하고 있다.

(3) 새마을금고

새마을금고는 대도시의 동이나 농어촌의 리 단위, 직장 단위로 조직되어 있으며 신용조합 회원들로부터 받은 예탁금 및 적금을 회원들에게 대출로 운용하는 신용사업과 내국환, 국가·공공단체 및 금융기관의 업무 대리 등의 업무를 수행한다. 새마을금고의 업무는 어음할인 등 일부 업무를 제외하고 신용협동조합과 동일하다. 또한 새마을금고는 투자자 보호 및 안정적인 운용을 위해 예·적금의 10%를 상환준비금으로 보관하여야 하며 이중 50%를 새마을금고연합회에 예치하여야 한다. 이는 은행의 지준 예치금과 같은 맥락으로 예·적금자들이 인출을 요구할 경우 원활한 현금을 지급하기 위함에 있다.

새마을금고는 연합회를 구성하여 운영되고 있으며 연합회는 금고의 감사 및 감독, 금고를 대상으로 한 예탁금의 수입과 대출, 공제사업 등을 수행한다. 또한 은행의 예금자보호제도와 같이 안전 기금을 설치 운영하여 예·적금자의 자금을 보호하고 있다.

2017년 말 현재 1,315개의 새마을금고가 영업중이며 1,927만 명의 거래 회원을 확보하고 있다. 또한 2017년 말 기준으로 총자금 조달액의 87.0%를 정기 예탁금으로 조달하고 있으며 이중 68.1%를 대출금으로 운용하고 있다.

그림 6-8 신협

그림 6-9 MG새마을금고

출처: 새마을 금고 중앙회

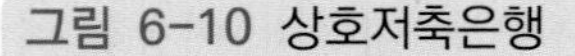

그림 6-10 상호저축은행

(4) 농협 상호금융(신용사업부분)

농협은 앞서 시중 은행에서 설명한 바와 같이 제 1금융권에 속하는 농협은행(농협중앙회)과 제 2금융권에 속하는 지역농협[7]으로 구분된다. 따라서 본 단원에서에서 설명하는 농협은 후자에 속한다. 농협은 1972년 신용협동조합법이 제정됨에 따라 농업협동조합의 상호금융이 제도권 금융으로 편입되는 법적 기반을 마련하여 운영을 시작하였으며 2017년 말 현재 1,131개의 농업협동조합이 상호금융 업무를 영위하고 있다. 취급 업무는 조합원의 예탁금·적금, 조합원에 대한 대출, 내국환 업무, 어음할인 등이 있다. 농협은 원칙적으로 영업구역 내에서만 지점 설치 및 이전이 가능하다. 이는 일반 시중 은행과 가장 큰 차이점이

7) 농협은행과 지역농협의 간단한 구별법은 농협은행의 경우 상호명칭을 "농협은행"이라는 명칭을 그대로 사용하는 반면 지역농협의 경우, 해당 지역 안에서만 영업을 영위할 수 있기 때문에 지역명을 농협 앞에 삽이하여 상호명을 정한다. 예를 들어 홍성 지역에 있는 지역농협의 경우 "홍성농협"이라는 상호명을 사용한다.

라고 할 수 있다.

그림 6-11 농협은행과 지역농협 비교

** 사진의 농협은 모두 홍성에 위치하고 있지만 농협중앙회에서 운영하는 농협은행(좌)과 홍성 지역에서 운영되는 지역농협에는 차이가 있다.

(5) 우체국예금(우정사업본부)

우체국은 정부기관으로 우편과 물류 이외에 금융업도 영위하고 있다. 우체국에서 예금을 취급한 이유는 경제개발 초기 국가 정책 사업에 소요되는 자금을 조달하기 위함에 있었다. 따라서 당시 국민들로부터 조달된 자금은 국가가 경제개발을 위해 발행한 채권을 매수하는 형태로 예금 자금이 운용되었다. 하지만 경제와 금융의 발달로 인해 국가 운용자금을 직접금융 시장에서 국채 발행을 통해 조달할 수 있게 됨에 따라 우체국예금 활용도는 줄어들게 되었다. 현재 우체국예금의 주요 업무는 요구불 예금과 저축성 예금으로 다른 은행 및 비은행예금취급기관과 다르게 대출 업무를 영위하고 있지 않다. 따라서 우체국예금은 일부 영업자금을 제외하고 전액 채권 등을 통해 운용[8]되며 운용된 수익금을 이자 형태로 지급하고 있다. 이는 일반 혹은 특수 은행의 예대마진 수익 구조와 다른 개념으로 우체국만의 특징이라고 할 수 있다.

우체국의 최대 장점은 전국 농어촌 단위까지 퍼져있는 지점이다. 최근 시중 은행들은 수익과 비용을 고려하여 농어촌에서 지점을 폐쇄하고 있는 반면 우체국은 모든 국민들의 보편적인 금융서비스 제공을 위해 존재함으로 농어촌 지역에서도 영업을 계속하고 있다. 또한 일반 보험, 개인연금 등의 보험 업무도 병행하여 금융서비스를 폭넓게 제공하고 있다.

8) 과거 우체국예금의 자금운용은 금융기관 예탁, 국공채 매입 등으로 한정되어있었으나 2004년과 2009년 법개정에 따라 증권의 매매 및 대여, 자금중개회사를 통한 금융기관 대여, 파생금융거래 등으로 자금운용 폭을 확대하였다. 특히 최근 영화제작 및 배급 사업에도 투자를 확대하고 있다.

최근 우체국은 온라인 전산망 개발 등을 통해 스마트뱅킹 등 서비스를 확대하며 지역주민들의 편의성 제고를 위해 노력하고 있다.

표 6-6 시중 은행과 우체국 지점 수 비교(2021년도 말 기준, 출장소 포함)

	우체국	국민	신한	우리	하나	SC	한국씨티	합계
지점수	2,483	912	785	768	614	198	39	5,799
비중	42.8%	15.7%	13.5%	13.2%	10.6%	3.4%	0.7%	100%

출처: 우체국금융개발원, 금융감독원 금융통계정보시스템

그림 6-12 우체국 금융

03 금융투자업자

금융투자업자란 금융 투자 상품[9]의 거래와 관련된 업무를 주된 업무로 영위하는 금융기관을 말한다. 금융투자업자에 대한 분류기준은 2009년 2월 시행한 「자본시장법」을 기준으로 크게 변경되었다. 「자본시장법」이 시행되기 이전의 금융투자업자는 증권업, 자산운용업, 신탁업, 선물업, 종금업 등 각각의 개별 법에 의해 투자업을 영위하였다면 「자본시장법」

9) 금융 상품은 이익 추구나 손실 회피를 목적으로 특정 시점에 금전 등을 지급 또는 지급하기로 약정함으로써 취득하는 투자성 있는 권리를 말하며, 증권과 장내·장외 파생상품으로 분류된다.

이 시행된 이후에는 투자매매업, 투자중개업, 집합투자업, 투자자문업, 투자일임업, 신탁업 등을 하나의 금융투자업으로 정의되었다. 「자본시장법」은 국내 대형 투자은행 육성 및 자본시장 활성화를 위해 증권 관련 법률을 하나로 통합·정비한 것이다.

그림 6-13 금융투자업의 기능별 분류

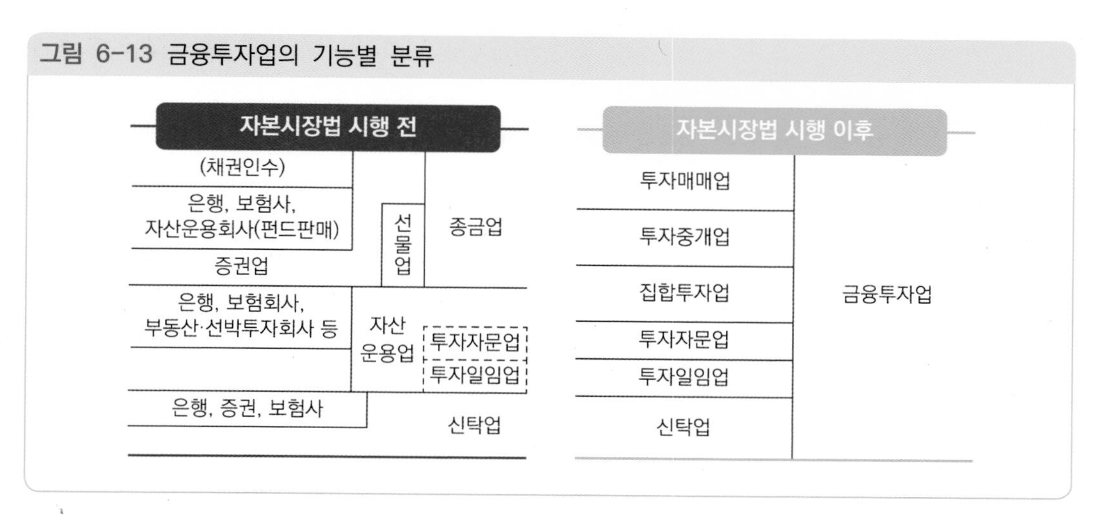

출처: 한국인의 금융제도, 한국은행, 2018

「자본시장법」 이후에도 대부분의 금융투자회사들은 이전 명칭을 그대로 사용함에 따라 「자본시장법」에 큰 변화가 없다고 오해할 수도 있다. 실제로 「자본시장법」 이후에도 증권사는 증권사, 선물회사는 선물회사, 투자자문 및 투자일임업자 역시 같은 명칭을 사용하고 있다. 하지만 「자본시장법」 시행은 종래와 큰 차이가 있다. 그것은 금융투자업자의 진입규제와 관련하여 금융기능별로 진입 요건을 정해 놓고 그 요건의 부합 여부를 심사하는 "add-on 방식"을 취함에 따라 금융투자업자가 복수의 업무 단위를 자유롭게 선택하여 영위할 수 있기 때문이다. 예를 들어 증권사라는 명칭을 사용하고 있다면 종래에는 유가증권의 매매, 위탁매매, 인수·주선 등 현재 투자매매 및 투자중개 업무를 주로 영위하였으나 현재는 인가취득에 따라 집합투자업, 신탁업, 선물업 등 모든 금융투자관련 업무를 영위할 수 있다.

(1) 투자매매 · 중개업자

1) 증권회사

증권회사는 직접 금융시장을 통해 기업의 장기 자본 조달을 위해 발행한 증권을 투자자와 연계시켜주는 기능을 한다. 국내 최초 증권사는 1949년 11월 설립된 대한증권으로 현재는 교보증권이 맥을 이어가고 있다.

2021년 말 현재 국내 증권회사는 47개사가 영업을 영위하고 있으며 11개의 외국증권사 국내 지점도 운영되고 있다. 증권회사의 자금 조달은 2017년 말 기준으로 RP매도(28.7%), 파생결합증권(23.5%), 투자자예수금(10.3%) 순이며 자금 운용은 증권(62.8%), 현금 및 예금(16.1%) 순이다.

최근 국내 금융 산업 육성의 일환으로 초대형 투자은행(Investment Bank, IB)을 만들기 위해 2013년 5월 종합금융투자업자 제도가 도입되었으나 국내 증권사는 여전히 중개업무에 머물러 있다. 특히 국내 증권사의 손익 구조는 여전히 위탁매매가 큰 부분을 차지하고 있다.

표 6-7 증권회사 수 추이

	1990	1995	2000	2005	2010	2015	2021
국내증권회사	25	33	32	39	50	46	47
외국증권회사 지점	-	14	22	15	12	10	11
합계	25	47	54	54	62	56	58

출처: 금감원 금융통계정보시스템

주요 업무

증권사의 주요 업무는 증권 및 채권과 관련된 위탁매매, 발행 및 인수, 자기매매, 펀드 및 신종증권 판매, CMA 등 자산관리 서비스 등이 있다. 우선 증권사의 대표적인 업무라고 할 수 있는 위탁매매업무(brokerage)는 증권 및 파생상품 등 금융 투자 상품에 대한 투자중개업무로서 고객의 매매 주문을 성사시키고 수수료를 받는 업무를 말한다. 즉 한국거래소를 통한 증권 거래는 한국거래소에 등록된 회원만 가능하기 때문에 일반 투자자는 한국거래소의 회원인 증권사를 통해서만 증권거래가 이뤄진다. 증권사는 이에 대한 대가로 일정 수수료를 일반 투자자에 받는 것이다. 예를 들어 독자가 거래소 시장에서 삼성전자 주식 매수를 원한다면 증권사 계좌를 통해 주식을 매수할 수 있고 매수 주문이 체결되었다면 일정 거래수수료를 증권사에 지불하는 시스템이다. 다음으로 자기매매업무(dealing)는 증권회사가 투자매매업자로서 자기 명의와 자기 계산으로 인적·물적 시설을 갖추고 지속적·반복적으로 금융 투자 상품을 매매하는 업무를 말한다. 즉 증권사는 증권사 내 자본을 바탕으로 증권을 매매하여 수익을 추구할 수 있다. 예를 들어 증권사의 채권운용팀은 증권사 내 일정 자본을 바탕으로 채권을 매수하거나 매도하여 자본 이득을 취할 수 있고, 운용전략[10]을 바탕으로 추가 수익을 추구할 수도 있다. 증권사는 자기매매업무를 통해 시장의 수급 불균형을 조절하는 한편 금융 투자 상품의 가격 연속성을 확보함으로써 시장 조성자(market maker)로서의 역할도 수행한다. 증권사의 인수·주선 업무(underwriting)는 증권회사가 신규 발행된 증권을 매출할 목적으로 취득하는 업무를 말한다. 이는 발행 형태별로 모집, 사모, 매출 3가지로 구분된다. 우선 모집은 50인 이상의 투자자에게 신규 발행된 증권에 대해 청약을 권유하는 것을 말하며 사모는 49인 이하의 투자자를 대상으로 청약을 권유하는 형태를 말한다. 매출은 기 발행된 증권을 대상으로 매도 혹은 매수 청약을 권유하는 형태를 말한다. 주선 업무는 증권회사가 제 3자의 위탁에 의해 모집·매출을 주선하는 업무를 말한다. 증권회사의 펀드 판매 및 자산관리업무 중 펀드 판매업무는 증권회사가 펀드에서 발행한 수익증권을 투자자에게 판매하는 업무를 말한다. 이를 통해 증권사는 일정 부분 수수료를 수취한다. 증권회사의 자산관리 업무는 증권회사가 투자자문 및 투자일임업자로서 투자자에게 랩어카운트 및 CMA 서비스 등을 제공하는 업무를 말한다. 여기서 랩어카운트란 증권회사가 고객의 증권거래, 고객에 대한 자문 등의 서비스를 통합해 제공하고 그 대가로 고객예탁재산의 평가액에 비례하여 연간 단일 보수율로 산정한 요금(fee)을 징수하는 업무를 말한다. 또한 CMA 서비스는 고객과 사전 약정하여 예치금을 MMF, RP 등 단기 금융상품에 투자되도록 설계한 CMA 계좌를 고객 예탁금 계좌와 연계하여 수시입출, 급여이체, 신용카드 결제대금 납부, 공과금 납부 등 부가서비스를 제공하는 업무를 말한다. 이는 은행의 일반 수시입출금식 예금과 비교되며 수시입출, 급여이체, 신용카드 결제대금 납부, 공과금 납부 등에서는 동일한 서비스를 제공하나 자금을 하루만 예치해도 MMF 및 RP로 운용하여 수익금을 지급한다는 점에서 큰 차이점을 갖는다. 마지막으로 증권회사의 신용공여 업무는 증권거래와 관련하여 고객에게 금전을 융자하거나 유가증권을 대여하는 업무를 말한다. 대표적으로 주식담보대출, 미수거래[11], 대주거래[12] 등이 있다.

10) 예를 들어 채권을 매수한 뒤 buy & holing 전략을 추구하였는데 시장 금리가 하락하여 채권 가격이 상승하였다면 추가 수익을 얻게 되는 것이다.

11) 30%의 증거금으로 주식을 매수할 수 있으나 주가 하락시 반대매매로 상환된다.

12) 대주거래는 공매도의 개념으로 이해할 수 있다.

그림 6-14 여의도 증권가

2) 선물회사

선물회사는 선물 거래 및 해외선물 거래에 대한 위탁매매 등 장내파생상품에 대한 투자매매 및 투자중개업무를 영위하고 있다. 선물회사는 1996년 7월 「선물거래법」 시행으로 우리나라에 본격적으로 도입되었으나 「자본시장법」 시행 이후 일부 선물회사는 증권회사와 합병하거나 증권회사로 전환하였고, 일부는 영업을 폐지하면서 2022년 현재 4개사만 영업 중이다. 선물 거래는 2000년 초반 선물상품의 다양화 등 선물 시장이 정비되며 크게 증가하였다. 이후 급격히 증가한 국내 선물 거래는 세계에서 가장 많은 거래가 일어날 정도로 성장하였으나 2011년 이후 선물·옵션 파생상품이 너무 과열되었다는 의견이 제기되며 시장 안정 및 건전화 조치가 시행되었다. 당시 시장 안정, 건전화 조치로 기본 예탁금을 크게

그림 6-15 선물거래 실적

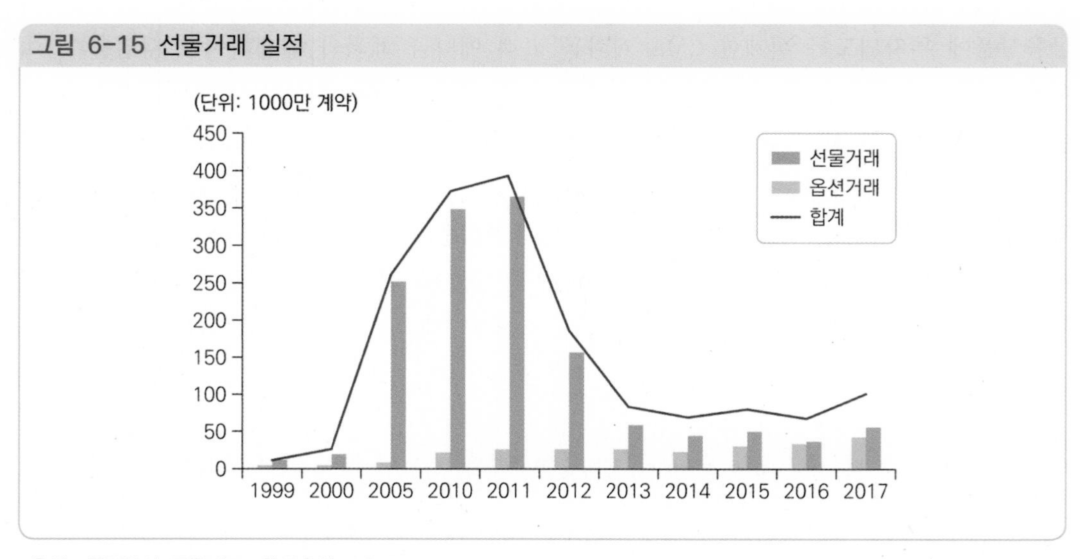

출처: 한국인의 금융제도, 한국은행, 2018

인상하였으며(1,500만 원에서 선물은 3,000만 원, 옵션은 5,000만 원으로 인상) 적격개인투자자 제도(교육 30시간, 모의 거래 50시간 등을 이수한 개인에게 단계적으로 파생상품 거래를 허용)도 도입하였다. 그 결과 선물 및 옵션, 파생상품 거래는 크게 감소하였다.

주요 업무

선물회사는 해외선물거래를 포함하여 선물 거래의 자기거래, 위탁거래, 위탁의 중개·주선·대리 등의 업무를 영위한다. 선물회사는 위탁자로부터 선물 거래를 위탁받은 경우 수량·가격 및 매매 시기에 한하여 그 결정을 일임 받아 선물 거래를 할 수 있다. 이런 경우 이해상충방지를 위해 고객 예탁금과 선물회사의 자기 재산을 구분하여 증권금융회사에 예치하여야 한다. 또한 채무불이행이나 임직원의 위법·위규 등에 의하여 위탁자가 입은 손실을 보전하기 위하여 책임준비금을 적립하여야 한다. 선물회사에서 취급하는 상품은 KOSPI200 선물 및 옵션, 주식 및 금리(3년 국채선물), 통화(달러선물, 엔선물 등)관련 상품, 금 및 돈육선물과 같이 실물을 기초자산으로 하는 투자상품들이 있으며 해외 상품으로는 Dow Jones, S&P500, T－Note, T－Bond, FX Margin Trading, Euro FX 등이 있다.

3) 집합투자업자

집합투자업자는 집합투자를 수행하는 기관으로서 「자본시장법」 이전의 자산운용사가 이에 해당한다. 집합투자업자는 1974년 최초 투자신탁회사인 한국투자신탁회사로 발족하였으며 1998년부터 2005년까진 증시 활황에 힘입어 11개의 투자신탁회사가 설립되었다. 이후 「자본시장법」이 시행됨에 따라 증권사 등으로 편입되었다.

주요 업무

집합투자기구의 주요 업무는 자산을 운용하는 것으로 설립 형태에 따라 투자신탁(계약형, contractual type)과 투자회사(회사형, corporate type)로 구분된다. 우선 투자신탁은 위탁자인 집합투자업자가 수탁회사와의 신탁 계약에 의거 발행하는 수익증권을 수익자인 투자자가 취득하는 형태를 말한다. 투자신탁 주요 당사자는 위탁자(투자신탁재산 운용), 수탁회사(신탁재산 보관), 판매회사(수익증권 판매)로 구성되며 집합투자업자는 이중 위탁회사의 역할을 담당한다. 또한 수탁회사는 신탁회사, 판매회사는 은행 및 증권사가 주로 담당한다. 집합투자업자가 투자신탁재산에 주식을 편입할 경우에는 유통 시장 매매를 통해 편입하여야 하지만 채권의 경우 유통 시장 이외 발행 시장을 통한 인수도 가능하다. 2017년 말 현재

투자신탁 수탁액은 485조 원으로 전체 수탁액의 98.2%를 차지하고 있다. 즉 국내 집합투자기구는 대부분 투자신탁 방식으로 운용되고 있다. 다음으로 투자회사는 투자 전문가가 투자전문 회사를 설립하고 이 회사의 주식(또는 지분증권)을 투자자가 매입하는 형태를 말한다. 이는 미국의 뮤추얼 펀드가 발전한 형태로 투자회사가 증권 등의 자산으로 운용하고 그 수익을 주주에게 배분하는 투자방식이다. 투자회사는 「상법」상의 주식회사이나 본점 이외의 영업점을 설치하거나 직원의 고용 또는 상근 임원을 둘 수 없는 서류상의 회사(paper company)이다. 투자회사의 주요 당사자는 자산운용회사, 자산보관회사, 판매회사, 일반사무관리회사 등이다. 여기서 자산운용회사는 투자회사의 위탁을 받아 자산을 운용하며 서류상 회사인 투자회사의 설립 및 주식 모집을 실질적으로 주관하는 회사다. 또한 자산보관회사는 투자회사의 위탁을 받아 자산을 보관하는 회사를 말하며 이해상충방지를 위해 자신의 고유자산과 다른 수탁 자산을 분리하여 보관하여야 한다. 이로 인해 자산보관회사는 신탁회사 혹은 신탁업을 겸영하는 금융기관으로 제한한다. 판매회사는 투자회사의 위탁을 받아 주식의 모집 또는 판매를 담당하는 회사로 주로 은행, 증권회사, 보험회사 등이 담당한다. 일반사무관리회사는 투자회사의 위탁을 받아 주식명의개서, 주식발행 사무, 증권투자회사의 운영에 관한 사무 등을 담당하는 회사로 주로 자산운용회사가 임무를 맡는다.[13)]

집합투자기구를 투자자수에 따라 구분하며 50인을 기준으로 사모형과 공모형으로 나눈다. 우선 투자자가 49인 이하인 경우 이를 사모집합투자기구(사모펀드)라 칭하고 사모로만 집합투자증권을 발행하는 집합투지기구를 전문투자형 사모투자기구(헤지펀드)와 경영참여형 사모집합투자기구(PEF)로 구분할 수 있다. 우선 헤지펀드는 소수의 투자자로부터 자금을 모아 투자 대상과 지역에 관계없이 다양한 투자 전략을 사용하여 수익을 추구하는 펀드다. 즉 헤지펀드의 목표는 절대 수익 추구에 있다. 특히 헤지펀드는 공모펀드에 비해 투자 대상이나 자산운용에 대한 제한이 없어 운용전략에 대한 유연성이 높고, 운용보수 외에 성과보수를 부과할 수 있으며 차입·공매도가 가능하여 환매제한이 있을 수 있다는 특징이 있다. 즉 투자자 입장에서는 다양한 운용전략을 펼칠 수 있어 절대 수익 추구에 이점이 있으며 운용자 역시 운용보수 이외에 성과보수를 받을 수 있어 양자 간에 이점이 존재한다. 다음으로 PEF는 회사의 재산을 지분증권에 투자하여 경영권 참여, 사업 구조 및 지배 구조의 개선 등의 방법으로 투자한 기업 가치를 높여 그 수익을 투자자에게 배분함을 목적으로 설립된 펀드이다. 본 제도의 취지와 목적은 풍부한 시중의 부동자금이 생산적인 자금으로 전환될 수 있도록 유도하고 해당 자금이 금융회사 및 일반기업의 M&A 등 구조조정에 적

13) 투자신탁과 투자회사의 구조는 "5장 금융 시장"의 집합투자증권 시장을 참고하길 바란다.

극 활용될 수 있도록 함에 있다. 국내에서도 기업의 M&A 혹은 매각 등에 PEF들이 적극적으로 참여하는 모습을 볼 수 있다. 실제로 대우조선해양, 쌍용자동차 등의 기업들이 매물로 나왔을 때 PEF들이 적극 참여하는 모습을 보였다.

집합투자업자의 투자 대상 자산은 투자 대상별로 증권, 부동산, 특별자산, 단기금융(MMF), 혼합자산 등 5종류로 구분할 수 있다. 또한 집합투자업자가 집합투자기구의 재산으로 편입할 수 있는 자산은 재산적 가치가 있는 모든 재산을 대상으로 하고 그 편입 비율에 대한 제한만 두고 있다. 다만, 단기 금융은 증권에만 투자 가능하다. 아래 표는 투자 대상에 따른 집합투자기구 유형을 나타낸 것으로 예를 들어 채권형 펀드의 경우 자산 총액의 60% 이상만 채권에 투자할 것을 제한하기 때문에 주식에 40%가 투자되어 있어도 이는 채권형 펀드라고 칭한다. 마찬가지로 주식형 펀드는 주식에 60% 이상만 투자하면 되기 때문에 40%를 채권에 운용하여도 주식형 펀드라 부른다. MMF의 경우 운용할 수 있는 자산을 자본시장법 시행령에서 규정하고 있다. 자본시장법 시형령에 규정하고 있는 자산은 RP, 잔여 만기 6개월 이내 CD, 잔여 만기 5년 이내 국채증권, 잔여 만기 1년 이내 지방채증권·특수채증권·사채권·CP, 잔여 만기 1년 이내 금융기관 발행·할인·매매·중개·인수·보증어음(CP 제외), 30일 이내 단기 대출, 만기 6개월 이내 금융기관 예치, 다른 단기 금융집합투자기구의 집합투자증권, 전자단기사채 등으로 규정하고 있다.

표 6-8 투자 대상에 따른 집한투자기구 유형

유형		분류 기준
증권	채권형	자산총액의 60% 이상 채권에 투자
	주식형	자산총액의 60% 이상 주식(지분증권)에 투자
	혼합주식형	자산총액 중 주식에 투자할 수 있는 최고편입한도가 50% 이상
	혼합채권형	자산총액 중 주식에 투자할 수 있는 최고편입한도가 50% 미만
	투자계약증권	자산총액의 60% 이상을 투자계약증권 투자 다만, 투자계약증권에 60% 미만 투자시 혼합주식형으로 분류
	재간접형	자산총액의 40% 이상을 집합투자증권에 투자
단기금융(MMF)		집합투자재산 전부를 대통령령으로 정하는 단기금융상품에 투자
부동산		50%를 초과하여 부동산(부동산 개발과 관련된 법안에 대한 대출, 그 밖에 대통령령이 정하는 부동산과 관련된 증권)에 투자
특별자산		50%를 초과하여 특별자산(증권, 부동산 이외 투자대상 자산)에 투자
혼합자산		증권, 부동산, 특별자산 집합투자기구관련 규정의 제한을 받지 않는 집합투자기구

표 6-9 집합투자기구 투자대상별 설정잔액(기말 기준)

단위: 10억 원, %

	2015		2016		2017		2018.6	
	금액	구성비	금액	구성비	금액	구성비	금액	구성비
증권	250,729	59.5	265,525	56.6	269,762	54.3	284,005	52.5
주식	81,389	19.3	73,689	15.7	77,876	15.7	81,385	15.0
채권	85,239	20.2	103,986	22.2	95,344	19.2	98,305	18.2
혼합주식	8,145	1.9	8,072	1.7	9,247	1.9	10,048	1.9
혼합채권	30,451	7.2	26,491	5.6	19,360	3.9	18,960	3.5
파생	32,995	7.8	37,744	8.0	44,470	8.9	48,399	8.9
기타	12,510	3.0	15,543	3.3	23,465	4.7	26,908	5.0
부동산	34,939	8.3	45,694	9.7	59,805	12.0	66,846	12.4
특별자산	40,427	9.6	48,720	10.4	58,374	11.7	64,911	12.0
혼합자산	2,220	0.5	4,974	1.1	11,909	2.4	19,976	3.7
단기금융	93,406	22.1	104,352	22.2	97,342	19.6	105,267	19.5
합계	421,721	100.0	469,265	100.0	497,192	100.0	541,005	100.0

출처: 한국인의 금융제도, 한국은행, 2018

4) 투자자문 · 일임업자

투자자문업과 투자일임업은 투자자에게 증권 등의 투자에 있어서 자문을 해주거나 매매에 대한 일체를 일임하는 업을 말한다. 투자자문과 투자일임업을 영위하는 회사를 투자자문회사라 한다. 투자자문업과 일임업은 「자본시장법」이 시행되며 등록요건이 완화되고 투자자문에 대한 수요가 확대됨에 따라 2010년을 전후하여 크게 증가하였다. 하지만 그 이후 큰 변화가 없자 2018년 금융위원회와 금융감독원은 개인에 대한 자문 서비스가 활성화되지 못했다고 판단하여 투자자문과 일임업에 대한 활성화 방안을 발표하였다. 활성화 방안은 투자자문의 경우 투자자문업을 영위하기 위한 등록 단위를 7개에서 2개로 통합하고 모든 상품과 투자자 대상의 자본금 요건을 8억 원에서 2.5억 원으로 완화하는 내용을 골자로 하고 있다. 또한 투자일임업의 경우 투자일임업을 영위하기 위한 등록 단위를 6개에서 2개로 통합하고 모든 상품과 투자자 대상의 자본금 요건을 13.5억 원에서 5억 원으로 완화하였다. 특히 일임업을 영위할 시 자문업도 영위할 수 있도록 허용하였다. 전업 투자자문회사는 2017년 현재 기준으로 179개사가 영업을 영위하고 있으며 투자자문회사의 투자자문 계약고는 약 4.7조 원, 투자일임 계약고는 약 8.4조 원이다.

주요 업무

투자자문업은 금융 투자대상 자산의 가치 또는 투자 판단에 관해 자문하는 업무를 주업무로 한다. 여기서 금융 투자대상 자산이라 함은 금융기관의 예치금 등 대통령령으로 정하는 투자 대상자산의 종류, 종목, 취득, 처분, 취득·처분 방법, 수량·가격 및 시기 등과 부동산, 지상권, 지역권, 전세권, 임차권, 분양권 등 부동산관련 권리 등에 대한 판단을 말한다. 투자일임업은 고객으로부터 금융 투자 상품 가치 등의 분석에 기초한 투자 판단의 전부 또는 일부를 위임받아 고객을 위하여 투자를 행하는 업무를 주업무로 한다. 보통 증권사의 랩어카운트(Wrap Account)와 투자자문·일임업을 혼동하는 경우가 있는데 증권사의 랩어카운트는 투자중개와 투자일임의 결합서비스를 제공하기 위한 증권계좌를 지칭하는 개념으로 투자자문·일임업과는 차이가 있다.

5) 신탁업자

신탁이란 위탁자와 수탁자가 신탁 계약을 체결하고 이에 기초하여 위탁자가 특정 재산권을 수탁자에게 이전하여 수탁자가 이를 관리, 처분하고 그 수익을 위탁자 혹은 수익자에게 귀속하는 법률관계를 말한다. 신탁업자로는 은행, 금융투자회사(증권사), 보험회사 등에 의한 신탁 겸업사와 부동산 신탁회사 등이 있다. 신탁 겸업사는 금전 및 재산을 신탁 받아 이를 유가증권, 대출금 등으로 운용하고 그 수익을 배분하는 업무가 주를 이룬다. 신탁은 1960년대 경제개발계획을 추진하는 과정에서 장기 저축성 자금의 동원 수단으로 육성되었으며 1990년대에 이르러서는 고도성장과 모든 은행이 신탁업을 취급함에 따라 은행신탁이 급속도로 성장하였다. 하지만 2000년대 들어 저금리가 고착화되고 은행 신탁상품 배당률이 하락함에 따라 수신고는 감소하였다. 더욱이 2004년 「간접투자자산운용업법」시행으로 개인연금과 퇴직연금을 제외한 불특정금전신탁 신규 수탁이 중지되는 등 신탁업이 크게 위축되었다. 이에 당국은 종합신탁제도[14]를 도입하여 신탁업의 활성화를 도모하였으며 2005년 「신탁업법」 개정으로 증권회사와 보험회사도 신탁업을 겸업할 수 있도록 하였다. 신탁자산은 신탁업을 시작한 이래 꾸준히 증가하였으나 2004년 불특정금전신탁이 폐지되며 감소하였다. 이후 2011년 퇴직연금·자문형 금전신탁 등의 취급, 금융투자업자(증권회사)의 적극적인 영업 규모 확대 등으로 수탁액이 다시 증가하였다.

---

14) 종합신탁제도는 신탁 단일계약으로 금전, 유가증권, 부동산, 무체재산권 등 여러 유형의 재산을 함께 수탁하여 통합·관리하는 제도다.

표 6-10 신탁업 인가 현황

구분		개수	회사명	인가단위		
				종합	금전	부동산
은행	국내은행	16	신한, 우리, SC, KEB하나, 씨티, 국민, 대구, 부산, 광주, 경남, 산업, 기업, 농협, 수협	○		
			전북, 제주		○	
	외은지점	1	뉴욕멜론	○		
		2	도이치, 홍콩상하이		○	
증권사		20	신한, 교보, 대신, 미래에셋대우, 하나, 유안타, 삼성, 한국투자, KB, 키움, NH투자, 한화, 메리츠, 신영, 유진투자, HMC투자, 동부, SK IBK	○		
			하이		○	
보험사		6	미래에셋생명, 삼성생명, 한화생명, 흥국생명	○		
			교보생명, 삼성화재		○	
부동산 신탁사		11	한국토지, KB부동산, 대한토지, 생보부동산, 한국자산, 코람코자산, 아시아, 국제자산, 무궁화, 코리아			○

표 6-11 신탁재산별 수탁고(기말 기준)

단위: 조 원, %

신탁재산		2013		2014		2015		2016		2017	
		금액	구성비	금액	구성비	금액	구성비	금액	구성비	금액	구성비
금전신탁	불특정	13.6	2.7	14.1	2.6	14.8	2.5	15.6	2.2	16.2	2.1
	특정	233.5	47.0	272.4	49.9	306.9	51.0	352.8	49.3	379.5	49.0
	소계	247.2	49.8	286.5	52.5	321.7	53.5	368.4	51.5	395.7	51.0
재산신탁	금전채권 신탁	92.5	18.6	99.6	18.3	102.2	17.0	156.1	21.8	160	20.6
	부동산 신탁	147.3	29.7	153	28.0	171.5	28.5	187.5	26.2	215.2	27.8
	유가증권 신탁	9.4	1.9	6.2	1.1	5.2	0.9	3.4	0.5	4.2	0.5
	소계	249.3	50.2	258.8	47.4	278.9	46.4	347	48.5	379.4	48.9
기타	담보 부사채 등	0.3	0.1	0.3	0.1	0.6	0.1	0.1	0.0	0.1	0.0
합계		496.7	100.0	545.6	100.0	601.2	100.0	715.6	775.2	775.2	100.0

출처: 한국인의 금융제도, 한국은행, 2018

주요 업무

신탁업을 영위하는 신탁회사는 수탁업무에 해당하는 금전신탁, 재산신탁, 투자신탁 등과 운용 업무를 영위하고 있다.[15] 또한 신탁업자는 선량한 관리자로서의 의무를 다하기 위해 신탁 계약 체결 시 인수한 재산에 대해서 손실보전 및 이익보전 계약을 체결할 수 없다.

금전신탁은 신탁 인수 시 신탁재산으로 금전을 수탁하여 신탁 종료 시 금전 또는 운용자산 그대로 수익자에게 교부하는 신탁을 말한다. 금전신탁은 위탁자의 운용지시 여부에 따라 특정금전신탁과 불특정금전신탁으로 구분된다. 또한 수탁자의 신탁재산 운용방식에 따라 합동운용신탁과 단독운용신탁으로 구분된다. 우선 특정금전신탁은 위탁자의 운용지시에 따라 수탁자가 위탁자산을 관리·처분·운용한 후 이에 대한 수익금 혹은 자산 원본 그대로를 수익자 혹은 위탁자에게 배부하는 것을 말한다. 특정금전신탁의 경우 위탁자가 수탁자에게 1:1로 운용지시를 내리므로 단독운용신탁으로 구분된다. 다음으로 불특정금전신탁은 불특정 다수로부터 신탁자산을 모아 수탁자가 위탁자의 지시 없이 이를 관리·처분·운용한 후 위탁자들에게 그 수익금 혹은 자산 원본 그대로를 배부하는 것을 말한다. 불특정금전신탁의 경우 불특정 다수의 위탁자로부터 자산을 모아 수탁자가 운용하기 때문에 합동운용신탁으로 구분된다. 하지만 2004년 이후 연금신탁을 제외하고 불특정금전신탁의 신규수신은 금지되었다.[16] 한편 특정금전신탁은 위탁자의 운용지시에 따라 운용되므로 신탁상품이라기 보다는 신탁 계약의 형태에 가깝다고 할 수 있다.

재산신탁은 신탁 계약 체결 시 신탁재산으로 유가증권, 금전채권, 부동산 등을 수탁하여 신탁 계약 내용에 따라 관리·처분·운용한 후 신탁 종료 시에 금전 또는 신탁재산의 원본 그대로를 수익자에게 교부하는 신탁을 말한다. 재산신탁은 유가증권신탁, 금전채권신탁, 부동산신탁 등 3가지로 구분된다. 우선 유가증권신탁은 유가증권관리신탁과 유가증권운용신탁, 유가증권처분신탁으로 구분되며 유가증권관리신탁은 유가증권의 보관, 이자·배당금·상환금의 수령, 증자대금의 불입 등 유가증권의 관리를 목적으로 하는 신탁이다. 다음으로 유가증권운용신탁은 위탁받은 유가증권을 대여하여 대여료를 수취하거나 유가증권을 담보로 수탁자가 차입하여 운용하는 등 유가증권 운용수익을 목적으로 하는 신탁이다. 마지막으로 유가증권처분신탁은 위탁 받은 유가증권을 처분하기 위한 신탁이다. 금전채권신탁은 수익자를 위해 금전채권의 추심·관리·처분을 목적으로 금전채권을 신탁하고 신탁 계약

---

15) 신탁에 관한 일반적 법률은 「신탁법」에 규정하고 있으며 「자본시장법 시행령」에 신탁업자 업무의 내용, 감독 등을 규정하고 있다.

16) 불특정금전신탁의 경우 집합투자자산운용과 같은 방식을 채택하고 있기 때문에 투자자의 혼란을 막고 명확한 투자운용시장 구분을 위해 추가 수신을 금지하였다.

종료 시 수익자에게 원본과 수익을 금전으로 교부하는 신탁을 말한다. 부동산신탁은 신탁재산의 형태가 토지 및 그 정착물인 부동산이며 신탁목적에 따라 관리, 처분, 담보, 토지신탁 등으로 구분한다.

투자신탁(펀드)은 집합투자업의 투자신탁(계약형, contractual type)과 같은 개념으로 위탁자인 집합투자업자가 수탁자인 신탁겸업사와 투자신탁 계약을 체결하여 수익증권을 발행하고 이를 통해 조성된 자금을 유가증권 및 부동산 등 실물자산에 투자·운용하도록 수탁회사에 지시하고 그 수익을 수익자에게 배분하는 것을 말한다. 여기서 수탁회사인 신탁겸업사는 위탁회사의 지시에 따라 유가증권 및 실물자산에 투자·운용하고 동 자산의 구입대금 지급, 매각에 따른 자산 인도, 이자 및 배당수령, 수익증권 환매대금 및 이익금의 지급, 집합투자업자 감시 등 관련 사무를 처리한다.

연습문제

01 **다음 중 은행의 고유 업무에 해당하는 것을 고르시오.**

> 1) 채무 보증 또는 어음의 인수
> 2) 보험업법에 따른 보험대리점의 업무
> 3) 증권의 투자 및 대차거래 업무
> 4) 예금, 적금의 수입
> 5) 지방자치단체의 금고대행
> 6) 내국환, 외국환 업무
> 7) 여신전문금융업법에 따른 신용카드 업무
> 8) 자금의 대출 또는 어음의 할인
> 9) 자본시장법 시행령에 따른 환매조건부매도 및 매수 업무

02 **다음 중 시중 은행이 아닌 곳은?**

1) 국민은행 2) HSBC은행 3) 신한은행 4) BOA 5) 광주인행 6) 카카오뱅크

03 **현재 국내 인터넷전문은행은 어떤 곳이 있으며 일반 시중 은행과 다른 점은 무엇인지 설명해 보시오.**

04 **특수 은행은 상업 은행과 같이 수익성을 목적으로는 충분한 (　　　　　) 어려운 산업에 금융 지원을 위해 설립된 은행을 말한다.**

05 **다음 중 특수 은행이 아닌 곳은?**

1) 농협은행 2) 중소기업은행 3) 한국수출입은행 4) 한국산업은행
5) 상호저축은행

06 **상호저축은행은 과거 서민금융을 대표하던 기관이다. 하지만 설립 초기 350여개에 달하던 상호저축은행은 2021년 말 79개사로 축소되었다. 그 이유에 대해서 설명해보시오.**

07 신용협동조합은 금융기관임에도 불구하고 조합원의 경제적 지위를 향상시키기 위한 "민주적 조직"이라고 한다. 이런 표현을 쓰는 이유에 대해서 설명해 보시오.

08 농협은행과 지역농협의 차이점에 대해서 설명해 보시오.

09 우체국예금은 다른 은행들과 달리 수신업무만 있고 여신업무는 없다. 그렇다면 어떻게 자금을 운용하는지 설명해보고, 일반 은행과의 차이점에 대해서 논해 보시오.

10 다음 중 증권사의 주요 업무가 아닌 것은 무엇인지 찾아보시오.

1) 증권의 위탁 매매업무
2) 증권의 자기매매업무
3) 증권의 인수, 주선업무
4) 펀드 판매업무
5) 예금 업무
6) 랩어카운트, CMA서비스 등 자산관리업무
7) 자금의 대출 및 어음할인 업무

11 다음 중 MMF 운용에 있어 대통령령이 정한 단기금융상품이 아닌 것은?

1) 잔여 만기 6개월 이내 CD　2) 30일 이내 단기대출　3) RP　4) 발행어음
5) 잔연 만기 1년 이내 CP　6) 모기지채권

12 A 펀드는 현재 채권에 30%, 단기 유동자산에 10%, 주식에 60% 투자 운용되고 있다면 이 펀드의 유형은 무엇일까?

1) 채권형펀드　2) 주식형펀드　3) 재간접형펀드　4) 혼합자산펀드　5) 주식형펀드

12 **다음 중 신탁에 대한 설명 중 틀린 것을 고르시오.**

1) 금전신탁은 위탁자의 운용지시에 따라 특정금전신탁과 불특정금전신탁으로 구분된다.
2) 특정금전신탁은 합동운용신탁으로 운용되며 불특정금전신탁은 단독운용신탁으로 운용된다.
3) 신탁은 신탁 상품이라기 보다 신탁 계약의 형태에 가깝다.
4) 재산신탁은 유가증권신탁, 금전채권신탁, 부동산신탁 등 3가지로 구분된다.
5) 유가증권신탁은 유가증권을 처분할 목적으로만 운용된다.
6) 부동산신탁은 신탁재산의 형태가 토지 및 그 정착물인 부동산이다.

7

금융 상품

01. 금융 상품 정의

02. 금융 상품의 분류

03. 비금융 투자 상품

04. 금융 투자 상품

7 금융 상품

PART

01 금융 상품 정의

금융시장은 흑자 주체의 여유 자금이 적자 주체에게 이전되며 흑자 주체는 자금 대여의 대가로 이자 등을 받는다고 정의하였다. 반면 적자 주체에서 흑자 주체로 본원증권이 전달된다는 것을 앞서 확인하였다. 여기서 본원증권은 미래 시점에 대여 자금에 대한 금융청구권으로 이를 금융 상품(financial product)이라고 한다. 독자들이 흔히 알고 있는 금융 상품은 상업 은행에서 취급하는 예금과 적금이 있으며 여유 자금이 있다면 독자들은 쉽게 예금과 적금을 가입할 수 있을 것이다. 이때, 독자들은 자금을 예치하고 예금 통장 혹은 적금 통장을 받게 되는데 이것을 금융 상품이라고 한다. 또한 예금, 적금 만기에 해당 통장을 지참하고 은행에 방문하면 최초 예치한 원금과 이자(원리금)를 함께 지급 받게 된다. 금융 상품은 독자들이 익히 알고 있는 예금, 적금뿐 아니라 채권, 주식, 펀드, 파생상품, 신탁 등 매우 다양하며 이런 금융 상품 매매를 금융 투자라고 한다.[1)]

금융 상품은 수익성(profitability), 위험성(risk), 유동성(liquidity) 등의 3가지 특성을 가지고 있으며 금융 상품 투자 시 이들 특성을 고려하여야 한다. 우선 수익성은 금융 투자자가 금융 상품을 투자함으로서 기대할 수 있는 수익금을 뜻하는 것으로 예금과 채권의 이자(interest rate), 주식의 배당금(dividends), 채권과 주식의 자본 이득(capital gain) 등이 있다. 여기서 배당금이란 주식을 매수할 경우 회사의 이익금을 배분 받을 수 있는 권리로 이자와

1) 예금과 보험의 경우, 자본시장법상 금융 투자 상품으로 구분되지는 않는다.

같이 정해진 금액을 수취하는 것은 아니다. 또한 자본 이득은 매매 차익을 뜻하는 것으로 금융 상품 매수 가격과 매도 가격 차이로 인해 발생하는 수익(손실)을 말한다. 예를 들어 삼성전자 주식을 6만 원에 매수하여 8만 원에 매도하였다면 2만 원의 자본 수익을 얻은 것이다. 다음으로 위험성은 금융 상품에 투자함으로써 발생할 수 있는 손실을 말한다. 위험은 채무불이행 위험(default risk), 시장 위험(market risk), 구매력 위험(purchasing power risk) 등이 있다. 채무불이행 위험은 채권이나 주식을 발행한 기업의 부도로 인해 투자금을 회수할 수 없는 위험을 말한다. 이 경우 주식은 회사 내 자기자본금으로 분류되기 때문에[2] 회수 가능성이 거의 없는 것으로 판단하는 반면 채권은 회사 자산을 매각하는 과정에서 일부 회수할 가능성[3]이 존재한다. 시장 위험은 수익성에서 설명한 자본 이득과 상반된 개념으로 금융 상품의 시장가치 하락으로 자본 손실이 발생할 수 있는 위험을 말한다. 즉 삼성전자 주식을 6만 원에 매수하여 5만 원에 매도하였다면 1만 원의 자본 손실(capital loss)이 발생한 것이다. 마지막으로 구매력 위험은 물가 상승으로 인해 구매력이 하락하는 위험을 말한다. 물가 상승은 화폐 가치를 하락시키며 이는 동일한 화폐 기준의 구매력 하락과 같은 의미로 해석될 수 있다. 예를 들어 100만 원을 1년 만기 10%의 금리로 예금하였는데 1년 후 물가가 20% 상승하였다면 어떤 결과가 나타날까? 1년 후 원리금 합계는 110만 원으로 자금을 예치할 당시보다 명목적으로 많은 돈을 수령하였지만 예금 당시 100만 원이었던 노트북은 물가 상승으로 인해 120만 원이 되었기 때문에 구매력은 오히려 하락했다.[4] 이렇게 금융 상품에 투자한 수익금보다 물가 상승률이 높아 구매력이 하락하는 위험을 시장 위험이라고 한다. 유동성 위험은 금융 투자자가 원할 때 금융 상품을 화폐로 전환하지 못하는 위험을 말한다. 여기서 유동성이란 원금의 손실 없이 투자자가 원할 때 화폐로 전화할 수 있는 정도를 말한다.[5] 보통의 경우 장기 금융상품은 유동성이 낮은 대신 수익률이 높고, 단기 금융상품은 유동성이 높은 반면 수익률이 낮다. 이는 금융 상품을 매수한 입장에서 단기 금융상품은 빠르게 현금화할 수 있다는 이점이 있기 때문에 낮은 수익률에도 투자의 유인이 있고, 장기 금융상품은 현금화가 어려운 위험이 존재함으로 위험 프리미엄 만큼 수익률을 높게 제시하여야 투자의 유인이 생길 수 있음을 의미한다.

---

2) 주식을 매수한다는 의미는 주주가 된다는 의미이며, 주주는 회사의 주인으로 회사에 대한 무한 책임을 진다.

3) 채권은 일종의 대차관계로 회사 입장에서는 부채이기 때문에 주식에 우선하여 변제받을 권리가 있다.

4) 즉 1년 뒤에 받은 예금의 원리금 합계는 110만 원이고 노트북은 120만 원이 되었기 때문에 노트북을 구매할 수 없다는 뜻이다.

5) 유동성이 가장 큰 것은 화폐이며, 따라서 화폐 자체를 유동성이라고 부르기도 한다.

그림 7-1 예 · 적금 통장

출처: 하나은행

그림 7-2 주식 · 채권 거래

출처: 한국경제

02 금융 상품의 분류

금융 투자는 개인이 보유하고 있는 자금을 금융 상품들로 운용하여 미래에 수익을 얻고자 하는 행위를 말한다. 대표적으로 주식, 채권을 매수하거나 펀드를 가입하는 행위들을 금융 투자라 한다. 그렇다면 상업 은행에 예금이나 적금을 가입하는 행위도 금융 투자라고 할 수 있을까? 이 문제는 우리가 조금 더 고민을 해봐야 한다. 그럼 금융 투자행위와 예 · 적금 가입 행위는 어떤 차이점이 있을까? 보통 우리가 상업 은행의 예금과 적금에 가입하는 이유는 만기에 안전하게 원리금(원금과 이자) 수령을 원하기 때문이다. 반면 주식이나 채권 투자 및 펀드를 가입하는 행위는 은행의 이자 수익보다 높은 기대 수익(expected earnings)을 원하기 때문이다. 그럼 기대 수익이 이자 소득보다 높다면 누구도 상업 은행에 예 · 적금을 하지 않을까? 현실적으로 그렇지 않다는 것을 독자들은 잘 알고 있을 것이다. 이유는 금융 투자에는 리스크(risk)혹은 불확실성(uncertainty)이 수반되기 때문이다. 이는 주식이나 채권 가격 하락, 혹은 펀드의 순손실이 발생하여 원금 이상의 손실이 발생할 수도 있음을 의미한다. 즉, 금융 투자는 이런 위험을 감수하고 은행 이자보다 높은 수익을 추구하는 행위라고 할 수 있다. 따라서 보통 상업 은행의 예금과 적금은 금융 투자라고 칭하지 않으며 단순히 시간 가치에 대한 보상만을 요구하는 행위로 간주한다.

금융 상품의 분류는 「자본시장과 금융투자업의 관한 법률」에서 포괄적으로 정의하고 있으며 원금 손실 가능성이 있는 모든 금융 상품을 금융 투자 상품이라고 정의한다. 즉 원금 손실 가능성이 없다면 금융 투자 상품이 아니며 대표적으로 은행의 예금과 보험사의 보험계약이 해당된다.[6] 아래 그림과 같이 전체 금융 상품 중 원금 손실이 없는 예금과 보험계약을 제외한 모든 금융 상품을 금융 투자 상품이라 한다.

그림 7-3 금융 상품 영역

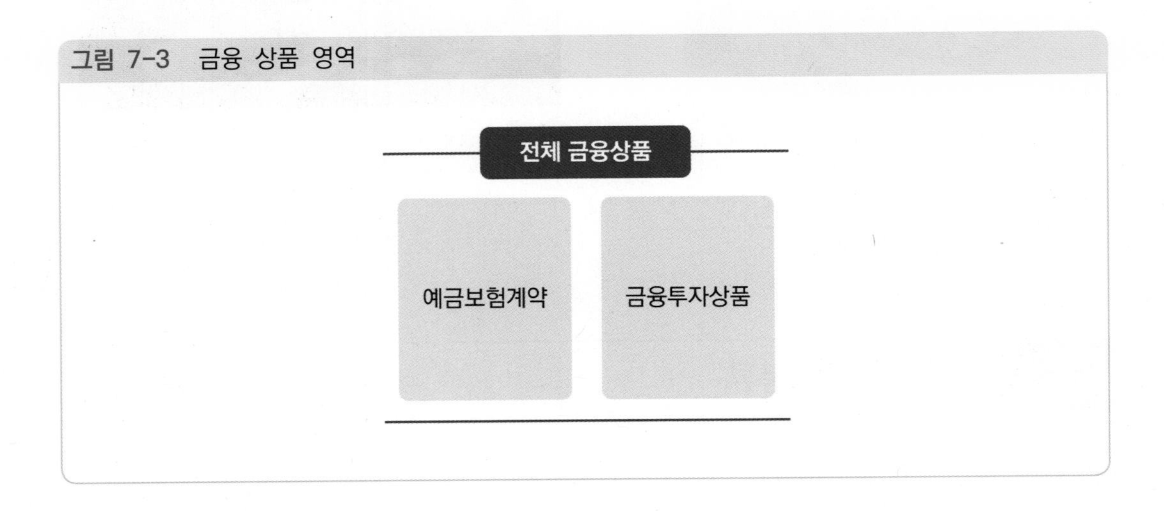

금융 투자 상품은 다시 원금 초과 손실 가능성에 따라 파생상품과 증권으로 구분된다. 원금 초과 손실 가능성이라는 말이 다소 생소하게 느껴지는 독자들이 많을 것이다. 이해를 돕기 위해 독자가 파생상품에 투자했다고 가정해보자. 아직 독자들은 파생상품이 무엇인지 모르기 때문에 간단하게 A 주가가 현재 1만 원이고 A 주가가 변동될 때 10배씩 변동되는 옵션을 1천 원에 매수하였다고 해보자. 이는 A 주가가 1천원 올라 1만 1천 원이 되면 옵션의 가치는 1천 원의 10배인 1만 원이 되는 것을 의미한다. 여기까지만 보면 파생상품은 수익률이 엄청난 투자 상품이라는 것을 미뤄 짐작할 수 있을 것이다.[7] 하지만 반대로 A 주가가 하락하면 어떤 결과가 나타날까? 만약 A 주가가 1천 원 하락하면 옵션은 10배인 1만 원이 하락하게 되는 것이다. 여기서부터 문제가 발생한다. 즉 금융 투자자는 1천 원 밖에 투자하지 않았기 때문에 손실이 발생한 9천 원에 대한 추가 조치를 취해야 한다. 이것을 금융

6) 보통 상업 은행의 예금과 적금을 무위험(risk free) 상품이라고 한다.

7) 이것을 금융 전문 용어로 레버리지가 10배인 상품이라고 말한다.

전문 용어로 추가 증거금이라고 한다. 결국 독자는 원금보다 손실이 크게 발생하였고 이를 원금 초과 손실이라고 하는 것이다. 실제로 옵션이라는 파생상품은 레버리지가 30배를 넘는 것도 있다.

파생상품은 다시 거래소 시장에서 거래되는지 여부에 따라 장내 파생상품과 장외 파생상품으로 구분된다. 파생상품은 앞서 예를 들어 설명한 것과 같이 기초 자산(주식 A)의 가치에 의존하여 손익이 결정되는 상품으로 금융 투자 상품 중에는 투자 위험이 가장 높은 상품이다.

그림 7-4 금융 투자 상품 분류 기준

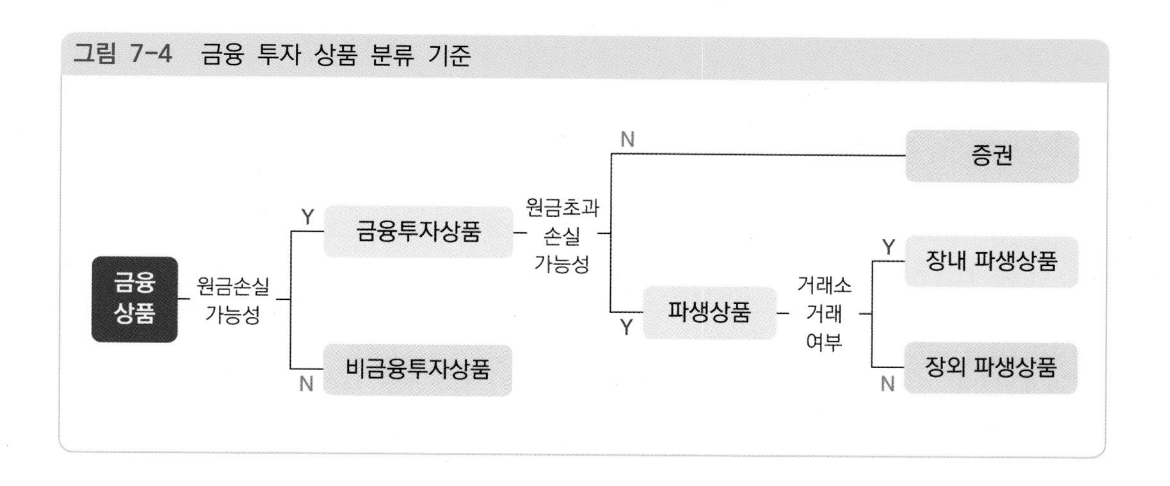

이어서 원금 손실 가능성이 없는 것을 증권이라고 한다. 증권은 크게 지분증권, 채무증권, 수익증권, 파생결합증권으로 구분할 수 있다.[8] 그럼 각각의 증권 특징에 대해서 살펴보도록 하자. 우선 지분증권은 지분권을 행사할 수 있기 때문에 지분증권이라 한다. 지분증권의 대표적인 상품에는 주식이 있다. 즉 주식을 매수하면 해당 주식회사의 주주가 되므로 회사 의결권을 갖게 되는 것이다. 주식은 당해 회사의 자기자본(equity)으로 분류되기 때문에 주주들에게 자금을 상환할 의무는 없다. 반면 채무증권은 말 그대로 당해 회사와 금융 투자 간 채무 관계를 형성하는 것으로 당해 회사는 채무증권 투자자에게 원금과 이자 상환 의무를 진다. 채무증권의 대표적인 상품은 채권이다. 다음으로 수익증권은 흔히 펀드(fund)라고 불리는 것으로 불특정 다수로부터 자금을 모집하여 운영하고 그 수익을 분배할 수 있는 권리인 수익증권을 투자자에게 배분하는 것을 말한다. 마지막으로 파생결합증권은 주가

8) 실제 자본시장법에서는 투자계약증권과 증권예탁증권이 있지만 이들은 본서의 범위를 벗어나기 때문에 자세한 설명이 필요하면 금융 투자 전문서적을 참고하기 바란다.

연계증권(ELS), 주식워런트증권(ELW), 상장지수증권(ETN) 등을 말하며 구조는 파생상품과 유사하지만 손실 가능성이 원금 이내이기 때문에 증권으로 구분되는 금융 투자 상품을 말한다.

표 7-1 증권의 종류 구분

증권의 구분	종류
지분증권	주식(우선주, 보통주 등)
채무증권	채권(단기채, 장기채, 회사채, 국채 등)
수익증권	투자신탁형 펀드의 수익증권
파생결합증권	주가연계증권(ELS), 주식워런트증권(ELW), 상장지수증권(ETN)

03 비금융 투자 상품

(1) 예금

예금(deposit)이란 고객으로부터 자금을 예탁 받아 보관, 관리해주고 예탁자가 요구할 시 예탁 받은 금액을 상환하는 법률상 소비임치계약[9]을 말한다. 예금은 목적에 따라 요구불 예금(demand deposit)과 저축성 예금(savings deposit)로 나뉜다.

요구불 예금은 자금의 단기적 보관이나 결제 수단을 위해 예치한 것으로 예금자가 인출을 요구할 시 즉각 인출이 가능한 예금이다. 요구불 예금은 명칭에서와 같이 고객이 요구하면 지체 없이 상환해야 한다. 따라서 전통적 요구불 예금은 별도의 이자가 없으나 최근 과도한 수신 경쟁으로 인해 일정 부분 이자를 지급하기도 하였다. 하지만 저금리와 경제적 불확실성이 확대됨에 따라 대출보다 수신이 증가하며 경쟁적 이자 지급의 의도는 많이 퇴색되었다.

저축성 예금은 이자 수익을 목적으로 예치하는 예금으로 특정 만기가 존재하는 예금이다. 따라서 만기 이전에 예금을 인출하면 중도해지로 처리되어 이자를 거의 지급받지 못하게 된다. 그럼에도 불구하고 소정의 이자 수익만 포기하면 언제든 인출할 수 있기 때문에

9) 소비임치계약이란 「민법 제702조」에 따르면 임치인이 소유권을 수취인에게 이전하고 수취인은 이를 소비한 후 임치물과 동종 · 동질 · 동량의 것을 반환하기로 약정한 계약을 말한다.

유동성은 높은 편에 속한다. 최근에는 금융 기법의 발달로 인해 여러 단계의 만기가 존재하는 예금 상품도 존재한다. 예를 들어 3개월 간 예금을 유지할 경우 1%의 이자를 지급하고 인출기회를 부여한다. 인출이 발생하지 않으면 자동적으로 6개월로 만기가 연장되며 3개월 후 6개월까지 3개월 간 이자를 1.5% 지급하고 인출 기회를 부여하는 계단식 예금도 존재한다.

1) 요구불 예금

요구불 예금에는 보통 예금(passbook deposit), 별단 예금(temporary deposit), 당좌 예금(checking account) 등이 있다. 이 중 가장 대표적인 요구불 예금 형태는 보통 예금이다. 보통 예금은 만기, 금액 등 아무런 제한이 없는 예금으로 예치한 후에 고객이 원하면 언제든 찾을 수 있는 예금을 말한다. 독자들의 용돈 혹은 월급 이체 통장은 대부분 보통 예금 형태이다. 별단 예금은 실제로 독자들이 볼 수 있는 예금은 아니다. 별단 예금의 목적은 자기앞수표나 환 발행 전 자금을 일시적으로 보관하기 위해 개설되는 예금이다. 따라서 자기앞수표가 결제되면 별단 예금에 있던 자금은 고객의 계좌로 이체된다. 마지막으로 당좌 예금은 개인 수표(personal check)나 기업 수표(cash letters) 발행에 의해 인출되는 예금이다. 사실상 우리나라에서 개인 수표가 거의 사용되지 않기 때문에 독자들은 당좌 예금을 볼일이 많지 않을 것이다. 반면 미국처럼 개인 수표가 대중적으로 사용되면 예금자들은 은행으로부터 개인 수표(personal book)를 받아 원하는 금액을 기제하고 본인 사인을 통해 개인 수표를 원할 때마다 발행할 수 있다. 개인 수표를 받은 당사자는 해당 은행에 개인 수표를 제시하고 수표에 적힌 금액만큼을 본인 계좌로 입금하거나 현금으로 인출할 수 있다. 우리나라의 경우 문화적으로 개인 수표보다는 현금을 통한 거래를 선호하였고 현재는 인터넷뱅킹이나 스마트뱅킹의 발달로 인해 개인 수표보다는 정보통신기기를 통한 이체를 더 선호한다.

그림 7-5 개인 수표(Personal Check) 거래 과정

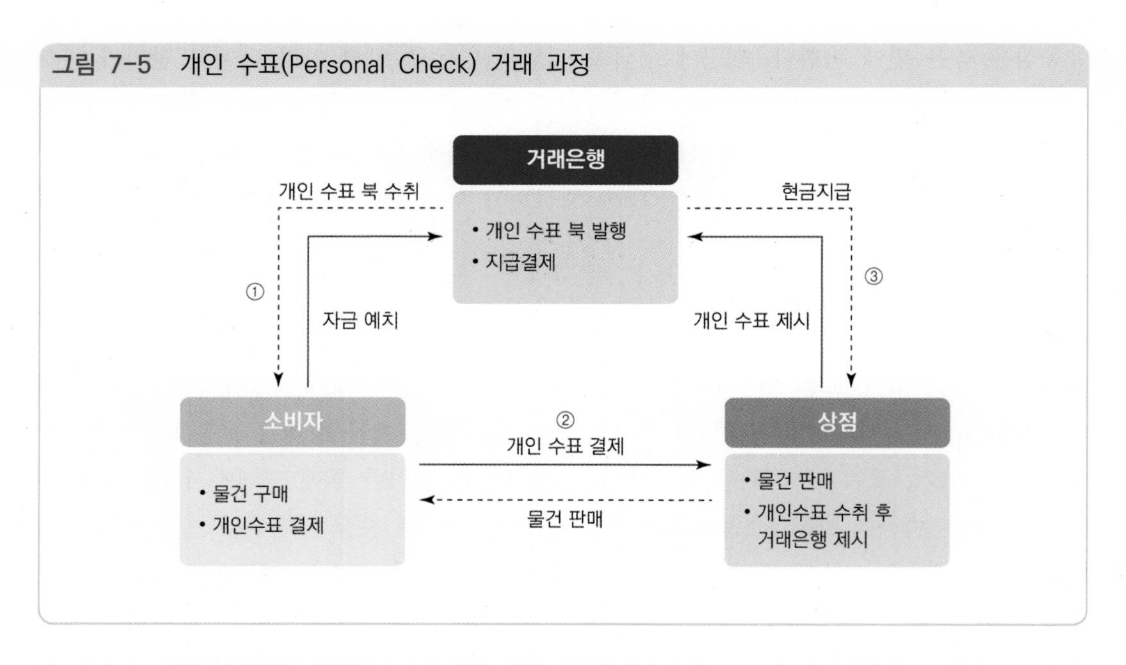

그림 7-6 미국 개인 수표(U.S Personal Check)

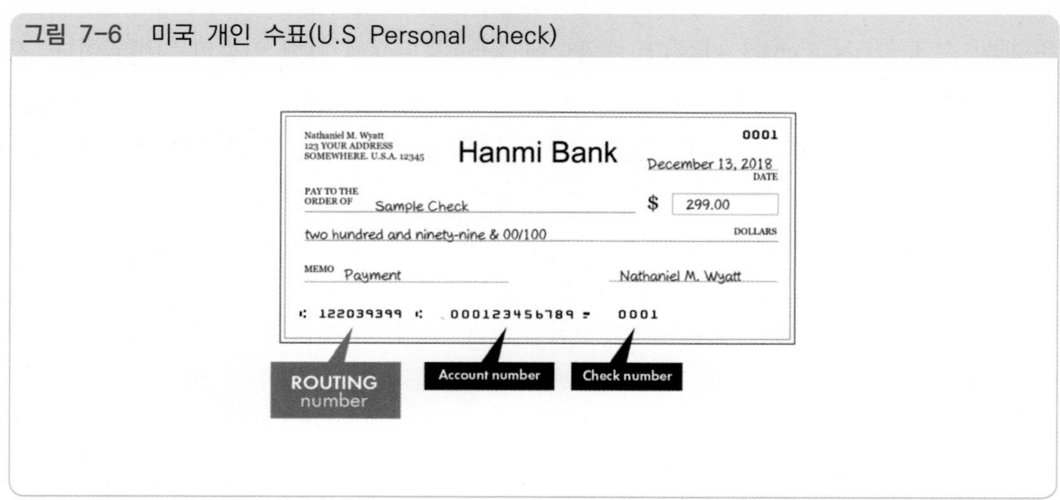

출처: https://blog.naver.com/98polaris/222120672573

2) 저축성 예금

① 정기 예금

정기 예금(time deposit)은 일정 금액을 일정 기간(만기)까지 예치할 것을 약정하는 예금으로 만기 시 이자와 함께 원금을 수령하는 은행의 대표적인 상품이다. 정기 예금의 가입

목적은 이자 수익에 있으며 다른 예금에 비해서 금리가 높은 특징을 가지고 있다. 독자들도 언제든 현금을 인출 할 수 있는 자금은 수시입출금식 예금이나 보통 예금에 예치한 반면 일정 기간 동안 이자 수익을 목적으로 하는 자금은 정기 예금에 예치하면 된다는 사실을 경험적으로 알고 있을 것이다.

현재 우리나라에 존재하는 정기 예금의 종류는 각 은행마다 너무 많기 때문에 일일이 열거하기는 어렵다. 다만 최근에 판매되고 있는 정기 예금 중 평균 금리보다 높은 금리를 제공하는 정기 예금을 "특판 예금"이라고 부르며 이는 은행의 마케팅 혹은 특정 목적을 위한 자금 모집을 위해 한정적으로 발행되는 정기 예금을 말한다. 따라서 독자들이 이자 수익을 목적으로 목돈을 정기 예금에 예치하려 한다면 각 은행들의 특판 예금을 조사해 볼 필요가 있다. 또한 최근 정기 예금 추세는 부가 서비스에 따른 추가 우대 금리가 적용되는 상품이 많이 존재함으로 이 또한 이자 수익을 목적으로 하는 독자들에게는 큰 도움이 될 것이다. 예를 들어 정기 예금을 가입하면서 은행에서 발행하는 신용카드를 사용하거나 공과금 이체, 급여이체 통장 지정 등 은행에서 제시한 부가 서비스 사용에 따라 추가 금리가 지급되는 상품이 많기 때문에 독자들의 재무구조에 큰 영향이 없다면 추가 금리 조건을 고려해 볼 필요가 있다.

그림 7-7 특판 예금

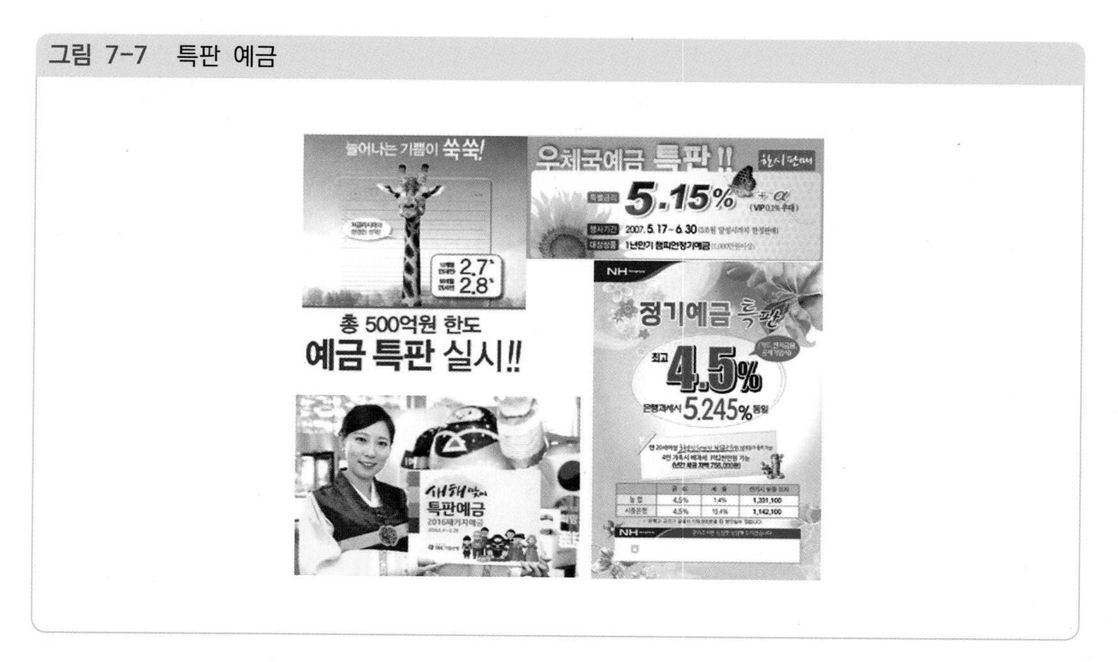

출처: 각 은행

그림 7-8 금리 추가 우대 조건

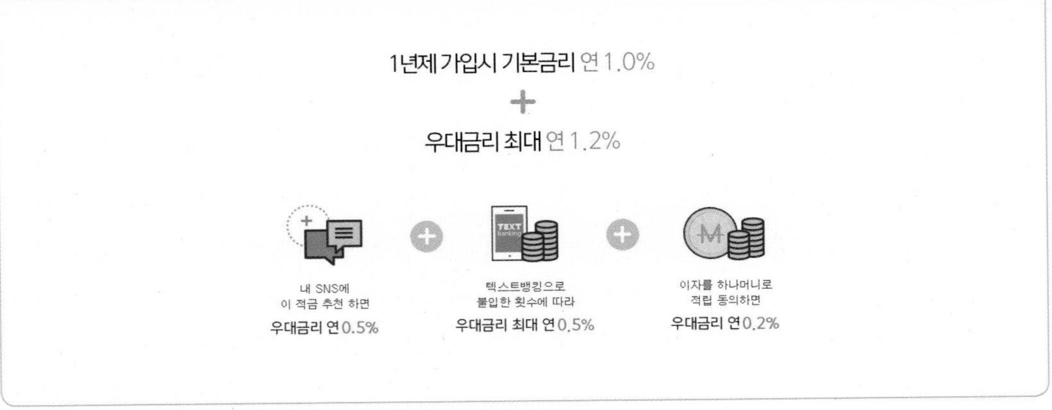

출처: KEB하나은행

정기 예금 금리 계산법

정기 예금 금리를 계산하는 방법은 크게 단리(simple rate) 계산법과 복리(compound rate) 계산법이 있다. 단리 계산법은 매년 원금에 이자율만큼만 가산되는 계산법이고 복리 계산법은 원금에 대한 이자뿐만 아니라 이자에 대해서도 매년 이자가 지급되는 계산법이다. 이와 같이 이론적으로 정의하지 않아도 독자들은 대부분 은행 이자율 계산법을 경험적으로 알고 있을 것이다. 예를 들어 100만 원을 10% 금리로 예금하였을 경우 만기 때 10만 원의 이자를 받게 된다는 사실을 모르는 독자는 없을 것이다. 그럼에도 불구하고 우리가 정확한 이자율 계산법을 알아야 하는 이유는 모든 금융의 현금 흐름(cash flow)이 금리 계산법에서 출발하기 때문이다.

우선 단리 계산법은 원금에 이자율을 예치 기간만큼 곱하여 구할 수 있다. 예를 들어 100만 원의 원금을 10%의 이자율로 1년 간 예치한다면 1년 뒤 원금 100만 원과 이자 10만 원(100만 원×0.1)을 합한 110만 원을 상환받게 되는 것이다. 독자들의 이해를 돕기 위해 그림으로 표현하면 아래와 같다.

그림 7-9 단리 계산법에 의한 정기 예금 계산(1년)

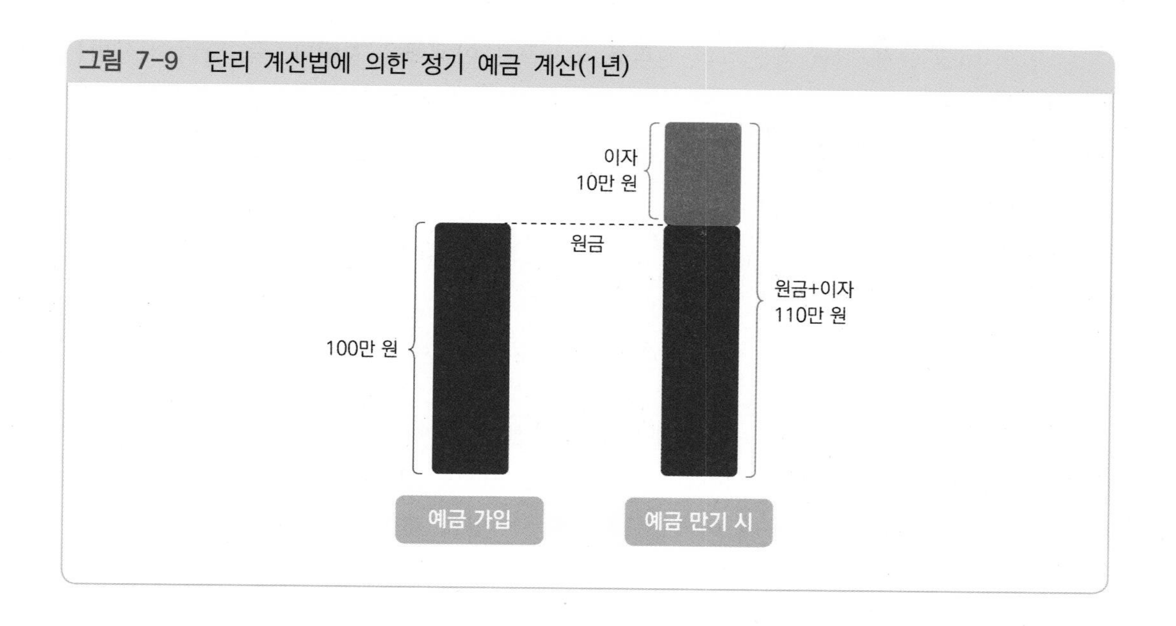

그렇다면 2년을 예치하면 어떻게 될까? 이 경우 1년 10%씩 이자를 2번 주는 것으로 간주하여 20%(10%×2년)의 이자율을 적용받게 된다. 즉 2년 뒤에 원금 100만 원과 이자 20만 원(100만원×0.2)의 합계인 120만 원을 상환받게 되는 것이다. 이를 그림으로 표현하면 그림 7−10과 같이 표현할 수 있으며 이를 그림 7−9와 한 번 비교해 보자.

그림 7-10 단리 계산법에 의한 정기 예금 계산(2년)

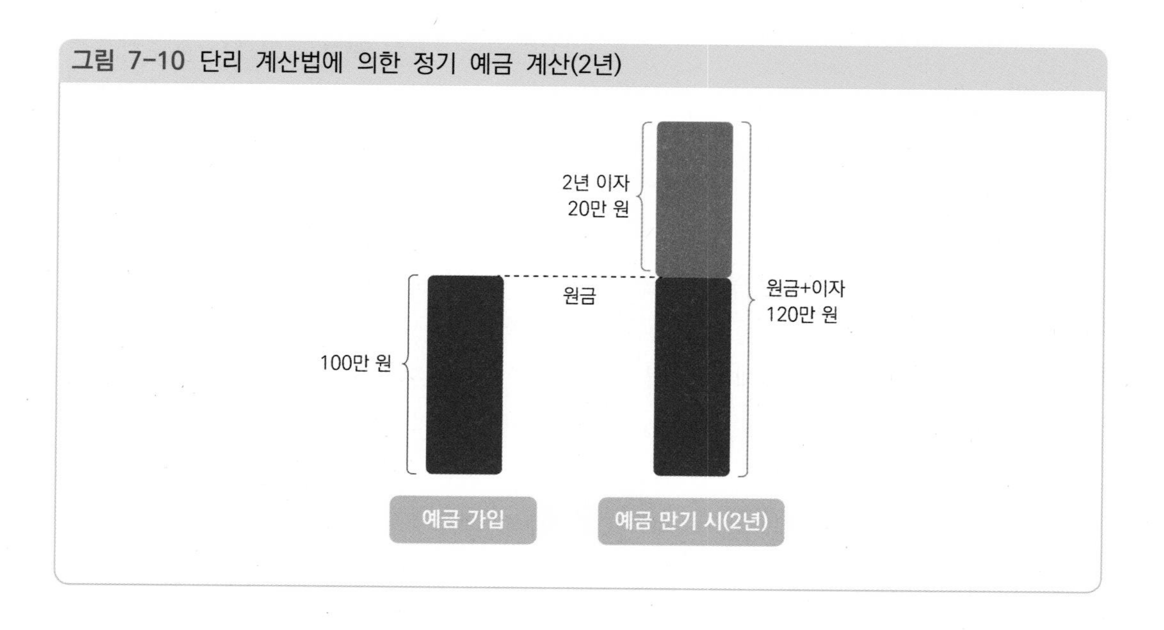

두 번의 예를 통해 단리 계산법의 원리를 독자들은 이해했을 것이다. 즉, 단리 계산법은 원금에 이자율을 예치 기간만큼 곱하여 원리금 합계를 구할 수 있다. 이것을 일반화시키면 아래와 같이 표현할 수 있다.

(단리 계산의 일반식)

$$A+A(r\times n)$$
$$=A\times(1+r\times n)$$

위의 식에서 A는 원금이고, r은 정기 예금 이자율, n은 예치 기간이 된다. 위의 식을 이용하여 100만 원을 10% 이자율로 3년 간 예치하였다면 원리금 합계는 100만원×(1+(0.1×3년))이 되므로 130만 원 이라는 것을 알 수 있을 것이다.

다음으로 복리 계산법은 원금과 이자 금액에 대해서 매년 이자율만큼 곱해지는 방식이다. 쉽게 설명하자면 복리는 원금에 대한 이자뿐만 아니라 이자 금액에 대해서도 이자를 지급하는 방식이다. 흔히 이자가 이자를 낳았다는 표현으로 복리를 설명하기도 한다. 예를 들어 100만 원을 10%의 이자율로 정기 예금에 복리로 예치하면 1년 후 원금 100만 원과 이자 10만 원(100만원×0.1)의 합계인 110만 원을 받게 된다. 이는 앞서 설명한 단리 계산법과 크게 다르지 않다. 이유는 이자인 10만 원에 대해 추가로 예치할 기간이 없었기 때문이다. 복리의 효과는 2년 이상 예치하면서부터 나타나게 된다. 앞서와 같은 조건으로 만기만 2년으로 전환되었다고 가정해 보자. 그렇다면 최초 1년의 원리금 합계는 앞서와 같이 110만 원이 될 것이다. 그리고 1년 후 1년 예치 기간 동안은 단리와 다른 점이 적용된다. 단리는 1년 후 1년에 대해서도 똑같이 원금인 100만 원에 대해서만 이자가 적용되었지만 복리는 최초 1년 후 지급받은 10만 원의 이자 금액에 대해서도 이자를 지급받게 된다. 즉 이자에 이자가 붙는 개념이다.

복리 개념을 쉽게 이해하기 위해서는 재투자의 개념을 적용하면 된다. 재투자란 투자한 원금과 이자를 받아 다시 투자하는 개념으로 복리에서 1년 후 원리금 합계인 110만 원을 다시 투자한다는 개념으로 이해하면 쉽다. 실제로는 1년 후 원리금을 상환받지 않았지만 상환 받았다고 가정하고 그 돈을 다시 정기 예금에 예치하였다고 생각하는 것이다. 이와 같이 가정할 경우 앞선 예에서 정기 예금에 예치한 100만 원을 1년 뒤 원리금 합계인 110만 원을 상환받은 것으로 간주할 수 있다. 독자는 상환받은 110만 원을 바로 정기 예금에 다시 예치한다고 가정하면 이제는 원금이 100만 원이 아닌 110만 원으로 바뀌게 된다는 사실을 확인할 수 있을 것이다. 이후 계산 방식은 앞서와 같다. 1년 후 원리금 합계인 110만 원을 재투자하면 2년 후에 원금인 110만 원과 이자인 11만 원(110만원×0.1)의 합계인 121만 원을 상환받게 된다.

그림 7-11 복리 계산의 기본 개념(재투자 개념)

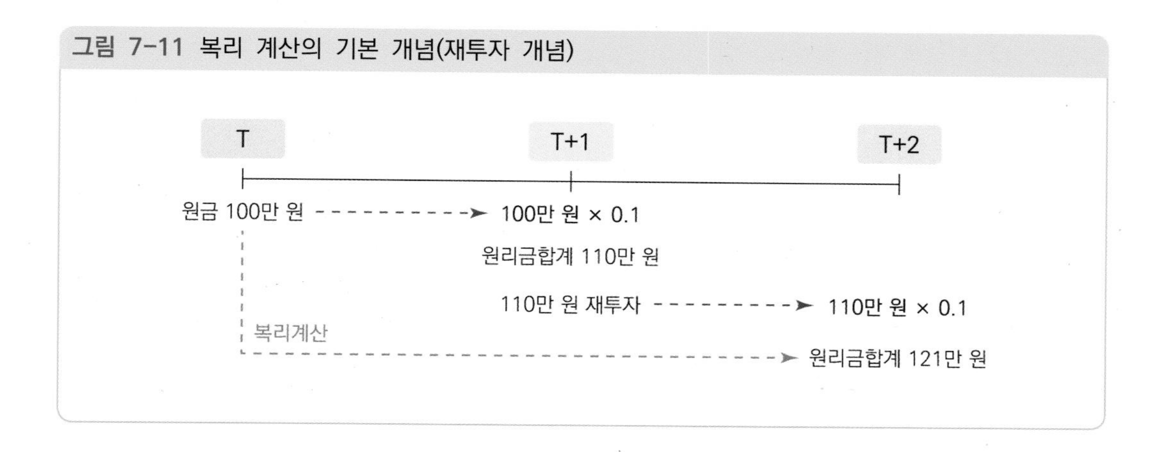

앞서 단리와 비교해보면 원리금 합계가 1만 원이 많다는 사실을 확인할 수 있다. 즉 단리 계산법에 의한 원리금 합계는 120만 원이었던데 반해 복리 계산법에 의한 원리금 합계는 121만 원으로 1만 원의 차이가 발생한다. 여기서 1만 원의 차이는 10만 원에 대한 이자의 차이로 앞서 설명한 이자가 이자를 낳은 개념으로 해석할 수 있다.

복리 계산법의 개념에 대해서 알아보았으니 이제 일반식을 유도해 보자.[10] 일반식은 앞선 재투자 개념에 대한 설명을 통해 쉽게 유도할 수 있다. 즉 100만 원이었던 원금을 A라고 표현하고 이자율을 r이라 표현함으로서 이를 유도할 수 있다. 만기는 위 상황에서와 같이 2년으로 가정할 것이다. 이 경우 1년 뒤 원리금의 합계는 $A+Ar$이 된다. 이 식에서 A가 공통 인자이므로 A를 앞으로 빼면 $A\times(1+r)$이라 표현할 수 있다. 우리는 앞서 재투자의 개념을 정의했으므로 이제는 $A\times(1+r)$가 원금이 됨을 알 수 있다. 이제 재투자 개념을 통해 1년 후 1년의 원리금을 계산하면 원금 $A\times(1+r)$과 이자 $(A\times(1+r))\times r$가 됨을 확인할 수 있다. 식이 복잡하니 $A\times(1+r)$을 a로 치환하자. 다시 1년 후 1년의 원리금을 계산하면 원금 a와 이자 ar의 합계인 $a+ar$로 표현할 수 있다. 이는 앞서와 같이 공통 인자인 a를 앞으로 뺄 수 있으며 $a\times(1+r)$이라 표현할 수 있다. 이 식은 익숙하게도 앞선

10) 일반식 유도는 독자들이 직접 해보길 권장한다. 앞으로는 일반식을 통해 채권이나 장기 투자의 개념에 대한 설명이 이어지기 때문에 익혀두는 편이 크게 도움이 될 것이다.

최초 1년 만기 때 계산식과 같다는 점을 확인 할 수 있다. 이제 a를 원래의 값인 $A\times(1+r)$로 치환하면 $A\times(1+r)(1+r)$이 됨을 알 수 있다. 여기서 1+r이 반복되므로 $A\times(1+r)^2$로 정리할 수 있다.

그림 7-12 복리에 대한 일반식 도출

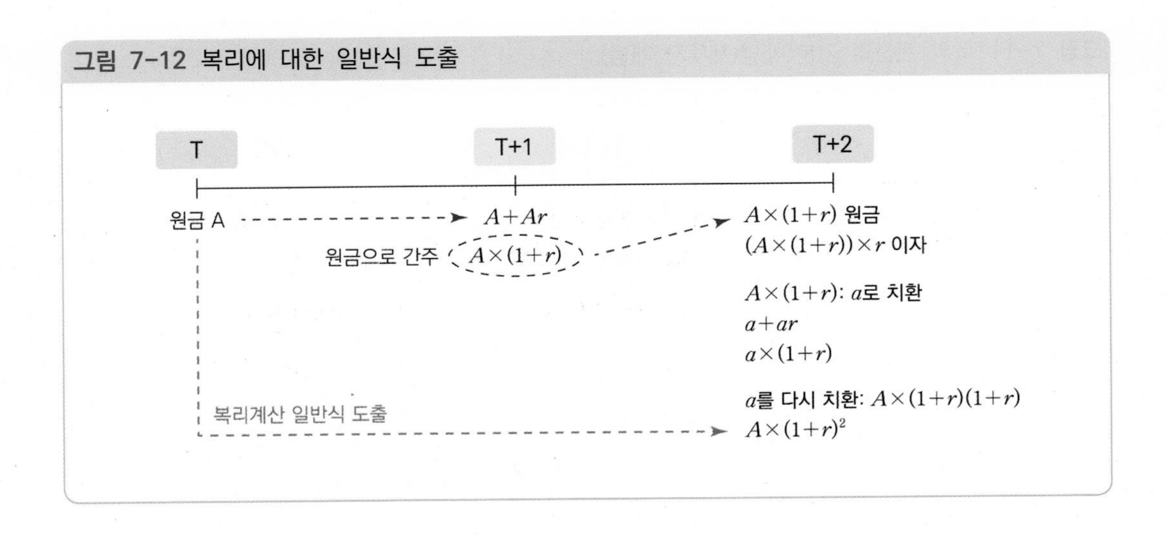

앞선 일반식은 만기를 2년으로 가정하여 도출한 것이며 만기를 n년으로 지정할 경우 복리계산 일반식은 $A\times(1+r)^n$ 됨을 알 수 있다. 예를 들어 1천 만원을 5%의 복리 이자율로 5년 간 예금한다면 만기 때 원리금 합계는 12,762,816원$(10,000,000\times(1+0.05)^5)$이 됨을 계산할 수 있다. 이를 단리로 계산할 경우 12,500,000원$(10,000,000\times(1+0.05\times5))$이 되기 때문에 복리와 단리의 차이인 262,616원은 이자의 이자로 이해할 수 있다.

(복리 계산의 일반식)

$$A\times(1+r)^n$$

더 알아보기

저축은행은 월 복리로 계산

시중 은행과 저축은행은 같은 방식으로 복리 계산법이 적용될까? 당연히 양쪽 모두 예금을 취급하는 기관이기 때문에 같은 방식의 계산법을 사용할 것으로 미루어 짐작하는 사람들이 많을 것이다. 하지만 실제로는 그렇지 않다. 시중 은행의 경우 년 복리 계산법을 사용하는 데 반해 저축은행은 월 복리 계산법을 사용한다. 그렇다면 이 둘 사이에는 어떤 차이점이 있을까? 재투자의 개념으로 생각하면 쉽게 이해할 수 있다. 즉 년 복리의 경우 이자의 발생 시점이 년(yearly)으로 결정되기 때문에 재투자 역시 년(yearly)마다 나오는 이자에 대해서 재투자가 이뤄진다. 반면 월 복리의 경우 이자 지급 시기가 월(monthly)이기 때문에 재투자가 더 빈번하게 발생할 수 있다. 따라서 같은 복리 방식 계산이라도 저축은행의 실질 이자가 더 높다.

월 복리 계산법은 년 복리 계산법에서 약간 변형된 형태로 보면 된다. 우선 원금을 A, 이자율을 r, 투자 기간을 t라고 가정했을 경우에 년 복리 계산법은 $A \times (1+r)^t$이 된다. 반면 월 복리는 매월 재투자가 이뤄짐으로 $A \times (1+\frac{r}{12})^{tn}$로 표현할 수 있다.

그럼 예를 통해 확인해 보자. 우선 가장 일반적인 경우인 1년 만기 정기 예금에 1억 원을 예치할 경우, 정기 예금 금리가 5%라면 시중 은행의 원리금 합계는 1억 5백만 원($100{,}000{,}000 \times (1+0.05)$)이 된다. 반면 저축은행의 경우는 105,116,190원($100{,}000{,}000 \times (1+\frac{0.05}{12})^{12}$)이 된다. 이를 통해 우리는 116,190원의 년 복리와 월 복리의 원리금 합계 차가 발생함을 확인할 수 있다. 해당 차는 월마다 발생한 이자를 재투자하여 생긴 이자라 정의할 수 있다.

② 정기 적금

정기 적금(periodical deposits)[11]은 예금과 함께 은행에 가장 일반적인 금융 상품으로 목돈 마련과 재산 형성에 가장 기본이 되는 금융 상품이다. 정기 적금이 예금과 다른 점은 일정 금액을 매달 혹은 정해진 기간에 납입하여 만기에 원금과 이자를 상환받는 점이다. 다시 말해 정기 예금은 목돈을 한 번에 예치하고 만기까지 기다리는 반면 정기 적금은 매달 여윳돈을 일정 금액 만큼 지속적으로 납입하여 만기 때 원금의 합계와 이자를 받는 것이다. 보통 목돈이 필요하거나 계획된 자산 형성을 위해서 적금을 활용하는 경우가 많다. 또한 대부분 직장인들은 목돈을 가지고 있는 경우가 드물기 때문에 소득의 일정 부분을 정기 적금을 통해 예치하고 목돈을 모아 집이나 자동차, 고가의 가전제품 등을 구매하는 데 활용한다. 또한 금융 및 실물 자산 투자를 위한 종자돈(seed money)을 만드는 것에도 적금을 활용한다.

정기 적금 금리 계산법

정기 적금에 대한 계산법은 앞서 설명한 예금의 단리와 복리 계산보다 다소 복잡하다.

---

11) 적금의 종류는 정기 적금과 자율 적금 등이 있다. 정기 적금은 상품 가입 당시 정해진 금액과 기간에 매번 납입하는 적금을 말하며, 자율 적금은 상품 가입자의 임의대로 납입 시기와 금액을 결정하는 적금을 말한다. 본서는 독자의 이해를 돕기 위해 정기 적금의 형태로 적금 상품을 설명한다.

이유는 현금 흐름이 매월 발생하여 투자 기간이 매번 달라지기 때문이다. 예를 들어 매월 100만 원씩 1년 만기 정기 적금에 가입하기로 하였다면 매월 100만 원씩 은행에 예치하여야 한다. 즉 가입 후 첫 달은 12개월 동안 예치가 이뤄지지만 두 번째 달은 11개월, 세 번째 달은 10개월, 이런 식으로 계속 투자 기간이 감소하여 최종 월에 입금한 100만 원은 1개월만 예치되고 만기 때 찾게 되는 것이다. 정기 적금의 현금 흐름은 다음 그림과 같다.

그림 7-13 정기 적금의 현금 흐름

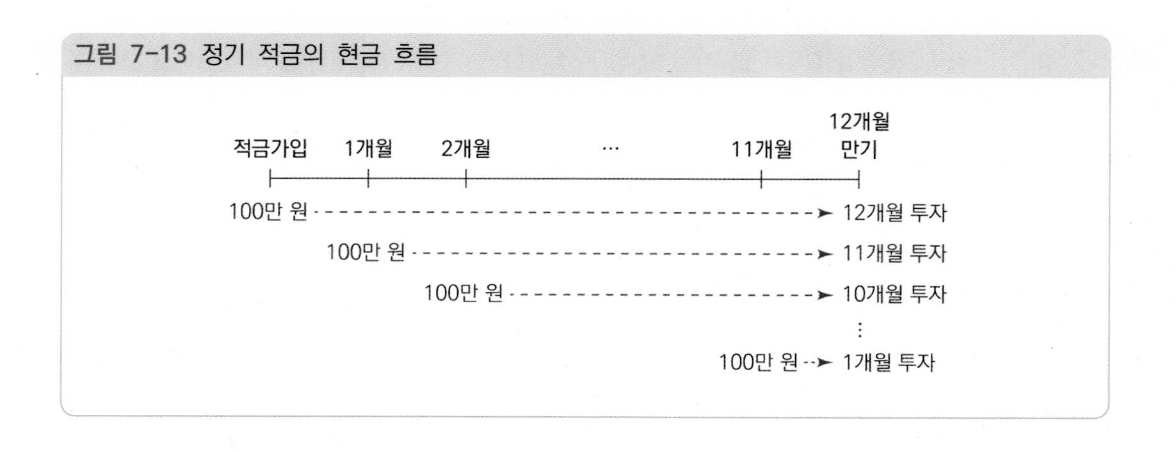

그림 7−13에서 알 수 있듯이 매번 입금되는 예치금의 예치 기간이 상이하기 때문에 각각의 예치금마다 적용되는 이자금액 역시 달라진다. 즉 정기 적금 가입과 동시에 납입되는 첫 번째 예치금은 12개월 간 예치됨으로 정기 적금 가입 시 약정된 금리를 모두 적용받을 수 있다. 하지만 두 번째 예치금은 11개월 간 예치되기 때문에 약정된 금리 중 11/12 만큼만 적용받을 수 있다. 이해를 돕기 위해 예를 들어 설명해 보자. A씨는 월급에서 매월 100만 원의 여윳돈을 정기 적금에 가입하기로 결심하고 은행을 찾아갔다. 은행에서 가장 눈에 띄는 정기 적금은 금리가 5%인 1년 만기 상품인 것을 확인하고 A씨는 바로 정기 적금에 가입하였다. 그렇다면 A씨가 만기까지 꾸준히 100만 원씩 예치금을 납입하였을 경우 만기 때 받는 원리금의 합계는 얼마일까? 우선 적금의 첫 번째 납입금은 105만원($1{,}000{,}000 \times (1+0.05)$)이 될 것이다. 그리고 2번 째 납입금은 1,045,833원($1{,}000{,}000 \times (1+0.05 \times \frac{11}{12})$)이 되고 3번 째 납입금은 1,041,667원($1{,}000{,}000 \times (1+0.05 \times \frac{10}{12}$)이 된다. 같은 방식으로 계속 계산하면 마지막 달에 납입금은 1,004,167원($1{,}000{,}000 \times (1+0.05 \times \frac{1}{12})$)이 됨을 확인 할 수 있다. 이를 표와 그림으로 나타내면 아래와 같이 표현할 수 있다.

(정기 적금 계산의 일반식)

$$\sum_{t=1}^{12} A(\text{월 납입금}) \times (1 + \frac{t}{12} r(\text{적금금리}))$$

그림 7-14 정기 적금의 현금 흐름과 원리금 계산

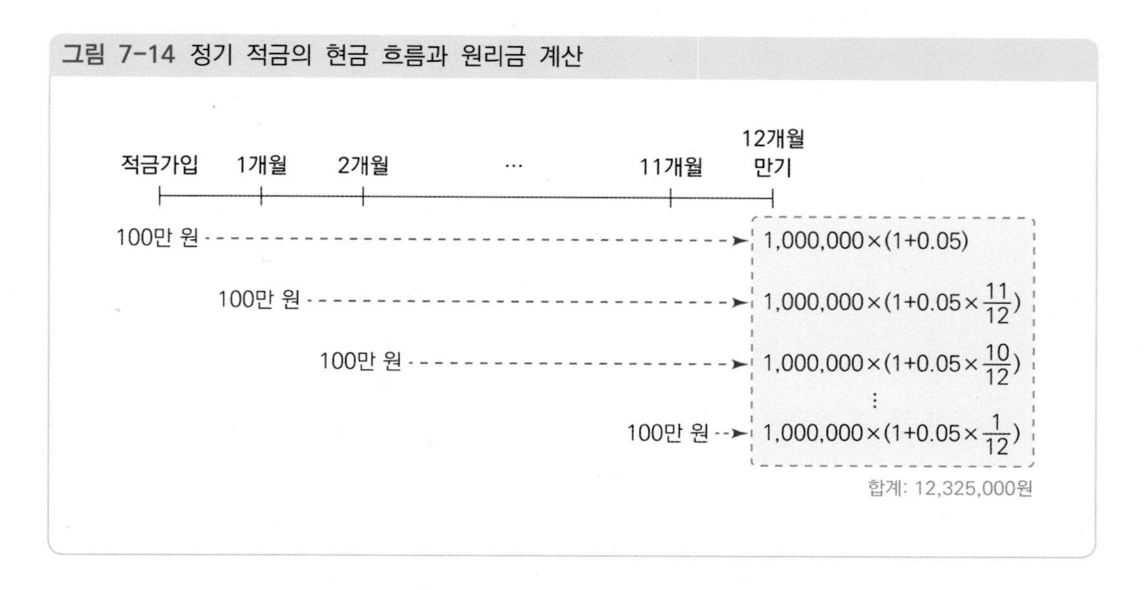

표 7-2 정기 적금의 원리금 계산

개월 수	원리금 합계(원)	계산식(원)
12	1,050,000	$1{,}000{,}000 \times (1 + 0.05)$
11	1,045,833	$1{,}000{,}000 \times (1 + 0.05 \times \frac{11}{12})$
10	1,041,667	$1{,}000{,}000 \times (1 + 0.05 \times \frac{10}{12})$
9	1,037,500	$1{,}000{,}000 \times (1 + 0.05 \times \frac{9}{12})$
8	1,033,333	$1{,}000{,}000 \times (1 + 0.05 \times \frac{8}{12})$
7	1,029,167	$1{,}000{,}000 \times (1 + 0.05 \times \frac{7}{12})$
6	1,025,000	$1{,}000{,}000 \times (1 + 0.05 \times \frac{6}{12})$

개월 수	원리금 합계(원)	계산식(원)
5	1,020,833	$1,000,000 \times (1+0.05 \times \frac{5}{12})$
4	1,016,667	$1,000,000 \times (1+0.05 \times \frac{4}{12})$
3	1,012,500	$1,000,000 \times (1+0.05 \times \frac{3}{12})$
2	1,008,333	$1,000,000 \times (1+0.05 \times \frac{2}{12})$
1	1,004,167	$1,000,000 \times (1+0.05 \times \frac{1}{12})$
합계	12,325,000	

위 계산에서 알 수 있듯이 예치 기간에 따라 이자 금액 계산이 달라지며 원리금 합계는 12,325,000원으로 원금을 제외한 이자 총금액은 325,000원이 됨을 확인할 수 있다.

그렇다면 시중 은행 및 제 2금융권 등에서 판매하고 있는 정기 적금은 어떤 것들이 있을까? 독자들은 시중 은행 홈페이지나 제 2금융권 홈페이지를 통해 쉽게 정기 적금 상품에 대해 확인 할 수 있으므로 직접 찾아보길 바란다. 여기서 한 가지 흥미로운 사실이 있다. 그것은 바로 대부분 은행에서 판매되고 있는 정기 적금 금리가 정기 예금 금리에 비해서 높다는 사실이다. 그렇다면 굳이 금리가 낮은 정기 예금에 가입할 필요가 있을까? 만약 이런 생각을 가졌다면 독자는 이미 금융에 대해 깊이 있는 생각을 하게 된 것이다. 그렇다면 정말로 독자들 생각과 같이 정기 적금 금리가 높기 때문에 정기 예금보다 정기 적금에 자금을 예치하는 것이 합리적인 판단일까? 만약 독자가 목돈을 가지고 있으면서 정기 적금 금리가 정기 예금 금리에 비해 2배 이상 높다면 이는 합리적인 판단일 수도 있다. 하지만 정기 적금 금리가 정기 예금 금리에 비해 2배 높은 경우는 매우 드물다. 그렇다면 왜 2배 높아야 하는지에 대해서 살펴보도록 하자. 앞선 예를 통해 1년 뒤 원리금 합계가 12,325,000원 이라는 것을 확인 하였다. 그리고 정기 적금을 5%의 금리로 계산하였다는 것도 설명하였다. 그렇다면 실제 예치한 원금인 1천 2백만 원으로 수익률을 계산하면 얼마나 될까? 수익률은 2.7%($\frac{12,325,000-12,000,000}{12,000,000} \times 100$)가 된다. 분명 5%의 금리를 적용한다고 했는데 최종 수익률로 계산된 금리는 2.7% 밖에 되지 않는다. 이렇게 최종 금리가 낮아진 이유는 현금흐름에 있다. 앞서도 언급했듯이 첫째 달은 금리를 전부 적용 받지만 마지막 달은 5%의 1/12만 적용을 받는다. 따라서 전체 금리는 중간 정도인 2.7%에 형성되는 것이다. 자 그럼 앞선 질문에 대한 답을 해보자. 만약 목돈을 가지고 있다면 정기 적금 금리가 높다고 하여 무조건 정기 적금에 가입하는 것은 합리적인 행동일까? 아니다. 또한 정기 적금 금리가 5%이고 매월 100만 원씩 예치하였다면 만기 때 원금인 12,000,000원과 이자 600,000원을 받게 될 것이란 기대는 맞는가? 이것 역시 잘못된 것이다.

(2) 대출

대출(loan)이란 가계와 기업 등이 자금 과부족을 충족하기 위해 원리금 상환을 전제로 금융기관에 자금을 빌리는 행위를 말한다. 대출은 자금의 상용 목적에 따라 소비자 대출(가계 대출), 기업 대출, 증권 대출, 보험 대출 등으로 분류하고 담보 여부에 따라 담보 대출과 신용 대출로 구분한다. 또한 대출금의 상환 방법에 따라 일시 상환 대출과 분할 상환 대출로 구분한다. 대출은 크게 기업 신용과 소비자 신용으로 구분하지만 기업 신용은 본서의 범위를 벗어나기 때문에 소비자 신용 위주로 대출관련 상품을 살펴보도록 하자.

대출의 경제적 의미는 부정과 긍정 요인이 상존하고 있다. 우선 긍정 요인은 Keynes의 이론을 이어받은 항상소득가설(permanent income hypothesis)과 생애주기가설(life cycle hypothesis)로 설명할 수 있다. 이는 생애주기별로 소득과 소비지출 시점이 상이하기 때문에 소득이 소비보다 작은 시점에서는 대출을 통해 소비를 평활화(consumption smoothing)[12]시킬 수 있다고 보는 것이다. 이를 통해 가계는 현재 소득에 제약받지 않고 원하는 소비를 함으로서 만족감(효용)이 극대화시킬 수 있다. 즉 대출은 미래 기대되는 소득을 전제하여 소비를 현재로 이전시키는 행위다. 또한 현재 투자나 매매를 위해 부족한 유동성(현금)을 충족시켜 주는 역할도 한다. 가장 대표적인 예가 주택이다. 주택 가격은 보통 높게 형성되어 있으므로 개개인의 현금 자산만으로 구매하기 어렵다. 따라서 부족한 유동성(현금)을 대출을 통해 조달하고 이를 미래에 발생할 소득으로 대체해 나가는 것이다. 반면 최근 우리나라 상황처럼 가계 부채가 급격히 증가한 경우[13], 약간의 대출 금리 상승에도 대출 이자액이 크게 증가하여 소비에 제약을 가할 수 있으며 심한 경우 가계 파산으로도 이어질 수도 있다. 2021년 12월 현재 국내 가계부채는 1,862조 원을 넘어서며 지속적인 상승세를 기록하고 있다.

---

12) 본 이론은 가계가 합리적이라면 매월 혹은 매년 정기적인 소비를 한다는 가정이다. 실제로 가계는 가끔씩 소비가 급격하게 늘어나는 구간이 존재하지만 평균적으로는 일정한 소비를 한다.

13) 보통 가계 부채가 급격히 증가했다는 기준은 실질 소득의 증가율 혹은 실질 GDP의 증가율 보다 가계 부채의 증가율이 높은 경우를 말한다.

1) 소비자 대출(가계 대출)

소비자 대출은 은행의 가장 일반적인 대출 상품으로 금융 소비자의 신용도를 전제로 대출하는 형태를 말한다. 독자들이 은행에서 쉽게 접할 수 있는 소비자 대출은 일반 신용 대출과 신용 마이너스 대출 등이 있다. 일반 신용 대출의 경우 대출자의 직업, 연봉, 해당 은행과의 거래 정도 등 은행들이 가지고 있는 일반적인 신용 기준에 따라 대출 규모와 금리가 결정된다. 일반 신용 대출은 보통 만기가 1년이며 매월 대출 이자만 납입하고 만기 시 대출 이자와 원금을 상환하는 방식을 택하고 있다. 예를 들어 5%의 금리로 5천만 원을 1년 간 일반 신용 대출 받았다면 매월 208,333원$(50,000,000 \times (\frac{0.05}{12}))$ 씩 이자만 납입하다가 1년 후 50,0208,333원을 납입함으로써 대출이 종료되는 것이다. 소비자 대출에서는 금액 한도도 중요하지만 금리를 결정하는 것도 매우 중요하다. 보통 신용 대출의 경우 기본 대출 금리는 COFIX(cost of fund index)[14] 금리에 은행 마진이 가산되어 정해진다. 하지만 각 은행마다 우대 조건을 제시하며 우대 조건이 맞을 경우 금리를 낮춰주기 때문에 각 은행별 우대 조건이 무엇이 있는지 확인해 보는 것이 필요하다. 예를 들어 주거래 은행이거나, 일정한 카드실적, 월급 이체통장으로 해당 은행 통장을 사용하고 있다면 괜찮은 조건의 우대 금리를 적용 받을 수 있다. 앞선 예에서 몇 가지 우대 조건이 충족하여 0.5%p의 우대 금리를 받았다면 4.5%의 금리로 대출을 실행할 수 있다. 다만, 우대 금리를 적용받기 위해 별도로 신용카드 실적 등을 만드는 것은 배보다 배꼽이 더 클 수 있으니 필히 계산을 해봐야 한다.

그림 7-15 신용 대출 금리 구조

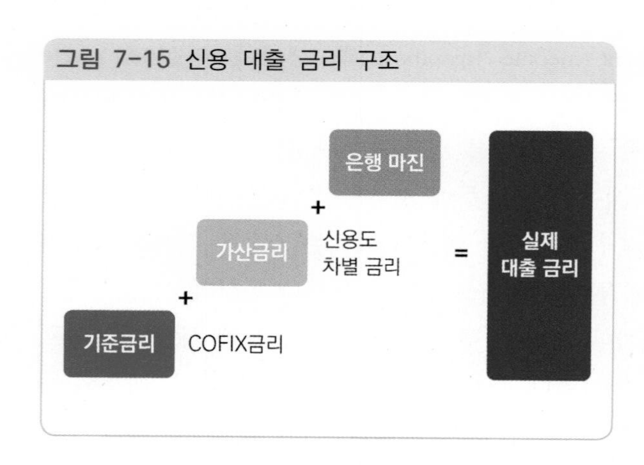

다음으로 신용 마이너스 대출이다. 보통 마이너스 통장이라고도 부르는 본 대출 상품은 금융 소비자의 신용도를 바탕으로 요구불 예금계좌에 신용 한도를 미리 설정해 놓고 필요할 때마다 자유롭게 신용을 이용하는 대출 상품을 말한다. 또한 자금의 여유가 있을 때 언제든지 신용을 상환할 수 있어 금융 소비자들이 쉽게 사용하는 대출 상품이다. 일반적으로

---

14) 은행연합회는 매월 9개 시중 은행(농협, 신한, 우리, SC, 하나, 기업, 국민, 외환, 한국씨티)으로부터 정기 예금, 정기 적금, 상호부금, 주택부금, CD, RP, 표지어음, 금융채 등 자본조달 비용을 취합하여 COFIX를 산정한다.

대출을 신용 한도 내에서 언제든 사용할 수 있고, 언제든 중도 상환 수수료 없이 상환할 수 있기 때문에 보통의 신용 대출보다 금리가 높다. 이는 은행의 불리한 조건을 추가 금리를 통해 요구하는 형태로 이해하면 된다. 즉 은행은 일정한 금액과 만기를 가진 대출을 실행했을 때 안정적인 자금 운용이 가능하며 만약 이를 이행하지 않았을 경우 중도 상환 수수료를 부과하여 리스크를 줄일 수 있는 데 반해 신용 마이너스 대출은 그렇지 못하기 때문이다. 신용 마이너스 대출은 정말 필요한 시기에 유동성 문제를 해결해 줄 수는 있으나 한도에 도달하게 되면 큰 부담이 될 수도 있다. 만약 1천만 원 한도인 신용 마이너스 대출의 금리가 10%이고 이미 한도에 도달해 있는 상태라면 3달 정도만 지나도 25만 원$(10,000,000 \times (0.1 \times \frac{3}{12}))$의 이자 부담이 늘어나게 된다.

그림 7-16 신용 마이너스 대출(마이너스 통장)

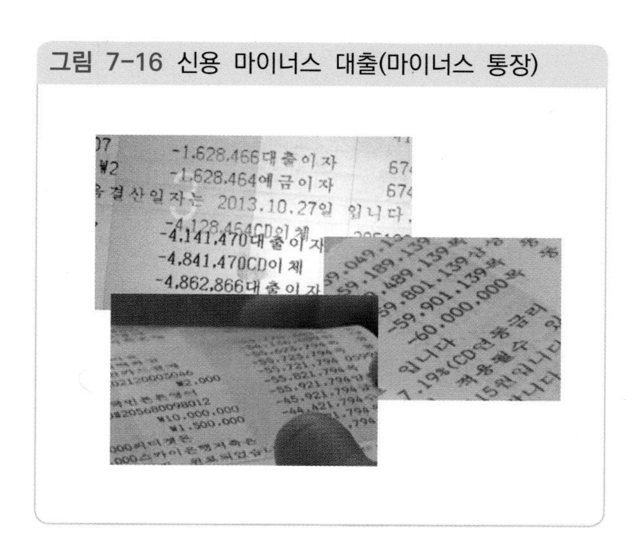

더 알아보기

빚의 덫 신용카드 현금 서비스

은행의 마이너스 대출과 함께 신중한 대출을 요하는 상품으로 항상 거론되는 것이 바로 신용카드 현금 서비스다. 신용카드의 본래 기능은 결제와 단기 대출이다. 최근 현금보다 신용카드 결제를 더 많이 이용하다보니 신용카드와 현금은 같은 기능을 한다고 오해하는 독자들이 많다. 즉 신용카드와 현금은 지급 결제로서의 기능을 수행하고 있기 때문에 같은 기능을 한다고 오해하는 것이다. 하지만 신용카드의 경우 구매 과정을 확인해 보면 단기 대출 기능을 수행하고 있음을 확인할 수 있다. 이해를 돕기 위해 신용카드를 통한 구매와 결제 과정을 살펴보도록 하자. 우선 독자들은 신용카드의 결제 기능을 통해 상점에 있는 상품을 구매할 수 있다. 이 경우 카드사는 일정 수수료를 제외하고 상점에 구매 대금을 지불하며 독자에게는 매달(결제일) 카드사용 대금을 청구한다. 즉 신용카드 사용일과 결제일 기간 동안 단기 대출을 해준 셈이다. 이런 단기 대출 기능을 이용해 신용카드는 부가 기능으로 단기 대출인 현금 서비스를 제공하고 있다. 이 서비스는 신용카드 사용자의 신용 및 사용 금액 등을 기준으로 일정 수준의 현금을 대출한다. 신용카드 현금 서비스는 ATM/CD기 등에서 쉽게 받을 수 있다. 하지만, 마이너스 대출처럼 쉽게 받을 수 있는 만큼 금리가 매우 높다는 점을 명심해야 한다. 또한 개인 신용도도 하락할 수 있다는 점도 염두에 둬야 한다. 무심코 현금 서비스를 받기엔 그 대가가 너무 클 수 있다는 것이다. 이는 매달 청구되는 신용카드 사용금액과 함께 현금 서비스 원금 및 이자를 추가로 납입해야 하므로 개인적인 부담이 상당할 수 있다. 이와 더불어 향후 신용도 하락으로 인한 피해 역시 소비자가 감당해야 하기 때문에 신중한 접근이 요구되는 서비스다.

실제로 2000년대 초반 무분별한 신용카드 남발로 인해 우리나라는 "카드 사태"라는 경제적 충격을 받은 사실이 있다. 이는 당시 카드사와 은행의 무분별한 경쟁으로 촉발된 충격으로 소비에 대한 절제가 부족한 대학생들을 상대로 신용카드가 무차별적으로 발행되며 시작되었다. 이렇게 신용카드를 발급받은 대학생들은 신용카드 한도까지 결제함은 물론 현금 서비스 역시 한도까지 사용하였으며 이는 "카드 돌려막기" 라는 신종 행태까지 만들어내기에 이르렀다. 결국 카드 돌려막기는 부채의 해소가 아니라 더 높은 금리로 부채를 증폭시키는 역할을 하게 됨에 따라 대량의 신용 불량자를 양산하는 결과를 초래하고 말았다. 특히 당시 피해는 대학생들에게 집중되는 특이한 현상이 발생하였다.

2) 모기지 대출, 주택담보대출

소비자 대출과 함께 일반 가계가 가장 많이 이용하는 대출은 주택관련 대출이다. 주택은 단순한 경제적 가치뿐만 아니라 인간의 기본적인 삶을 위해 꼭 필요한 것으로 간주된다. 흔히 인간적인 삶을 영위하기 위해 필요한 의식주에서도 주택의 의미를 알 수 있다. 하지만 주택은 다른 재화와 서비스에 비해 가격이 매우 높은 것이 일반적이다. 실제로 2021년 10월 기준 서울 아파트 평균 가격은 약 12억 원으로 근로소득자가 월급을 모아 주택을 구입하기는 쉽지 않다. 따라서 대출의 특수한 형태인 모기지 대출(mortgage loan) 혹은 주택담보대출을 이용하여 주택을 구입한다.

모기지 대출과 주택담보대출은 엄밀히 말하면 차이가 있지만 현재 국내에서는 2가지가 혼합되어 사용되고 있다. 우선 모기지 대출은 미국에서 주택을 구입할 목적으로 30년의 장기 대출로 판매된 대출 상품을 말한다. 하지만 최초 미국의 은행들은 모기지 대출 상품 판매를 꺼려 했는데 그 이유는 모기지 대출의 경우 만기가 길고 목돈으로 대출을 실행하기 때문에 추가적인 대출을 위한 자금 모집에 어려움이 있었으며 장기 상환으로 상환 리스크 또한 노출되어 있었기 때문이다. 이 때문에 미국은 은행에게 유동성을 공급하고 지속적인 모기지 대출을 시행할 수 있도록 국영 페니매(fannie mae)를 설립하여 모기지 대출 채권만을 전문으로 매입하도록 하였다. 이에 따라 시중 은행들은 모기지 대출 채권을 페니매에 매도함으로써 추가적인 유동성을 확보하고 지속적으로 모기지 대출을 실행할 수 있게 되었다. 현재 우리나라는 본 제도를 한국주택금융공사가 시행하고 있으며 은행 등이 취급하는 주택저당채권을 매입하여 유동성을 공급하는 역할을 한다.

다음으로 주택담보대출은 주택의 자산 가치를 담보로 대출이 실행되는 형태를 말한다.

주택의 경우 담보권이 등기에 의해 보전되고 담보 물건 관리와 가치의 평가가 비교적 용이하다는 장점 때문에 담보 대출로 많이 사용된다. 주택담보대출을 행할 경우 은행은 대출금에 대한 보전을 위해 담보 물건에 저당권이나 근저당권을 설정한다. 저당권이란 채무자(은행)가 채무의 담보로 제공한 부동산에 대해 우선변제 받을 수 있는 담보 물건이다. 저당권은 일반 채권자에 비해 우선변제권이 항상 우선에 있으며 피담보채권의 원본 이외에도 이자, 위약금, 채무불이행으로 인한 손해배상 및 저당권 실행 비용도 담보한다.

주택 구입 자금을 대출받기 위해 중요하게 고려해야 할 규제가 있다. 그것은 LTV(Loan To Value)와 DTI(Debt To Income)다. 일부 독자는 최근 주택 가격 급등에 대해 정부가 규제를 강화하는 방향으로 LTV를 낮추고 신DTI를 도입했다는 보도를 기억할 것이다. 이는 주택 대출 용어로 LTV는 주택 가격의 대출 한도를 결정하는 제도이고 DTI는 실제 소득에서 대출금을 상환할 능력이 있는지를 확인하는 제도다. 예를 들어 LTV가 50%이고 주택 가격이 10억 원이라면 해당 주택을 구입하기 위해 5억 원까지 대출이 가능하다는 뜻이다. 그리고 이에 DTI가 적용되면 5억 원이 전부 대출되지 않을 수도 있다. 즉 대출자의 소득 정보를 통해 5억 원의 대출 상환능력을 판단해 만약 상환능력이 없다면 대출 한도를 줄이게 된다. LTV와 DTI는 경제 상황에 따라 유동적이므로 대출 시행 시기에 꼭 확인해 봐야 한다.

이어서 주택 대출은 장기 대출이기 때문에 상환 방식은 원칙적으로 원리금 균등 상환이나 원금 균등 상환방식을 선택하여 상환할 수 있다. 원리금 균등 상환방식은 30년 간 매월 같은 금액을 상환하는 방식이고[15] 원금 균등 상환은 원금을 30년으로 분할하여 최초에는 이자 부담이 크나 시간이 지나면서 원금에 대한 부담이 줄어들기 때문에 이자에 대한 부담 또한 줄어들어 만기에 갈수록 부담이 적어지는 상환 방식이다.

그렇다면 실제 주택 구입을 위한 대출은 어떻게 진행되는지 예를 통해 살펴보도록 하자. A씨는 현재 2억 원하는 아파트를 매매하려고 한다. 현재 A씨는 주택이 없고, LTV는 70%를 적용 받으며 추가적인 대출이 없기 때문에 DTI 규제에 해당하지 않는 상황이다. 이런 경우 A씨는 은행에서 주택 대출을 실행함에 있어 일부 특례[16]를 적용받을 수 있다. 따라서 대출자는 2억 원의 70%인 1억 4천만 원을 주택금융공사가 제공하는 저금리의 대출을 실행할 수 있다. 예를 들어 주택금융공사에서 제공하는 금리가 3%라고 가정해보자. 은행은 이제 A씨에게 주택 대출을 진행하기에 앞서 해당 주택에 근저당권을 설정한다. 근저당권은 앞서 주택담보대출에서 행했던 저당권의 한 형태로 대출에 대한 상환이 매월 발생하여 매달 저당권을

---

15) 이는 고정 금리 원리금 균등 상환방식을 가정 한 것으로 만약 변동금리 원리금 균등 상환방식이라면 금리 변동에 따라 매월 납입하는 금액이 약간 차이 날 수도 있다.

16) 생애 첫 주택구입인 경우, 서민 주택지원 등의 이유로 주택금융공사에서 제공하는 저금리의 대출을 실행할 수 있다.

재설정할 수 없을 때 사용하는 방식이다. 보통 은행은 담보 물건의 120%~130%에 해당하는 채권액을 근저당권으로 설정한다. 위의 예에서는 1억6천8백만 원~1억8천2백만 원 선까지 근저당을 설정하게 되는 것이다. 여기까지 마무리가 되면 A씨는 상환 방식에 대해서 고심하게 된다. 30년 간 일정한 금액을(원리금 균등 상환) 상환하는 방식을 선택할 것인지, 아니면 초기에는 부담이 좀 있지만 만기로 갈수록 부담이 줄어드는 방식(원금 균등 상환)을 선택할 것인지 선택하게 된다. 이 또한 개인적인 사정에 의해 결정되는 것으로 본인의 자금 상황 따라 결정하면 된다. 또한 대출에 대한 상환 과정에서 중도에 대출전액 및 일부를 상환할 경우 조기상환 수수료가 발생할 수 있다. 하지만 이는 대체로 2~3년이 지나면 상환수수료가 면제되니 이 점을 꼭 확인해 보기 바란다. 이제 실제로 주택 매매가 이뤄지며 대출이 실행되어 은행은 주택 매도자에게 대출금을 입금하게 됨으로써 주택 대출에 대한 과정은 마무리가 된다.

과거에는 주택 대출의 만기가 짧았으며 대출 원금에 대한 이자만 납입하고 만기 때 일시금으로 상환하는 방식이 많았으나, 이는 만기 때 대출자에게 큰 부담으로 작용하게 되며 가계의 부실로 이어질 가능성이 높고 넓게는 은행 부실로 이어질 가능성도 있기 때문에 최근에는 이자만 납부하는 기간을 1년 이내로 줄이고 원금을 같이 상환하는 방식으로 전환되었다. 또한 만기도 기존 10년 혹은 15년에서 30년, 40년으로 확장함으로써 가계에 대한 부담을 줄이는 방향으로 전개되었다. 게다가 과거에는 변동 금리로 주택 대출을 받는 것이 일반적인 상황이었으나 이는 미국의 서브프라임 모기지 사태(2008년)에서 확인한 바와 같이 금리가 오를 경우 대출 이자에 대한 부담이 가중되어 가계를 파산으로 몰고 갈 수 있으므로 정부의 정책적인 측면에서 고정 금리 대출을 확대하고 있는 실정이다.

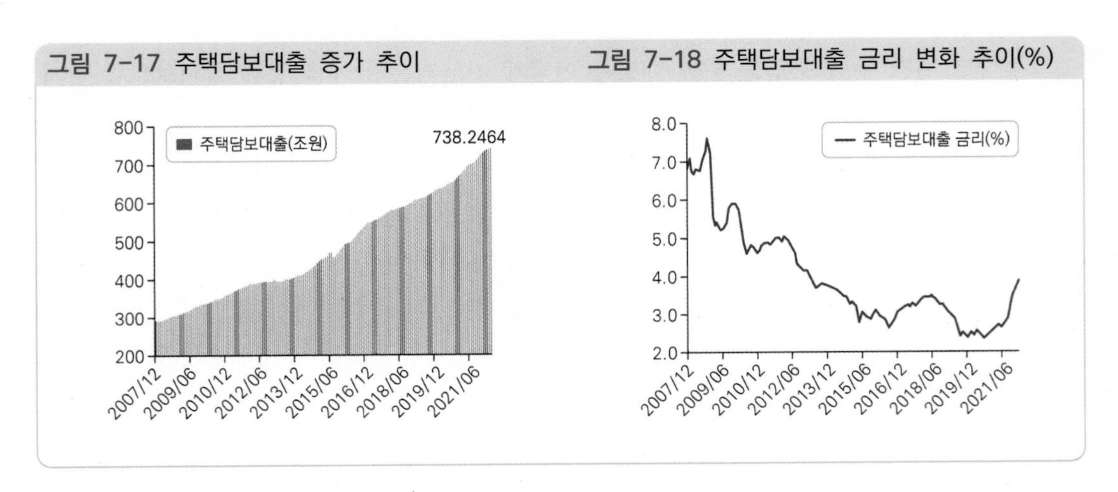

그림 7-17 주택담보대출 증가 추이

그림 7-18 주택담보대출 금리 변화 추이(%)

출처: 한국은행

* 기간(2007.12~2022.2)

그림 7-19 가계 고정 금리-특정 금리 연동 대출 비중 변화 추이

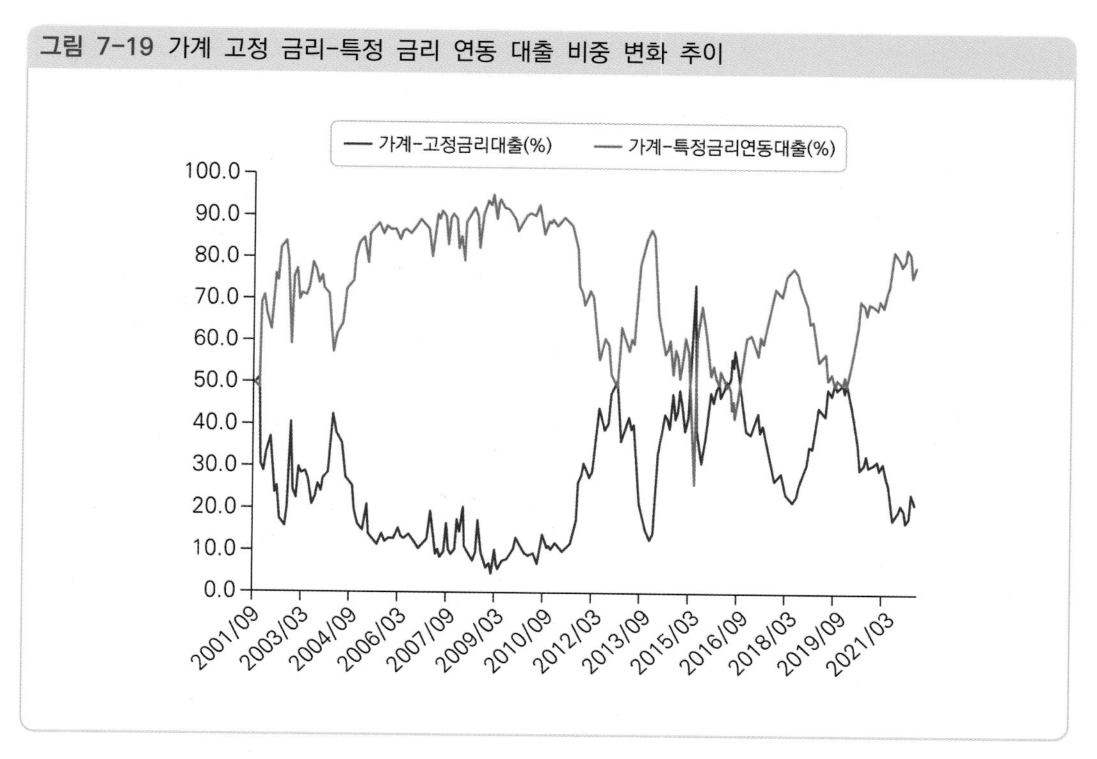

출처:한국은행

* 신규취급액 기준, 기간(2007.12~2022.2)

더 알아보기

Gap 투자와 부동산 가격

최근 부동산 가격 상승의 근본적 원인을 Gap 투자 때문이라고 말하는 경우가 종종 있다. 그렇다면 Gap 투자는 무엇일까? Gap 투자는 주택을 구입함에 있어 전세제도를 활용하여 적은 금액으로 주택을 매입하는 투자 방법을 말한다. 여기서 전세제도란 일정액의 보증금을 임대인에게 맡기고 집을 임차한 뒤 만기 때 보증금을 상환받는 형태를 뜻한다. 이는 우리나라만의 특수한 임대차 계약으로 과거 산업화가 진행되며 심각해지는 주택난을 해소하기 위한 제도로 자리 잡았다고 한다. 또한 과거 고도 성장기 때 고금리의 영향으로 전세 자금을 받아 은행에 예치함으로써 월세와 비슷한 이자 수익을 수취할 수 있었고 높은 인플레이션율로 인해 화폐의 가치는 지속적으로 하락했기 때문에 제도가 활성화되었던 것으로 추측해볼 수 있다. 보통 전세 가격은 매매 가격보다 낮았던 것이 일반적인 상황이었다. 하지만 최근 저금리의 영향으로 전세 자금을 은행에 예치하더라도 월세만큼의 수익을 얻지 못하는 경우가 발생함에 따라 이자 수익보다 자본 차익(매매 차익)을 목적으로 전세를 활용하게 되었다. 더욱이 이자율 하락은 주택 소유자에게 전세보다 월세를 선호하게 함으로써 전세 공급 감소로 이어짐에 따라

전세 가격을 상승시키는 역할을 하였다. 즉 전세 가격 상승과 주택 소유자의 자본 차익에 대한 욕구가 결합되며 Gap 투자가 활성화된 것이다. 이와 더불어 저금리로 인한 풍부한 유동성이 시장에 공급되었으나 미래 불확실성 등으로 인해 투자(설비투자 및 R&D투자 등)로 흘러가지 못하고 대거 주택 시장으로 몰린 원인도 있다.

그림 7-20 부동산 Gap 투자

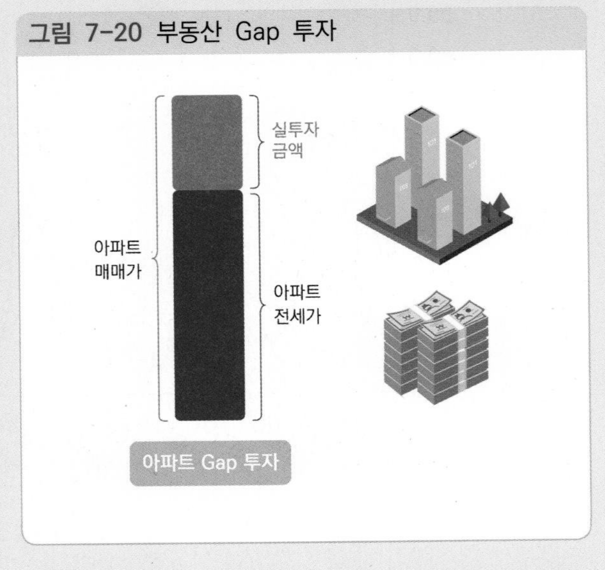

그렇다면 실제 Gap 투자가 어떻게 이뤄지는지 예를 통해 살펴보자. A씨는 현재 2억 원을 보유하고 있으며 서울 00지역은 최근 저금리의 영향으로 많은 전세가 월세로 전환되어 전세 가격이 상승, 매매 가격의 90%까지 육박하였다고 가정해 보자. 또한 해당 지역 아파트 매매가는 2억 원이라고 가정해보자. 만약 전세라는 제도가 없었다면 A씨는 현재 자기 자본금으로 아파트 1채만 살 수 있을 것이다. 앞서 설명한 주택담보대출을 활용한다고 하더라도 LTV 50%를 적용하면 2채 이상을 매수하기 어려울 것이다. 하지만 전세를 이용하면 A씨는 최대 10채의 아파트를 구매할 수 있다. 이는 00지역 아파트 가격이 2억 원이고 전세가가 매매 가격의 90%이므로 1억 8천만 원에 전세를 임대할 수 있다는 뜻이 된다. 즉, 00지역 아파트는 전세를 끼고 2천만 원이면 아파트를 매수를 할 수 있다는 말이 된다.[17] 2천만 원으로 아파트 1채를 구매했으니 2억 원으로는 10채를 매수 할 수 있다. 이렇게 되면 00지역 아파트 수요가 급증하게 되고 수요가 증가하면 자연스럽게 가격이 상승하게 되는 것이다. A씨는 레버리지 효과를 통해 00지역 아파트 가격이 1천만 원만 상승하여도 1억 원의 수입을 올리는 효과가 발생하게 된다. 즉 아파트 가격이 5%만 상승하여도 투자 수익은 무려 50%나 상승하는 효과가 나타나는 것이다. 최근 정부는 이런 현상이 지속되는 것을 우려하여 투기지역 선정 및 투기지역 LTV 강화, 신DTI 적용 등 강력한 규제를 통해 집값 상승을 억제하려 노력하고 있다.

3) 담보 대출(예금, 주식, 보험 등)

담보 대출이란 대출자가 대출금 상환을 보장하기 위해 채권자의 가치 있는 자산을 담보로 대출을 실행하는 것을 말한다. 우리나라의 대표적인 담보 대출은 부동산담보대출이다. 담보대출은 크게 인적 담보와 물적 담보로 나뉘게 되는데 인적 담보는 제 3자의 신용이나 재산을 담보로 제공하는 것을 말한다. 보통 보증인이나 연대 보증 같은 경우를 인적 담보

17) 세금과 중계수수료 등은 없다고 가정한다.

라고 한다. 연대 보증은 대출자가 대출금을 갚지 못할 경우 연대 보증인이 제공한 담보 물건을 처분하여 변상하거나 연대 보증인의 신용으로 이전되는 것을 말한다. 즉 A씨가 은행에서 1억 원의 대출을 받고 이에 대해 B씨가 신용으로 연대 보증을 해주었을 경우, A씨가 대출금을 갚지 못하면 B씨에게 대출금에 대한 상환 의무가 이전되는 것을 말한다. 이는 과거 우리나라에서 매우 성행하던 인적 담보 대출방식이나 은행에게만 너무 유리하고 서민들은 연쇄적인 피해가 발생할 수 있는 방식으로 인식됨에 따라 정부와 감독당국은 연대 보증 제도를 축소하는 쪽으로 방향을 잡고 있다. 실제로 최근 연대 보증은 거의 없다.

다음으로 물적 담보는 대출금 상환을 담보하기 위해 재화나 권리에 담보 물권을 설정하는 방식을 말한다. 만약 대출자가 대출금 상환을 실행하지 못할 경우 대출자는 담보 물건을 경매 등을 통해 처분하고 대출금에 대해 변제 받게 된다. 특히 담보 물건의 경우 저당권 등을 설정하여 대출자가 임의로 처분할 수 없도록 하고 경매 등으로 처분 시 우선 변제 받을 권리를 가지게 된다.

담보 대출의 경우, 채권자는 신용 대출에 비해 대손 위험(default risk)이 낮고 최악의 경우 담보 물건 매도를 통해 변제 받을 수 있는 이점이 있으며 채무자는 담보를 제공함으로써 낮은 대출 금리를 적용 받을 수 있기 때문에 당사자 간에 이점이 있다. 하지만 실제로 우리나라의 행태를 보면 은행들은 쉽고, 안전하며 수익성이 높은 담보 대출에 치중하다 보니 후진적 금융 시스템을 벗어나지 못하고 있는 실정이다. 최근 은행의 주력 사업 중 주택담보대출만 가파르게 오르고 있다는 사실만으로도 이를 반증할 수 있다. 앞으로도 우리나라 은행이 위험을 서민들과 나누며 새로운 신용기법 등을 개발하지 않고 위험을 서민들에게 떠넘기고 수익만을 취하려는 행태가 계속된다면 현재 은행의 자리는 외국 금융투자회사들의 몫이 될지도 모르는 일이다.

담보 대출은 주택 이외에 동산이나 재고품, 영업점 등 가치를 지니고 있는 다양한 형태의 담보를 통해 대출이 가능하지만, 실제로 독자들이나 사회 초년생들이 접하게 되는 담보대출은 많지 않다. 그중 대표적인 담보 대출이 예금 담보대출, 주식 담보대출, 보험 담보대출이다. 따라서 우리는 독자들이 쉽게 접하게 될 3가지 담보 대출에 대해서만 살펴보도록 하겠다. 우선 예금 담보대출은 정기 예금이나 정기 적금을 담보로 대출하는 것을 말한다. 만약 독자가 1천만 원의 정기 예금을 가입하고 있다면 1천만 원의 정기 예금을 담보로 약 80~90% 정도의 담보 대출을 실행할 수 있다. 이때 대출 금리는 정기 예금 금리에 일정 부분 가산 금리를 산정하여 설정하게 된다. 예를 들어 정기 예금 금리가 5%였다면 2%정도의 가산 금리를 책정하여 7%의 대출 금리로 대출을 실행하게 되는 것이다. 독자들은 여기서 궁금증이 발생할지도 모른다. 정기 예금을 해지해서 현금을 쓰면 되지 굳이 담보 대출을 받을 필요가 있을까? 이 질문에 대한 대답을 하기 위해서는 몇 가지 사항을 고려해 봐야 한다. 예를 들어 정기 예금을 가입한지 얼마 되지 않았다면 해지 시 포기해야 하는 이자액이 작기 때문에 해지를 하는 것이 유리할 수 있다. 하지만 만기가 얼만 남지 않은 정기 예금의 경우 포기해야 하는 이자액이 상당하기 때문에 만기까지 정기 예금을 유지하고 필요한 현금은 담보 대출을 통해 확보하는 것이 유리 할 수 있다. 앞선 예를 통해 살펴보자. 만약 정기 예금에 가입한지 1개월 밖에 되지 않았다면 포기해야 할 이자 금액은 41,667원($10,000,000(0.05\times\frac{1}{12})$)이다. 반면 예금 담보 대출을 받아 만기까지 유지한다면 2%(7%−5%)의 차이인 183,333원($10,000,000\times(0.02\times\frac{11}{12})$)을 추가 이자로 지급해야 한다. 이 경우에는 정기 예금에 대한 이자를 포기하고 해지하는 편이 이득이다. 즉 예금 담보 대출을 받아 부족한 유동성을 조달한다고 하여도 만기 때 예금과 대출 금리 차이로 발생한 183,333원을 1달 간 유지한 예금 이자인 41,667원으로 완전 상쇄시키지 못함으로 예치 원금보다 적은 9,858,334원(10,000,000−183,333+41,667)을 상환 받게 된다. 이는 정기 예금 한 달 후 해지하여 받을 수 있는 1천만 원보다 적은 금액이다. 하지만 정기 예금 가입 후 10개월이 지났다고 가정해보자. 그럼 정기 예금에서 포기해야할 이자 금액은 416,667원이 된다. 반면 예금 담보 대출을 받는 다면 추가로 납입하여야 하는 금액은 33,333원이 된다. 이 경우는 앞선 상황과는 반대로 정기 예금을 유지하는 편이 이득이 될 것이다. 즉 정기 예금을 만기까지 유지할 경우 10개월 간 이자(416,667원)에서 2개월 간 예금 담보 대출을 받아 발생한 비용 33,333원을 차감하더라도 예치 원금인 1천 만원 보다 훨씬 큰 10,383,334원(10,000,000+416,667−33,333)이 되기 때문이다. 그렇다면 몇 개월을 기준으로 예금 담보 대출을 받는 것이 이득이 될까? 그것은 예금 금리와 예금 담보 대출의 가산 금리의 차이에 달려있다. 따라서 위의 계산방법을 통해 직접 계산해 보는 것이 현명하다. 위의 예에서는 3달 이전에는 정기 예금을 해지하여 부족한 유동성을 매우는 것이 유리하며 4달이 지나면 예금 담보 대출을 받고 정기 예금을 유지하는 것이 유리하다.

1) 정기 예금 3달 후 포기해야 하는 이자 금액 : 125,000원
- 3달 후 예금 담보 대출을 받을 경우 정기 예금 금리를 상계하고 추가 납입해야 할 금액 : 150,000원
- 125,000〈150,000 이기 때문에 원금 손실 발생 정기 예금 해지가 유리

2) 정기 예금 4달 후 포기해야 하는 이자 금액 : 166,667원
- 4달 후 예금 담보 대출을 받을 경우 정기 예금 금리를 상계하고 추가 납입해야 할 금액 : 133,333원
- 166,667〉133,333 이기 때문에 원금 보다 높은 수익률이 기대됨으로 정기 예금 유지가 유리

그림 7-21 정기 예금과 정기 예금 담보 대출 간 손익 그래프

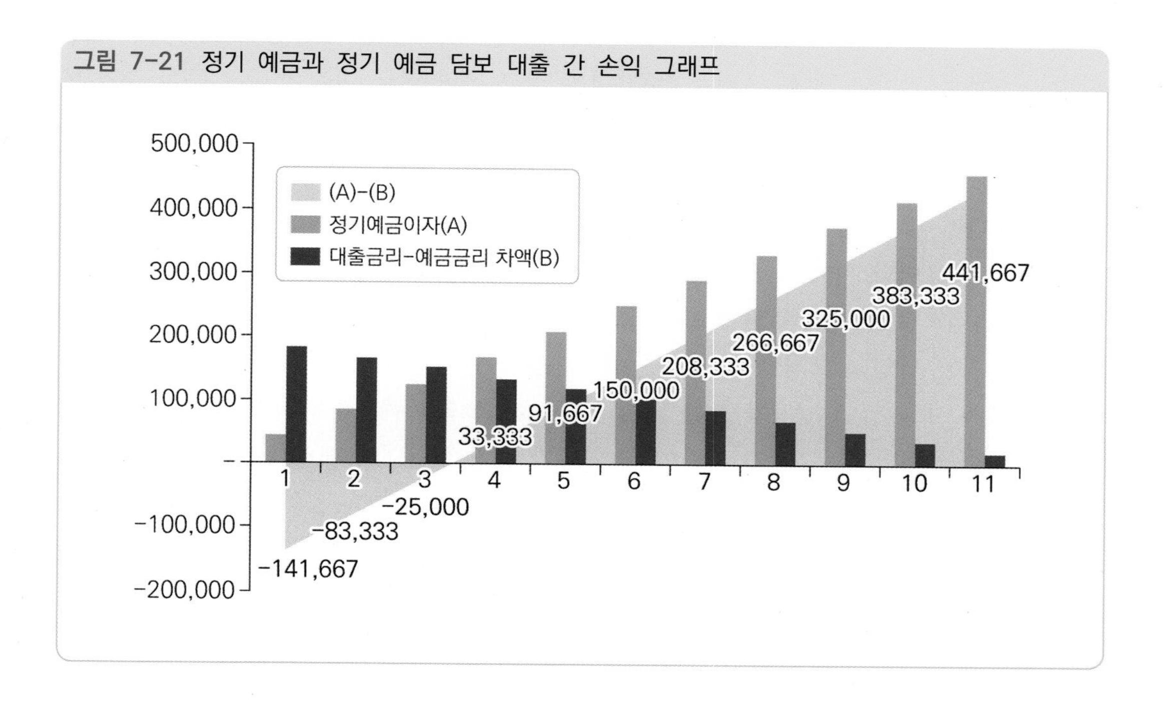

다음은 보험 담보 대출이다. 보험 담보 대출은 저축성 보험을 담보로 대출을 행하는 것을 말한다. 따라서 앞서 설명한 예금 담보 대출과 유사한 면이 있지만 계산 방식에는 차이가 있다. 우선 가장 큰 차이는 보험의 경우 사업비라는 항목으로 보험 가입 초기에 많은 비용을 차감한다. 따라서 해지 시 짧게는 5년에서 길게는 10년까지 납입한 원금만큼을 돌려받지 못하는 경우가 많다. 또한 보험은 장기 상품이기 때문에 한 번 해지하면 재가입하여 혜택을 받기까지 걸리는 시간이 굉장히 길다. 국내 대표적인 저축성 보험인 연금저축보험 해지율이 높은 것도 20년, 30년 장기 상품으로 만기까지 유지하기가 쉽지 않기 때문이다. 따라서 보험 담보 대출을 받기 전에 사업비로 인한 납입 원금 손실이 어느 정도인지 꼭 확

인해 봐야한다. 가입 초기 5년 이내인 경우에는 해지해도 납입 원금을 돌려받을 수 없기 때문에 보험 담보 대출 가산 금리가 높지 않다면 보험 담보 대출을 통해 자금 과부족을 충족하고 상환하는 방식이 손실률을 줄일 수 있다. 또한 해지로 인해 발생하는 각종 세금 혜택도 고려해 봐야 한다. 예를 들어 연금저축보험의 경우 매년 400만원 한도 내에서 세금공제 혜택을 준다. 하지만 중도해지 할 경우 그동안 받은 세금 혜택을 전부 반납하여야 하기 때문에 해지 후 받는 원금 손실이 훨씬 커질 수 있다. 따라서 보험 담보 대출을 고려한다면 사업비, 세금 혜택, 납입 기간 등을 고려하여 이익이 되는 방향으로 선택해야 한다.

마지막으로 주식 담보 대출이 있다. 주식 담보 대출은 주식을 담보물로 제공하고 대출을 받는 형태를 말한다. 보통 줄여서 "주담대[18]"라고 하며 현금 대출 보다는 주식 추가 매입을 위해 사용되는 것이 대부분이다. 주식의 경우 앞서 설명한 예금과 저축성 보험 등에 비해 변동성이 매우 심하기 때문에 담보 대출을 시행하고도 추가적인 증거금 납입 형태가 존재한다. 다시 말해 예금과 저축성 보험은 그 가치가 그대로 유지되지만 주가의 경우 매일, 매시간, 매초마다 가격이 변동되므로 담보로서의 가치 변동성이 크다는 것이다. 따라서 주가가 지속적으로 하락하여 담보로서 가치가 상실된 경우, 증권사는 주식 담보 대출자에게 추가 증거금 납입을 요청할 수 있다. 이는 대출자가 대출을 상환하지 못할 경우 담보를 매도함으로써 대출 금액 전체를 상환 받지 못하는 리스크를 해결하기 위함이다. 따라서 주식 담보 대출을 행할 경우, 주가 하락에 대한 추가 증거금 납입에 대해 항상 염두에 두어야 한다. 반면 주가의 상승으로 담보 가치가 상승된다면 추가 대출을 실행할 수도 있다. 그렇다면 왜 현금이 급하지도 않은데 굳이 주식 담보 대출을 받는 것일까? 주식 담보 대출을 받는 사람들은 대부분 주식 투자자들이다. 주식 투자자들은 높은 수익을 기대하며 리스크를 감수하는 사람들이 많다. 따라서 레버리지 투자를 통해 투자 수익률을 높이고자 할 때 주식 담보 대출을 통해 주식을 추가 매입하는 것이다. 그럼 레버리지 투자와 주식 담보 대출 효과에 대해서 예를 통해 알아보자. 우선 A씨는 1천만 원을 가지고 있다고 가정해 보자. 그리고 현재 반도체 시황이 좋고 앞으로도 몇 년간 이런 호황이 지속될 것이라고 예측하고 있다고 하자. 그래서 현재 1만 원 하는 S 주식을 매수하기를 원하고 있다. A씨가 현재 가지고 있는 현금으로만 주식을 매입한다면 1천 주를 매입할 수 있을 것이다. A씨의 예상대로 주가가 올라 S주식이 1만 1천 원이 되었다면 A는 투자 원금대비 10% ($\frac{(11,000\text{원} \times 1,000\text{주}) - 10,000,000\text{원}}{10,000,000\text{원}} \times 100$)의 수익률을 얻을 것이다. 반면 A씨가 1천

18) 주담대는 주식 담보 대출을 뜻하기도 하지만 주택 담보 대출을 뜻하기도 한다.

주의 주식을 매수 한 후 이 S 주식을 담보(담보 비율 80%가정)로 8백만 원을 추가 대출 받았다면 A씨는 총 1천 8백 주의 S 주식을 살 수 있다. 앞서와 같이 S 주식이 1만 1천 원이 되었다면 A씨는 투자 원금대비 18%($\frac{(11,000원 \times 1,800주) - 18,000,000원}{10,000,000원} \times 100$)의 수익률 올릴 수 있다. 즉 주식 담보 대출을 이용하지 않은 경우보다 수익률이 약 2배 증가한 것이다. 이렇게 타인 자본을 이용하여 수익률을 올리는 투자를 레버리지 투자라고 한다. 하지만 독자들은 항상 주가가 예상대로 움직이지만은 않는다는 사실을 염두에 두어야 한다. 앞선 예와 같이 예측한 대로 움직이면 높은 수익률을 기록할 수 있지만 반대로 주가가 하락하게 될 경우, 예를 들어 S 주가가 4천 원으로 하락하게 된다면 담보 가치가 담보 비율인 80%도 채우지 못하기 때문에 증권사는 추가 증거금 납입을 요구할 것이다. 즉 S 주가가 4천 원일 때 A가 소유한 주식의 전체 가치는 720만 원이 되고 S 주식을 담보로 대출받은 금액은 8백만 원이기 때문에 증권사는 담보물인 S 주식을 처분하여도 대출 금액인 8백만 원을 충당하지 못한다. 따라서 추가 증거금 납입을 요구하거나 담보 비율 근처로 주가가 떨어질 경우 반대 매매를 통해 대출 원금을 충당하려 할 것이다. 반대 매매란 A의 승낙 없이 S 주식을 처분하여 대출을 자동 상환하는 것을 말한다.

04 금융 투자 상품

(1) 증권

1) 채권

채권은 기업이나 정부, 공공기관 등이 장기 자금 조달을 위해 발행하는 것으로 확정된 이자와 만기 시 원금을 상환하여야 하기 때문에 고정금리부 증권이라고도 부른다. 채권은 또한 발행주체에 따라 국채, 회사채, 지방채, 특수채 등으로 나눌 수 있다. 또한 채권은 발행주체에게 장기 자금 조달 방법을 제공하고 투자자들에게는 좋은 투자처를 제공한다. 즉 투자자들은 채권 투자를 통해 안정적인 이자 소득과 만기 시 원금을 상환 받을 수 있는 투자 기회를 제공 받을 수 있는 것이다.

① 채권의 기본적 정의

채권의 기본적 용어는 만기(maturity data), 액면 금액(face value), 액면 이자율(coupon rate), 액면 이자(coupon) 등이 있다. 우선 만기는 채권 효력이 만료되는 날로써 원금과 이자를 지급받는 날이다. 우리나라에서 대표적인 국채는 3년 만기 채권이며 회사채 역시 3년 만기 회사채가 가장 많이 유통되고 있다. 다음으로 액면 금액은 채권이 최초 발행할 당시 채권 표면에 기재되어 있는 금액으로 만기 시 상환 받는 금액을 말한다. 액면가는 10억 원, 100억 원 등 다양하게 존재하며 우리나라 국채 액면가는 보통 100억 원이다. 액면 이자율은 채권에서 지급하는 이자율이다. 즉 채권 발행 시 일정기간 마다 액면 이자율만큼 액면 이자를 지급해야 한다. 쉽게 정기 예금의 금리와 유사하다고 생각하면 된다. 다만 정기 예금은 만기 시 원금과 함께 이자를 지급받지만 채권의 경우 해당 채권에서 정하는 기간에 맞춰 액면 이자를 지급하게 된다. 보통 채권은 분기, 반기, 연간으로 구분하여 액면 이자를 지급한다. 예를 들어 매년 이자를 지급하는 채권이 액면가가 1억 원이고 액면 이자율이 10%라면 채권 투자자는 매년 1천만 원($100,000,000 \times 0.1$)을 액면 이자로 지급받게 된다. 반면 반기 지급방식이라면 5백만 원($100,000,000 \times \frac{0.1}{2}$) 씩 2회 지급받고 분기 지급방식이라면 2백5십만 원($100,000,000 \times \frac{0.1}{4}$)씩 4회 지급받으면 되는 것이다. 지급 방식에 따라 재투자의 개념[19]이 적용된다면 지급 횟수가 빈번할수록 투자자에게 이득이 될 수 있다. 액면 이자는 액면 금액에 액면 이자율을 곱하여 산정한 실제로 채권 투자자가 받을 이자 금액을 말한다.

채권은 이자 지급 유무와 만기에 따라 다음 3종류의 채권으로 구분한다. 우선 이표채(coupon rate bond)가 있다. 이표채는 액면 가격, 만기, 액면 이자율 등이 기재되어 있는 채권으로 채권에서 정하고 있는 매 기간마다 액면 이자를 지급하고 만기 시 원금을 상환 받는 채권이다. 아래 그림을 통해 이표채의 기본 구조를 확인할 수 있으며 몇 가지 가정을 통해 이표채를 이해해보도록 하자. 우선 독자가 액면가가 1억 원이고 3년 만기, 액면 이자율이 10%인 이표채를 투자했다고 가정해보자. 또한 해당 이표채는 분기마다 이자를 지급한다고 가정해보자. 독자는 해당 채권에 1억 원을 투자하고 한 분기가 지난 후 이표(coupon)를 가지고 채권 발행 기관에 방문하면 분기 이자인 2백5십만 원을 지급 받을 수 있다. 또한 두 분기가 지나서 같은 방법으로 이표를 가지고 채권 발행 기관에 방문하면 분기 이자인 2백 5십만 원을 받을 수 있다. 이렇게 매 분기마다 액면 이자를 지급 받다가 3년 후 이표채

19) 재투자의 개념과 복리에 대한 개념은 정기 예금 수익률 계산에서 확인하길 바란다.

만기가 되면 독자는 채권과 마지막으로 남은 이표를 채권 발행 기관에 제시하면 채권 액면 금액인 1억 원과 마지막 이표인 2백5십만 원을 지급 받을 수 있다. 따라서 독자는 투자 원금을 제외한 총 3천만 원(2백5십만 원 씩 총 12회)의 이자를 지급받게 되는 것이다.

다음으로 무이표채(zero-coupon bond)가 있다. 무이표채는 말 그대로 이표(coupon)가 없는 채권을 말한다. 즉 무이표채를 매수하면 중간에 이자 지급이 없다는 뜻이다. 그렇다면 이자도 없는 해당 채권을 투자할 필요가 있을까? 결론부터 말하면 있다. 무이표채는 이표가 없는 대신에 최초 발행 시 할인(discount)되어 발행된다. 할인이란 우리가 쉽게 선이자[20]를 차감하고 발행된다고 보면 된다. 예를 들어 액면 1억 원의 무이표채가 3년 만기 할인율 10%로 발행된다면 채권 투자자는 75,131,480원($\frac{100,000,000}{(1+0.1)^3}$)[21]에 채권을 매수하면 된다. 이렇게 매수한 무이표채를 3년 간 보유하고 채권 만기 시 채권 발행 기관에 무이표채를 제시하면 액면 금액인 1억 원을 받게 되는 것이다. 이 경우 할인율은 10%지만 실제로 무이표채 투자자가 얻는 수익률은 10%보다 높다. 이는 채권 계산에서 자세히 다루도록 하겠다. 이렇게 무이표채는 할인하여 발행되는 채권으로 보통 할인채(discount bond)라고도 한다.

마지막으로 영구채(perpetuty bond)가 있다. 영구채는 별도의 만기가 없으며 지속적으로 이자만 수취하는 채권이다. 예를 들어 액면가 1억 원짜리 영구 채권이 매년 5%의 액면 이자율지급 조건으로 발행되었다고 하자. 해당 영구채의 매수자는 매년 5백만 원의 이자를 영구히 지급받게 되는 것이다. 언뜻 생각하면 영구채는 굉장히 매력적인 채권이며 자식에게 물려줄 수도 있는 아주 좋은 자산이라는 생각이 들을 수도 있다. 당장 해당 영구채를 매수한다면 분명 현재 경제상황(저금리, 저물가)에서는 좋은 투자 대안일 수 있지만 수십년 아니 짧게는 수년 안에 투자 매력이 떨어질 수도 있다는 점을 알아야 한다. 이유는 시장 금리가 상승하여 5% 수익률이 더 이상 매력적인 수익률 수준이 아닐 수도 있고 물가가 상승하여 5백만 원에 대한 구매력이 하락할 수도 있기 때문이다. 말 그대로 영구 채권이기 때문에 충분히 가능한 시나리오다. 그렇다면 이런 영구채의 가격은 어떻게 결정할까? 이 문제는 채권 계산에서 다루기로 하겠다.

20) 선이자는 대출 방식에서 사용되는 용어다. 보통의 대출 방식에서 대출자는 대출 금액을 전부 수취하고 매월 일정한 이자 상환을 기본으로 한다. 하지만 최초 대출을 진행할 때 이자를 대출 금액에서 차감하고 대출하는 방식도 있는데 이것을 선이자라고 한다. 선이자를 적용하면 최초 대출 금액은 이자만큼 줄어들게 된다.

21) 채권 가격에 자세한 설명은 다음 단락에서 자세히 다루도록 한다.

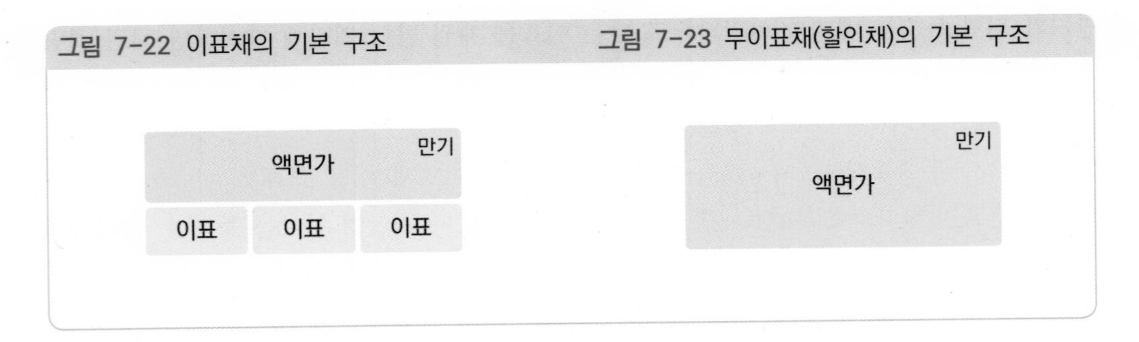

그림 7-22 이표채의 기본 구조

그림 7-23 무이표채(할인채)의 기본 구조

그림 7-24 미국 채권 실물

② 채권 가격 계산

i) 이표채 가격 계산

채권의 기본적 원리를 이해했다면 이제 채권의 가격을 계산해보자. 채권 가격을 이해하기 위해서는 우선 채권 거래를 통한 현금 흐름이 어떻게 발생되는지 살펴볼 필요가 있다. 우선 가장 기본적인 이표채를 가정하여 현금 흐름을 알아보자. 3년 만기의 액면가가 1억 원이며 액면 이자율이 10%이고 이자는 매년 지급되는 이표채를 매수했다면 현금 흐름은 어떻게 될까? 아래 그림을 같이 보면서 현금 흐름을 확인해보자. 우선 최초 이표채의 매수 시점을 T시점이라고 간주하면 매수 후 1년 뒤는 T+1이 될 것이다. T+1시점에서 이표채 투자자는 액면 이자인 1천만 원(100,000,000×0.1)을 수령하게 될 것이다. 또한 2년 뒤인 T+2시점에서 1천만 원(100,000,000×0.1)의 액면 이자를 수령하고 만기인 T+3시점에서 원금과 이자인 1억1천만 원(100,000,000+(100,000,000×0.1))을 수령하게 될 것이다. 따라서 이표채 투자자는 총 1억 3천만 원을 상환받게 되는 것이다.

그림 7-25 이표채의 기본 현금 흐름

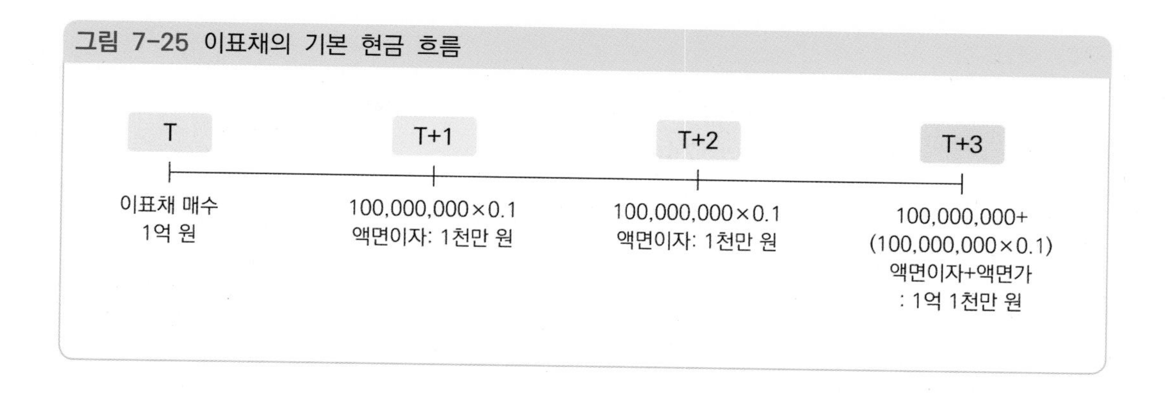

이제 이표채의 기본 현금 흐름은 충분히 이해했을 것이다. 그렇다면 위에서 설명한 이표채를 1억 원에 매수하면 될까? 답은 시장 금리에 따라 액면 금액에 매수할 수도 있고, 아닐 수도 있다. 독자는 여기서 채권 가격을 계산하는데 시장 금리가 개입된다는 사실이 조금 의아할 것이다. 이는 뒤에 자세히 설명하겠지만 간단하게 설명하자면 채권의 액면 이자율은 발행 당시부터 만기까지 고정되어 있는 반면 시장 금리는 지속적으로 변동되는 이유에 기인한다. 따라서 시장 금리와 채권의 액면 이자율 차이에 의해 채권 가격이 변동된다는 의미다. 그럼 채권 가격의 현재 가치를 알아보기 위해 할인이라는 개념을 다시 생각해보자. 앞서 이표채 현금 흐름을 그림을 통해 확인해 보았는데 해당 현금 흐름은 미래에 투자자가 받게 될 이자와 원금을 계산한 것이다. 따라서 현재 시점에서 미래에 받을 이자와 원금을 다시 계산해야 한다는 의미다. 이 부분이 정확히 이해가 가지 않는다면 정기 예금으로 다시 생각해보자. 만약 독자가 1년 뒤 일본 여행을 위해서 110만 원이 필요하다면 현재 얼마를 저축해야 할까? 상황은 다르지만 채권 가격을 계산하는 할인 방법과 같은 방법이다. 만약 정기 예금 이자율이 10%라면 독자는 계산할 것도 없이 100만 원($\frac{1,100,000}{(1+0.1)}$)이라고 말할 것이다.[22] 이 계산법은 다음 그림과 같다.

22) 할인 계산법은 예금 상품에서 확인하길 바란다.

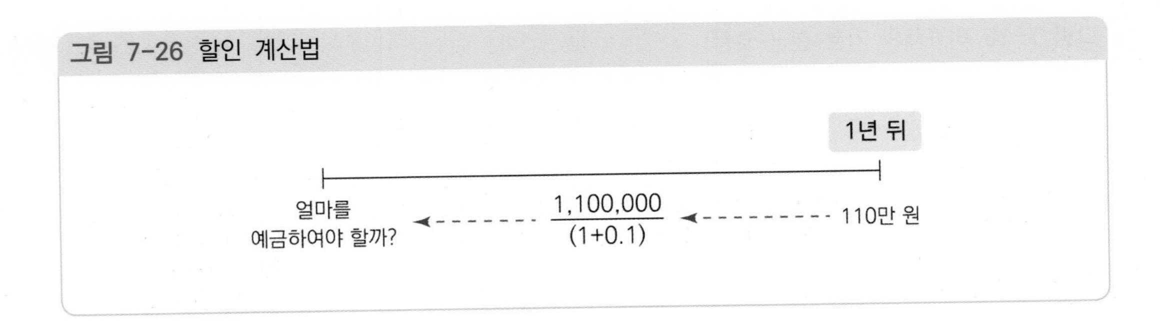

그림 7-26 할인 계산법

위의 그림과 같이 우리가 미래 가치(future value)를 계산할 때는 보통의 복리 계산법을 쓰면 된다. 즉 우리가 앞서 배웠던 $미래가치(FV) = 현재가치(PV)$[23]$\times (1 + r(이자율))^{n(기간)}$로 계산하면 된다. 반면 미래에 수취하게 될 미래 가치를 현재 가격으로 계산하고 싶다면 $(1 + r(이자율))^{n(기간)}$항을 좌변으로 넘기면 된다. 즉 $현재가치(PV) = \frac{미래가치(FV)}{(1 + r(이자율))^{n(기간)}}$로 쓸 수 있다. 이것을 현재 가치로 "할인(discount)"한다고 말한다. 다시 앞선 저축의 예로 가보면 독자는 1년 뒤 일본 여행을 위해 110만 원이 필요하며 정기 예금 금리가 10%이기 때문에 현재 100만 원을 저축해 두면 되는 것이다. 이제 할인 방법을 이용하여 이표채 가격을 계산해 보자. 계산에 앞서 이표채의 가격을 계산하기 위해서는 추가적으로 시장 이자율에 대한 정보를 알아야 한다. 여기서 시장 이자율은 8%라고 가정해보자. 그럼 이표채 투자자는 1년 후 1천만 원의 이자를 받게 될 것이고 이를 현재 가치로 환산하면 9,259,259원 ($\frac{10,000,000}{(1+0.08)}$)이 될 것이다. 다시 한 번 이야기 하지만 할인되었다는 의미는 현재 시장 이자율인 8%로 9,259,259원을 예금하면 1년 뒤 1천만 원을 받는 다는 의미다. 다음으로 2년 뒤 또 1천만 원의 이자를 받게 되는데 이를 현재 가치로 환산하면 8,573,388원 ($\frac{10,000,000}{(1+0.08)^2}$)이 된다. 마지막 3년 만기 때는 이자 1천만 원과 원금 1억 원을 상환 받게 되는데 이를 현재 가치로 환산하면 87,321,547원($\frac{110,000,000}{(1+0.08)^3}$)이 된다. 그럼 이제 해당 이표채의 현재 가치를 모두 계산하였으므로 이를 모두 더하면 해당 이표채의 현재 가격을 확인할 수 있다. 모두 더한 가격은 105,154,194원이 된다.

---

23) 현재가치 PV는 Present Value를 뜻한다.

그림 7-27 이표채의 현재 가격 산정

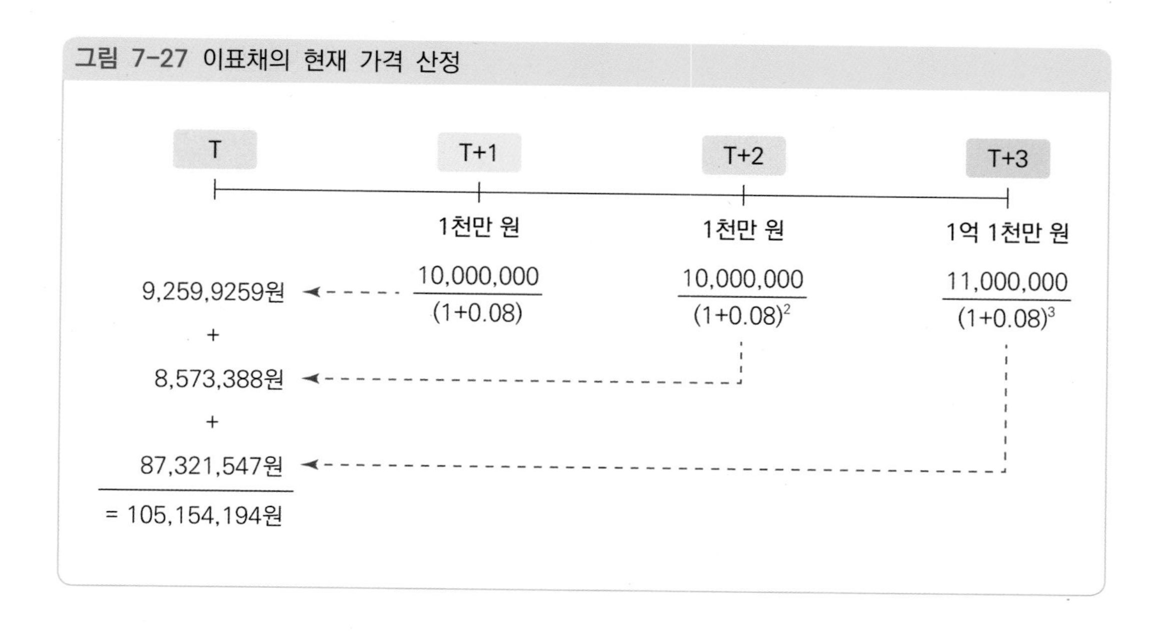

본 이표채의 액면가는 1억 원인데 실제 이표채의 가격은 105,154,194원으로 액면가보다 높다. 만기 때 액면 금액인 1억 원만 돌려받게 되는데 5백만 원 이상 더 주고 이표채를 산다는 것이 불합리하게 느껴지는가? 그렇지 않다. 본 이표채가 액면가보다 비싼 이유는 시장 금리와 이표채 액면 이자율 간 차이 때문에 발생하는 것이다. 좀 더 쉽게 설명하자면 독자가 만약 이표채를 사지 않고 1억 원을 시장 이자율인 8%에 정기 예금 하였다면 독자는 1년 뒤 8백만 원의 이자를 받게 될 것이다. 반면 이표채에 투자를 한다면 액면 이자율인 10%를 적용 받아 1천만 원 이자를 수령하게 될 것이다. 즉 시장 이자율보다 이표채의 액면 이자율이 높기 때문에 그만큼 해당 이표채는 투자 상품으로서 매력이 있다는 말이다. 따라서 시장 이자율과 이표채 액면 이자율 차이만큼 더 비싸게 채권 가격이 형성되는 것이다. 또한 유통 시장에 이런 이표채가 거래될 경우 매수하려는 사람이 많아져 이론 가격보다 실제 채권 가격이 높아지는 경향도 있다. 그렇다면 이제 독자들은 반대의 경우도 생각해볼 수 있을 것이다. 만약 시장 이자율이 12%였다면 채권 가격은 어떻게 변했을까? 눈치가 빠른 독자라면 이표채의 액면 이자율보다 시장 이자율이 높기 때문에 채권 가격이 액면가보다 낮을 것이라는 것을 짐작할 수 있을 것이다. 실제로 계산해 보면 1년 후 받을 1천만 원의 이자는 8,928,571원($\frac{10,000,000}{(1+0.12)}$), 2년 후 받을 이자의 현재 가치는 7,971,939원($\frac{10,000,000}{(1+0.12)^2}$),

3년 후 만기 시 받을 원금과 이자의 현재 가치는 78,295,827원($\frac{110,000,000}{(1+0.12)^3}$)으로 합계는 95,196,337원이 된다. 이는 본 이표채 액면가인 1억 원보다 낮은 가격이다. 본 이표채 가격이 액면가보다 낮은 이유는 이표채 액면 이자율이 시장 이자율보다 낮기 때문이다. 즉 독자가 본 이표채에 투자하지 않고 시장 이자율인 12%로 정기 예금을 가입하였다면 1년 뒤 1천2백만 원의 이자를 받을 수 있을 것이다. 반면 본 이표채에 1억 원을 투자했을 경우 1천만 원의 이자를 받게 됨으로 본 이표채에 투자하기 위해서는 액면가보다 저렴하게 발행해야 한다는 것이다. 이처럼 채권 가격은 액면가와 같을 수도 있고, 액면가보다 높을 수도 있고 낮을 수도 있다. 이는 전적으로 시장 이자율에 달려 있으며 시장 이자율과 이표채 액면 이자율이 같을 경우 이를 액면(par bond) 상태라고 한다. 또한 시장 이자율이 이표채 액면 이자율보다 낮은 경우 액면가보다 채권의 가격이 높은데 이를 할증(premium) 상태라고 말한다. 반면 시장 이자율이 이표채 액면 이자율보다 높은 경우 액면가보다 채권 가격이 낮은데 이를 할인(discount) 상태라고 말한다.

시장 이자율 = 이표채 액면 이자율 : 액면(par bond)
시장 이자율 < 이표채 액면 이자율 : 할증(premium)
시장 이자율 > 이표채 액면 이자율 : 할인(discount)
(식) 이표채의 채권 가격 계산 일반식

$$\text{채권 가격}(P) = \sum_{t=1}^{T(\text{만기})} \frac{C_t(\text{액면 이자})}{(1+r(\text{시장 이자율}))^t} + \frac{F(\text{액면 금액})}{(1+r(\text{시장 이자율}))^t}$$

ii) 무이표채(할인채) 가격 계산

할인채의 경우 이표채보다 채권 가격 계산이 쉽다. 이유는 액면 이자가 따로 없으므로 중간에 현금 흐름이 발생하지 않기 때문이다. 따라서 할인채는 최초 발행 액면가와 시장 이자율, 만기만 알면 채권 가격을 구할 수 있다. 예를 들어 액면가 1억 원인 할인채가 3년 만기로 발행되었고 시장 이자율은 10%라면 할인채의 가격은 얼마일까? 다시 한 번 강조하지만 독자들이 조금 더 쉽게 이해하려면 복리형 정기 예금을 생각하면 된다. “3년 후에 1억 원을 만들기 위해서는 지금 얼마를 예금해야 할까?”로 바꿔 질문해도 같은 내용이다. 즉 $100,000,000 = x(\text{현재예금금액}) \times (1+0.1)^3$이 되는 것이다. 우변에 있는 $(1+0.1)^3$을 좌

편으로 넘기면 $x(\text{현재예금금액}) = \dfrac{100,000,000}{(1+0.1)^3}$이 된다. 즉 현재 75,131,480원을 예금하면 3년 뒤 1억 원을 받을 수 있는 것이다. 앞서 언급한 할인채의 가격 또한 이와 같다. 이 할인채의 경우 유통 시장을 통해 거래가 되며 시장 이자율이 변경됨에 따라 가격이 계속 변할 수 있다. 즉 최초 발행 시점에서는 10%로 발행되었지만 시장 금리가 오를 경우 채권 가격은 하락하고 시장 금리가 내릴 경우 채권 가격은 상승할 수 있다. 할인채의 일반 계산식은 다음과 같다.

(식) 할인채의 채권 가격 일반식

$$\text{채권가격}(P) = \frac{F(\text{액면가격})}{(1+r(\text{시장이자율}))^{t(\text{만기})}}$$

iii) 영구채(consol) 가격 계산

영구채의 가격은 수열을 통해 쉽게 계산할 수 있다. 영구채는 만기가 없고 영구적으로 액면이자만 지급되는 것이기 때문에 채권 가격 계산에 있어 액면가는 실질적으로 의미가 없다. 따라서 영구채의 가격에는 액면 이자, 시장 이자율만 있으면 계산이 가능하다. 그럼 이표채의 가격 계산할 때처럼 영구채의 액면 이자를 현재 가치로 할인하는 과정을 생각해 보자. 1년 후 받을 액면 이자의 현재 가치는 $\dfrac{C}{(1+r)}$이 될 것이다. 여기서 r은 시장 이자율이고 C는 액면 이자 금액이다. 다음으로 2년 후 받을 액면 이자의 현재 가치는 $\dfrac{C}{(1+r)^2}$가 될 것이고, 계속해서 다음 식과 같이 된다.

$$\text{영구채의 현재 가치 합} = \frac{C}{(1+r)} + \frac{C}{(1+r)^2} + \frac{C}{(1+r)^3} + \cdots$$

이는 등비수열 합의 공식과 같다. 초항이 $\dfrac{C}{(1+r)}$이고 공비가 $\dfrac{1}{(1+r)}$인 등비수열인 것이다. 따라서 등비수열의 합 공식인 $\dfrac{\text{초항}}{(1-\text{공비})}$에 대입하면 $\dfrac{(\frac{C}{1+r})}{(1-\frac{1}{1+r})}$가 되어 정리하면

$\frac{C}{r}$로 요약할 수 있다. 즉 영구채 가격은 액면 이자를 시장 이자율로 나눈 값이 된다. 예를 들어 영구채의 액면 이자가 1천만 원이고 현재 시장 이자율이 10%라면 본 영구채의 가격은 1억 원이 되는 것이다.

앞서도 잠시 언급 했지만 영구채가 굉장히 매력적이라고 생각하는 독자들이 있을 것이다. 액면 이자가 영구히 나오기 때문에 연금과 같이 생각할 수도 있고 이후에 자식에게 물려줄 수도 있다고 생각할 수 있을 것이다. 물론 가능한 일이고 선진국에서는 실제로 그렇게 투자하는 개인들도 있다고 한다. 독자들이 그렇게 생각한 이유 중에 하나는 영구히 액면 이자가 나오는데 채권 가격은 그것에 비해 비싸지 않다고 느끼기 때문일 것이다. 위에서 1억 원의 가치가 있는 영구채를 계산하면서도 같은 생각을 했을 것이다. 하지만 2가지 측면을 고려한다면 생각이 달라질 수도 있다. 우선 가까운 미래에 받는 액면 이자는 현실감 있게 다가오지만 먼 미래에 받는 액면 이자는 현실적으로 다가오지 않는다. 영구채에 투자한 돈은 지금 사용한 돈이지만 먼 미래에 받는 액면 이자는 현재 나의 효용 가치에 크게 영향을 주지 않는다는 뜻이다. 이 때문에 10년 정도 뒤에 받는 이자액은 할인하여 현재 가치로 나타내면 굉장히 작은 금액이 된다. 다음으로 물가 상승이 구매력 가치를 떨어뜨릴 수도 있다. 당장 내년에 받는 액면이자 1천만 원은 현재의 구매력과 별 차이가 없다고 느껴지지만 10년, 20년 뒤에 받는 1천만 원의 구매력 가치는 현저하게 떨어질 가능성이 높다. 즉 1천만 원이 현재는 월급으로 굉장히 많은 액수지만 20년 뒤에는 1천만 원이 보통 월급 수준이 될 수도 있다는 말이다. 이런 점들을 고려할 때 독자가 생각하는 것만큼 영구채가 매력적이지는 않을 수 있다는 점을 명심해야 한다.

iv) 채권 가격과 시장 이자율 및 채권 가격과 만기와의 관계

채권 가격과 시장 이자율 간에는 역의 관계가 성립된다. 이미 앞서 이표채와 무이표채(할인채), 영구채의 가격을 계산하는 식에서 역의 관계인 것을 확인하였다. 즉 시장 이자율이 상승하면 채권 가격은 하락하고 시장 이자율이 하락하면 채권 가격은 상승한다. 이유는 채권 발행 시 계약에 의해 고정적으로 받을 것이 예상되는 액면 이자와 액면 금액이 시장 이자율 변동에 따라 투자에 대한 매력도가 달라질 수 있기 때문이다. 즉 시장 이자율이 올랐는데 고정적으로 받는 액면 이자 금액이 이보다 낮다면 투자의 매력이 떨어지기 때문에 이 채권은 시장에서 낮은 가격에 거래된다는 말이다.

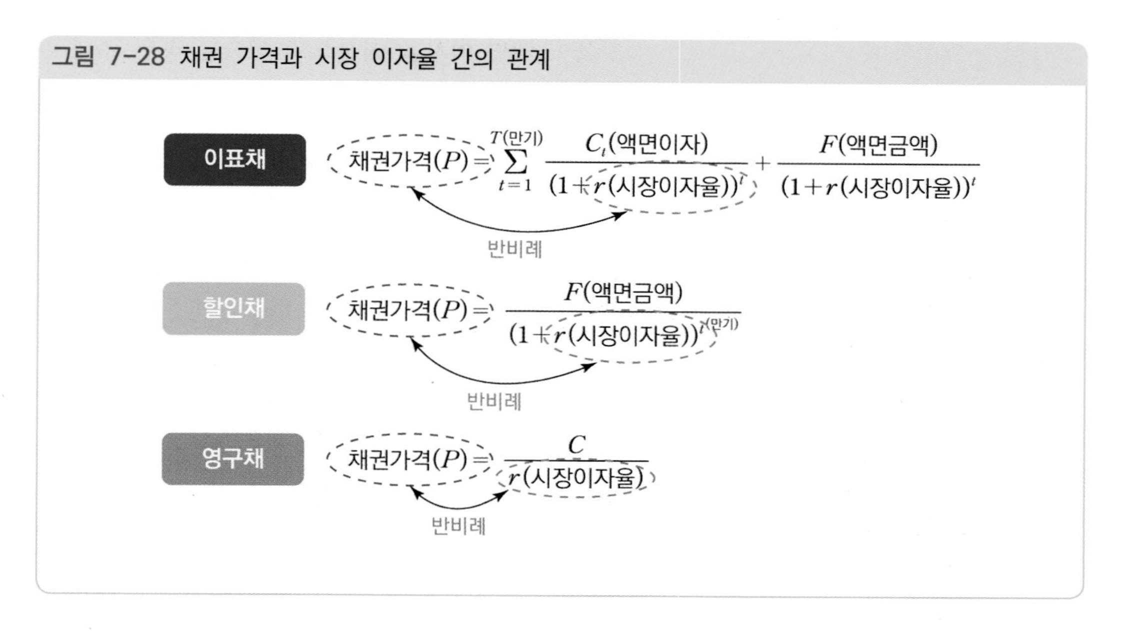

그림 7-28 채권 가격과 시장 이자율 간의 관계

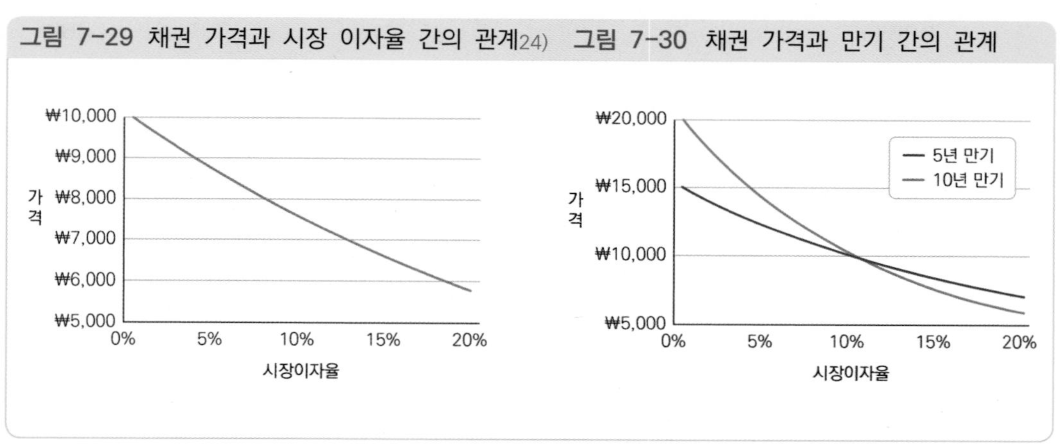

그림 7-29 채권 가격과 시장 이자율 간의 관계[24] 그림 7-30 채권 가격과 만기 간의 관계

또한 만기에 따라 채권 가격이 달라진다. 실제로 액면 금액이 1만 원이고 액면 이자율이 10%인 5년 만기 채권과 10년 만기 채권을 비교하면 아래 그래프와 같이 시장 이자율 변동에 따라 채권 가격 변동이 다르다는 것을 확인할 수 있다. 즉 시장 이자율이 10%로 액면이자율과 동일할 경우 채권 가격은 5년 만기와 10년 만기가 1만 원으로 동일하지만 시장 이자율이 하락할 경우, 10년 만기 채권이 5년 만기 채권에 비해 채권 가격이 급격히 오른다

24) 할인채로 액면가 1만원, 3년 만기의 채권을 가정하였다.

는 사실을 확인할 수 있다. 반면 시장 이자율이 액면 이자율 이상으로 상승할 경우 10년 만기 채권의 가격 하락이 훨씬 크다는 것을 알 수 있다.

표 7-3 채권의 신용도

국내		내용	해외	
			무디스	S&P
AAA	AAA	원리금 지급이 확실, 투자위험도 극히 낮음	Aaa	AAA
AA	AA+ AA AA-	원리금 지급이 확실, 투자위험도가 낮지만 AAA등급에 비해 다소 높음	Aa1 Aa2 Aa3	AA+ AA AA-
A	A+ A A-	원리금 지급이 확실, 투자위험도가 낮지만 장래 환경 변화에 다소 영향을 받을 수 있음	A1 A2 A3	A+ A A-
BBB	BBB+ BBB BBB-	원리금 지급 능력이 안정되있지만 장래 환경 변화에 따라 지급 불확실성이 높아질 수 있음	Baa1 Baa2 Baa3	BBB+ BBB BBB-
BB	BB+ BB BB-	현재 원리금 지급 능력에 문제는 없으나 장래 안정성 면에서 투기적 요소가 있음	Ba1 Ba2 Ba3	BB+ BB BB-
B	B+ B B-	원리금 지급 능력이 부족하여 투기적이며 장래 안정성 면에서 현 상태유지 불투명	B1 B2 B3	B+ B B-
CCC	CCC	채무불이행 가능성 있고 투기적임	Caa	CCC
CC	CC	채무불이행 가능성 있고 불안요소도 존재	Ca	CC
C	C	채무불이행 가능성이 높고 회복될 가능성도 낮음	C	C
D	D	원금과 이자 지급불능 상태	D	D

2) 주식

주식은 채권과 함께 대표적인 투자 상품이지만 채권에 비해서 위험이 높다고 인식되고 있다. 실제로 채권의 경우 일정기간 마다 이자를 지급받고 만기 때 원금을 상환받기 때문에 현금 흐름상에 불확실성이나 가격 변동에 대한 불확실성이 상대적으로 낮은 편에 속한다. 반면 주식의 경우 일정하게 받는 투자 수익금이 없으며 발행 회사를 상대로 상환 요구도 할 수 없기 때문에 현금 흐름상에 불확실성이 높다. 또한 채권의 경우 금리 변동이 크지 않아 가격 변동이 심하지 않지만 주식은 가격 변동성이 매우 심한 편에 속한다. 실제로 주가의 하루 상·하한선은 ±30%로 변동폭이 매우 크다. 이렇듯 주식의 경우 정해진 배당이나 상환금 혹은 매도 금액이 정해지지 않았기 때문에 채권에 비해 가치를 평가하기 어렵다.

따라서 주식 투자를 위해서는 많은 정보와 분석이 요구되며 때에 따라서는 예측 능력도 요구된다. 우리는 본장에서 주식 투자를 위해 대표적인 주식 가치평가 방법인 기본적 분석과 기술적 분석 방법에 대해서 알아보도록 하겠다.

더 알아보기

주식 수익률에 대한 이중성

주변에서 주식 투자에 성공했다는 사람은 꽤 있는데 주식 투자에 실패했다는 사람은 별로 없다. 그렇다면 실제로 주식 투자로 부자가 된 사람이 많고 실패한 사람은 별로 없을까? 또한 왜 주식 투자는 위험하니 하지 말라고 말리는 사람이 많을까? 실제로 주식 투자에 성공한 사람은 많지 않음에도 불구하고 시장에서 주식 투자에 성공한 사람만 많은 것처럼 보이는 이유는 심리적으로 잘된 것은 크게 말하고 싶어 하고 잘못된 것은 말하기를 꺼려하는 "군중의 심리" 때문이다. 이런 이유 때문에 시장에 떠도는 소문에만 정보를 의존한다면 주식을 통해 성공한 사람이 많은 것처럼 느껴질 수도 있는 것이다. 그렇다면 주식 투자는 위험하니 하지 말라고 하는 것에는 일리가 있을까? 이 사실에 대해서는 일부는 맞고 일부는 아니라고 할 수 있다. 주식 투자에서 크게 손실이 발생한 대부분의 사람들은 주식을 투자가 아닌 투기로 생각하는 경향이 크다. 따라서 정보를 찾고, 분석하고 시장을 관찰하기 보다는 시장에 떠도는 소문에 의존하는 경향이 크다. 소위 "카더라" 통신에 의존하는 경우다. 이런 정보들은 실제로 정확한 정보일 가능성이 낮다. 특히나 비밀이라고 떠도는 정보들은 정확한 출처가 없고, 분석 결과도 없기 때문에 대부분 거짓 정보일 가능성이 높다. 또한 주식 시장에서 큰 손실을 본 사람들은 변동성이 큰 종목에 투기적으로 매매하는 경향이 있다. 보통 이런 주식들은 주가가 매우 낮아 언제 상장폐지 될지 모르는 주식들이 대부분이다. 따라서 주식을 발행한 회사의 실적이나 경영 상황, 산업 동향보다는 거래자들 사이 소문이나 세력[25]에 의존하여 주가 변동성이 매우 큰 주식들이다. 따라서 이들 주식에 잘못 투자하면 원금을 순식간에 잃을 위험성이 항상 존재한다. 반면 시장을 관찰하고, 경제, 산업, 해당 기업 등을 분석하여 KOSPI 시장의 대형주 위주로 주식 투자하는 사람들은 단기적으로 손실이 발생할 수는 있으나 제한적인 손실에 국한될 가능성이 높으며 이익도 많은 부분 예상된 범위 내에서 이뤄지는 경우가 많다. 따라서 주식 시장은 위험하니 투자하지 말라고 하는 것은 우리사회의 한탕주의가 만들어낸 말일 수 있다.

---

25) 우리가 흔히 "작전주"라고도 부른다.

그림 7-31 변동성이 심함 종목

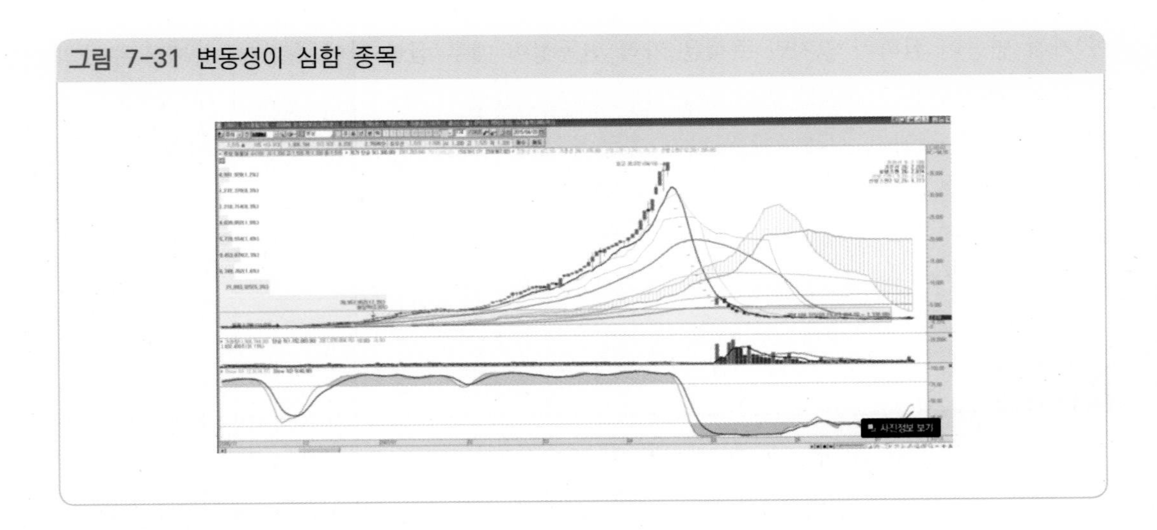

① **기본적 분석**(fundamental analysis)

기본적 분석이란 기업에 경영 및 수익에 영향을 줄 수 있는 외부 경제 및 산업 환경 등의 요인들을 분석하여 기업의 내재 가치(intrinsic value)를 평가하는 방법이다. 여기서 내재 가치란 기업의 현재 순자산액을 나타내는 자산 가치와 장래 수익성을 나타내는 수익 가치의 합이다. 즉 현재 회사가 가지고 있는 가치의 총합과 미래에 회사가 벌어들이게 될 수익의 총합계를 나타내는 것이다. 보통 내재 가치가 해당 기업의 주가에 반영되기 때문에 내재 가치보다 현재 기업의 주가가 낮다면 현재 주가는 상대적으로 저평가 되어 있기 때문에 매수하여 수익을 얻을 수 있고, 반대로 내재 가치보다 현재 기업의 주가가 높다면 현재 주가는 상대적으로 고평가 되어 있기 때문에 매도하여 손실을 최소화 하는 것이다.

따라서 기본적 분석을 위해서는 거시경제 분석, 산업 분석, 기업 분석 등이 기본적으로 요구된다. 또한 기본적 분석의 접근 방법은 크게 2가지로 구분하는데 첫째는 전체적인 거시경제를 분석하고, 이에 따른 산업 시장을 분석한 후 최종적으로 기업의 내재 가치를 분석하는 하향식 접근방법(top-down approach)과 기업의 내재 가치를 분석 후 산업 시장을 분석하고, 거시경제를 분석하는 상향식 접근방법(bottom-up approach)이 있다. 보통은 하향식 접근방법을 많이 사용한다.

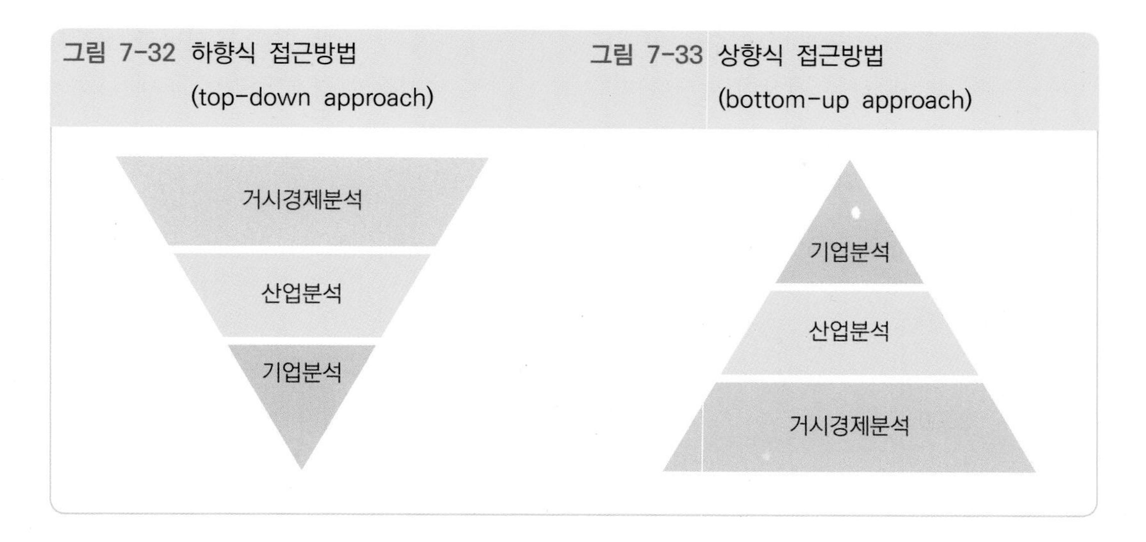

그림 7-32 하향식 접근방법 (top-down approach)　그림 7-33 상향식 접근방법 (bottom-up approach)

i) 거시경제 분석

주식 투자를 위해서는 현재 경제 상황을 보는 것이 중요하다. 특히 국내 거시경제뿐만 아니라 국제 경제상황까지 볼 수 있다면 주식 투자만이 아니라 다른 투자에도 유리한 위치를 차지할 수 있다. 우리나라와 같이 소규모 개방경제[26]를 채택하고 있는 나라들은 국제 경제상황이 더욱 중요할 수 있다. 하지만 국제 경제를 분석하는 것은 본서의 범위를 넘어서기 때문에 기본적인 국제적 충격만 살펴보도록 하겠다.

국제 경제상황은 크게 2가지로 구분해 볼 수 있다. 즉 현재 상황이 호황인지 불황인지를 판단해 보는 것이다. 때에 따라서는 불황에도 수요가 증가하는 품목이 있고, 호황에도 수요가 감소하는 품목이 있지만 보편적으로는 불황에 수요가 감소하고 호황에 수요가 증가한다고 가정할 수 있다. 예를 들어 2000년대 초반 미국은 닷컴버블, 엔론 회계부정사건, 9.11테러 등 악제가 겹친 후 경기 부양을 위해 확장적 통화정책 및 재정정책을 실시하여 경기를 부양하였다. 이에 따라 2007년까지 미국은 경기 호황을 맞이하였다.[27] 미국이 경기 호황을 맞이하면서 전 세계 수요가 동반 증가하는 현상이 발생하였고 이에 따라 우리나라도 수출 호조를 보이면서 경기가 좋은 국면을 맞이하였다. 이런 경우 보통 주식 시장은 호황을 맞는다. 당시 주가지수를 보면 지속적으로 상승하는 보습을 볼 수 있다. 하지만 2008년 미국에서 서브파라임 모기지 사태가 발생하며 미국의 성장률은 급격히 하락하였고, 이는 세계

26) 소규모 개방경제는 국가의 규모가 미국이나 중국, 일본처럼 크지 않지만 국제 사회에 수출을 주요 국가 수입원으로 하는 나라들을 말하는 경제용어다.

27) 미국이 이 시기 경기가 너무 좋아 '골디락스'라는 표현까지 사용하였다.

시장 수요 위축을 가져와 국내 수출 등에도 큰 타격을 주었다. 이에 따라 우리나라 성장률 또한 급격하게 하락하는 현상이 발생하였다. 이런 경우 세계적인 경제 충격이 국내 경제에 영향을 주어 국내 주식 시장에도 부정적인 영향을 미치게 되는 것이다.

그림 7-34 세계 경제 흐름과 국내 주가지수 변화 추이

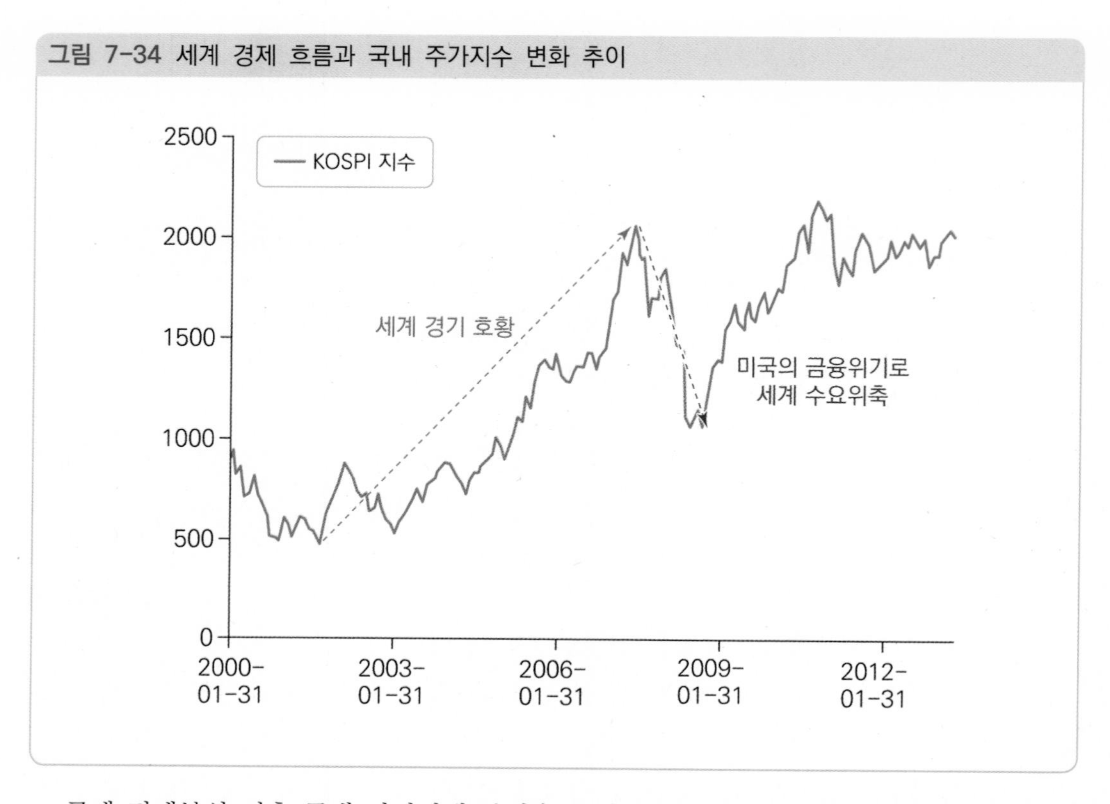

국제 경제분석 이후 국내 거시경제 분석을 통해 현재 경제상황과 시장상황을 판단해 볼 수 있다. 거시경제 분석 역시 학문적이고 광범위하기 때문에 전체를 다 보는 것은 무리가 있다. 따라서 본서에서는 경기 순환 구조, 경기 지수, 총수요 정책인 재정정책과 통화정책, 이자율 결정 등만 간단하게 보도록 한다.

우선 경기 순환 구조는 아래 그림과 같이 단기적으로 호황과 불황이 반복되어 순환적으로 발생한 다는 것이다. 우리가 GDP라고 부르는 국내총생산은 크게 추세(trend)와 순환 구조(cycle)로 구분할 수 있으며 아래 그림에서 나타나 있듯이 추세는 장기적인 평균을 나타내는 선으로 지속적으로 상승하고 있음을 확인할 수 있다. 반면 순환 구조는 추세를 기준으로 오르기도 하고 내려가기도 하는 모습을 보이는데 추세보다 상위에 위치할 때를 호황(boom), 하위에 위치할 때를 불황(depression)이라고 부른다. 앞서도 언급했듯이 호황에는

대부분의 상품에 대한 수요가 증가하고 불황에는 대부분의 상품 수요가 감소하기 때문에 경기가 기업의 미래 수익성에 영향을 미치게 되는 것이다.

그림 7-35 국내 명목 GDP 추이 및 추세 구분(단위: 백만원)

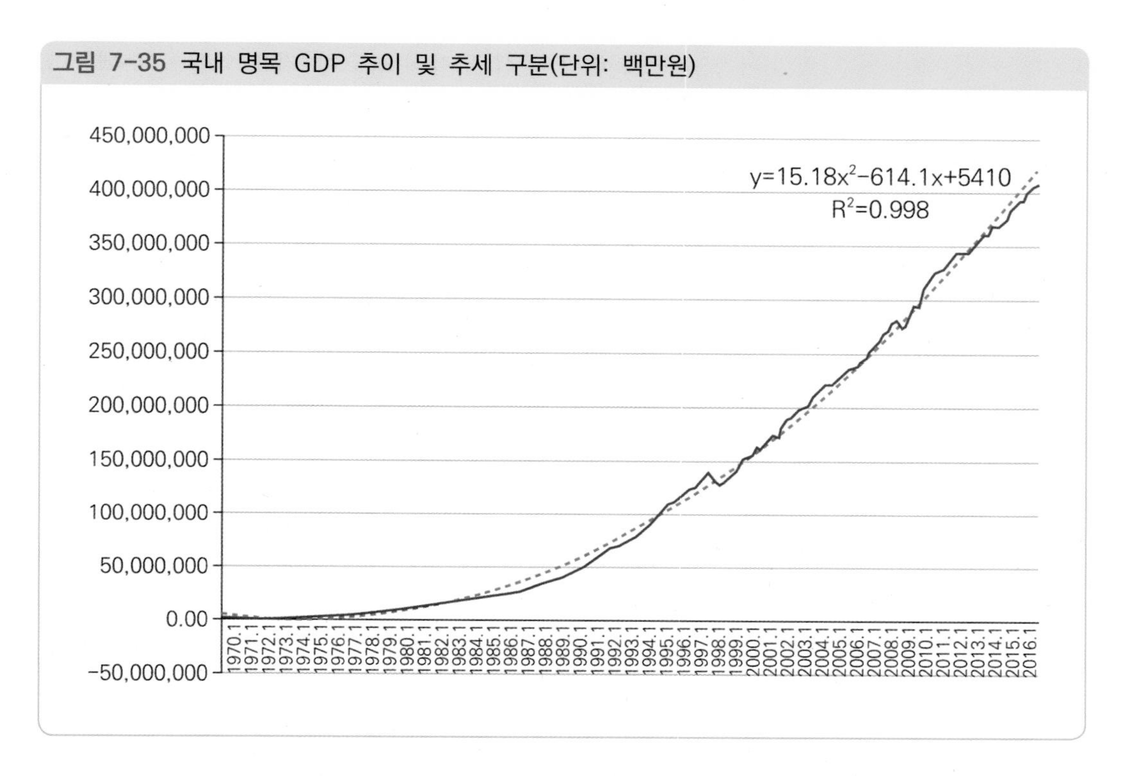

그림 7-36 경기 순환 구조

그림 7-37 국내 GDP 성장률 추이

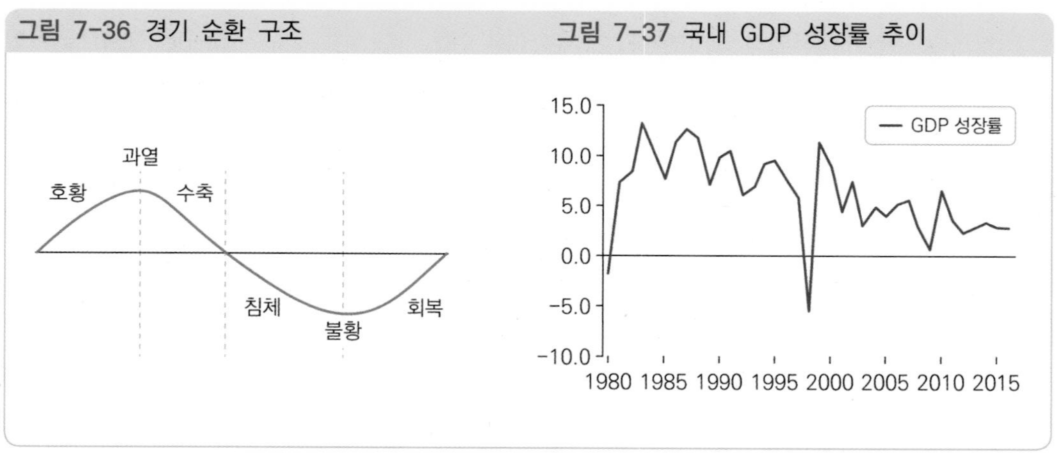

출처: 한국은행 경제통계시스템

경기 순환 구조는 이렇듯 주가에 큰 영향을 미치게 되는데 이미 발표된 GDP 자료 등은 과거 데이터임으로 주가에 반영된 경우가 많다. 따라서 경기 순환 구조를 예측하여 주식 투자를 결정할 수 있는 방법이 있는데 그것이 바로 경기 지수다. 경기 지수는 경제의 순환 구조를 미리 예측할 수 있도록 도와줌에 따라 주식 투자에 중요한 지표 역할을 수행한다. 대표적인 순환 지표로는 경기선행지수, 경기동행지수, 경기후행지수 등이 있다.

경기선행지수는 현재 경기보다 앞서 선제적으로 변동되는 지수로 향후 경기를 예측해 볼 수 있는 지수를 말한다. 대표적으로 재고순환지표, 기업경기실사지수, 경제심리지수, 소비자동향지수, 건축허가면적, 설비투자추계지수, 유동성, 순상품교역조건 등이 있다. 재고순환지표는 현재 재고가 얼마나 감소했는지를 보는 지표로서 재고가 감소했다면 현재 판매가 원활히 되고 있는 것이고 향후에 재고를 이전 수준으로 맞추기 위해 더 많은 생산을 할 것이라는 점을 예측할 수 있다. 기업경기실사지수(Business Survey Index, BSI)는 매월 3,313개 법인을 대상으로 설문조사를 실시하여 향후 전반적인 기업경기 등을 조사, 발표하는 자료이다. 즉, 기업 현장에서 느끼는 경기 실태를 지수화하여 나타낸 지표다. 기업경기실사지수는 100을 기준으로 100보다 높으면 부정적인 응답자수보다 긍정적인 응답자수가 많은 것을 의미하며 100보다 작을 경우 부정적인 응답자수가 긍정적인 응답자수보다 많음을 의미한다. 소비자심리지수(Consumer Survey Index, CSI)는 매월 전국 2,200개 가구를 대상으로 현재 경기 상황에 대한 인식과 향후 소비지출 등을 설문조사하여 소비자의 경제에 대한 전반적인 인식을 종합적으로 판단하는 지표다. 소비자심리지수는 100을 기준으로 100보다 큰 경우 경제 상황에 대한 소비자의 주관적인 기대심리가 평균보다 낙관적임을 의미하며 100보다 작을 경우 비관적임을 의미한다. 경제심리지수(Economic Sentiment Index, ESI)는 기업과 소비자 모두를 포함한 민간의 경제 상황에 대한 심리를 종합적으로 판단하기 위해 소비자심리지수와 기업경기실사지수를 합성하여 만든 경제종합지수다. 경제심리지수 역시 100을 기준으로 100보다 높으면 기업과 소비자 모두 경제에 대한 심리가 과거보다 높음을 의미하고 100보다 낮으면 경제적 심리가 낮음을 의미한다. 건축허가면적은 건물 등에 대해 실제로 착공되기 이전에 허가를 받는 서류절차로 향후 건설경기를 가늠할 수 있는 지표가 된다. 보통은 건축허가면적이 전년도에 비해서 늘어나면 향후 부동산 경기가 살아날 것으로 예측하며 이는 경제 성장에도 긍정적인 영향을 미친다고 가정한다. 유동성지표는 현재 시중에 자금이 얼마나 풀려 있는지를 나타내는 지표로 보통 유동성이 높으면 자산 가격도 상승하고 투자도 증가하여 경기가 좋아질 것으로 예측한다.

표 7-4 경기선행지수 구성표

경제부문	지표명	내용	작성기관
고용	입 · 이직자 비율	(입직자수/이직자수)x100	고용노동부
생산	재고순환지표(제조업)	출하증가율-재고증가율	통계청
	기업경기실사지수		한국은행
	소비자심리지수		한국은행
	경제심리지수		한국은행
투자	설비투자추계지수		통계청
	자본재수입액	자본재수입액/수입물가지수	관세청
	건축허가면적		국토교통부
금융	종합주가지수	월평균	거래소
	유동성(L)		한국은행
무역	순상품교역조건		한국은행

그림 7-38 기업경기실사지수(제조업 업황)

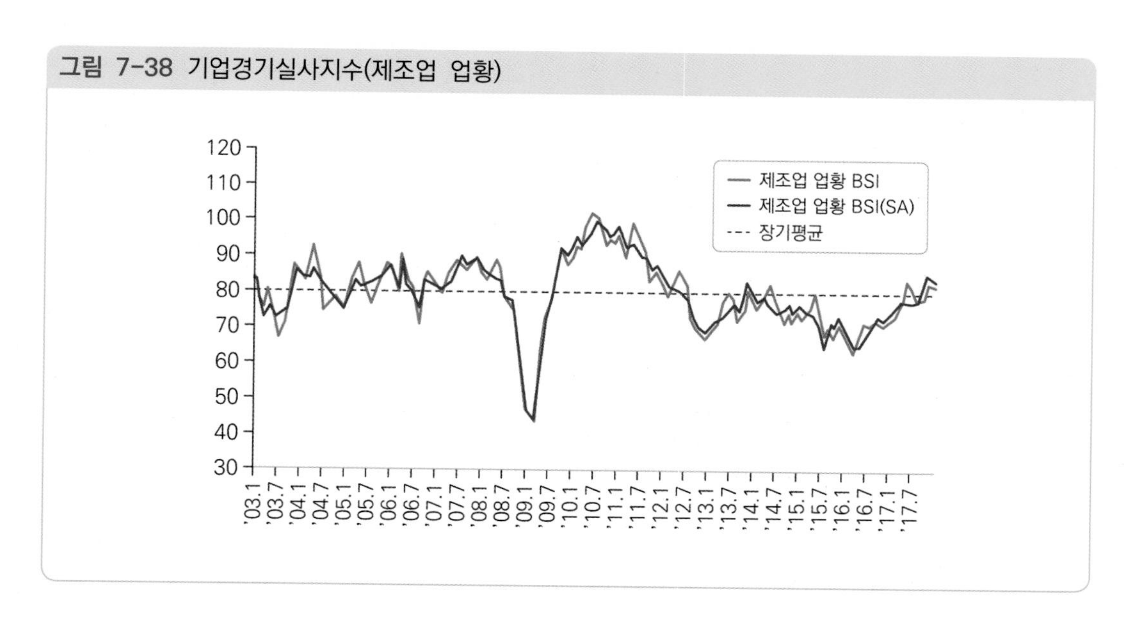

그림 7-39 소비자심리지수(기준치: 100)

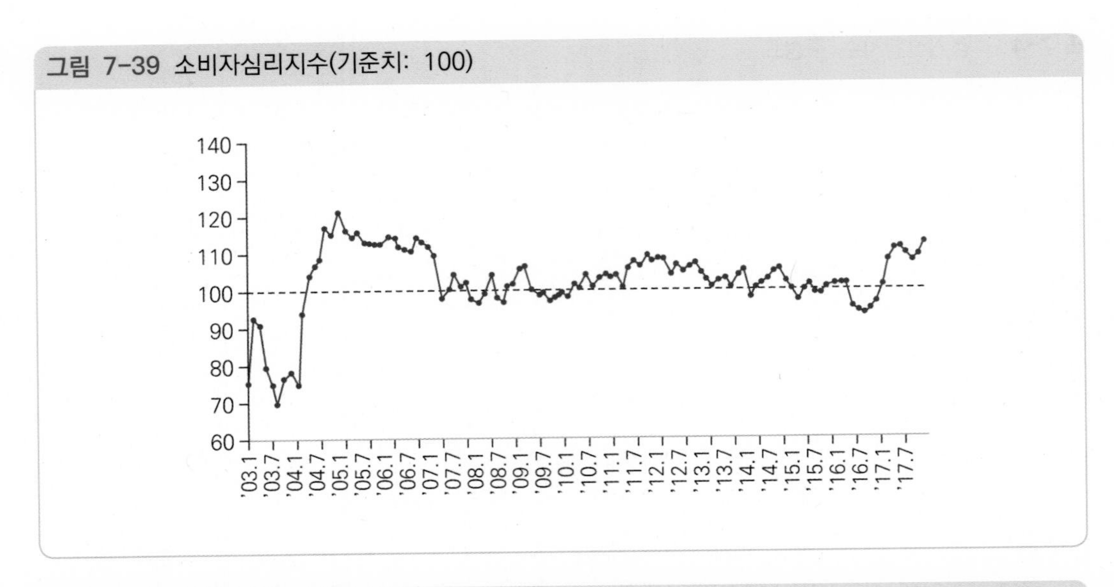

그림 7-40 경제심리지수

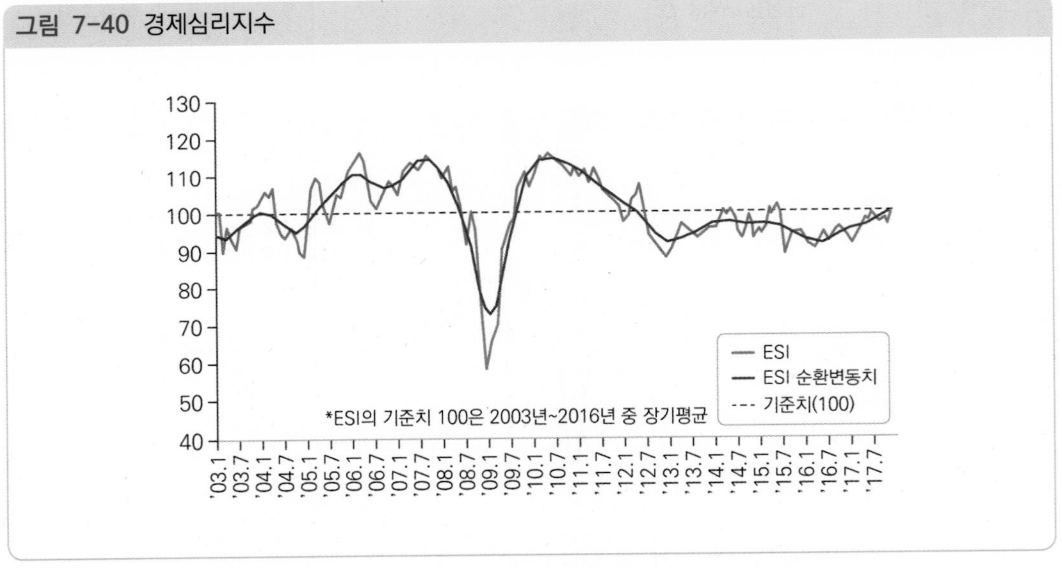

출처: 한국은행

동행지수는 현재 경기와 같이 변동되는 지수를 말하며 비농가취업자수, 산업생산지수, 제조업가동률지수, 도소매판매액지수, 건설기성액, 수출액, 수입액 등이 있다. 마지막으로 후행지수는 상용근로자수, 이직자수, 생산자제품재고지수, 도시가계소비지출, 소비재수입액, 회사채수익률 등이 있다.

표 7-5 경기동행지수 구성표

경제부문	지표명	내용	작성기관
고용	비농가취업자수		통계청
생산	산업생산지수		통계청
	제조업가동률지수		통계청
소비	도소매판매액지수		통계청
투자	실질건설기성액	건설기성액/생산자물가지수	통계청
무역	실질수출액	수출액/수출물가지수	관세청
	실질수입액	수입액/수입물가지수	관세청

표 7-6 경기후행지수 구성표

경제부문	지표명	내용	작성기관
고용	상용근로자수		고용노동부
	이직자수(제조업)		고용노동부
생산	생산자제품재고지수	광공업	통계청
소비	실질도시가계소비지출	도시가계소비지출/소비자물가지수	통계청
	실질소비재수입액	소비재수입액/수입물가지수	관세청
금융	회사채수익률	AA-, 3년만기	한국은행

다음으로 총수요 정책인 재정정책과 통화정책, 이자율 결정에 대해서 살펴보도록 하자. 우선 국내총생산(GDP)은 지출측면에서 다음과 같이 표현할 수 있다.

$$Y = C(Y - t) + I(r) + G + NX$$

여기서 C는 민간 소비를 의미하고, Y는 소득, t는 세금을 의미한다. 또한 I는 설비 투자를 의미하며 r은 이자율을 의미한다. G는 정부 지출, NX는 순수출을 의미한다. 즉 국내총생산은 지출 측면에서 민간 소비와 설비 투자, 정부 지출, 순수수출로 이루어져 있다. 우리는 앞서 경기 순환에서 경기는 호황과 불황이 반복적으로 일어난다고 이야기 하였다. 이런 호황과 불황이 발생할 때 필연적으로 나타나는 것이 있는데 그것이 바로 인플레이션과 실업이다. 따라서 정부는 단기적으로 경기가 과열되어 있거나 침체가 깊어지는 것을 방지하기 위해 재정정책과 통화정책을 실시한다.[28) 29)]

재정정책이란 정부가 정부지출(G) 혹은 세금(t)을 조정하여 경기 침체나 과열을 막는 정책을 말한다. 재정정책은 경기 상황에 따라 불황에는 확장적 재정정책을 실시하고 호황기에는 긴축적 재정정책을 실시한다. 예를 들어 확장적 재정정책이 실시되면 현재 경제 상황이 좋지 않다는 신호를 받아들일 수 있다. 따라서 주가는 박스권에 갇혀 있거나 하락 추세에 있을 가능성 있다. 실제로 확장적 재정정책이 시행되면 시중에 유동성과 이자율 관계를 통해 주가에 영향을 미치는 경로를 생각해볼 수 있다. 또한 단기적으로 정부가 적극적으로 경기를 회복시키려는 의지가 있다는 점도 확인할 수 있다. 우선 확장적 재정정책이 시행되기 위해서는 정부가 자금 확보를 위해 국채를 발행해야 한다. 국채 발행은 국채의 가격을 하락시키는 반면 이자율을 상승시키는 효과를 발휘한다. 이자율 상승은 주식 보유에 대한 기회비용을 상승시키고 이는 결국 주식 수요 감소로 이어져 주가가 하락하는 경로를 따를 수 있다. 즉 시장 이자율이 높다면 굳이 변동성(위험)이 높은 주식에 투자하기 보다는 예금이나 기타 고정이자부 금융상품에 투자하는 것이 나을 수 있다는 것이다. 또한 이자율 상승은 기업의 자금 조달 비용을 증가시켜 기업 수익을 악화시킴에 따라 주가가 하락할 수 있는 경로를 따를 수 있다. 더욱이 국채 발행으로 인해 구축 효과(crowding out effect)가 발생한다면 주가는 더욱 하락할 수 있다. 구축 효과란 국채 발행으로 인한 이자율 상승이 설비 투자(I)를 위축시켜 국내총생산(GDP)을 위축시킬 수 있다는 이론이다.

다음으로 통화정책은 중앙은행이 통화량 혹은 기준금리를 조정하여 설비 투자와 민간 소비를 자극함으로써 경기를 조정하려는 정책이다. 통화정책 역시 호황기에는 긴축적 통화정책을 실시하며 불황에는 확장적 통화정책을 실시한다. 이해를 돕기 위해 확장적 통화정책 경로를 통해 주가에 미치는 영향을 확인해 보자. 확장적 통화정책을 위해서는 통화당국이 통화량을 조절하거나 기준금리를 조정하는 방법을 사용한다. 기준금리는 한국은행의 금융통화위원회를 통해 결정된다.[30] 또한 통화량 조절은 공개시장조작을 통해 이뤄지는데 이는 중앙은행이 국채를 매수하거나 매도하는 방식으로 진행된다. 국채를 매수하는 것을 공개시장매입이라고 하고 국채를 매도하는 것을 공개시장매도라고 한다. 공개시장매입은 시장에 있는 국채를 매수함으로써 시중에 통화량을 공급하는 정책으로 통화량 증가는 이자율을 하락시키는 경로를 따르게 된다. 이처럼 확장적 통화정책 경로는 통화량 증가 혹은 이

---

28) 재정정책은 거시경제의 창시자인 케인즈에 의해서 정립된 이론으로 케인즈 이전까지는 시장 방임주의로 장기에 균형으로 복귀하기 때문에 정부가 나서서 정책을 이행할 필요가 없다는 입장이었다. 하지만 대공항 당시 케인즈는 "long time, we are all dead"라는 말을 남기며 정부가 적극적 재정정책을 시행해서 유효수요를 창출하고 침체에서 벗어나야 한다고 주장하였다.

29) 재정정책과 통화정책의 자세한 내용은 "한국인의 경제학 기초(박영사, 최남진 저)"를 참고하길 바란다.

30) 기준금리 결정에 대해서는 "이자율 결정" 단원에서 확인하길 바란다.

자율 하락 경로를 따르게 되는데 이는 다음과 같은 경로를 통해 주가에 영향을 미치게 된다. 우선 통화량 증가는 기업들의 자금 확보를 용이하게 하여 투자 증가, 수익성 증가, 주가 상승 경로를 따르게 된다. 민간부분 역시 용이한 자금 확보는 주식 매입을 유도하여 주가 상승 경로를 따르게 한다. 단기적인 통화량 증가와 기준금리 인하는 이자율 하락 경로로 연결되며 이는 기업의 자금 조달 비용을 감소시켜 주가 상승 경로를 따르게 한다. 또한 민간 부분에서도 고정이자부 금융상품에 대한 상대적 수익률 감소가 투자 자금을 주식 시장으로 이전 시켜 주가 상승 요인으로 작용할 수 있다. 하지만 장기적으로 통화량 증가와 기준금리 인하는 인플레이션을 자극하여 부동산 투자로 연결될 수 있으며 제품이 원가 상승, 기업 수익 감소, 주가 하락으로 이어질 수도 있다. 이자율 및 통화량과 주가 사이 관계는 다음 그림과 같다.

그림 7-41 주가와 이자율 간의 관계

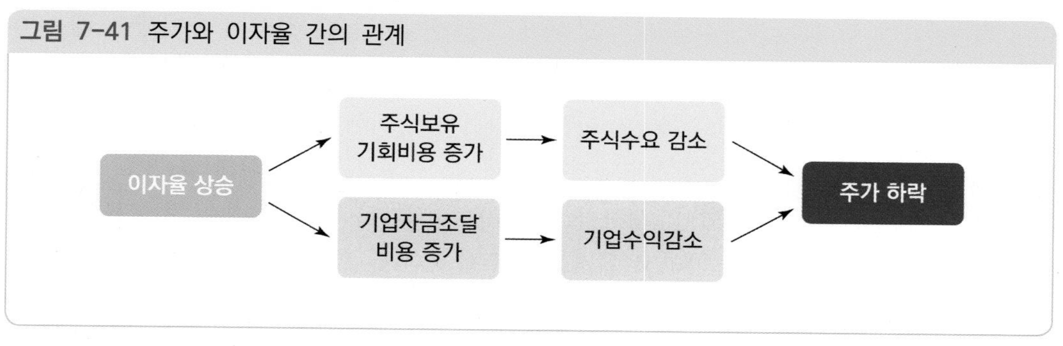

그림 7-42 통화량과 주가 간의 관계

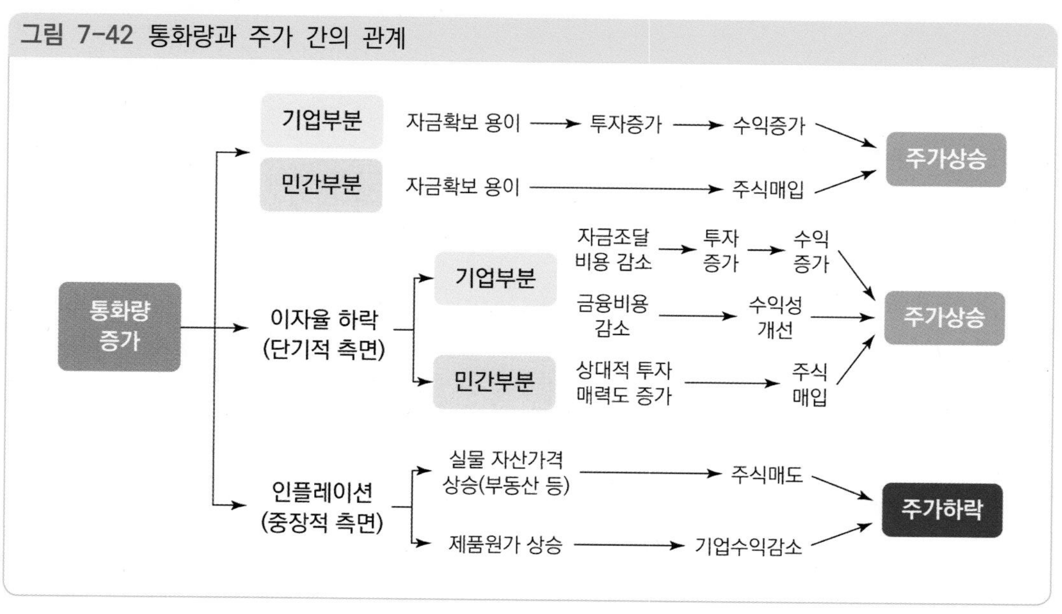

ii) 산업 분석

산업 분석은 기업들 간 동질의 재화나 서비스를 생산하는 분류들의 집단을 분석하는 것이다. 좀 더 구체적으로 통계청의 정의에 의하면 산업이란 유사한 성질을 갖는 산업 활동에 주로 종사하는 생산단위 집단을 의미한다. 산업 분석이 중요한 이유는 독자가 투자하고 싶어하는 개별 기업의 미래 수익과 성과가 상당부분 산업의 흐름에 영향을 받을 수 있기 때문이다.

대체로 국내 산업은 고도 성장과 맞물려 빠르게 변화해 왔다. 1970년대는 노동 집약적 산업에서 1980년대는 자본 집약적 산업, 2000년대에는 기술 집약적 산업, 최근에는 4차 산업 및 바이오 산업으로 변경되어 왔다.

이처럼 산업은 최초 도입되면서 성장하다가 점차 산업이 전환되어 쇠퇴하는 과정을 따르게 된다. 따라서 독자들이 주식 투자할 때에도 성장성이 높은 산업에 투자했을 때 기대수익만큼 수익을 올릴 가능성이 높다. 따라서 산업 분석에서 가장 기본적으로 보는 라이프사이클 분석(product life cycle analysis)이론을 간단하게 이해하도록 하자.

라이프 사이클 분석은 산업이 생명체의 수명과 같이 생성, 성장, 쇠태, 소멸로 이어진다는 것에 착안하여 기업도 도입기, 성장기, 성숙기, 쇠퇴기를 거치는 매출, 이익률, 이익이 곡선형태를 따른다는 것이다. 따라서 독자들이 주식 투자를 위해 해당 회사가 어떤 산업군에 속하며 현재 어느 단계에 있는지 파악해 보는 것이 중요하다고 할 수 있다.

1단계 도입기 : 제품이 처음 도입되는 단계로 신제품이 시장에서 좋은 반응을 보이기까지는 상당한 시간이 소요된다. 따라서 매출 증가율이 낮은 반면 시장 선점을 위해 공격적인 마케팅 비용 지불로 인해 적자가 발생하거나 이익률이 저조할 가능성이 높다. 이 시기에 기업은 시장에 계속 기업으로 성장할지 아니면 시장에서 이탈할지가 결정된다.

2단계 성장기 : 이 시기가 되면 도입기에 살아남은 기업들이 시장을 선점하게 된다. 따라서 시장 수요를 충족시키기 위해 생산을 늘리며 매출증가율은 크게 증가한다. 또한 살아남은 기업은 많지 않으므로 이익증가율도 가파르게 증가한다. 대체로 이 시기에 투자하는 것이 주식 수익률이 가장 높을 가능성이 크다.

3단계 성숙기 : 성숙기에 들어서면 기업들은 안정적인 시장점유율을 유지하기 때문에 매출증가율은 완만하게 증가한다. 하지만 이제 시장은 포화상태가 되기 때문에 기업들 간 가격 경쟁과 마케팅 비용이 늘어나 이익증가율은 감소하게 된다. 이 시기 기업들은 줄어든 이익증가율을 만회하기 위해 원가절감 및 생산관리 시스템 등을 도입하여 비용을 최소화하려 노력한다. 또한 기업이 계속적 기업으로 남을 수 있도록 새로운 상품 개발 등에 비용을 투자함으로 비용은 점차 늘게 된다.

4단계 쇠퇴기 : 흔히 쇠퇴기에 있는 산업을 사양 산업이라고 부르기도 한다. 이 시기가 되면 더 이상 고객들은 기업이 생산한 제품에 매력을 느끼지 못하며 수요가 급감하게 되고 이로 인해 매출액도 급격하게 감소하기 시작한다. 또한 이 시기에는 성장기와 성숙기에 늘렸던 자본과 노동력이 비용 압박으로 다가옴에 따라 이익증가율도 급격하게 하락하며 적자 기업이나 도산 기업이 다수 발생한다. 쇠퇴기 기업들은 살아남기 위해 M&A를 통한 업종다각화에 나서기도 한다.

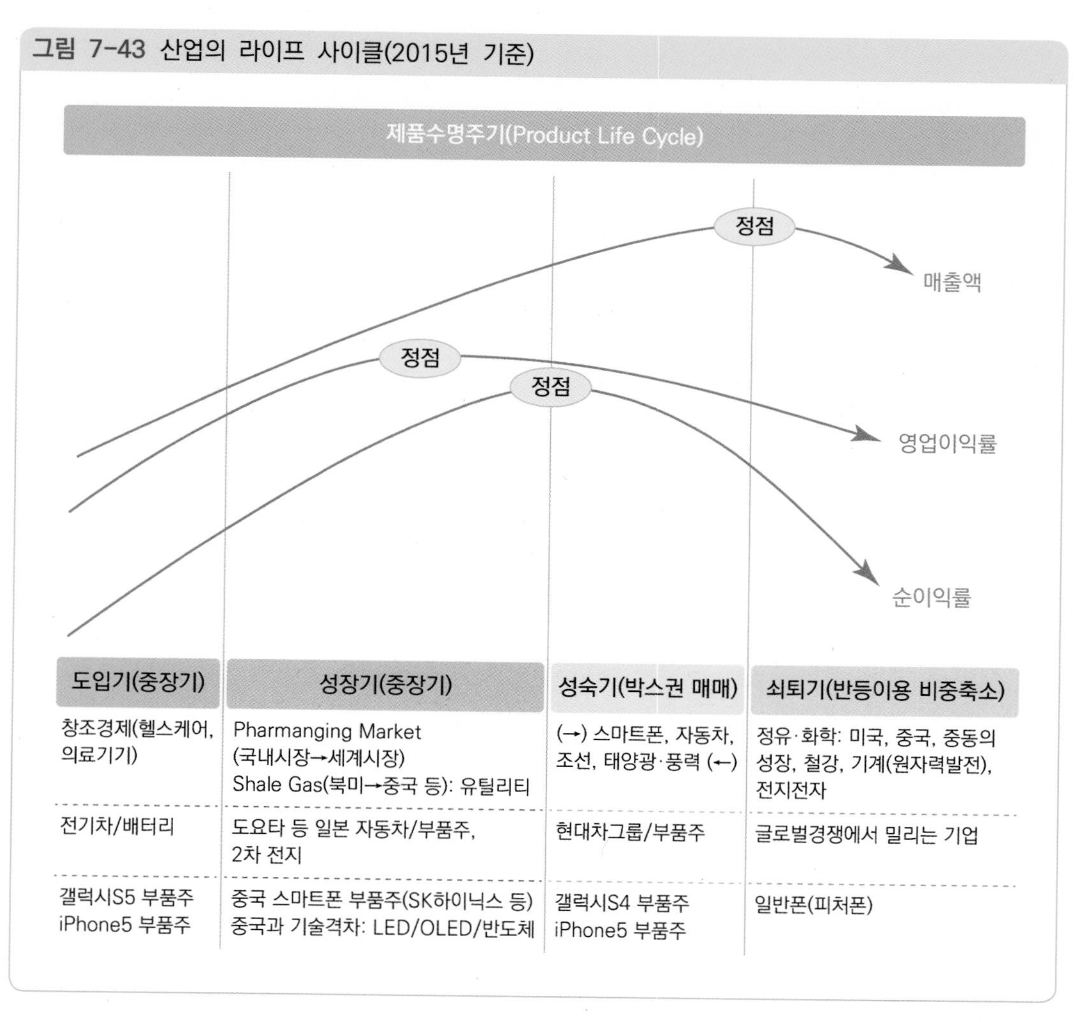

그림 7-43 산업의 라이프 사이클(2015년 기준)

출처: 투자의 맥(리서스 클럽)

다음으로 산업의 특성을 경기 변동과 관련하여 구분하고 설명할 수도 있다. 즉 산업이 경기에 얼마나 민감한가에 따라 경기민감산업과 경기방어적산업으로 구분한다. 우선 경기 민감산업은 경기 변동에 따라 같은 방향으로 움직이는 산업을 말하는 것으로 호황기 때에는 매출과 수익이 늘어나고 불황 때는 매출과 수입이 감소하는 산업을 말한다. 경기민감산업에는 자동차, 에어컨, 냉장고, 세탁기 등 고가의 내구소비재 산업과 산업기계와 같은 내구생산재를 생산하는 산업 및 건설, 건설관련업 등이 포함된다. 반면 경기방어적산업은 경기침체에도 영향을 크기 받지 않는 산업을 말한다. 예를 들어 인간이 삶을 살아가는 데 꼭 필요한 생필품 같은 것들이 여기에 속한다. 경기방어적산업에는 음식료 산업과 의약품 같은 비내구재 산업과 생활필수품과 관련된 소비재 산업, 전력 및 가스 산업 등이 포함된다.

표 7-7 경기민감산업과 경기방어적산업

경기민감산업	(내구재)자동차, 에어컨, 냉장고, 세탁기 등 (내구생산재)산업기계류 건설, 건설관련업 등
경기방어적산업	(비내구재)음식료산업, 의약품 (소비재 산업)생활필수품 전력 및 가스 산업 등

iii) 기업 분석

거시경제 및 산업 분석에 이어 실제 기업의 주식을 분석해 보도록 하자. 보통 주식은 가치를 평가하여 현재 주가보다 가치가 낮다면 저평가되어 있기 때문에 매수를 하고 현재 주가가 분석한 가치보다 높다면 고평가 되어있기 때문에 매도하는 전략을 사용한다. 그렇다면 기업의 주식 가치 평가는 어떻게 이뤄질까? 보통은 앞선 거시경제 분석 및 산업 분석을 통해 기업의 예상 재무제표를 작성할 수 있다. 물론 예상 재무제표를 투자자가 직접 작성하지는 않고 전문 애널리스트들이 작성하기 때문에 그것을 잘 사용할 줄만 알면 된다. 주식의 경우 정해진 만기도 없고, 일정한 이자가 발생하는 것도 아니기 때문에 주식 가치 평가를 위해서는 기업의 이익 잉여금이 얼마나 발생하는지를 예측하고 이익 잉여금 중에 배당을 얼마나 할 것인지를 예측할 수 있어야 한다. 이렇게 예측된 배당은 일정기간 꾸준히 지급될 것을 가정하고 적정 할인율로 할인하여 현재 가치를 환산하는 것이다. 이 방법은 우리가 채권 계산에서 영구 채권 계산에 사용한 것과 같은 방법으로 독자들이 이해하는데 어렵지는 않을 것이다.

다만, 영구 채권의 경우 할인율을 시장 이자율로 사용하였지만 주식에서는 주식 투자로 인해 얻을 수 있는 기대 수익률인 요구 수익률(required rate of return)을 사용한다. 요구 수익률은 무위험 이자율과 시장 포트폴리오의 기대 수익률, 그리고 주식의 베타(β)를 통해 얻을 수 있는데[31], 자세한 사항은 본서의 범위를 넘어감으로 간단하게 시장 이자율에 리스크를 감안한 수익률이라고 생각하면 된다. 따라서 요구 수익률은 보통 시장 이자율보다 높다. 요구 수익률만 가지고도 주식 투자를 결정할 수 있는데, 예를 들어 현재 주식이 1만 원이고 연말에 1천 원의 배당을 할 예정이며, 연말 주식 예상 가격이 1만 1천 원이라면 이 주식에 투자 수익률은 20%($\frac{1,000(\text{배당}) + (11,000 - 10,000)}{10,000} \times 100$)가 될 것이다. 반면 해당 주식의 요구 수익률이 15%라면 요구 수익률보다 높은 20%가 기대됨으로 주식을 매수할 수 있다.

요구 수익률이 결정되면 주식의 미래 기대되는 현금 흐름을 바탕으로 요구 수익률로 할인하여 주식이 내재 가치(intrinsic value)를 결정할 수 있다. 내재 가치는 미래 기대되는 배당과 주식의 매도 금액을 요구 수익률로 할인한 현재 가치다.

$$V(\text{내재가치}) = \frac{D_1(\text{미래배당}) + P_1(\text{미래매도가격})}{1 + k(\text{요구수익률})}$$

앞서 예를 들었던 것을 활용하면, 1년 뒤 배당은 1천 원, 1년 후 매도 가격은 1만 1천 원이고 요구 수익률은 15%라면 이 주식의 내재 가치는 10,435원($\frac{1,000 + 11,000}{1 + 0.15}$)이 된다. 따라서 현재 주가가 1만 원임으로 과소평가 되어 있기 때문에 해당 주식을 매수하면 된다.

더 알아보기

기업의 이익금과 배당, 주가와의 관계

기업은 주요 사업을 통해 얻은 매출액과 기타 사업으로 얻은 수익에서 매출 원가 및 영업 비용을 차감하고 세금을 납부하면 순이익 혹은 순손실이 발생하게 된다. 만약 순이익이 발생하였다면 회사의 주주들은 주주총회를 열어 이익을 사내 유보금으로 남길지, 배당을 할지 결정하게 된다. 보통 배당과 사내 유보를 결정하는 문제는 미래 산업을 위한 재투자를 얼마나 할 것인지에 따라 결정되는 경우가 많다.

31) 요구 수익률은 CAPM 모형에 따르면 $R_f(\text{무위험이자율}) + (E(R_m)(\text{시장포트폴리오 기대수익률}) - R_f)\beta_i(\text{주식베타})$로 표현된다.

예를 들어 성장 기업인 경우, 배당 보다는 사내유보를 택할 가능성이 크다. 이유는 사내유보를 통해 R&D 투자를 활성화하여 미래 가치를 올리는 것이 주가에 더 긍정적임으로 배당 수익보다는 주가 상승으로 인한 자본 이득이 훨씬 크다고 생각할 수 있기 때문이다. 반면 생필품 회사나 담배 등을 만드는 회사의 경우, 이익을 사내유보 시키는 것보다는 배당을 통한 수익 배분을 선택할 가능성이 높다. 이는 앞선 이유와는 상반된 개념으로 생필품이나 담배 같은 경우 새로운 상품을 개발하기가 쉽지 않으며 개발한다고 하더라도 기존에 디자인 정도만 바뀌는 것이 대부분이기 때문에 사내유보금을 많이 쌓아 놓을 이유가 없다. 결론적으로 사내 이익은 직접적으로 주가 변동에 영향을 주며 주총을 통한 배당 및 사내유보 역시 2차적으로 주가에 영향을 미치게 되는 것이다.

그림 7-44 기업의 이익금과 배당, 주가와의 관계

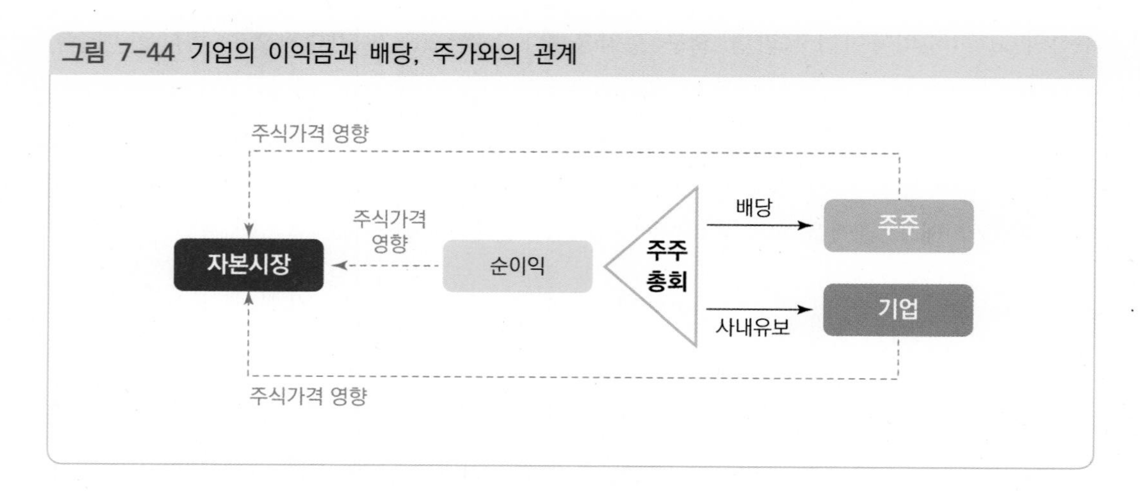

ㄱ) 배당 평가 모형

배당 평가 모형은 주식 가치 평가에 가장 기본적인 모형으로 "기업이 채권 이자처럼 일정하게 배당을 한다면 주식 가치는 어떻게 되겠는가"에서 출발한 모형이다. 주식의 경우 만기가 없기 때문에 일정하게 배당을 한다면 아래와 같이 영구 채권 계산식으로 나타낼 수 있다.

$$P_0 = \frac{D_1}{1+k} + \frac{D_2}{(1+k)^2} + \frac{D_3}{(1+k)^3} + \cdots$$

이는 우리가 수열을 통한 영구 채권 계산에서 확인한 바와 같이 다음과 같이 나타낼 수 있다.

$$P_0 = \frac{D}{k}$$

예를 들어, 현재 A 주식이 영구적으로 매년 1천 원씩 배당을 하고 요구 수익률이 15%라면 이 주식의 가치는 6,667원($\frac{1,000}{0.15}$)가 된다. 이처럼 배당의 일정하게 지급되는 주식의 가치 평가 모형을 제로성장배당 모형이라고 부른다.

제로성장배당 모형은 현실에서 존재하기 어렵다는 사실을 독자들도 잘 이해할 것이다. 그럼에도 불구하고 아주 복잡한 모형이 주가를 잘 예측하는 것도 아니라는 점을 착안할 때, 가장 간단하면서 쉽게 접근할 수 있는 모형이 좋은 모형이 될 수도 있다는 점을 기억하기 바란다. 다음으로 배당이 일정 비율만큼 지속적으로 증가한다고 가정한 모형이다. 이를 식으로 표현하면 다음과 같다.

$$P_0 = \frac{D_1}{1+k} + \frac{D_1(1+g)}{(1+k)^2} + \frac{D_1(1+g)^2}{(1+k)^3} + \cdots$$

이는 배당 D_1이 매년 g만큼씩 성장하는 것을 나타낸 것으로 무한등비수열의 합을 이용하면 다음과 같이 나타낼 수 있다.[32)]

$$P_0 = \frac{D_1(1+g)}{k-g}$$

이를 고든(Gordon)모형이라고 한다. 위 식에서 보면 알겠지만 요구 수익률(k)이 배당 성장률(g)보다 커야 식이 성립함을 알 수 있다. 또한 요구 수익률이 낮을수록, 배당 성장률이 커질수록 주식의 현재 가치가 증가한다는 점도 확인할 수 있다. 예를 들어 매년 1천 원씩 배당하는 주식의 배당 성장률이 5%이고 요구 수익률이 15%라면 이 주식의 내재 가치는 10,500원($\frac{1,000 \times (1+0.05)}{0.15-0.05}$)이 된다.

ㄴ) 비율 분석

주식의 가치를 평가하기 위해서는 앞선 배당 모형 등을 사용하지만 현재 기업의 재무건전성과 성과 등을 판단하기 위해서는 재무제표를 이용한 비율 분석(ratio analysis)을 많이 이용한다. 비율 분석을 이해하기 위해서는 우선 재무제표를 이해하여야 함으로 아래 재무제표에 대한 간단한 이해를 먼저 확인해 보도록 하자. 이제 재무제표에 대한 간단한 이해가 되었으리라 생각하고 몇 가지 중요한 비율 분석을 알아보도록 하겠다.

---

32) 초항을 $\frac{D_1}{1-k}$, 공비를 $\frac{1+g}{1+k}$로 놓고 무한등비수열의 합 공식인 $\frac{\alpha(1-r^n)}{1-r}$에 대입하면 구할 수 있다.

(a) 주당 순이익(EPS: Earning Per Share)

주당 순이익은 대표적인 이익지표로 순이익을 보통주 발행 총수로 나눈 값이다. 이는 주주 1명 당 배분될 이익의 크기를 나타내는 지표다. EPS는 손익계산서의 순이익과 주식 발행 총수를 통해 계산할 수 있으며 모든 순이익을 주주들에게 배분한다는 기본 가정을 가지고 해석하는 것이다.

$$EPS = \frac{\text{순이익}}{\text{보통주총발행주수}}$$

보통 EPS가 높아야 주가에 좋을 것이라고 생각하는 경향이 있지만 꼭 그렇지는 않다. 물론 EPS가 높다는 것은 그만큼 주주들 수익이 높다는 개념으로 받아들일 수 있지만 업종 평균보다 지나치게 높을 경우 기업이 미래를 위해 재투자를 하고 있지 않은 것으로 판단해 볼 수도 있다. 즉 기업이 연구개발이나 적극적인 마케팅 등을 하고 있지 않기 때문에 다가올 미래에 수익이 감소할 수도 있다는 말이다. 반면 EPS가 음(−)으로 나타나면 어떤 측면으로 봐도 경영상에 문제가 있는 것이며 실제로 손실이 발생하고 있는 것이다. 예를 들어 A 기업의 2021년도 EPS는 1,500원에서 2022년 1,700원으로 상승하였다면 주당 순이익 증가율은 13%($\frac{1,700-1,500}{1,500} \times 100$)가 된다. 만약 매출액 증가율이 10%라면 A 기업은 매출액 증가분보다 주당 순이익 증가율이 높기 때문에 경영상의 효율성을 달성했다고 볼 수 있다.

(b) 총자산 수익률(ROA: Return On Assets)

총자산 수익률 역시 대표적인 이익 지표로 순이익을 총자산으로 나눈 비율을 말한다. ROA는 대차대조표의 총자산과 손익계산서의 순이익을 통해 계산할 수 있다. ROA는 자산을 얼마나 효율적으로 사용하고 있는지 혹은 자산을 근거로 얼마나 이익을 창출하고 있는지의 능력을 나타내는 지표다.

$$ROA = \frac{\text{순이익}}{\text{총자산}}$$

ROA가 높으면 효율적으로 영업을 수행하고 있다고 보지만 비슷한 기업이나 산업 대비 지나치게 높다면 보수적인 경영으로 충분한 투자가 이뤄지지 않고 있다고 판단해 볼 수도 있다. 반면 ROA가 낮으면 전반적으로 비효율적인 경영을 하고 있다고 판단해 볼 수 있으나 현재 투자 개발비가 많이 투입되어 일시적으로 ROA가 낮아질 수도 있기 때문에 확인해 볼 필요가 있다.

(c) 자기자본 이익률(ROE: Return On Equity)

자기자본 이익률 역시 대표적이 이익 지표로 순이익을 자기자본으로 나눈 비율을 말한다. ROE는 대차대조표의 자기자본과 손익계산서의 순이익을 통해 계산할 수 있다. ROE는 아래 공식과 같이 ROA를 자기자본비율로 나눈 지표로 다시 쓸 수 있으며 자기자본 비율은 $1-\frac{총부채}{총자산}$로 쓸 수 있다.

$$ROE=\frac{순이익}{자기자본}=\frac{\frac{순이익}{총자산}}{\frac{자기자본}{총자산}}=\frac{ROA}{자기자본비율}=\frac{ROA}{1-\frac{총부채}{총자산}}$$

따라서 ROE가 높다는 것은 기업이 효율적인 영업을 수행하고 있으며 주주들의 이익이 증가하고 있다고 판단해 볼 수 있다. 하지만 비슷한 업종대비 지나치게 높은 ROE는 부채를 너무 많이 사용해서 레버리지가 지나치게 높을 수도 있고 충분한 투자를 하지 않을 수도 있기 때문에 확인이 필요하다. 반면 ROE가 낮다면 비효율적인 경영을 하고 있거나 지나치게 높은 연구 개발비가 투자되고 있을 수도 있다. 또한 ROE가 지속적으로 하락하고 있는 추세라면 매출이 둔화되고 있거나 기업이 쇠퇴하고 있다고 판단해 볼 수 있다.

(d) 유동성 비율(CR: Current Ratio)

유동성 비율은 대표적인 유동성 지표로 단기 부채를 얼마나 쉽게 상환할 수 있는지를 나타내는 지표다. 유동성 비율은 유동 자산을 유동 부채로 나눈 비율로 나타낸다. 유동 부채와 유동 자산은 대차대조표를 통해 확인할 수 있다.

$$CR=\frac{유동자산}{유동부채}$$

CR이 높을수록 기업은 단기 부채 상환능력이 좋다고 할 수 있으며 CR이 낮을수록 단기 상환능력이 떨어지기 때문에 자금 부족으로 기업이 위기에 처할 수 있다고 판단할 수 있다. CR은 반드시 동종 업종 내 지표들과 비교해 보아야 하며 단순 절대치를 가지고 판단할 수는 없다. 이유는 유동 자산에 재고 자산과 외상매출금 등이 포함되어 있기 때문이며 업종에 따라 재고 자산에 대한 부패, 기타 요인으로 판매할 수 없을 수 있고 외상매출금 역시 장기적으로 받을 수 없을 수도 있기 때문이다. 따라서 CR지표와 함께 유동 자산에서 재고 자산과 선급금 등을 차감한 당좌 비율(QR: Quick Ratio) 등을 보기도 한다.

(e) 이자보상 비율(ICR: Interest Coverage Ratio)

이자보상 비율은 대표적인 보상 비율로 기업이 부담하고 있는 재무적 부담을 이행할 능력이 충분한지를 보는 지표다. 이자보상 비율은 법인세전 이익 또는 영업 이익을 이자 비용으로 나눈 비율이다. 법인세전 이익 및 영업 이익, 이자 비용은 손익계산서에서 확인할 수 있다.

$$ICR = \frac{\text{법인세전이익 or 영업이익}}{\text{이자비용}}$$

ICR는 기업의 이익으로 차입 이자를 얼마나 보상할 수 있는지 지불 능력을 확인하는 지표다. ICR가 높다면 차입 이자를 지불하고도 어느 정도의 이익의 여유가 있다는 의미로 해석할 수 있으며 이는 채권자들뿐만 아니라 주주들에게도 안정감을 줄 수 있다. 또한 추가 차입을 하는데 어려움이 없다고 판단해 볼 수 있다. 반면 ICR 비율이 낮다면 차입 자본에 대한 충분한 수입을 올리지 못하고 있다고 볼 수 있다. 또한 지나치게 높은 레버리지를 통해 공격적인 경영을 하고 있을 경우도 ICR 비율이 높아질 수 있기 때문에 확인해 볼 필요가 있다.

(f) 부채-자기자본 비율(DER: Debt-Equity Ratio)

DER은 자기자본에 비해 채권자들의 자금이 얼마나 되는지를 나타내는 지표다. DER은 총고정 부채를 자기자본으로 나눈 비율이다. 총고정 부채와 자기자본은 대차대조표에서 확인할 수 있다.

$$DER = \frac{\text{총고정부채}}{\text{자기자본}}$$

DER은 주주들이 출자한 자본에 대한 레버리지 크기를 확인하는 지표로 일반적으로는 100%를 기준으로 보고 있다.[33] DER이 높은 기업은 호경기에 이자 비용보다 많은 수익을 올릴 수 있기 때문에 수익이 크게 늘어나지만, 반대로 침체기에는 수익이 크게 감소함에 따라 위기에 처할 수도 있다. 따라서 부채의 레버리지는 이익의 변동성을 크게 만드는 작용을 한다. 보통 레버리지 비율이 높으면 변동성으로 측정된 리스크가 증가함으로 주주들의 기대 수익률도 높아지는 경향이 있고, 반대의 경우에는 기업의 이익이 안정적으로 유지될 수 있으므로 주주들의 기대 수익도 낮아지는 경향이 있다.

---

33) 실제로 외환위기 이전에는 400%에 육박하는 지표를 보이는 기업들이 많았으나 외부의 부정적인 충격 시 기업이 쉽게 도산할 수 있다는 측면에서 국내 기업들은 이 지표를 지속적으로 줄여 왔다.

더 알아보기

재무제표(financial statements)에 대한 간단한 이해

재무제표는 기업을 이해하는데 가장 중요한 수단으로 기업의 자산, 부채, 자본, 매출액, 비용, 이익, 현금 흐름 등을 확인할 수 있는 대표적인 수단이다. 재무제표는 크게 3가지로 구분하는데 대차대조표(재무상태표, financial statement), 손익계산서(포괄손익계산서, income statement), 현금흐름표(statement of cash flows)로 구분된다. 우선 대차대조표는 현재 시점에서(stock) 기업의 자산(asset)과 부채(debt), 자기자본(equity)을 얼마나 소유하고 있는지를 나타내는 재무제표로 기초회계 방정식인 "자산=부채 +자기자본"으로 구성되어 있다. 즉 회사의 자산은 부채와 자기자본으로 구성되어 있다고 보는 것이다. 대차대조표는 아래 그림과 같이 작성된다. 기업의 자산 항목은 유동 자산과 비유동 자산으로 구분하고 비유동 자산은 무형 자산과 유형 자산으로 구분한다. 여기서 유동 자산이란 1년 안에 현금화가 가능한 자산으로 유동성이 높은 자산을 의미한다. 반면 비유동 자산은 부동산, 공장과 같이 1년 안에 유동화하기 어려운 자산들을 말한다. 대표적인 유동 자산은 현금, 매출채권, 재고자산 등이 있다. 비유동 자산은 다시 유형 자산과 무형 자산으로 구분되는데 유형 자산은 말 그대로 형태가 있는 자산을 말한다. 예를 들면 장비, 건물, 토지 등이 해당된다. 반면 무형 자산은 형태가 없는 자산으로 특허권, 상표, 저작권, 영업권 등이 포함된다. 부채는 기업이 타인으로부터 차입해온 자금 등을 말하며 부채 역시 유동 부채와 비유동 부채로 구분한다. 대표적인 유동 부채는 단기 차입금, 매입채무, 외상매입금 등이 있으며 비유동 부채로는 사채(회사채), 장기 차입금 등이 포함된다. 마지막으로 자기자본은 자산에서 부채를 뺀 값으로 법인의 주주 자본과 이익 잉여금 등이 포함된다.

손익계산서는 일정기간(flow) 동안 기업의 수익에서 비용, 세금 등을 차감하고 실제 기업이 얼마나 수익을 냈는지를 확인하는 재무제표이다. 손익계산서에 가장 일반적인 계산과정은 다음과 같다. 수익(revenue)에서 매출 원가(cost of goods sold)를 차감하면 총 이익(gross profit)이 산출되고 총 이익에서 영업 비용(operating expenses)을 차감하면 세전 순이익(net income before taxes)이 도출된다. 마지막으로 세전 순이익에서 세금(taxes)를 차감하면 기업의 순이익 혹은 순손실(net income or loss)을 구할 수 있다. 간단하게 각 단계별 항목을 살펴보면 우선 수익은 기업의 주력 산업에 해당하는 상품 및 서비스의 판매액인 매출과 기타 수입이 포함된다. 기타 수입에는 임대 수입, 특허세 등이 포함된다. 매출 원가는 상품이 판매되는 데 든 비용 또는 제품 생산에 있어 사용된 원자재나 여타 비용 등을 말한다. 매출 원가에는 모든 운송료 및 저장 비용도 포함된다. 보통 제조업의 경우 매출 원가가 상당히 크다. 다음으로 영업 비용은 흔히 판관비(판매비와 일반관리비)라고 부르는 비용으로 사업 운영과 관련된 임차료, 관리비, 종업원 봉급 등이 포함된다. 보통 판매비에는 마케팅하고 배포, 유포 하는데 발생하는 모든 비용을 말하며 영업사원 급여와 광고비 등이 포함된다. 일반관리비는 종업원 급여, 감가상각비[34], 보험료, 임차료 등 기업을 운영하는데 들어가는 일반 비용 등이 포함된다.

현금흐름표는 재무제표 중에 앞서 설명한 대차대조표와 손익계산서보다 중요도가 다소 떨어지기는 하지만 최근 신용거래가 보편화 되면서 기업의 현금 유·출입 상태가 과거보다는 중요한 항목으로 자리잡고 있다. 실제로 손익계산서상 순이익이 발생하고 있지만 현금 흐름상 문제가 생겨 흑자 도산[35]하는 기업들도 있다. 현금흐름표는 영업, 투자, 재무 등 3가지로 구분하여 본다. 영업은 실제 사업을 운영하는 것과 관련된 현금 거래들을 말한다. 보통의 경우 영업현금흐름은 양(+)수일 경우가 좋다고 말한다. 다음으로 투자는 기업이 투자 활동을 통해 현금이 유입되거나 유출되는 경우를 말하며 기업들의 경우 미래를 위한 순투자나 현재 자본재의 마모 등으로 인한 대체 투자 모두 기업의 향후 수익에 긍정적으로 작용 한다는 경향이 있으므로 음(−)수일 경우가 좋다고 말한다. 마지막으로 재무는 기업이 재무활동을 통해 장단기 필요 자금을 조달하거나 상환하는 것을 말한다. 보통 단기 차입금으로 인한 재무 증가가 지속되는 것은 기업의 미래를 위해서 좋지 않다고 판단하며, 장기적 차원에서 차입(회사채 발행, 장기 차입금 등)은 회사의 미래 투자를 위한 항목일 수 있으므로 무조건 나쁘다고만 판단할 수는 없다.

그림 7-45 대차대조표 기본 형식 　　　　그림 7-46 손익계산서 기본 계산식

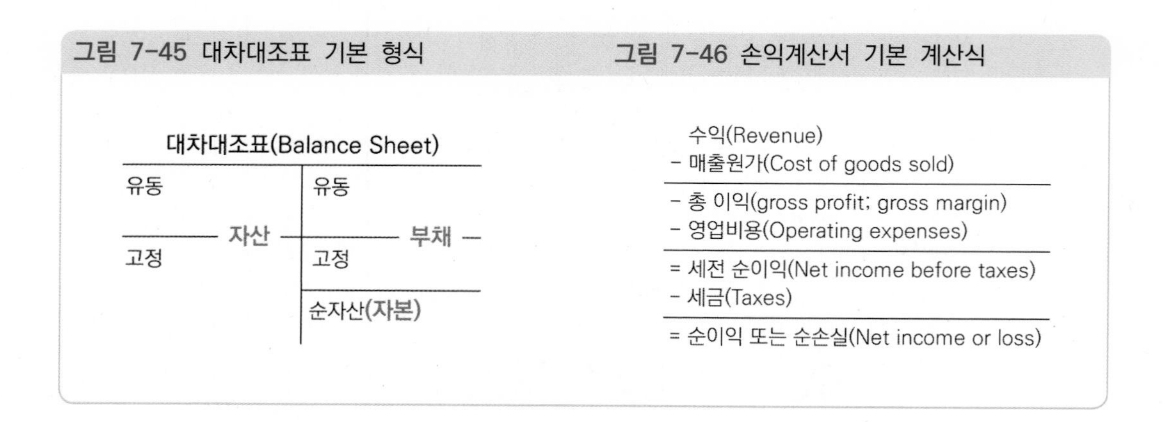

② 기술적 분석(technical analysis)

기술적 분석은 과거의 주가 및 거래량 흐름과 패턴을 파악하여 미래 주가를 예측하고 매매 시점을 선정하는 분석 기법이다. 실제로 주식 시장에는 챠트만을 분석하며 매매하는 전문가들이 존재하는데 이들을 챠티스트(chartists)라고 부른다.

기술적 분석가들이 챠트를 굳게 믿는 가장 큰 이유는 챠트가 기본적 분석과 달리 투자자 심리를 반영한다고 생각하기 때문이다. 즉 기술적 분석가들은 챠트에 투자자들의 비이성적이고 심리적인 요인이 반영되어 있기 때문에 기본적 분석으로는 잡을 수 없는 매매 시점을 잡을 수 있다고 주장하는 것이다. 실제로 행동재무학에 의하면 투자자는 자기과신(overconfidence)으로 인해 합리적인 가정을 할 때보다 빈번한 거래를 한다고 주장하였다. 해당 이론을 받아들인다면 실제로 거래량과 심리지표 등을 이용하여 투자자들의 심리를 파

34) 감가상각비(depreciation)는 유형 자산을 사용기간이 지남에 따라 자동적으로 비용을 처리하는 것을 말한다. 실제로 기계 장비 등은 수년이 지나도 그대로인 경우가 많지만 회계상으로는 예를 들어 매년 10%씩 사라진다고 보는 것이다.

35) 흑자 도산이란 손익계산서상 영업 이익 및 순이익이 발생함에도 불구하고 유동성 부족(현금 부족)으로 기업이 도산하는 경우를 말한다.

악할 수 있고 이를 통해 매매 시점을 선정할 수 있는 가능성이 있다고 볼 수 있다.

기술적 분석의 기본 가정은 다음과 같다.

(a) 주식 시장은 수요와 공급에 의해서만 결정된다.

(b) 주가는 지속적은 추세를 따르며 상당 기간 움직인다.

(c) 추세의 변화는 수요와 공급에 의해서 변한다.

(d) 수요와 공급의 변화는 도표에 의해 추적 가능하며, 주가 모형은 스스로 반복하는 경향이 있다.

이런 가정이 성립한다면 기술적 분석은 기본적 분석으로는 파악하기 어려운 투자자들의 심리적 요인을 파악할 수 있으며 이는 기본적 분석의 한계를 보완할 수 있는 수단이 된다. 또한 기본적 분석은 내재 가치를 분석하여 미래 적정 주가를 계산할 수는 있지만 매매 시점을 포착하기는 어렵다는 한계점이 있다. 반면 기술적 분석은 추세 변화 등의 분석을 통해 매매 시점을 포착할 수 있다는 점에서 기본적 분석의 한계점을 보완할 수 있다.

기술적 분석은 이와 같은 장점에도 불구하고 몇 가지 한계점을 가지고 있다. 그것은 첫째, 과거 주가 패턴이 미래에도 반복될 것이라는 것인데 이는 지극히 비현실적일 수 있다. 다음으로 동일한 주가 흐름을 보고도 사람마다 분석하는 시점이 다를 수 있다는 점이다. 즉 어떤 투자자는 같은 챠트를 보고도 현 시점을 매수 시점으로 볼 수도 있고, 다른 투자자는 매도 시점이라 볼 수도 있다는 것이다. 마지막으로 기술적 분석가들은 챠트에만 집착하는 경향이 있기 때문에 전반적인 시장 변화에 대한 원인을 분석하지 못한다는 단점이 있다. 따라서 현명한 투자자라면 챠트에만 의존하지 말고 기본적 분석을 병행하여 분석할 수 있는 넓은 시야를 가져야 한다.

i) 챠트의 기본 구조(캔들 챠트 구조)

주식을 한 번도 경험해보지 못한 사람이더라도 인터넷이나 뉴스 등에서 캔들 챠트를 한 번 정도는 본 적이 있을 것이다. 캔들 챠트는 말 그대로 촛대 모양과 비슷하다고 해서 붙여진 이름이다. 보통 캔들 챠트는 위와 아래 꼬리를 달고 있으며 중간에 몸통이 있는 모양을 하고 있다.

그림 7-47 캔들 차트 종류

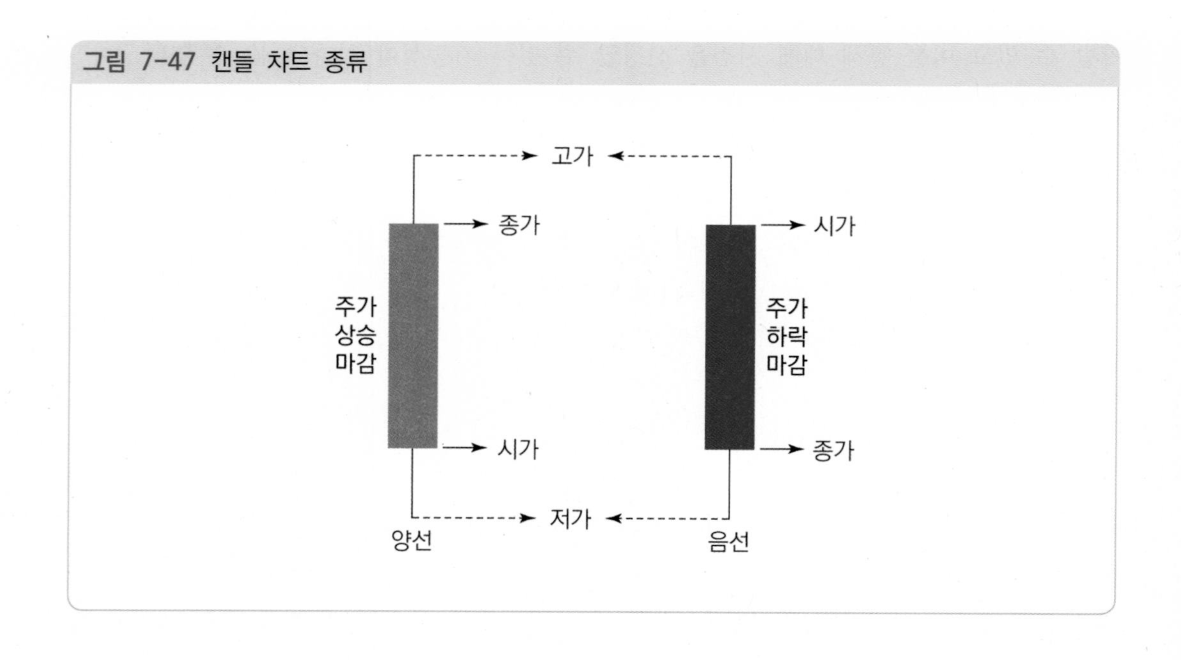

캔들 차트는 위와 같이 2가지 종류가 있는데 하나는 양선이고 다른 하나는 음선이다. 양선의 경우 몸통이 빨간색으로 표시되어 있는데 이는 주가가 상승 마감했다는 표시다. 즉 몸통 부분(빨간색)의 하단을 보면 시가라고 되어 있고 상단 부분은 종가라고 되어 있는 것을 확인할 수 있는데, 시가는 주식의 시작 가격을 나타내는 것이고 종가는 주식의 마감 가격을 나타내는 것으로 양선의 경우, 종가가 시가보다 높기 때문에 상승 마감 하였다고 표현하는 것이다. 반면 음선의 경우 주가가 하락 마감하였음을 의미하는데, 이는 파란색으로 표시한다. 음선은 위에서 보는 바와 같이 양선의 시가와 종가가 바뀌어 있는 것을 확인할 수 있으며, 이는 시가보다 종가가 낮은 가격으로 하락 마감 하였음을 표현하는 것이다. 캔들 차트 상단 부분에 초의 심지처럼 올라가 있는 부분이 있는데 이것을 고가라고 부른다. 고가는 해당 주식의 장중에 가장 높은 가격을 의미한다. 반대로 하단 부분에 길게 나와 있는 부분을 저가라고 부르는데 이는 장중에 주식의 가장 낮은 가격을 의미한다. 따라서 장중에 변동성은 고가와 저가 사이 가격차를 말하는 것이다. 예를 들어 A 주식이 1만 원에 시작(시가)하여 장중에 1만1천 원까지 상승하였다가 9천8백 원까지 밀리고 다시 1만2백 원에 장을 마감하였다면 A 주식은 양선 캔들 차트를 보이게 된다. 즉 시가는 1만 원, 종가는 1만2백 원으로 몸통을 형성하고 캔들 위의 심지인 고가는 1만1천 원, 캔들 하단 부분 심지인 저가는 9천8백 원이 되는 것이다.

ii) 추세선 분석

추세 분석은 추세가 일단 형성되면 상당 기간 지속된다는 가정에서 출발한 것으로 주식 분석에서 매우 중요한 축을 차지하고 있다. 추세는 장기와 단기 추세가 있으며 단기적으로 하락 추세라고 하더라도 장기적으로는 상승 추세라면 매수 포지션을 유지하는 것이 좋다. 추세 분석의 대표적인 방법인 지지와 저항, 이동평균 방법에 대해서 알아보도록 하자.

<u>ㄱ) 지지선과 저항선</u>

지지선이란 주가가 하락하는 것을 밑에서 받혀주는 힘을 뜻하며, 저항선은 주가가 상승하는 것을 위에서 막아주는 힘을 뜻한다. 즉 지지선은 매도세의 우위로 주가가 하락하다가 어느 특정 가격대에서 매수세 우위로 돌아서며 가격 하락이 멈추거나 상승하는 것을 말하며 저항선은 매수세 우위로 주가가 상승하다가 어느 특정 가격대에서 매도세 우위로 돌아서며 가격 상승이 멈추거나 하락하는 것을 말한다.

그림 7-48 지지선과 저항(1)　　　그림 7-49 지지선과 저항(2)

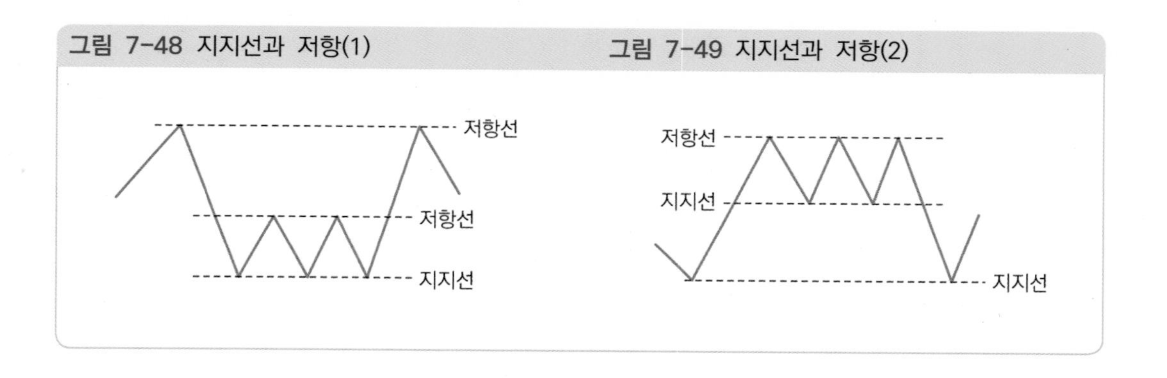

그림 7－47, 7－48에서 알 수 있듯이 저항선은 고점을 수평으로 이어서 만든 선이며 지지선은 저점을 수평으로 이어서 만든 선이다. 만약 주가 상승으로 저항선을 돌파한 경우 이전의 고점을 저항선으로 보며 주가 하락으로 지지선을 돌파하는 경우 이전 저점을 지지선으로 본다. 흔히 이런 경우를 매매 타이밍으로 잡는데 저항선을 돌파하여 주가가 상승하는 경우 주가는 이전 고점까지 상승할 가능성이 있으므로 매수 혹은 보유 타이밍으로 생각한다. 더욱이 저항선을 돌파하는 시점에서 거래량이 크게 증가하거나 박스권에 오래 갇혀 있다가 돌파하는 경우 주가 상승에 대한 의미를 크게 부여한다. 또한 이전 저항선을 기준으로 목표 주가를 예상해 볼 수 있으므로 미리 매도 타이밍을 잡을 수 있다는 장점도 있다. 반면 주가가 지지선을 뚫고 밑으로 하락한다면 이전 지지선까지 하락할 수 있으므로 이를

매도 타이밍으로 생각 할 수 있다. 만약 주가가 단기적인 박스권에 갇혀서 등락을 거듭하고 있다면 단기적인 저항선과 지지선을 기준으로 매수, 매도 타이밍을 잡을 수 있다. 저항선과 지지선의 중요한 의미는 다음과 같이 정리할 수 있다.

(a) 주가의 최대 혹은 최소 목표치 설정이 가능하다.
(b) 장기에 걸쳐 형성된 저항선과 지지선은 신뢰도가 높다.
(c) 최근에 형성된 저항선과 지지선은 신뢰도가 높다.
(d) 저항선과 지지선을 지속적으로 돌파하지 못하면 추세 전환의 신호로 인식할 수 있다.

ㄴ) 추세선

추세선(trend line)은 의미 있는 2개의 고점 혹은 저점을 연결한 선으로 상승 추세선, 하락 추세선, 평행 추세선 등이 있다. 상승 추세선은 아래 그림과 같이 저점의 위치가 계속 상승하는 것을 말하며 하락 추세선은 고점의 위치가 점점 하락하는 것을 말한다. 또한 평행 추세선은 고점 혹은 저점이 옆으로 평행하게 유지되는 상태를 말한다.

그림 7-50 상승 추세선 그림 7-51 하락 추세선 그림 7-52 평행 추세선

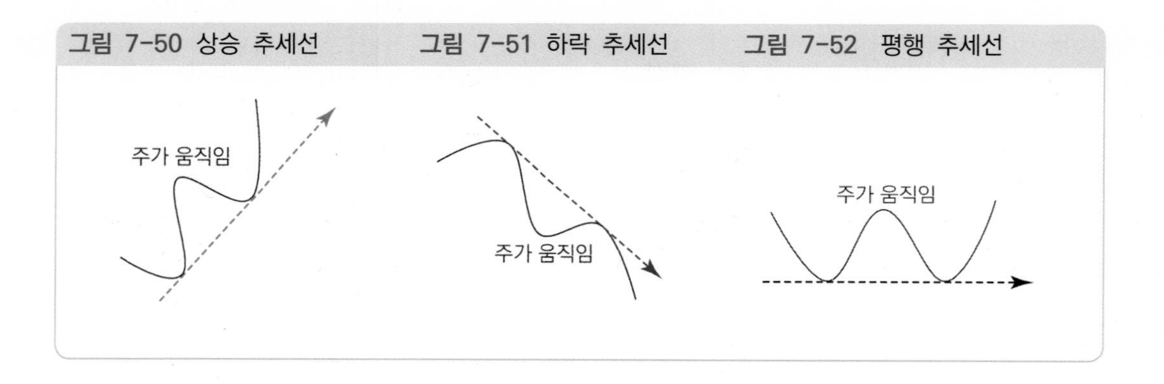

추세선은 일반적으로 중요한 지지선 혹은 저항선 역할을 하다. 즉 상승 추세선은 주가의 추가적인 하락을 막아주는 지지선 역할을 하고 하락 추세선은 주가의 추가 상승을 막아주는 저항선 역할을 한다. 추세선의 신뢰도는 저점과 고점이 수차례 나타나며 길게 형성될수록 혹은 추세선의 길이가 길고 완만할수록 크다고 말한다. 여기서 저점과 고점이 길게 형성되어 있다는 의미는 주가가 일관성 있게 움직이고 있다는 것이고 기울기가 완만하다는 의미는 주가의 급격한 변화가 나타나지 않을 가능성이 높다는 말이다. 보통 추세선의 기울기가 커지는 경우가 있는데 이를 추세가 강화되었다고 표현한다.

추세선이 위와 같이 직선 형태만 보이는 것은 아니다. 때에 따라서는 곡선 형태를 보이

기도 하는데 이를 추세선의 변형이라고 한다. 보통 추세선이 곡선 형태를 띠는 것은 추세의 기울기가 변하기 때문이며 상승 추세가 점점 가팔라지거나 하락 추세가 가팔라질 경우 나타난다. 즉 상승 추세 곡선의 경우 지지선 저점이 점점 올라가는 것이고 하락 추세 곡선의 경우 저항선이 점점 내려가는 것이다. 이 외에도 주가가 고점에서 하락으로 전환된 경우 중간에 반등선의 고점이 점차 낮아지는 현상이 발생하기도 하는데 이런 추세를 부채형 추세선이라고 부른다. 부채형 추세선 같이 지속적으로 추세선이 바뀌는 경우는 조만간 추세 전환이 일어날 가능성이 크다고 예측해 볼 수 있다.

그림 7-53 상승 추세 곡선 그림 7-54 부채형 추세선(하락)

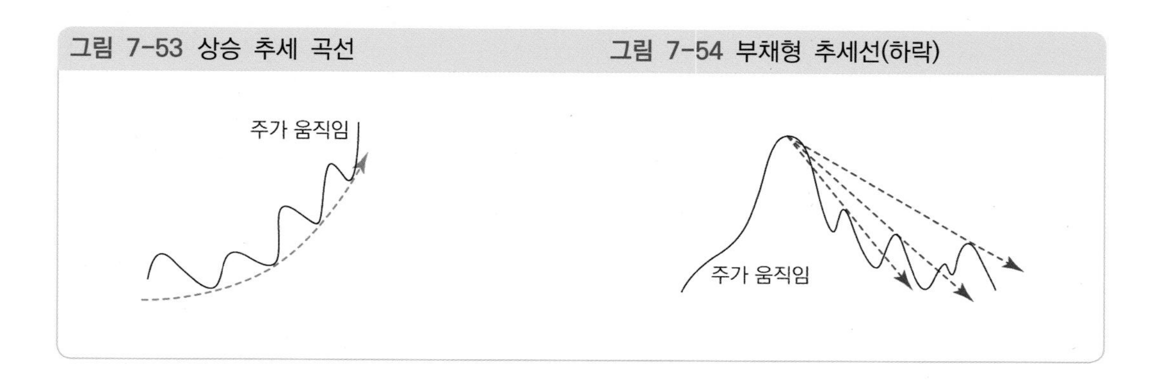

또한 추세선이 한 방향으로만 움직이지 않고 방향을 변경할 수도 있다. 즉 추세선이 바뀔 수도 있다는 뜻으로 이것을 추세선의 수정이라고 말한다. 추세선 수정은 그림 7-54, 7-55과 같이 지지선을 벗어나 새로운 추세를 형성할 수도 있으며 경우에 따라서는 벗어났던 추세선이 기존 추세선으로 복귀하는 경우도 있다. 따라서 추세선이 완전히 변경되었다고 보는 경우는 기존의 추세선에서 벗어난 주가가 연속적으로 새로운 추세를 만들 때 새로운 추세선이 생겼다고 본다.

이 외에도 추세대라는 것을 사용하기도 하는데 추세대란 지지선과 저항선이 서로 평행한 상태를 말한다. 보통 추세대가 없는 평행선을 박스권이라고 표현하지만 추세대는 상승 혹은 하락의 추세를 갖는 박스권이라고 생각하면 이해가 쉬울 것이다. 추세대는 앞서 추세를 그리는 것과 유사하며 상승 추세대는 지지선을 중심으로 그리고, 하락 추세대는 저항선을 중심으로 그린다. 보통 상승 추세대에서 주가가 저항선까지 올라가지 못할 경우 지지선을 돌파하여 하락할 가능성이 높다고 본다. 반면 주가가 상승 추세대에서 등락을 거듭하다가 저항선을 돌파하는 경우 추세가 강화될 가능성이 높다고 본다.

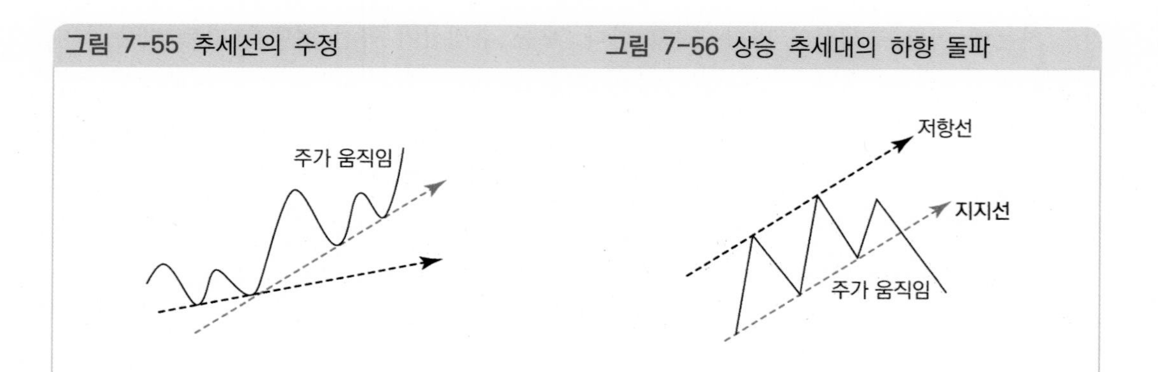

iii) 이동평균선 분석

이동평균선(Moving Average, MA) 분석은 일정 기간 주가의 평균치를 현재의 주가 방향과 비교 분석하여 매매 타이밍과 미래 주가를 예측하는 방법이다. 보통 챠티스트들은 굉장히 많은 분석 기법을 사용하여 챠트를 분석하지만 대부분 분석 기법은 이동평균선에서 파생된 것으로 이동평균선 분석은 기술적 분석에 가장 기본이 된다고 할 수 있다. 그만큼 이동평균선 분석은 계산이 간단하고 이해가 쉬우며 실제로 활용하기에도 굉장히 편리하다는 장점이 있다. 이동평균선은 기간에 따라 단기, 중기, 장기로 구분하며 보통 단기는 5일, 20일의 평균을 이용하고 중기는 60일, 장기는 120일 선을 이용한다. 이동평균선의 계산식은 다음과 같이 나타낼 수 있다.

$$MA_k = \frac{P_{t-k+1} + P_{t-k+2} + \cdots + P_{t-1} + P_t}{k}$$

예를 들어 A 주식의 5일 전 주가가 9,600원 4일 전 9,200원 3일전 9,700원 2일전 8,800원 1일 전 8,900원 이라면 5일 이동평균 주가는 9,240원($\frac{9,600+9,200+9,700+8,800+8,900}{5}$)이 된다. 또한 오늘 종가가 8,700원 이라면 5일 이동평균선은 9,060원($\frac{9,200+9,700+8,900+8,700+8,700}{5}$)이 되는 것이다.

이동평균선을 이용한 주가 분석은 크게 이격도 분석, 방향성 분석, 배열도 분석, 지지선-저항선 분석, 크로스 분석, 밀집도 분석 등이 있다.

우선 이격도 분석은 주가와 이동평균선의 괴리를 통해 현재 주가가 과열되었는지 등을 판단하는 것이다.[36] 이격도가 매우 크다는 의미를 위의 5일 이동평균선의 예를 통해 확인하면, 현재 5일 이동평균은 90,60원인데 주가가 10,500원인 경우 이동평균선 보다 한참 위에 주가가 존재하여 둘 간에 간격이 매우 크다는 것을 의미한다. 보통 이격도가 50% 이하면 매수하고 150% 이상이면 매도하는 전략을 사용한다. 이격도 계산식은 다음과 같다.

$$\text{이격도} = \frac{P_0(\text{당일 주가})}{20\text{일 } MA} \times 100$$

두 번째는 방향성 분석이다. 보통 단기, 중기, 장기 이동평균선 방향을 보고 현재 주가가 상승 중인지 하락 중인지를 판단할 수 있다. 예를 들어 하락 추세에서 상승 추세로 전환될 경우 단기 이동평균선 상승, 중기 이동평균선 상승, 장기 이동평균선 상승의 과정을 거치면서 추세가 전환된다. 반면 상승 추세에서 하락 추세로 전환될 경우 단기 이동평균선 하락, 중기 이동평균선 하락, 장기 이동평균선 하락의 과정을 거치며 추세가 전환된다.

세 번째는 배열도 분석으로 주가와 이동평균선 간 수직적 배열 상태를 통해 전형적인 상승 종목인지 하락 종목인지를 판단하는 분석 방법이다. 배열도는 정배열과 역배열로 구분하는데 정배열은 "현재 주가 > 단기 이동평균선 > 중기 이동평균선 > 장기 이동평균선"으로 배열된 것을 말하며 역배열은 이와 반대로 "장기 이동평균선 > 중기 이동평균선 > 단기 이동평균선 > 현재 주가"순의 배열 순서를 말한다. 보통 주가는 등락을 거듭하며 움직이기 때문에 정배열과 역배열이 번갈아 발생한다.

네 번째는 지지선–저항선 분석이다. 우선 지지선 분석은 상승 국면에 이동평균선이 지지선 역할을 하는 것으로 이동평균선의 특성을 한 번 생각해보면 쉽게 이해할 수 있다. 즉 이동평균선은 과거 주가의 평균이기 때문에 상승 국면에서는 이전 주가가 지금 주가보다 작을 수밖에 없다. 따라서 이동평균선은 주가의 밑에 존재하며 지지선 역할을 하게 되는데 이는 투자자들의 심리적 지지선 역할을 한다. 만약 심리적 지지선 역할을 하는 이동평균선을 하회하고 주가가 하락한다면 주가 방향은 하향 반전하게 될 수도 있다. 반면 저항선 분석은 하락 국면에서 이동평균선이 저항선 역할을 하는 것으로 투자자들의 심리적 주가 상한선을 의미한다. 지지선 분석에서와 마찬가지로 만약 심리적 저항선 역할을 하는 이동평균선을 뚫고 주가가 상승한다면 주가 방향이 상승 반전될 수도 있다.

다섯 번째는 이동평균 분석에서 가장 중요하다고 볼 수 있는 크로스 분석이다. 이는 챠트 분석에서 제일 많이 사용하는 분석 기법이라고 해도 과언이 아닐 정도로 많이 사용되고

---

36) 이격도 분석은 주가가 이동평균선으로 회귀한다는 전제를 내포하고 있다.

있는 챠트 분석 기법이다. 크로스 분석은 이동평균선 간 교차되는 시점을 찾아 주식의 매수 혹은 매도 타이밍을 잡는 분석 방법이다. 보통 단기 이동평균선이 중기 혹은 장기 이동평균선을 상향 돌파하는 경우를 골든크로스라고 하며 매수 타이밍으로 본다. 반면 단기 이동평균선이 중기 혹은 장기 이동평균선을 하향 돌파하는 경우를 데드크로스라고 하고 매도 타이밍으로 본다. 이동평균선은 장기간 추세에 해당함으로 장기적인 추세를 벗어났다는 것은 어떤 충격이 발생했다고 보는 것이 타당하다. 따라서 그 충격이 긍정적인 충격이라면 매수 타이밍으로 잡고 부정적인 충격이라면 매도 타이밍으로 잡는 것이다.

그림 7-57 골든크로스(매수 타이밍) **그림 7-58 데드크로스(매도 타이밍)**

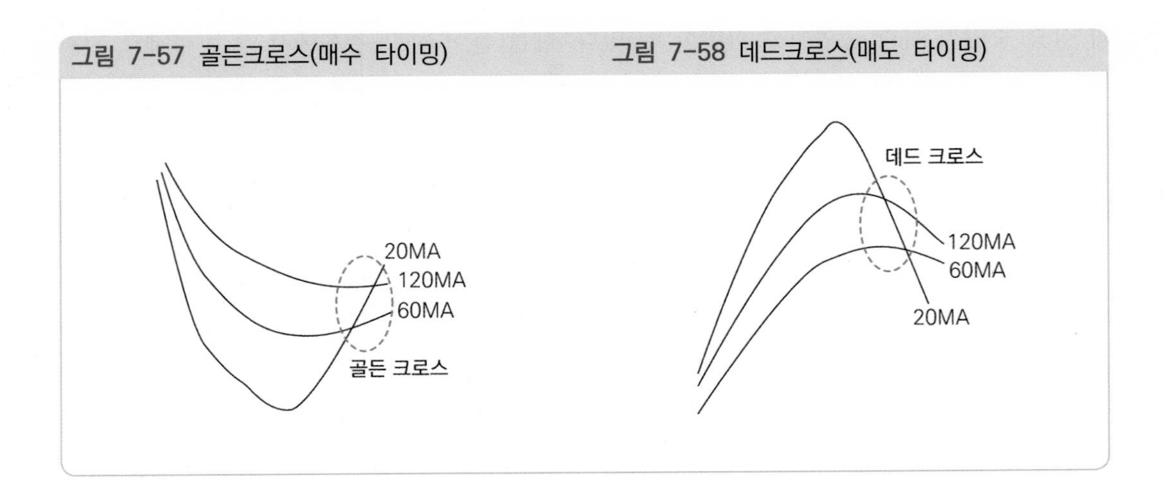

마지막으로 밀집도 분석은 이동평균선이 밀집이나 수렴을 분석하여 매매에 활용하는 것이다. 보통 이동평균선이 밀집하게 되면 반드시 주가의 변화가 발생한다고 본다. 따라서 투자자들은 이동평균선이 밀집하거나 수렴하는 것을 지속적으로 확인하고 만약 밀집 현상이 발생하게 된다면 주가의 변동성이 커질 수 있다는 사실에 대비하여야 한다.

3) 수익증권(certificate of revenue)

집합투자증권의 대표적인 상품은 펀드(fund)다. 2000년대 중반, 세계적인 호황 및 주가 상승으로 펀드는 한때 대표적인 금융 투자 상품으로서 주목 받기도 했었다. 당시 대표적인 해외 펀드로는 중국 금융 및 실물에 투자하는 펀드로 한때 100% 이상 수익률을 자랑하는 펀드도 많았다. 하지만 2008년 글로벌 금융위기와 2009년 유럽의 재정위기, 중국의 성장률 둔화 등 글로벌 충격이 연이어 발생하며 관련 주가 및 원자재 가격 하락으로 인해 펀드 인

기는 거품처럼 꺼지고 말았다. 게다가 펀드 열기를 타고 전문적 지식 없이 수수료 수익을 목적으로 무분별하게 펀드를 판매한 은행들의 불완전 판매로 인해 펀드 투자에 대한 인식은 더욱 악화되었다.[37)]

이런 여러 가지 사건을 계기로 투자자 보호 강화 및 리스크 관리 등 규제가 강화 되었으며 현재는 이런 규제를 기반으로 펀드들이 운용, 판매되고 있다. 다만 과거 펀드 열풍이 일던 시기에 비해서 펀드 규모는 많이 위축되었다. 현재 펀드는 과거의 수익증권 형식에서 벗어나 새로운 ETF 형태의 펀드가 개발되며 이를 중심으로 펀드 투자가 활발하게 진행되고 있다. 펀드에 대해서는 금융시장과 금융기관 단원에서 자세히 다루었으니 본 단원에서는 최근 관심이 집중되고 있는 ETF에 대해서 알아보도록 하자.

① ETF(Exchange Traded Fund)

ETF란 상장되어 거래되는 인덱스 펀드를 말한다. 즉 인덱스 펀드인데 주식처럼 상장되어 거래되는 펀드라는 말이다. 아직도 잘 이해가 되지 않았다면 우리가 앞서 배운 주식 거래방식처럼 거래되는 펀드라고 생각하면 쉽게 이해할 수 있다. 그렇다면 ETF와 인덱스 펀드는 정확히 어떤 차이가 있을까?

이를 위해서는 우선 인덱스 펀드가 무엇인지 알아야 한다. 펀드 종류는 크게 액티브 펀드와 인덱스 펀드로 구분되는데 액티브 펀드는 펀드의 기준으로 삼는 벤치마크 수익률보다 높은 추가 수익률을 추구하는 펀드를 말한다. 보통 시장 벤치마크 수익률은 KOSPI 지수 수익률로 선택하며 이 보다 추가 수익률을 추구하기 때문에 공격적인 투자 형태를 가진 펀드를 말하는 것이다. 따라서 이를 공격적 투자를 하는 펀드라 말하며 일반적으로 인덱스 펀드에 비해 수익률 변동성 및 투자 비용이 높다. 반면 인덱스 펀드는 펀드의 기준으로 삼는 벤치마크 수익률을 그대로 따라가는 펀드를 말한다. 따라서 소극적으로 운용되는 펀드라고 말하며 수익률 변동성과 투자 비용이 낮다는 장점이 있다. 대표적인 인덱스 펀드는 KOSPI 지수를 추종하는 펀드가 있다.[38)]

그럼 이제 ETF와 인덱스 펀드와의 차이점에 대해서 알아보도록 하자. 우선 환매 방법에 대해서 차이가 난다. 인덱스 펀드의 경우 환매를 요청하면 신청 익일 종가로 환매가 결정된다. 이런 전제조건으로 인해 기준가격 변동에 따라 수익률이 변동될 수 있다는 단점이 있다. 즉 펀드 환매 신청일과 익일의 차이 때문에 수익률 변동성이 발생할 수 있다는 말이다. 반면 ETF는 실시간으로 거래되기 때문에 시장 가격 위험이 없다. 둘째는 운용 보수에

---

37) 현재는 투자자 보호 차원에서 불완전 판매에 대해 금융 감독 당국이 엄격하게 조사하고 있다.

38) KOSPI 지수를 추종한다는 의미는 KOSPI 지수의 투자 수익률을 그대로 따라 간다는 말이다.

서 차이가 난다. 인덱스 펀드의 경우, 액티브 펀드에 비해서는 운용 보수가 낮지만 그래도 1% 이상의 운용 보수를 요구하는 펀드들이 많다. 반면 ETF는 0.5% 이하로 운용 수수료가 매우 저렴하다. 또한 주식과 달리 증권거래세(0.3%)가 부과되지 않는다는 특징도 있다.

그림 7-59 ETF의 특징

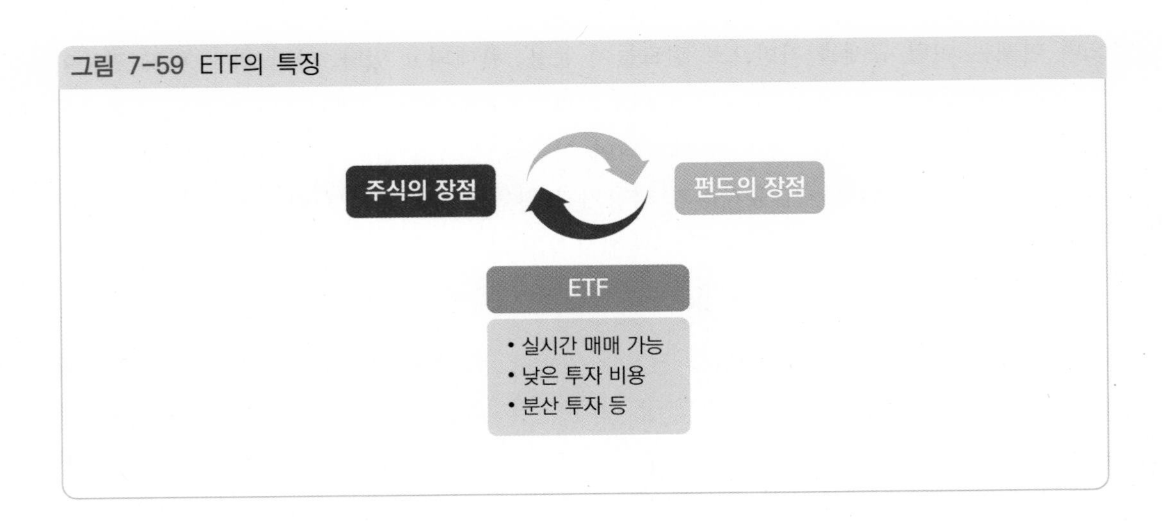

표 7-8 직접 투자, 펀드, ETF 비교

	직접 투자	인덱스 펀드	액티브 펀드	ETF
유동성	높음	익일 환매	익일 환매	높음
보수	없음	낮음	높음	매우 낮음
거래수수료	있음	펀드마다 다름	펀드마다 다름	있음
세금	거래세(0.3%)	-	-	거래세 면제
분산투자	없음	있음	없음	있음
종목선택	투자자	인덱스	매니져	인덱스
위험	높음	시장위험	높음	시장위험
운용투명성	높음	보통	보통	높음

i) ETF 종류

ETF는 인덱스로 구성된 지수를 추종하는 펀드이며 주식과 같이 실시간 매매가 가능한 금융 상품이라 설명하였다. 그렇다면 현재 상장되어 거래되고 있는 ETF는 몇 종류나 될까? 실제 국내에서 거래되고 있는 ETF의 종류는 펀드의 종류 수만큼 많아졌다. 따라서 여기서 일일이 거론하기는 어렵기 때문에 본서에서는 기본적인 ETF 투자 절차에 대해서만 설명할 것이다. 독자들이 이를 기초로 ETF 종류에 대해서 조사하고 본인이 흥미를 느끼는 ETF에 대해서 직접 투자해 보길 바란다.

그럼 실제 ETF 투자에 앞서 조금은 생소한 ETF 이름에 대해서 알아보도록 하자. 우선 ETF 이름 앞에 붙는 접두어는 운용사의 이름을 뜻한다. 예를 들어 KODEX는 삼성자산운용을 뜻하며 TIGER는 미래에셋자산운용을 뜻한다. 또한 KBSTAR는 KB자산운용을, ARIRANG은 한화자산운용을, KINDEX는 한국투자신탁운용을, KOSEF는 키움투자자산운용을 뜻한다. 다음으로 운용사 뒤에 나오는 접미어 중 200은 KOSPI 200 지수를 추정하는 ETF를 말하며, 200대형은 KOSPI 100 지수의 변동률을 추정하는 ETF를 뜻한다. 다음으로 인버스는 KOSPI 200 선물지수를 역으로 추종하는 것을 말하며 레버리지는 KOSPI 200 선물지수 변동폭을 2배로 추종하는 ETF를 뜻한다. 또한 코스닥 150은 KOSDAQ 150 지수를 추종하는 ETF이며 은행, 반도체, 기계장비, 건설 등은 해당 대표업종을 구성하는 인덱스를 추종하는 ETF를 말한다. 마지막으로 차이나, 미국, 유럽, 베트남 등은 각국의 특정 인덱스 지수를 추종하는 ETF를 뜻한다.

표 7-9 ETF 이름의 해석

ETF 이름	상품 이름의 뜻
200	KOSPI 200 지수를 추종
200 대형	KOSPI 시가총액 상위 100개 종목으로 구성된 지수를 추종
인버스	KOSPI 200 선물지수를 역으로 추종
레버리지	KOSPI 200 선물지수 변동폭을 2배로 추종
코스닥150	KOSDAQ 150 지수를 추종
은행, 기계, 장비, 반도체 등	해당 대표업종을 구성하는 인덱스 지수를 추종
차이나, 미국, 유럽, 베트남 등	각국의 특정 인덱스 지수를 추종

이제는 ETF의 종류가 매우 다양하다는 것을 확인하였을 것이다. 그래도 아직 부족하다면 실제 KODEX 200 ETF를 가지고 확인해 보도록 하자. 우선 KODEX 200은 KOSPI 200 종목으로 구성된 지수를 추종하는 ETF를 말한다. 즉 KOSPI 200 지수와 같이 움직이며 수익률을 나타내는 인덱스 펀드인 것이다. 이는 실제로 KOSPI 200 지수와 KODEX 200 ETF의 가격 간에 상관관계 그래프를 보면 쉽게 이해할 수 있다. 아래 그림을 보면 KOSPI 200 지수와 KODEX 200 ETF의 가격이 거의 똑같이 움직이는 것을 확인할 수 있을 것이다.

그림 7-60 KOSPI 200 지수와 KODEX 200 ETF 가격 간 추이

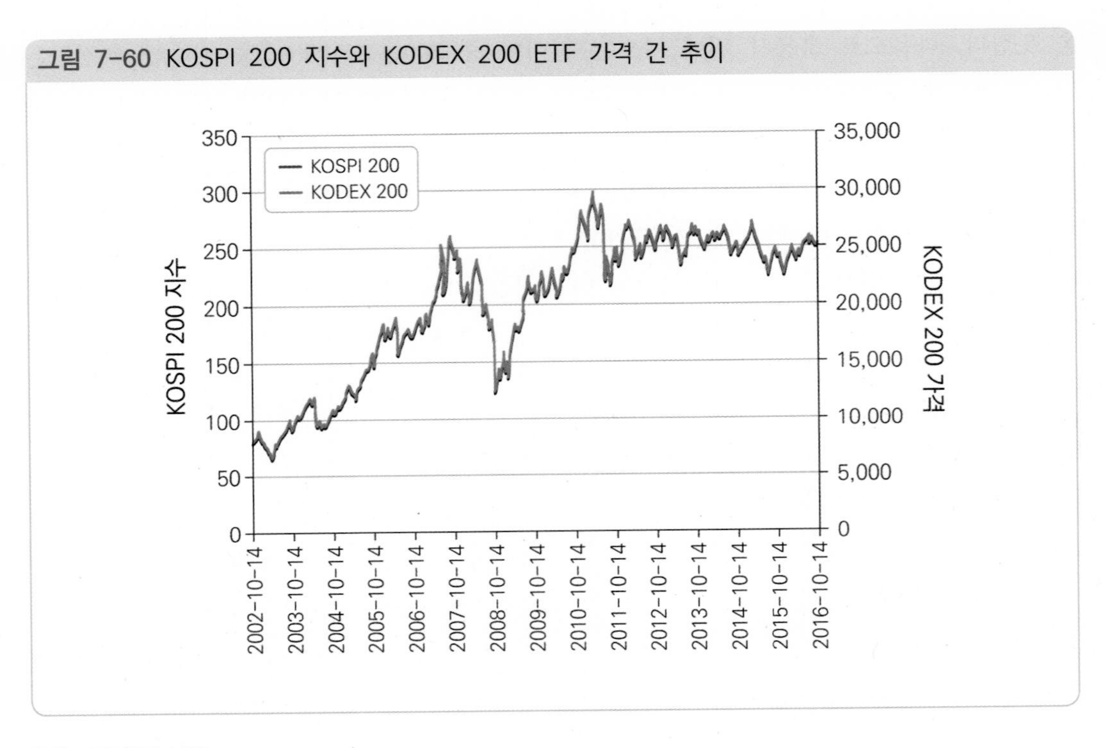

출처: 키움증권 HTS

그렇다면 KODEX 200은 어떻게 이렇게 KOSPI 200 지수와 똑같은 가격을 추종할 수 있을까? 그것은 펀드 안에 KOSPI 200과 동일한 종목을 각각 비중에 맞게 구성하고 있기 때문이다. 실제로 KODEX 200 ETF의 구성표는 아래에서 보는 바와 같이 삼성전자 27.01%, SK하이닉스 4.78%, POSCO 2.79%, NAVER 2.50% 등으로 구성되어 있다(2018년 1월 4일 기준). 삼성전자는 시가총액이 매우 큼으로 KOSPI 200에서 큰 비중을 차지하고 있는 것이다. 따라서 KODEX 200 ETF는 KOSPI 200 지수와 같은 움직임을 가지고 변동되는 것이다.

각종 ETF에 대한 정보는 각 금융투자회사 홈페이지를 참고하길 바라며, 간단하게 NAVER 금융창에서도 확인 가능하니 꼭 본인이 관심 있는 ETF를 확인해보길 바란다.

그림 7-61 KODEX 200 ETF 상품의 구성 종목

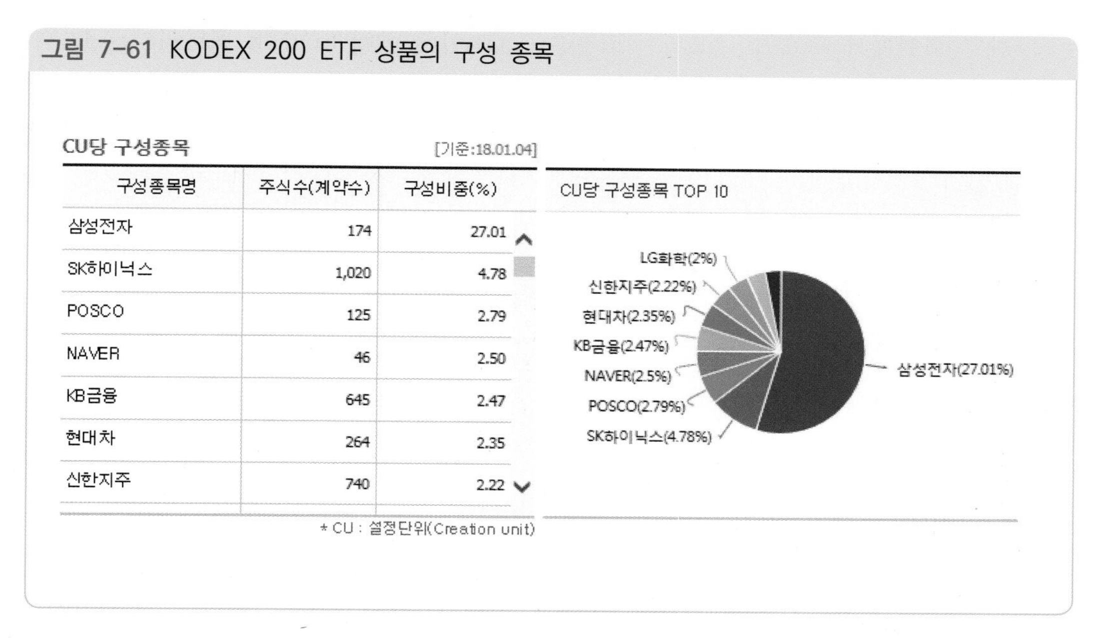

CU당 구성종목 [기준:18.01.04]

구성종목명	주식수(계약수)	구성비중(%)
삼성전자	174	27.01
SK하이닉스	1,020	4.78
POSCO	125	2.79
NAVER	46	2.50
KB금융	645	2.47
현대차	264	2.35
신한지주	740	2.22

* CU : 설정단위(Creation unit)

출처: 네이버 금융

ETF는 주식처럼 거래되기 때문에 현재가를 확인하는 창은 주식 거래창과 매우 유사하다. ETF의 현재 가격은 NAVER를 통해서도 확인할 수 있으며 보다 정확한 정보는 증권사 HTS를 통해 확인해 보길 바란다. 아래 그림은 증권사 HTS를 이용한 KODEX 200, KODEX 인버스, KODEX 레버리지, KODEX 반도체의 현재 가격 창을 나타낸 것이다.

ETF를 거래할 때 유의사항은 해당 ETF의 거래 규모를 꼭 확인해봐야 한다는 것이다. 간혹 거래가 활발하지 않은 ETF가 존재하는데 이 경우 해당 ETF는 상장폐지될 수 있다. 물론 ETF를 구성할 때 ETF의 자산은 신탁회사에 위탁하게 됨으로 운용사와는 별도 분리되지만 상장폐지로 인해 일부 손실이 발생할 수도 있기 때문이다. 따라서 ETF를 투자할 때 해당 ETF의 거래량이 충분하고 거래가 활발한지 꼭 확인해 보아야 한다. 다음으로 레버리지 ETF 상품에 대한 정확한 이해가 필요하다. 비록 ETF는 다른 액티브 펀드 등에 비해 가격 변동성이 크지는 않지만 레버리지 ETF와 같은 일부 상품의 경우 가격 변동이 기존 ETF에 비해 2배 이상 크기 때문에 상품에 대한 정확한 이해가 필요하다. 즉 레버리지 ETF는 보통

의 ETF에 비해 가격 변화를 2배로 확대 시켜 놓은 상품으로 인덱스 펀드이지만 액티브 펀드 만큼의 수익률을 추종하기 위한 상품이라고 이해하면 쉬울 것이다. 따라서 기존 인덱스 ETF에 비해 수익률이 약 2배 차이가 난다. 이는 앞서 ETF 화면 그림을 통해 확인할 수 있는데, 해당 화면에서 KODEX 200의 수익률은 0.82%인데 반해 KODEX 레버리지는 1.53%라는 것을 확인할 수 있을 것이다. 따라서 수익률이 좋을 때는 2배의 수익률을 기록하지만 기본 지표인 KOSPI 200 지수가 하락하게 되면 약 2배의 손실이 발생할 수 있다는 점을 명심해야 한다.

그림 7-62 ETF 현재가 화면

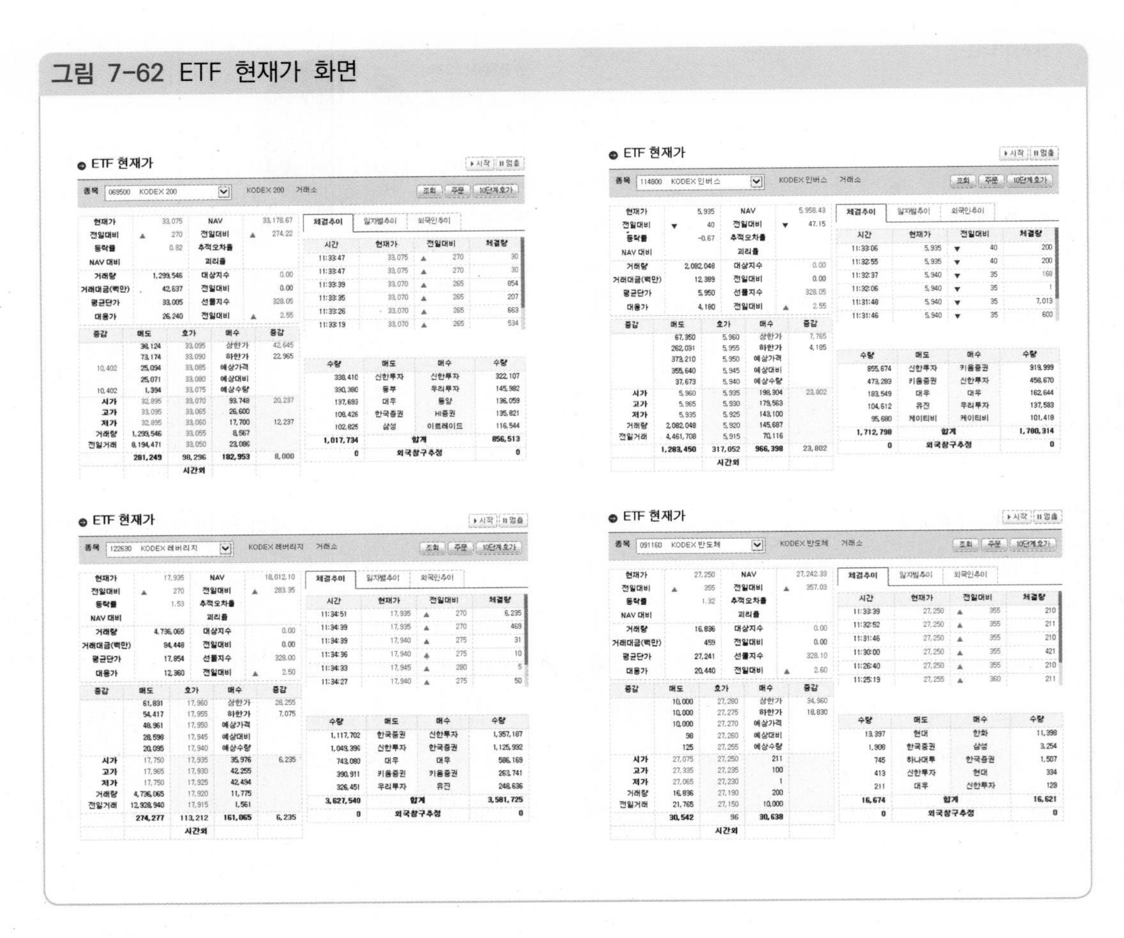

출처: 교보증권

4) 파생결합증권

파생결합증권이란 기초 자산과 연동하여 상품설계 시 정해진 방법에 따라 수익금 또는 회수 금액을 결정하는 권리다. 대표적인 파생결합증권은 ELS, ELF, ELD, ELB, DLS 등이 있다.

여기서 독자는 궁금증이 생길 것이다. 도대체 ELS, ELF, ELD 등 파생결합증권을 나타내는 이름은 무엇을 의미하는 것일까? 파생결합증권의 이름에 알파벳은 모두 이니셜을 나타내는 것으로 가운데 이니셜인 L은 “Linked”를 의미하며 앞에 이니셜과 뒤의 이니셜을 연결한다는 의미로 해석할 수 있다. 그리고 맨 앞 이니셜인 E는 “Equity”로 주식을 의미한다. 대부분 앞에 E로 시작하기 때문에 주식과 연계된 파생결합증권 이라는 점을 확인할 수 있다. 반면 DLS의 이니셜 D는 “Derivatives”로 파생상품을 의미한다. 즉 DLS는 파생상품과 연계된 파생결합증권이라고 해석할 수 있다. 마지막 이니셜은 S, F, D, B 등으로 다양하다는 것을 확인할 수 있다. 우선 S는 “Securities”로 증권을 의미한다. 따라서 ELS는 주가연계증권을 의미하며 DLS는 기타파생결합증권을 나타낸다. 다음으로 F는 “Fund”로 ELF는 주가연동펀드를 나타내고 D는 “Deposit”으로 ELD는 주가연동예금을 의미한다. 마지막으로 B는 “Bond”로 ELB는 주가연계채권을 의미한다. 파생결합증권 각각의 이름과 의미는 그림 7-62을 통해 확인하길 바란다.

그림 7-63 파생결합증권 이름과 의미

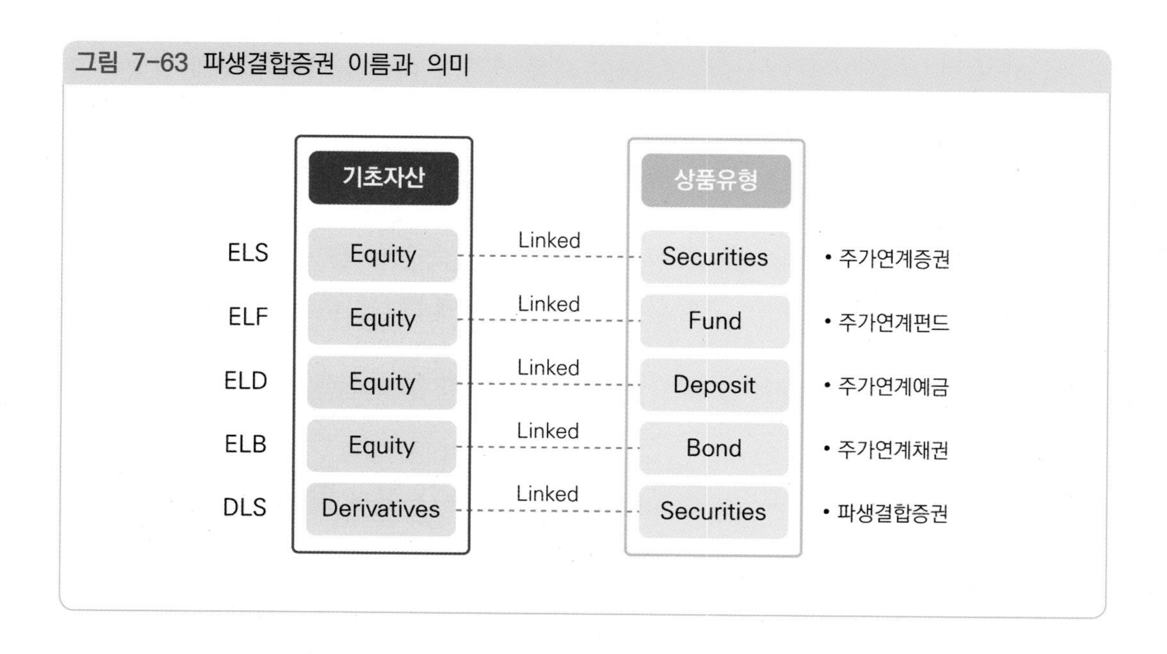

파생결합증권의 이름에서 설명하였듯이 해당 상품 형태는 이니셜 마지막 알파벳과 연결된다. 따라서 각각 상품에 따라 위험도와 수익성이 차이가 나는데 위험도가 가장 낮은 것은 예금 형태인 ELD이고 다음이 채권 형태인 ELB이다. 반면 ELS와 DLS는 위험도가 앞선 두 상품에 비해서 높은 편에 속한다. 반면 수익성은 위험도가 가장 낮은 ELD가 가장 낮고 다음으로 ELB, ELS와 DLS 순이다.

(2) 고정이자부(fixed income asset) 상품

고정이자부 상품이란 고정된 이자를 지급하는 금융 상품을 말한다. 예를 들어 A라는 금융 상품을 가입하는 시점(t)에서 10%의 이자를 지급하기로 약정하였다면 A 금융 상품 만기 시점(t=1)에서 약정한 10% 이자를 지급하여야 하는 상품을 말한다. 즉 약정 시점에서 약속한 이자율이 고정되어 있음을 뜻한다. 이런 고정이자부 상품은 대표적으로 채권, CP, 전자단기사채, 환매조건부채권 등이 있다.

1) 기업어음과 전자단기사채(전단채)

기업어음(Commercial Paper)은 기업이 단기 자금 조달 목적으로 발행하는 어음 형식의 단기 채권을 말한다. 기업어음은 발행회사의 신용으로 발행되기 때문에 보통 재무 건전성이 좋은 회사가 발행하며 법률적으로 약속어음으로 분류된다. 또한 기업어음은 발행 절차가 간단하여 신속하게 자금 조달이 가능하며 보통 은행의 대출 금리보다 낮게 발행할 수 있는 장점이 있다.

기업어음 시장의 참가자는 발행 기업, 할인매출기관, 매수 기관 등 3가지 주체로 구분할 수 있으며 발행 기업은 기업어음 발행을 통해 단기 자금을 조달하는 기업을 말한다. 할인매출기관은 발행 기업과 매수 기관을 연결해주고 일정 수수료를 받는 기관을 뜻하며 매수기관은 기업어음을 운용의 수단 혹은 투자의 수단으로 매수하는 주체들을 말한다.

그림 7-64 기업어음 시장 참가자 및 자금 흐름도

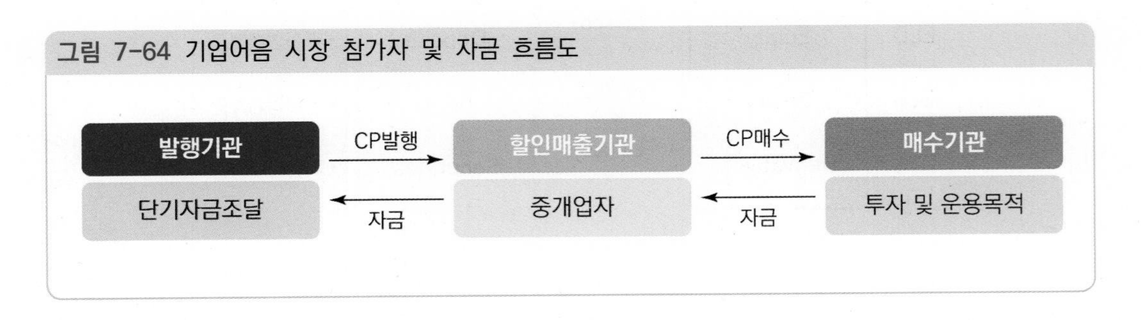

기업어음은 채권과 마찬가지로 신용 등급이 존재한다. 따라서 신용 등급에 따라 발행 금리가 높거나 낮을 수 있다. 보통 신용 등급이 높으면 낮은 금리로 기업어음 발행이 가능하며 신용 등급이 낮으면 조달 금리가 리스크 프리미엄만큼 높아지게 된다. 아래 신용 등급에서 알 수 있듯이 A1이 가장 높은 신용 등급이고 D가 가장 낮은 신용 등급이다. 현재 국내에서는 B 등급 이상의 적격 업체가 발행한 기업어음이 주를 이루고 있다.

표 7-10 기업어음의 신용도

등급	등급 내용
A1	적기상환능력이 좋으며 상환 능력의 안정성도 높음
A2	적기상환능력이 좋음
A3	적기상환능력이 양호
B	적기상환능력은 양호하지만, 단기적인 여건 변화에 따라 투기적인 요소가 내포
C	적기 상환 능력 및 안정성에 투기적 요소가 큼
D	상환 불가능 상태

기업어음은 발행 기업의 신용과 발행 절차가 간편하다는 장점이 있지만 투자자 입장에서는 발행 기업의 내부 사정을 잘 알지 못하는 정보의 비대칭성 문제가 발생할 수 있다. 따라서 지난 2013년 동양 CP 사태와 같은 투자자 피해를 막기 위해 CP 발행 정보공시 및 관리·감독 강화를 주요 내용으로 하는 CP 시장 규제 강화 등이 마련되었다.

전자단기사채(이하 전단채)는 동양 CP 사태 등 기업어음 시장의 법적, 실무적 한계를 극복하고 콜 시장에 편중된 단기 자금을 개편하고자 2013년 1월에 도입되었다. 전단채는 사채로써 1년 미만의 단기 자금 조달을 목적으로 하는 기업들이 한국예탁결제원을 통해 발행, 유통, 권리 행사 등을 전자적으로 처리하는 것을 말한다. 전단채 발행액은 꾸준히 증가하여 2015년 1천조 원을 돌파 하였다.

그림 7-65 기업어음 사본

출처: https://blog.naver.com/ceo_zeus/70141691923

i) 신탁을 이용한 CP 투자

독자들은 기업어음(이하 CP)이라는 금융 상품이 굉장히 생소하게 다가올 수도 있을 것이다. 이제부터 자세히 알아보고 향후 투자 기회로 삼아보도록 하자. CP는 앞서도 설명했듯이 기업이 단기 자금 조달을 위해 발행 기업의 신용으로 발행하는 단기 약속어음을 말한다. 여기서 CP가 어떻게 발행되는지 몇 가지를 확인할 수 있다. 우선 발행 회사의 신용도로 발행되기 때문에 보통 재무 구조가 열악한 회사는 발행하기 어렵다. 따라서 CP를 발행한 회사라고 한다면 보통 기업의 재무 구조가 좋거나 중견기업 이상이라고 생각할 수 있다. 물론 CP의 신용 등급은 필히 확인하여야 한다. 다음으로 CP는 기업의 단기 자금 조달이 목적이기 때문에 만기가 짧다. 보통 3개월에서 6개월 이하인 CP가 대부분이다. 따라서 투자자도 단기로 투자해야 한다는 것을 고려해야 한다. 또한 기업 입장에서 발행 금리가 은행 대출 금리보다 낮지만 투자자 입장에서는 은행 예금 금리보다 높은 것이 일반적이다. 마지막으로 재무 구조가 좋은 기업들이 단기 자금 조달을 위해 발행되기 때문에 금액이 10억 원 단위이다. 재무 구조가 좋은 중견기업이 몇 천만 원 부족해서 CP를 발행하지는 않는다. 이런 점들로 미뤄 볼 때 가장 먼저 드는 생각이 개인 투자의 어려움일 것이다. 보통 10억 원을 현금으로 소지하고 있는 사람은 국내 흔치 않기 때문이다. 따라서 금리가 매력적이더라도 개인 투자는 불가능하다고 생각할 것이다.

하지만 신탁을 이용하면 고액이 아니더라도 기업어음에 투자할 수 있다. 증권사는 신탁업을 통해 CP를 중개매매 할 수 있으며, 중개매매에 대한 일정 수수료를 수취한다. 따라서 증권회사는 CP 금액만큼 일정 기간 모집을 통해 투자자를 유치하고 모집 금액이 달성되면 발행하기로 한 CP를 인수받아 투자자들에게 중개하는 방식으로 CP 매칭형신탁 등의 상품을 판매한다. 만약 모집 금액이 CP 발행금액 이하라면 신탁을 이용한 CP 상품 투자는 취소된다. 증권사는 여러 가지 방법을 통해 투자자들을 유치하고 있다. CP 모집기간 동안 투자를 청약한 개인 투자자들의 자금은 1일짜리 발행어음 혹은 RP 등을 통해 수익률을 보장해 주고 모집이 완료되면 CP 투자를 집행하는 방식이다.

그림 7-66 신탁을 이용한 CP 투자

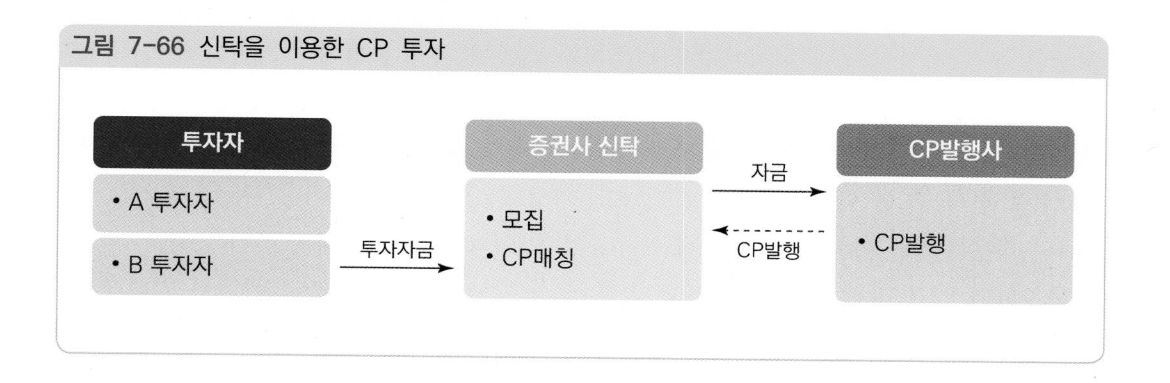

하지만 언제나 고객이 원하는 CP가 준비되어 있는 것은 아니다. 따라서 증권사 홈페이지 등에 CP에 대한 설명이 없다면 직접 지점이나 신탁관련 팀에 전화로 문의 해보는 방법이 있으며, 위험도나 금리가 생각만큼 매력적이지 않다면 다른 투자 대안과 비교해서 투자를 결정해야 한다. 참고로 지금 같이 저금리 상황에서 시장에 유동성이 풍부한 경우 우량한 기업들은 낮은 조달 금리로 자금을 쉽게 조달할 수 있다. 따라서 투자자 입장에서는 CP의 금리가 매력적이지 않게 느껴질 수 있고, 이에 따라 증권사는 판매가 저조한 CP를 공격적으로 판매하려 들지 않을 수도 있다. 하지만 금리가 오르고 자금 시장의 여건이 바뀔 경우, 2000년 중반에 있었던 ABCP[39]의 수익률 매력도가 살아날 가능성도 염두에 둘 필요가 있다.

39) ABCP(Asset-Backed Commercial Paper)는 기업의 단기 자금 조달을 목적으로 발행 회사가 자체 신용도에 입각하여 발행한 CP가 아니라 대출채권, 부동산, 정기 예금, 회사채 등 각종 자산을 담보로 자산의 유동화를 목적으로 발행된 CP를 말한다.

ii) 랩(wrap)을 이용한 CP, 전단채 투자

랩은 일임형 투자 상품으로 투자자의 자금을 랩 운용자가 운용자 판단에 따라 자산을 매입, 매도, 관리하는 형태를 말한다. 앞서도 펀드와 유사하다고 하였으나 랩은 특정 고객으로부터 투자에 대한 관리를 대행하는 방식이고 투자 재산은 투자자가 직접 소유하고 있다는 점에서 펀드와 다르다. 최근 CP, ABCP, 전단채 등 단기 고정이자부 상품 운용을 통해 시중 금리에 추가 금리를 추구하는 랩 상품이 많이 출시되고 있다.

이런 랩 상품의 투자 방식은 정해진 운용 대상 들을 공개하고 일정 기간 투자 자금을 모집하여 계약 기간 동안 운용 후 운용 수익금을 돌려주는 방식이다. 다만 다른 상품과 다른 점은 운용 자산이 단기 고정이자부 상품이기 때문에 시중 금리에 추가적인 수익을 추구하는 고정이자부 금융상품 형태를 띠고 있다는 점이다. 구체적으로 운용 자산은 CP, ABCP, 전단채, 회사채 등으로 비교적 안정적이면서 고정이자 소득을 얻을 수 있는 자산을 대상으로 한다. 또한 리스크관리 측면에서도 기업어음의 경우 A2 이상 등급, 전단채나 회사채의 경우는 A− 이상 등급으로 제한하고 있다. 이와 더불어 대체로 만기가 짧은 자산들에 투자하여 만기 까지 가격 변동 위험 등을 최소화하고 유동성 리스크 관리를 위해 3개월 단위로 상환 기회를 제공한다. 가장 매력적인 점은 적은 금액으로도 투자가 가능하다는 것이다.[40] 앞서도 설명하였지만 CP 혹은 전단채의 직접 투자를 위해서는 최소 1억 원 이상의 자금을 필요로 한다. 투자 여력이 되는 사람이 거의 없다는 말이다. 하지만 투자 단위가 1천만 원이라면 보통 일반 투자자들까지 투자가 가능한 선이라고 생각할 수 있다. 물론 다른 리스크도 고려해봐야 하겠지만 저금리 시대에 시장 금리 이상의 추가 금리가 가능한 상품은 분명 매력적인 상품이라고 할 수 있다.

그림 7-67 랩을 이용한 CP, 전단채 등 투자

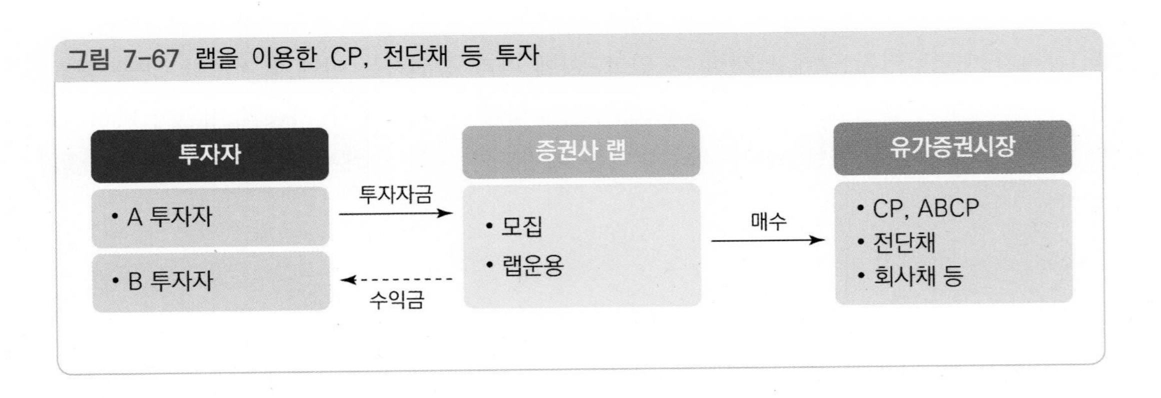

40) 보통 1천만 원 단위로 투자가 가능하다.

2) 환매조건부채권((Repurchase Agreement)

환매조건부채권(이하 RP)은 채권을 매도함과 동시에 일정 기간 후 다시 되사는 조건으로 채권을 거래하는 것으로 채권의 매도와 환매가 동시에 이뤄지는 거래를 말한다. 조금 더 구체적으로 설명하자면 채권을 소유하고 있는 A씨가 B씨에게 채권을 매도함과 동시에 일주일이 지난 후 다시 되사는 조건으로 거래함을 말한다. 그렇다면 굳이 일주일 후에 되사는 조건으로 채권을 매도할 필요가 있을까? 이는 채권 소유자의 매매 목적에서 이유를 찾을 수 있다. 즉 채권 소유자가 채권 양도에 목적이 있는 것이 아니라 단기 자금 차입에 목적이 있다면 환매조건부채권 매매가 가능하다는 것이다. 이는 결과적으로 단기 자금 대차 거래라 보는 것이 맞다. 즉 채권을 소유한 A씨는 단기 자금이 필요하기 때문에 B씨에게 채권을 양도하고 일정 기간 후 채권을 되사면서 최초 약정한 이자를 지급하는 방식인 것이다. 이 경우 일반 대차거래보다 투자자는 담보 물건이 있어서 안전하다고 생각할 수 있고, 채권 매도자 입장에서도 낮음 금리로 자금을 조달할 수 있어서 서로 이익이 되는 거래라 할 수 있다.

그림 7-68 RP 매수일 거래 구조

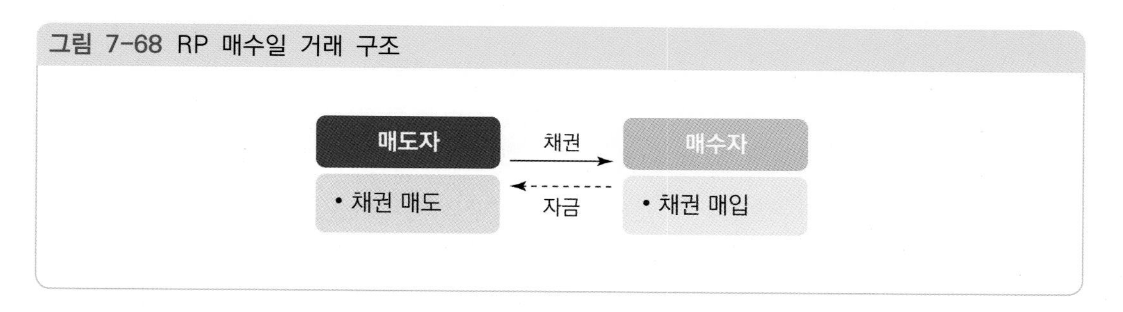

그림 7-69 RP 매도일 거래 구조

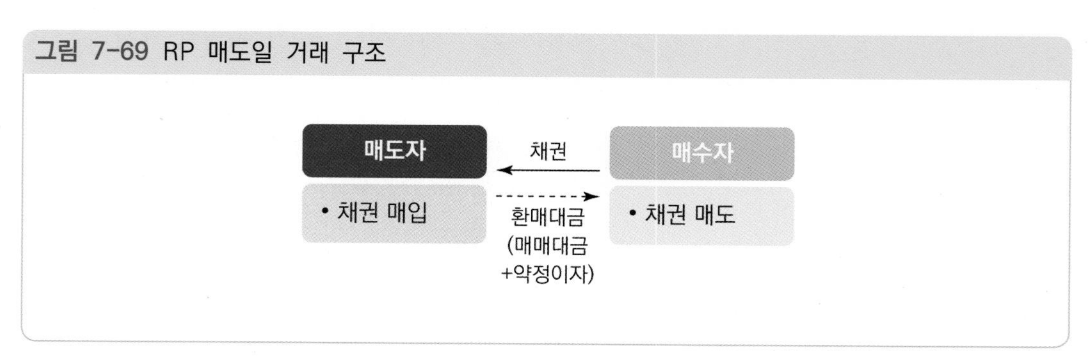

보통 RP 시장은 대고객 RP와 기관 간 RP 시장이 있지만 우리는 대고객 RP에 대해서만 확인할 것이다. 대고객 RP는 투자매매업 인가를 받은 증권금융회사, 종합금융회사, 은행 등이 자금 수신을 위해 고객을 상대로 RP를 매도하는 거래를 말한다. 다음에 설명하게 될 증권 계좌를 이용한 RP 거래 역시 대고객 RP 시장이다.

RP에 대한 대략적인 상황에 대해서 이해했다면 이제 본격적으로 증권사 RP에 대해서 알아보자. 우선 RP 거래를 하기 위해서는 증권사에 RP 거래용 계좌를 개설해야 한다. 자본시장법이 시행됨에 따라 대부분의 증권사는 RP형 CMA(Cash Management Account) 상품을 판매하고 있기 때문에 RP형 CMA 계좌 혹은 위탁 계좌를 개설하면 된다. 유가증권 매매를 자주하는 것이 아니라면 RP형 CMA 계좌를 개설하는 것이 편할 것이다. 이유는 RP형 CMA 계좌의 경우 채권 매매가 종료되는 시점에서 CMA 계좌에 잔금이 있으면 자동으로 RP를 매수해주기 때문이다. 따라서 별도로 채권 주문창에서 RP를 매수하거나 매도할 필요가 없다는 말이다. 더욱이 자본시장법 시행에 따라 CMA 계좌에서 자금 이체는 물론 공과금 납입도 가능하기 때문에 여러모로 유용하게 사용할 수 있다. 현재 우리는 RP 거래에 대해서 학습하고 있기 때문에 위탁 계좌를 개설했다고 가정할 것이다. 이제 계좌를 개설 후 여유자금을 위탁 계좌에 넣고 RP를 매수하면 증권사가 공시한 RP 이자율로 RP 투자가 끝난 것이다. 정리하면 거래는 이렇다. 독자는 증권사가 보유한 채권에 대해 RP 거래를 한 것이다. 즉, 독자는 증권사에 자금을 빌려주고 채권을 받았으며 일정 기간이 지난 후 RP를 매도할 때 채권을 증권사에 매도하고 약정 이자를 받는 구조가 되는 것이다. 결론적으로 독자는 초단기로 채권 투자를 한 셈이다. 그것도 기준금리만큼의 이자율을 챙기면서 말이다.

RP의 가장 큰 장점은 하루만 예치해도 이자가 지급되는 것이고 다음으로 복리로 지급받을 수 있다는 점이다. RP가 복리로 계산된다는 사실을 아는 사람은 거의 없다. 직접 운용을 하는 사람이 아니면 계산법에 대해 별로 관심이 없기 때문이다. RP가 복리로 계산되는 이유는 일일 정산 시스템때문이다. 쉽게 설명하면 오늘 매수를 했다면 내일 아침에 매도하고 채권 시장이 끝날 무렵 다시 매수하는 형태를 따르기 때문에 일일 정산되는 시스템을 가지고 있다. 따라서 매도된 자금이 원금이 되기 때문에 복리와 같은 효과를 나타내는 것이다.

(3) 파생금융상품

파생금융상품(financial derivatives)은 통화, 주식, 채권 등을 기초 자산으로 이들의 가치 변화를 피하거나 이를 이용하여 추가 수익을 얻고자 하는 당사자 간의 금융 계약상의 상품을 말한다. 파생금융상품은 금융 시장에서 환율, 주가, 금리 등의 변동으로 발생하는 손실을 회피하기 위해 고안된 상품이다. 즉 금융 자산의 가격 변동을 헤지(hedge)하기 위한 상품이다.

파생금융상품은 기초 자산(underlying asset)에서 파생되었기 때문에 파생금융상품이라고 부르며 기초 자산은 통화, 주식, 채권 등 일반 금융 상품이 해당된다.[41] 금융 시장에 파생상품이 등장한 이유는 기초 자산의 가격 변동에 따른 불확실성(uncertainty) 때문이다. 자산 보유자들은 본래 불확실성을 가장 큰 위험(risk)으로 생각하기 때문에 이를 제거할 수단이 있다면 기꺼이 금융 상품 거래에 응할 수 있다. 그러나 금융 상품 거래란 매수하는 주체가 있다면 매도하는 주체도 있어야 거래가 성립하기 때문에 이 경우 자산 보유자와 상응하는 금융 거래자가 존재하여야 한다. 이 거래 상대자는 바로 투자자이다. 투자자는 자산의 가격 변화를 투자 기회로 삼아 금융 상품 거래에 응할 수 있다. 즉 자산 가격 변화의 불확실성을 제거하려는 자산가와 자산 가격의 변화를 투자의 기회로 삼는 투자자의 이해관계가 성립하며 파생금융상품이 거래되는 것이다.

전통적으로 파생금융상품을 설명할 때 가장 많이 인용되는 것이 배추에 대한 밭떼기다. 밭떼기는 보통 봄에 밭의 면적 단위로 가을에 나올 배추를 미리 가격을 정해서 거래하는 것을 말한다. 보통 배추 농사를 짓는 농부는 배추 출하 시 배추 가격이 상승하기를 원한다. 이유는 비싼 가격에 배추를 출하하여야 많은 수익을 얻을 수 있기 때문이다. 반면 배추 출하 시 배추 가격이 하락한다면 농부는 손해를 보게 될 것이다. 결국 배추 가격이 변동됨에 따라 농부 수익도 변동되는 구조다. 따라서 농부는 배추에 대한 가격 불확실성을 제거하고 싶은 욕구를 가지고 있을 것이다. 이런 배추의 가격 변화에 대한 위험을 이용하여 추가 수익을 얻으려는 주체가 있다면 농부와 계약을 할 수 있을 것이다. 여기서 계약자는 배추에 대한 중간상인이 해당된다. 중간상인은 미리 계약을 통해 배추 물량을 확보하기를 원하며 가격 변동에 따른 추가 수익도 기대할 수 있다. 결국 둘 사이 밭떼기 계약을 체결되면 농부는 배추에 대한 가격 변동위험을 피할 수 있고 중간상인은 원하는 배추 물량을 확보함은 물론 가격 변동 시 추가 수익도 기대할 수 있는 것이다.

---

41) 본고에서는 파생금융상품만을 다루기 때문에 기초 자산이 금융 상품에 한정되지만 실제로 파생상품의 범위는 넓다. 예를 들어 기초 자산을 실물 자산으로 확대하면 금, 은, 곡물 등 무수히 많은 파생상품이 존재한다는 것을 확인할 수 있다.

그림 7-70 배추 밭떼기

** 배추 밭떼기는 이른 봄에 면적 단위로 계약하는 경우가 많다.

출처: 네이버

더 알아보기

꼬리가 몸통을 흔들다.(the tail wagging the dog effect)

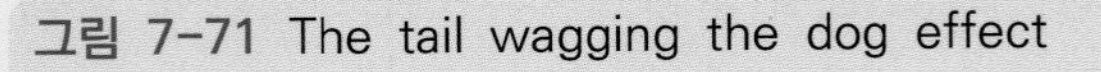
그림 7-71 The tail wagging the dog effect

파생금융상품이 현물 시장의 가격 변화를 제거하여 가격 변동성을 줄이고 이론 가격에 근접할 수 있다는 파생상품의 기능과는 달리 파생금융상품이 현물 시장을 교란시킬 수도 있다. 이를 금융 전문용어로 "꼬리가 몸통을 흔든다"는 "wag the dog"라고 한다. 파생금융상품은 기초 자산인 주식, 채권, 통화 등에서 파생된 금융 상품이다. 즉 기초 자산의 가격 변동성을 헤지할 목적으로 만들어진 시장이나 레버리지도 크고 거래 규모도 매우 크며 거래 구조도 복잡하기 때문에 내부 통제가 쉽지 않다. 따라서 파생상품시장에 교란이 발생하게 되면 이는 기초 자산인 주식, 채권, 통화 현물 시장 가격에도 큰 변동성을 초래한다. 이에 대한 대표적인 예로 "세 마녀의 날(Triple Witching Day)"이 있다. 세 마녀의 날은 주가지수선물, 주가지수옵션, 개별주식옵션이 모두 만기가 되는 날로서 각각의 파생금융상품을 마녀로 해석한 것이다. 이런 파생금융상품 만기일에는 주식 시장과 연결된 파생금융상품 거래에서 이익을 실현하기 위해 주식을 사거나 파는 물량이 급격히 증가하거나 줄 수 있다. 즉 이로 인해 기초 자산인 주식의 가격 변동폭이 크게 확대될 수 있다는 뜻이다.

1) 파생금융상품의 당사자

파생금융상품의 주요 당사자는 위험회피자(risk averter)인 헤저(hedger)와 위험애호자(risk lover)인 투기자(speculator), 그리고 중개자로 나눌 수 있다.

우선 헤저는 통화, 주식, 채권 등의 금융 자산을 보유한 자로서 환율, 주가, 금리 등의 가격 변동에 따라 자산 가격 변동위험을 회피하려는 참가자를 말한다. 이들은 파생금융상품 거래를 통해 자산 가치를 현시점에서 확정함으로써 자산 가치 변동을 회피할 수 있다. 반면 투기자들은 금융 자산의 가격 변동을 예측하여 추가 수익을 기대할 수 있다. 이들은 파생상품 거래를 통해 위험회피자의 위험을 받아들임으로서 고수익을 기대할 수 있다. 즉 파생금융상품은 참가자인 헤저와 투기자에게 위험에 대한 헤지와 투자 기회를 동시에 제공함으로써 각 주체들의 위험선호도에 따라 자신에게 맞는 투자 기회를 제공한다.

중개자는 거래소의 장내중개인, 장내거래인, 그리고 선물중개업자가 있으며 이들은 시장에서 거래를 성사시키는 조직을 말한다. 우선 장내중개인은 파생금융상품의 당사자 간 중개 역할(broker)을 하고 일정 수수료를 받는 자를 말한다. 다음으로 장내거래인은 파생금융상품을 인수·인도하는 거래 당사자가 되기도 하고 중개자가 되기도 하는 자로 딜러(dealer)와 브러커(broker)의 업무를 모두 할 수 있는 자를 말한다. 마지막으로 선물중개업자는 일반 고객으로부터 파생금융상품의 매매 주문을 받아 이를 장내중개인이나 장내거래자에게 중개하는 임무를 수행하는 자를 말한다.

2) 파생금융상품의 특징

파생금융상품은 다음과 같은 3가지 특징을 가진다.

첫째, 파생금융상품은 자금의 레버리지 효과(leverage effect)가 크다. 레버리지 효과는 지렛대 효과를 뜻하는 것으로 파생금융상품에서는 적은 금액으로 큰 금액의 기초 자산 거래가 가능하다는 것을 뜻한다. 이는 파생금융상품의 증거금제도에 기인한다. 즉 파생금융상품 거래 시 매입자는 상품 가격 전액을 지불하지 아니하고 계약 금액의 일부만 증거금으로 지급한다. 그 이유는 보통 파생금융상품은 만기까지 보유하여 실물을 인도하지 않으며 대부분 만기 전에 반대매매를 통해 포지션을 청산하기 때문이다. 따라서 선물의 경우 15%의 증거금만 있으면 되기 때문에 6.7배의 레버리지 효과가 있으며 옵션의 경우 약 4%의 증거금만 있으면 되기 때문에 레버리지가 25배에 달한다. 더욱이 CD금리선물 같은 경우 계약 금액에 0.5%만 지불하면 되기 때문에 레버리지가 200배에 달한다.

둘째, 파생금융상품은 거래 비용이 낮은 편이다. 파생금융상품은 실물이 직접 인수·인도되는 것이 아니라 실물의 가격 변동에 따른 차액만을 결제하는 방식으로 이뤄진다. 따라서 실물을 직접 인수·인도에 따른 비용을 절감할 수 있다.

셋째, 파생금융상품의 거래는 부외거래(off-balance transactions)이다. 즉 파생금융상품은 기업의 대차대조표상의 변화 없이 자금을 조달하거나 운용할 수 있다. 특히 금융기관 같은 경우에는 자기자본 비율과 관계없기 때문에 자금 운용이 자유롭고 수수료 수입도 올릴 수 있다.

3) 파생금융상품의 기능

파생금융상품은 다음과 같은 3가지 기능을 가진다.

첫째, 파생금융상품은 금융 상품의 미래 가격을 예측하게 해준다. 선물 시장이나 옵션 시장의 참가자들은 미래 정해진 날이나 만기일에 가격이 어떻게 되리라는 예상을 하고 파생금융상품을 계약한다. 이 말은 선물이나 옵션의 약정 가격이 미래 현물 가격에 대한 예측치를 반영하고 있음을 설명한다. 실제로 선물이나 옵션 가격은 미래의 가격 변동 요소들을 반영하여 선반영 하는 경향을 보인다.

둘째, 파생금융상품은 현물의 가격 변동 위험을 제거(헤지)해준다. 파생금융상품은 금융자산을 가진 주체들에게 가격 변동 위험을 제거하는 수단을 제공한다. 이로 인해 거래 당사자 간 가격 변동에 대한 위험 없이 현물 거래를 할 수 있도록 해준다.

셋째, 파생금융상품은 차익 거래(arbitrage transactions) 기회를 제공함으로써 현물의 가격 변동 폭을 축소시킬 수 있다. 차익 거래는 금융 자산 가격이 이론 가격에서 벗어날 경우 이를 통해 무위험 이익을 얻을 수 있는 금융 거래를 뜻한다. 즉 현물 가격이 이론 가격에서 벗어날 경우 차익 거래자들은 선물이나 옵션 상품을 매매하게 된다. 이 경우 현물 가격은 이론 가격으로 회귀하게 되므로 현물 가격의 변동 폭은 축소된다.

4) 주요 파생금융상품

파생금융상품은 매우 다양하며 그 종류도 많다. 또한 파생금융상품은 금융공학을 주로 이용하여 상품 구조를 설계하기 때문에 현재도 새로운 상품이 만들어지고 있다. 하지만 모든 파생금융상품은 선물, 옵션, 스왑을 기초로 하기 때문에 우리는 이 3가지 파생금융상품에 대해서 알아볼 것이다.

① 선물

선물 거래(futures transactions)는 미래의 일정한 시점에 기초 자산을 미리 정해진 가격으로 사거나 파는 거래를 말한다. 선물(futures)에 대비되는 개념은 현물(spot)로 현물 거래는 지금 현 시점에서 계약을 체결하고 상품의 인도와 결제가 동시에 이뤄지는 거래를 말한다. 반면 선물 거래는 현 시점에서 계약을 하되 상품의 인도와 결제는 미래 계약한 날에 이뤄지는 거래를 말한다.

선물 거래는 장내 거래와 장외 거래로 구분할 수 있다. 우선 장내 거래는 거래소에서 표준화된 방식으로 계약을 체결하고 일정 기간이 경과한 후에 실물의 인수·인도와 자금 결제가 이루어지는 거래다. 반면 장외 거래는 거래 당사자 간 임의적으로 계약을 체결하는 거래다. 선물의 장외 거래를 선도 거래(forward transactions)라 한다. 선도 거래는 장외에서 이뤄지기 때문에 결제 이행에 대한 위험이 장내 선물거래에 비해서 높다.

선물 거래는 앞서 설명한 밭떼기를 통해 이해하면 쉽다. 즉 배추에 대한 선물 거래를 조직화되어 있는 거래소를 이용한다면 장내 선물거래가 되는 것이고, 농부와 중간 상인이 직접 거래를 한다면 장외 선도거래가 되는 것이다. 실제로 농산물에 대한 선물 거래는 활발하게 이뤄지고 있으며 대표적인 거래소가 "시카고 선물거래소"이다. 시카고 선물거래소는 1848년 창립된 미국에서 가장 오래된 선물거래소로 거래량이 가장 많은 선물거래소로도 유명하다. 현재도 밀, 귀리, 쌀보리, 옥수수, 콩, 콩기름, 목화 등 다양한 농산물에 대한 선물과 옵션 거래가 활발히 진행되고 있다.

그림 7-72 시카고 옵션거래소(Chicago Board Options Exchange)

출처:블룸버그

그림 7-73 시카고 거래소(Chicago Board of Trade)

출처:https://cafe.naver.com/americaro/2410

② 옵션

파생금융상품의 옵션(option)은 "선택권"이란 의미를 가진다. 보통 우리가 옵션이라는 단어를 자주 사용하는 곳은 자동차 시장일 것이다. 우리나라 신차 시장의 경우, 차량의 기본옵션을 장착하고 출고되며 이에 구매자의 필요에 따라 다양한 옵션을 선택하게 되는 구조를 가진다. 즉 구매자가 선택한 대로 바뀌는 것을 옵션이라고 한다. 파생금융상품에서 옵션도 다르지 않다. 파생금융상품 옵션은 매수(call)하거나 판매(put)할 수 있는 권리에 대한 선택권을 의미하는 것이다. 즉 콜옵션은 기초 자산을 매입할 수 있는 권리, 풋옵션은 기초 자산을 매도할 수 있는 권리를 말한다.

i) 옵션의 기본 용어

옵션은 크게 미국식 옵션(American option)과 유럽식 옵션(European option)으로 구분된다. 미국식 옵션은 만기일 이전에 권리를 행사할 수 있는 옵션을 뜻하며 유럽식 옵션은 만기일에 한해서만 행사할 수 있는 옵션을 말한다.

옵션에는 "행사 가격(strike price)"이 있다. 행사 가격은 옵션의 매수자와 매도자가 일정한 금액으로 사고 팔기를 약정할 때 "일정한 금액"을 뜻하는 것이다. 예를 들어 배추 한 포기를 1,000원에 사고 팔기로 약정했다면 행사 가격은 1,000원이 되는 것이다. 다음으로 옵션 거래에는 "프리미엄(premium)"이 있다. 프리미엄은 옵션 매입자가 권리를 행사할 수 있는 선택권을 사며 옵션 매도자에게 지불하는 일정 비용이다. 즉 옵션 매입자는 일정 프리미엄을 지불하고 옵션을 행사할 것인지 혹은 하지 않을 것인지에 대한 선택권을 구입하는 것이고 옵션 매도자는 일정 프리미엄을 수취하고 옵션 매수자에게 옵션 선택에 대한 선택권을 판매하는 것이다. 옵션 매수자의 경우 프리미엄을 지불하고 선택권을 얻었기 때문에 자신에게 유리한 가격 변화가 나타나면 옵션을 행사하여 이익을 취할 수 있고 불리한 가격 변화를 보인다면 옵션을 행사하지 않을 수 있다. 반면 옵션 매도자는 옵션 매수자가 옵션을 행사하지 않는 경우 프리미엄만큼 이익을 취할 수 있고 기초 자산 가격 변화에 의해 옵션 매수자가 권리를 행사하면 이를 이행할 의무를 가진다. 즉 매매 당사자 모두가 의무를 부담하는 선물 거래와는 다른 구조다. 옵션 거래로 인한 손익 상황은 옵션 매도자와 매수자가 서로 정반대인 비대칭적 손익 구조를 갖는다.

ii) 콜옵션

콜옵션(call option) 당사자는 콜옵션 매수자와 콜옵션 매도자이다. 콜옵션 매수자는 미리 약정한 가격으로 미래 정해진 기간에 기초 자산을 매입할 수 있는 권리를 가진자다. 반면 콜옵션 매도자는 미리 약정한 가격으로 미래 정해진 기간에 기초 자산을 매도할 의무를 가진자다.

콜옵션 당사자들 손익은 행사 가격과 시장 가격, 프리미엄의 크기에 의해서 결정된다. 우선 콜옵션 매수자의 경우 {시장 가격－(행사 가격＋프리미엄)}만큼의 이익을 얻는다. 즉 수익 구조가 프리미엄만큼 비용을 지불하였기 때문에 프리미엄 비용을 상쇄할 만큼 시장 가격이 상승한다면 이익을 얻는 구조인 것이다. 이를 배추를 이용해서 설명해 보자. 우선 독자가 배추 1포기에 1,000원의 행사 가격을 갖는 콜옵션을 100원의 프리미엄을 주고 매수하였다고 하자. 이 경우, 독자는 배추의 가격이 상승하면 이익을 얻고 배추의 가격이 하락하면 프리미엄만큼 손해를 보는 손익 구조를 갖게 된다. 예를 들어 배추의 시장 가격이 1,200원으로 상승하였다면 독자는 콜옵션을 행사하여 배추를 1,000원에 구매한 뒤 시장에서 1,200원에 매도함으로서 이익을 취할 수 있다. 이때 콜옵션 매수에 쓰였던 프리미엄(100원)을 고려하면 순수한 이익은 100원이 된다. 반면 배추의 시장 가격이 900원으로 하락하였다면 콜옵션 행사를 포기하면 된다. 이 경우 콜옵션 매수에 비용으로 지불하였던 프리미엄(100원)만큼 손실을 보게 되는 것이다. 이를 통해 배추에 대한 콜옵션 매수자의 손익분기점(Break－Even Point, BEP)을 찾을 수 있다. 즉 옵션 매수자는 시장 가격이 행사 가격에 프리미엄 비용을 차감하고도 상승하는 시점에서 이익 실현이 가능하기 때문에 위의 사례에서는 1,100원이 된다. 이는 콜옵션 매수자의 손익분기점이 [행사 가격＋프리미엄]이라는 것을 우리는 유추해 볼 수 있다. 콜옵션 매수자의 손익 구조는 아래 그림과 같다. 콜옵션 매수자에 대한 손익 구조를 나타낸 그래프의 세로축은 0을 기준으로 이익 구간과 손실 구간으로 구분된다. 그래프의 가로축은 상품의 시장 가격을 나타낸다. 콜옵션 매수자의 손익선은 행사가격을 기준으로 45° 우상향 한다. 이는 콜옵션 매수자의 손실은 제한(프리미엄)적인데 반해 이익은 무한대라는 구조로 설명할 수 있다.

콜옵션 매도자는 콜옵션 매수자의 권리 행사에 대한 의무만 가지기 때문에 이익 구조는 프리미엄에 한정된다. 위와 동일한 예를 통해 이를 확인할 수 있다. 배추에 대한 콜옵션 매도자가 행사 가격 1,000원에 100원의 프리미엄을 받고 콜옵션을 매도하였다고 하자. 만약 배추의 시장 가격이 하락하여 900원이 되었다면 콜옵션 매수자는 권리를 행사하지 않을 것이다. 따라서 콜옵션 매도자는 프리미엄인 100원의 이익을 얻게 된다. 반면 배추의 시장 가격이 상승하여 1,200원이 되었다면 콜옵션 매수자는 권리를 행사할 것이다. 즉 1,000원에 배추를 구매할 수 있는 콜옵션을 행사하는 것이다. 이 경우 콜옵션 매도자는 콜옵션 매수자의 권리를 이행하여야 할 의무를 지기 때문에 시장에서 1,200원에 배추를 구매하여 콜옵션 매수자에게 1,000원에 팔아야 한다. 이때 콜옵션 매도자의 손실은 시장 손실 가격 200원에 프리미엄 이익 100원을 합하여 총 100원이 된다. 콜옵션의 손익분기점은 시장 가격이 콜옵션 매입자가 콜옵션을 행사하는 시점이기 때문에 위 사례의 경우 1,100원이 된다. 콜옵션에 매도자에 대한 손익 구조는 아래 그림과 같다. 이는 정확히 콜옵션 매수자와 비대칭 구조를 가진다. 즉 콜옵션 매도자의 이익은 프리미엄으로 한정되어 있는데 반해 손실은 무한대의 구조를 가지고 있다.

그림 7-74 콜옵션 매수자의 수익 구조

그림 7-75 콜옵션 매도자의 수익 구조

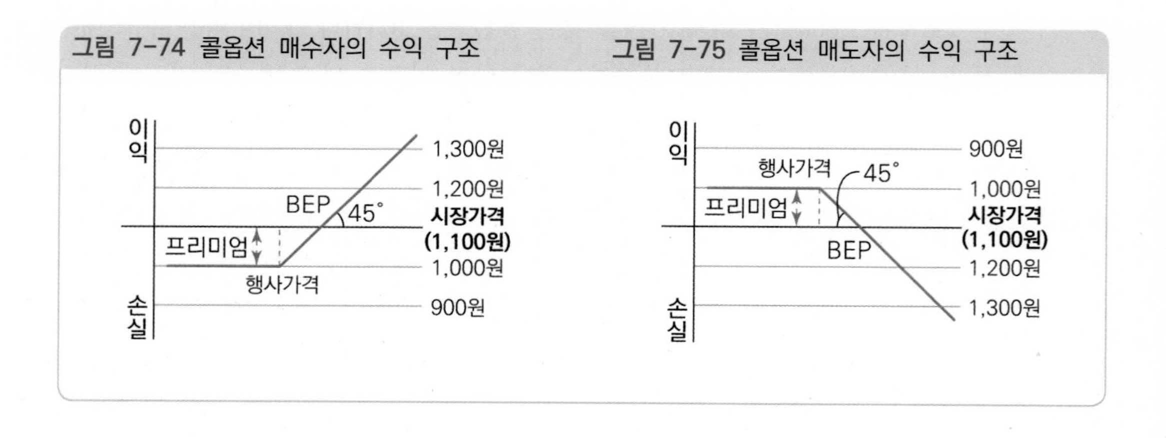

iii) 풋옵션

풋옵션(put option) 당사자는 풋옵션 매수자와 풋옵션 매도자이다. 풋옵션 매수자는 미리 약정한 가격으로 미래 정해진 기간에 기초 자산을 매도할 수 있는 권리를 가진자다. 반면 풋옵션 매도자는 미리 약정한 가격으로 미래 정해진 기간에 기초 자산을 매수할 의무를 가진자이다.

풋옵션 당사자의 손익은 행사 가격과 시장 가격, 프리미엄의 크기에 의해서 결정된다. 우선 풋옵션 매수자의 경우 {(행사 가격－프리미엄)－시장 가격}만큼의 이익을 얻는다. 즉 수익 구조가 프리미엄만큼 비용을 지불하였기 때문에 프리미엄 비용을 상쇄할 만큼 시장 가격이 하락 한다면 이익을 얻는 구조인 것이다.

이를 앞서와 같이 배추를 이용해서 설명해 보자. 우선 독자가 배추 1포기에 1,000원의 행사 가격을 갖는 풋옵션을 100원의 프리미엄을 주고 매수하였다고 하자. 이 경우, 독자는 배추 가격이 하락하면 이익을 얻고 배추의 가격이 상승하면 프리미엄만큼 손해를 보는 손익 구조를 갖게 된다. 예를 들어 배추의 시장 가격이 800원으로 하락하였다면 독자는 배추를 시장에서 800원에 구매한 뒤 풋옵션을 행사하여 풋옵션 매도자에게 1,000원에 매도하면 풋옵션 매수에 쓰였던 프리미엄 100원을 제외하고 100원의 수익을 얻게 된다. 반면 배추의 시장 가격이 1,100원으로 상승하였다면 풋옵션 행사를 포기하면 된다. 이 경우 풋옵션 매수에 비용으로 지불하였던 프리미엄(100원)만큼 손실을 보게 된다. 또한 이를 통해 배추에 대한 풋옵션 매수자의 손익분기점(BEP, Break－Even Point)을 찾을 수 있다. 즉 옵션 매수자는 시장 가격이 행사 가격에 프리미엄 비용을 차감하고도 낮아지는 점에서 이익 실현이 가능하기 때문에 위의 사례에서는 900원이 된다. 이는 풋옵션 매수자의 손익분기점이 [행사 가격－프리미엄]이라는 것을 우리는 유추해 볼 수 있다. 풋옵션 매수자의 손익 구조는 아래 그림과 같은 것을 확인할 수 있다. 풋옵션 매수자의 손익선은 행사 가격을 기준으로 45° 좌상향 한다. 이는 풋옵션 매수자의 손실은 제한(프리미엄)적인데 반해 이익은 무한대라는 구조를 확인할 수 있다.

풋옵션 매도자는 풋옵션 매수자의 권리 행사에 대한 의무만 가지기 때문에 이익 구조는 프리미엄에 한정된다. 앞서와 동일한 예를 통해 이를 확인할 수 있다. 배추에 대한 풋옵션 매도자가 행사가격 1,000원에 100원의 프리미엄을 받고 콜옵션을 매도하였다고 하자. 만약 배추의 시장 가격이 상승하여 1,100원이 되었다면 풋옵션 매수자는 권리를 행사하지 않을 것이다. 따라서 풋옵션 매도자는 프리미엄인 100원의 이익을 얻게 된다. 반면 배추의 시장 가격이 하락하여 800원이 되었다면 풋옵션 매수자는 권리를 행사할 것이다. 즉 풋옵션 매도자로부터 배추 1포기를 1,000원에 판매할 수 있는 풋옵션을 행사하는 것이다. 이 경우 풋옵션 매도자는 풋옵션 매수자의 권리를 이행하여야 할 의무를 가지기 때문에 풋옵션 매수자가 시장에서 800원에 구매한 배추를 풋옵션 매도자에게 1,000원에 권리행사를 하게 되다. 즉 이때 풋옵션 매도자의 손실은 시장 가격 손실 200원에 프리미엄 이익 100원을 합하여 총 100원이 된다. 따라서 풋옵션의 손익분기점은 시장 가격이 풋옵션 매입자가 풋옵션을 행사하는 시점이기 때문에 위 사례의 경우 900원이 된다. 풋옵션에 매도자에 대한 손익구조는 아래 그림과 같다. 이는 정확히 풋옵션 매수자와 비대칭 구조를 가진다. 즉 풋옵션 매도자의 이익은 프리미엄으로 한정되어 있는데 반해 손실은 무한대의 구조를 가진다.

그림 7-76 풋옵션 매수자의 수익 구조

그림 7-77 풋옵션 매도자의 수익 구조

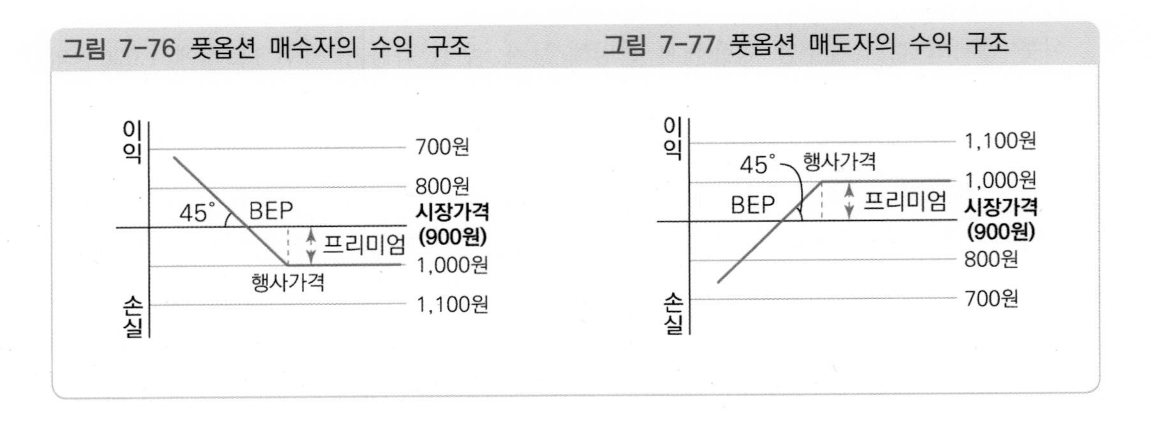

iv) 내가격과 외가격

옵션에 대한 권리 행사는 앞서도 확인하였듯이 시장 가격과 행사 가격, 프리미엄에 달려 있다. 여기서 행사 가격과 프리미엄은 계약 당시 고정(fixed)되어 있기 때문에 사실상 옵션의 권리 행사는 시장 가격에 달려 있다. 따라서 시장 가격이 변동하여 옵션을 행사하는 것이 유리한 가격을 내가격(in–the–money)라 하고 이득이 되지 않는 가격을 외가격(out–of–the money)라 한다. 즉 옵션 참가자는 내가격의 경우 옵션을 행사하는 것이 유리하고 외가격의 경우 옵션을 행사하지 않는 것이 유리하다.

콜옵션의 경우 시장 가격이 행사 가격보다 높은 상황을 내가격이라고 하고 시장 가격이 행사 가격보다 낮은 상황을 외가격이라고 한다. 반면 풋옵션은 시장 가격이 행사 가격보다 낮은 상황을 내가격이라고 하고 시장 가격이 행사 가격보다 높은 상황을 외가격이라고 한다.

③ 스왑

파생금융상품 스왑(swap)은 사전적 의미와 같이 "금융 상품의 조건을 서로 바꾼다"이다. 구체적으로 파생금융상품 스왑은 거래 상대방이 미리 정한 거래 조건에 따라 미래 일정 시점에 두 개의 자금 흐름을 교환하는 것을 말한다. 스왑 거래의 특징은 현물(spot) 거래와 선물(futures) 거래가 동시에 이뤄지는 것이다.

i) 금리스왑

금리스왑(Interest Rate Swap, IRS)은 두 거래 상대방이 각각의 차입에 대한 금리를 서로 맞바꾸는 것으로서 차입에 대한 이자 지급 의무를 교환하는 것이다. 보통 금리스왑은 금리 변동에 대한 위험을 회피하거나 차입 비용을 절감하기 위해 고정 금리와 변동 금리를 교환하는 형태를 갖는다. 즉 고정 금리와 변동 금리를 기업 간 비교하여 비교우위에 있는 금리로 차입한 후 이를 교환하는 형태다. 예를 들어 A 기업이 고정 금리에 비교우위가 있고 B 기업이 변동 금리에 비교우위가 있다면 A 기업은 고정 금리로 대출을 받고, B 기업은 변동 금리로 대출을 받아 서로 금리를 교환함으로써 양 당사자 간에 이익을 취하는 거래다. 금리스왑은 이처럼 고정 금리와 변동 금리 간에 비교우위에 있는 기업 간에 거래가 가능하지만 고정 금리와 변동 금리 간 절대우위에 있는 기업 간에도 거래가 가능하다.

우선 두 기업이 변동 금리와 고정 금리 간 비교우위에 있는 경우를 살펴보자. A, B 두 기업이 각각 설비 투자 자금과 R&D(연구 개발) 자금을 조달하기 위해 대규모 차입을 원하며 A 기업은 고정 금리로 대출받기를 희망하고 B 기업은 변동 금리로 대출받기를 희망하고 있고 가정해 보자. 이때 A 기업은 금융 시장에서 고정 금리로 4.50%에 자금을 조달할 수 있고 변동 금리는 LIBOR[42]+0.50%에 자금을 조달할 수 있다고 가정해 보자. 또한 B 기업은 금융 시장에서 고정 금리로 4.00%에 자금을 조달할 수 있는 반면 변동 금리로는 LIBOR+1.00%에 자금을 조달할 수 있다고 가정해 보자. 이 경우, 고정 금리 대출 금리는 B 기업이 유리하고 변동 금리 대출은 A 금리가 유리하다는 점을 확인할 수 있다. 즉 고정 금리에서는 B 기업이 비교우위에 있고 변동 금리에서는 A 기업이 비교우위에 있다. 이 경우 서로 비교우위에 있는 금리로 차입한 후 서로 원하는 조건으로 대출을 맞바꾸면 서로 간에 이득이 되는 계약을 할 수 있다. 구체적으로 A 기업은 비교우위에 있는 변동 금리 LIBOR+0.50%로 대출을 받고 B 기업은 비교우위에 있는 고정 금리 4.00%에 대출을 받는다. 이후 이자 지급조건을 교환하는 금리스왑을 실행하면 서로 원했던 조건으로 자금을 대

42) LIBOR는 London inter-bank offered rate로 런던 금융시장 은행 간 대출 금리를 말한다. 국제 금융시장에서는 대부분 LIBOR를 기준으로 대출 금리를 설정한다.

출함은 물론 대출에 대한 이자 부담도 낮출 수 있다. 즉 A 기업이 직접 고정 금리로 대출을 받았다면 4.50%의 이자 비용을 지불했어야 하지만 금리스왑으로 교환된 고정 금리는 4.00%이므로 0.5%의 이자 비용을 절감한 효과를 볼 수 있다. 또한 B 기업도 직접 변동 금리로 대출을 받았다면 LIBOR+1.00%에 대출을 받았어야 하지만 금리스왑으로 교환된 변동 금리는 LIBOR+0.50%이기 때문에 역시 0.5%의 이자 비용을 절감하는 효과를 볼 수 있다.

그림 7-78 변동 금리와 고정 금리 간 비교우위 금리스왑

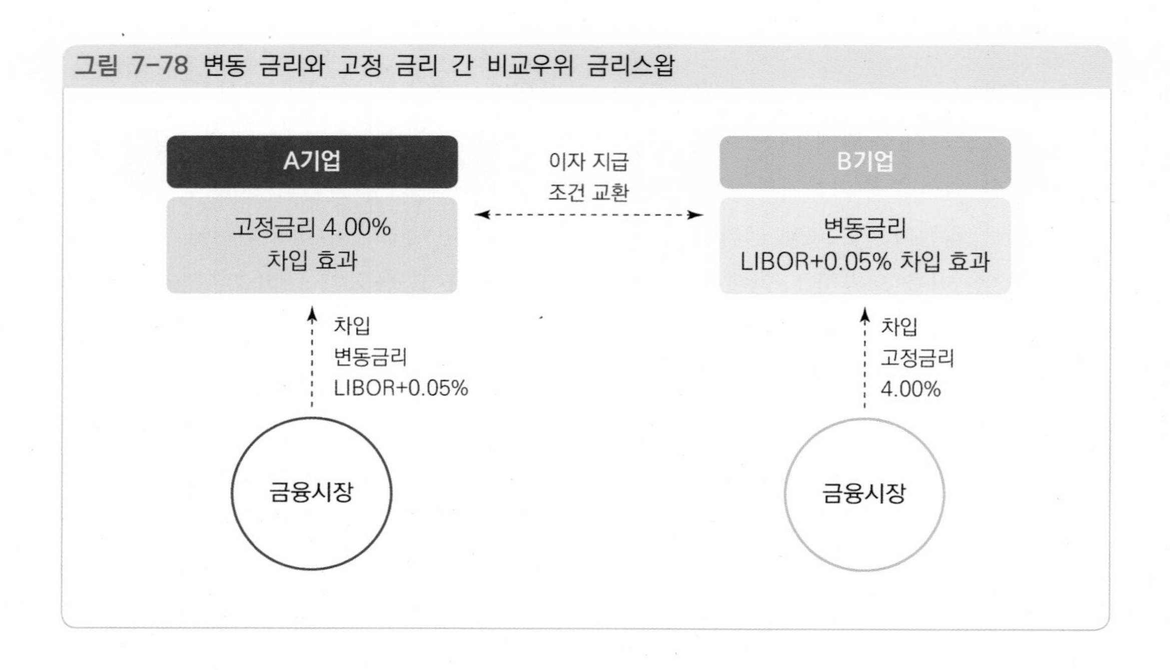

다음으로 두 기업이 변동 금리와 고정 금리 간 절대우위에 있는 경우를 살펴보자. 기업의 상황은 위에서와 같이 A, B 두 기업이 각각 설비투자 자금과 R&D(연구개발) 자금을 조달하기 위해 대규모 차입을 원한다. 이때 A 기업은 금융 시장에서 고정 금리로 5%에 차입이 가능하고 변동 금리로는 LIBOR+1%로 차입이 가능하다. 반면 B 기업은 금융 시장에서 고정 금리로 7%에 차입이 가능하며 변동 금리 시장에서 LIBOR+2%로 차입이 가능하다. 이 경우, 차입조건에 있어서 고정 금리, 변동 금리 모두 A 기업이 절대우위에 있다는 사실을 확인 할 수 있다. 이런 경우 금리스왑이 각 기업에게 필요하지 않을 수도 있다고 생각할 수도 있으나 그렇지 않다. 그 이유는 각 기업의 고정 금리 조건과 변동 금리 조건 비교를 통해 상대적으로 더 우월한 부분이 있으면 금리스왑을 통해 서로 간 이득이 발생할 수 있기 때문이다. 위의 예를 살펴보면 우선 고정 금리에 있어서는 A(2%=7%−5%) 기업이 크게 유리하

다는 점을 확인할 수 있다. 반면 변동 금리에서는 A(1%=2%−1%) 기업이 상대적으로 덜 유리하다는 점 역시 확인할 수 있다. 이 경우 상대적으로 유리한 부분에서 A 기업이 차입을 하고 상대적으로 덜 유리한 부분에서 B 기업이 차입을 한 후 서로 이자 지급조건을 맞바꾸면 서로 이득이 된다. 실제로 A 기업은 상대적 우위에 있는 고정 금리 5%로 대출을 받고 B 기업은 LIBOR+2%에 대출을 받은 후 B 기업은 A 기업에 5.5%의 고정 금리를 지급하고 A 기업은 B 기업에게 LIBOR+1.0%의 금리를 지급하면 서로 간이 대출 이자 비용에 대한 부담을 줄일 수 있다. 즉 A 기업은 B 기업으로부터 5.5%의 고정 금리를 지급받기 때문에 고정 차입 금리인 5%를 지급하고도 0.5%의 여유가 생긴다. 반면 A 기업은 B 기업에게 LIBOR+1%의 변동금리를 지급했기 때문에 최종적으로 A 기업이 지급한 차입 금리는 LIBOR+0.5%(1%−0.5%)가 된다. 즉 A 기업이 직접 변동 금리로 자금을 조달할 때(LIBOR+1%) 보다 0.5%의 대출 이자 비용을 절감한 것이다. B 기업은 A 기업으로부터 LIBOR+1%의 금리를 받아 LIBOR+2% 금리를 상환했기 때문에 1%의 추가 이자 부담을 가중된 것처럼 보인다. 하지만 A 기업에게 고정 금리로 5.5%를 지급하였기 때문에 A 기업이 최종적으로 부담한 고정 금리는 6.5%(5.5%+1%)가 됨을 확인할 수 있다. 이는 B 기업이 직접 고정 금리를 조달했을 때(7%)보다 0.5%의 대출 이자 비용을 절감한 것을 확인할 수 있다. 결국 A 기업이 고정 금리와 변동 금리에서 절대우위를 가지는 2%와 1%의 금리 차인 1%를 두 기업이 나눠 가지는 효과가 발생한 것이다.

그림 7-79 변동 금리와 고정 금리 간 절대우위 금리스왑

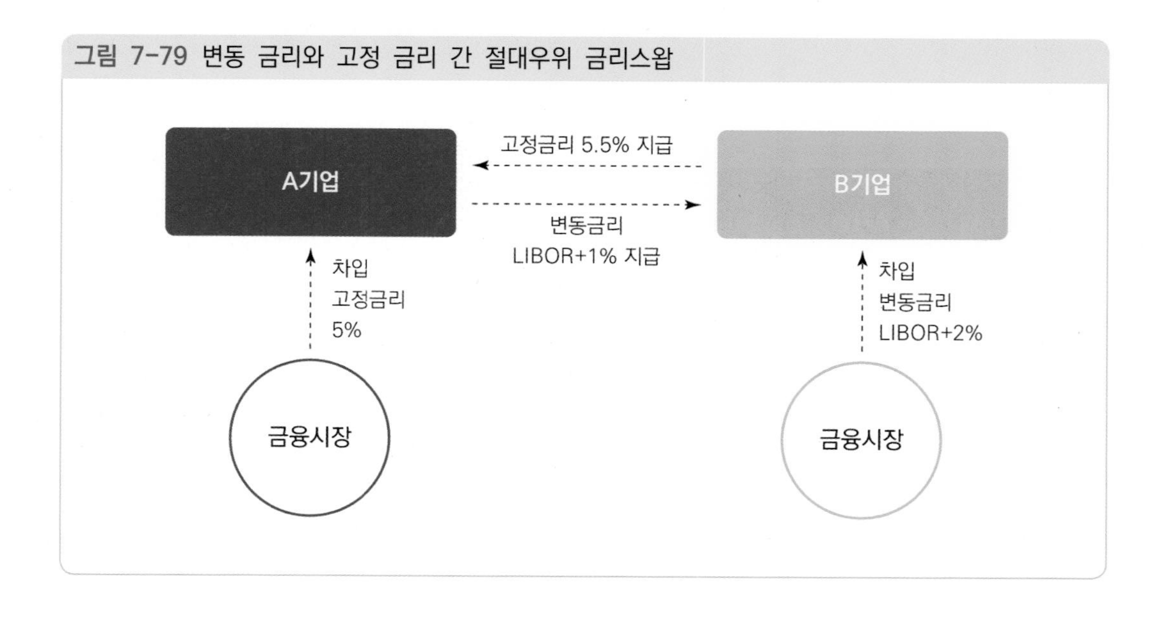

ii) 통화스왑

통화스왑(Currency Rate Swap, CRS)은 사전에 정해진 만기에 서로 다른 통화로 차입한 자금의 원리금 상환을 서로 맞바꾸는 거래를 말한다. 통화스왑이 체결되기 위해서는 각 기업이 원하는 통화가 상이하여야 하며 차입 이자율 조건에서도 서로 비교우위에 있어야 한다.

예를 들어 A 기업은 유럽에 존재하며 현재 달러로 대금결제가 필요한 상황이라고 가정해 보자. 또한 B 기업은 미국에 존재하며 현재 유로화로 대금결제가 필요한 상황이라고 가정해 보자. 이 경우 A 기업은 달러화 자금 차입이 필요하며 B 기업은 유로화 자금 차입이 필요할 것이다. 하지만 각 국가 내에서의 차입 조건은 유리한 반면 결제국에서의 차입 조건이 열위에 있을 수 있다. 추가적으로 A 기업은 유로화자금 조달 시장에서는 5%로 자금 조달이 가능한 반면, 달러자금 조달 시장에서는 6%로 자금을 조달 할 수 있고, B 기업은 유로화자금 조달 시장에서는 6%로 자금 조달이 가능한 반면 달러자금 조달 시장에서는 5%로 자금 조달이 가능하다고 가정해 보자. 이 경우 A 기업은 상대적으로 우위에 있는 유로화로 자금을 조달(5%)하고 B 기업은 달러로 자금을 조달(5%)한 후 원리금 부담을 교환하여 그 부담을 지기로 계약한다면 두 기업 모두에게 이익이 될 것이다. 즉 A 기업은 직접 달러를 조달할 경우 6%의 대출 이자 비용을 부담하여야 했지만 통화스왑을 통해 5%에 달러를 조달 할 수 있었으니 1%의 대출 이자 비용 절감효과를 볼 수 있다. B 기업 역시 직접 유로화를 조달할 경우 6%의 대출 이자 비용을 부담하여야 했지만 통화스왑을 통해 5%에 유로화를 조달 할 수 있었기에 1%의 대출 이자 비용을 절감할 수 있다.

그림 7-80 통화스왑에 구조 예제

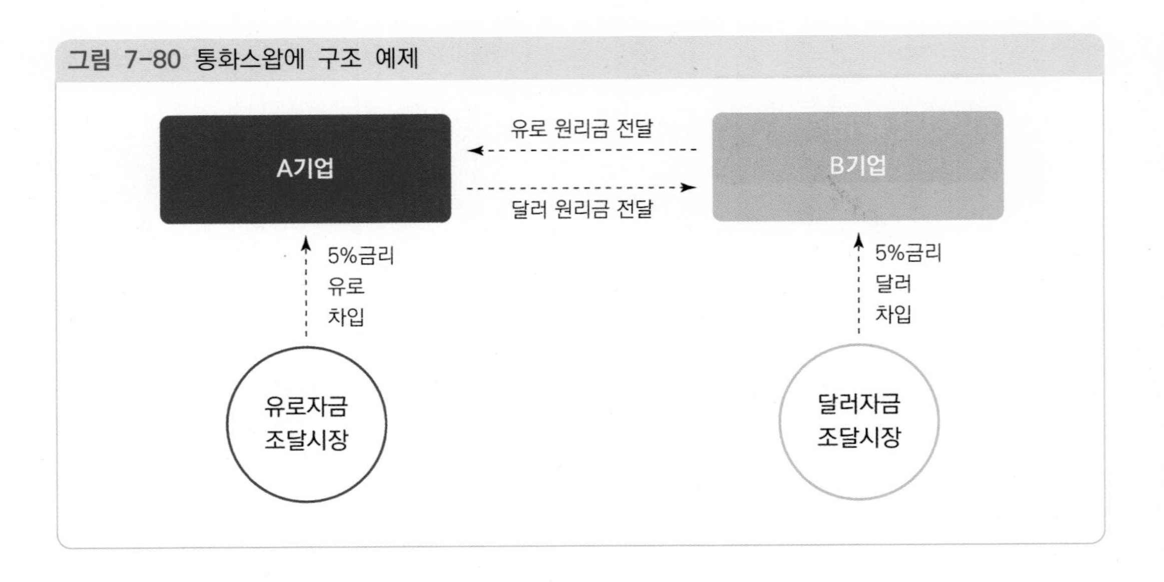

연습문제

01 금융 상품의 3가지 특성인 수익성(profitability), 위험성(risk), 유동성(liquidity)에 대해서 설명하시오.

02 다음은 어떤 금융 상품에 해당하는가? (금융상품분류기준표 참고)

원금 손실 가능성이 있으나 원금 초과손실 가능성은 없음

1) 예금 2) 장내파생상품 3) 장외파생상품 4) 증권 5) 저축성 보험

03 다음 중 증권의 종류에 해당되지 않는 것은?

1) 주식 2) 회사채 3) 국채 4) 펀드(수익증권) 5) ELS 6) 콜옵션

04 다음 중 요구불 예금 범주에 해당되지 않는 것은?

1) 보통 예금 2) 별단 예금 3) 당좌 예금 4) 정기 적금

05 1천만 원의 여유 자금이 있으며 현재 은행 수신 금리는 연 3%라고 가정할 경우 다음을 물음에 답하시오.

(1) 단리로 3년 간 예치할 경우 원리금 합계는 얼마인가?

(2) 복리로 3년 간 예치할 경우 원리금 합계는 얼마인가?

(3) 단리와 복리의 원리금 합계 차이가 발생하였다면 그 원인은 무엇인지 설명해 보시오.

06 A씨는 1년 뒤 현재 살고 있는 전세를 옮길 것에 대비하여 매월 200만 원씩 적금을 가입하기로 하였다.

(1) 현재 은행 적금 금리가 5.5%라면 1년 뒤 원리금 합계는 얼마가 되는지 계산해 보시오.

(2) 적금에 대한 원리금 합계를 통한 최종 수익률과 적금 금리가 차이가 나는지 확인해 보시오. 차이가 난다면 왜 차이가 나는지 설명해 보시오.

07 대출이 경제적 관점에서 긍정적 요인은 무엇이 있는지 설명해 보시오.

08 은행 신용 대출의 기본 금리는 COFIX(Cost Of Fund Index)가 기준이 된다. 여기서 COFIX는 무엇인지 설명하고, 이에 대한 논란이 일고 있는 이유에 대해서도 설명해 보시오.

09 주택 금융에서 사용하는 LTV(Loan To Value)와 DTI(Debt To Income)는 무엇인지 설명해 보시오.

10 담보 대출이 거래 상대방 간 이점인 이유는 무엇인지 설명해 보시오.

11 보험담보대출은 저축성 보험을 담보로 대출을 행하는 것을 말한다. 저축성 보험을 해지하지 않고 보험담보대출을 받을 때 얻을 수 있는 이점은 어떤 것들이 있는지 설명해 보시오.

12 주식담보대출은 보통 현금 유동성 부족 시 행하는 것이 아니라 주식 투자에 대한 추가적인 수익, 즉 레버리지 효과를 얻기 위해 행하는 경우가 많다. 하지만 주가가 하락할 경우 더 큰 손실을 입을 수도 있는데 이를 교재의 예를 통해 설명해 보시오.

13 **다음과 같은 상황을 고려하여 물음에 답하시오.**

- 현재 00기업은 투자 자금을 위해 1천만 원을 조달해야 한다.
- 00기업은 이를 회사채 발행을 통해 조달하기로 결정하였다.
- 회사채의 만기는 3년, 표면 금리는 8%로 책정하였다.

(1) 이를 연지급 이표채로 발행하였다면 현금 흐름은 어떻게 되는지 설명해 보시오. 또한 시장 이자율이 10%라면 현재 해당 채권의 가격은 얼마가 되는지 계산해 보시오.

(2) 이를 복리채로 발행하였다면 현금 흐름은 어떻게 되는지 설명해 보시오.

(3) 이를 할인채로 발행하였다면 최초 채권의 매입가는 어떻게 되는지 계산해 보시오.

(4) 이를 영구채로 발행하였다면(시장 이자율 10% 가정) 채권 가격은 어떻게 되는 계산해 보시오.

14 **채권의 신용도에 대해서 조사해 보고, 이에 대해 설명해 보시오.**

15 **주식 분석에 있어서 기본적 분석과 기술적 분석의 차이가 무엇인지 설명해 보시오.**

16 **다음 중 경기 선행지수가 아닌 것은?**

1) 기업경기실사지수　2) 경제심리지수　3) 건축허가면적　4) 종합주가지수
5) 산업생산지수

17 다음 중 경기 후행지수를 찾아보시오.

1) 생산자제품재고지수 2) 실질수출액 3) 제조업가동지수 4) 도소매판매액지수
5) 상용근로자수 6) 비농가취업자수 7) 기업경기실사지수
8) 순상품교역조건 9) 소비자심리지수 10) 회사채 수익률

18 주가와 이자율 간의 관계에 대해 설명해 보시오.

19 통화량과 주가와의 관계를 단기적, 중장기적 측면에서 설명해 보시오.

20 산업 분석의 라이프사이클 분석(product life cycle analysis)이론은 산업은 생태계를 총 4단계로 구분하고 있다. 다음 괄호안을 채우시오.

- 1단계 도입기 -> 2단계 ( ) -> 3단계 ( ) -> 4단계 쇠퇴기

21 다음 중 경기 방어적 산업에 해당하는 것을 고르시오.

1) 자동차 2) 냉장고 3) 산업 기계류 4) 전력 및 가스 산업 5) 생활필수품
6) 건설관련업 7) 음식료 산업 8) 의약품 9) 에어컨, 세탁기

22 다음 중 기술적 분석의 기본 가정이 아닌 것은?

1) 주식 시장은 수요와 공급에 의해서만 결정된다.
2) 주가는 지속적인 추세를 따르며 상당 기간 움직인다.
3) 추세의 변화는 외부 충격에 의해서 변한다.
4) 수요와 공급의 변화는 도표에 의해 추적 가능하며, 주가 모형은 스스로 반복하는 경향이 있다.

23 이동평균선 분석 방법의 골든크로스와 데드크로스의 정의에 대해 설명하고 실제로 KOSPI 종목을 하나 선정하여 5일선과 20일선 간에 골든크로스와 데드크로스가 발생한 시점을 찾아보시오.

24 ETF와 인덱스 펀드와의 차이점에 대해서 설명해 보시오.

25 지수를 추종하는 KODEX 200 ETF의 종목 구성을 조사하여보고 실제 KOSPI 지수를 추종하고 있는지 판단해 보시오.

26 다음 파생결합증권의 이름이 잘못 연결된 것은?

1) ELS - 주가연계증권　2) ELF - 주가연계펀드　3) ELD - 주가연계적금
4) ELB - 주가연계채권　5) DLS - 파생결합증권

27 환매조건부채권(RP)의 매수자와 매도자 간 어떤 이점이 있는지 설명해 보시오.

28 파생금융상품의 당사자와 당사자들 각각의 역할에 대해서 설명해 보시오.

29 파생금융상품 특징 3가지에 대해서 설명해 보시오.

30 00 주가의 콜옵션을 행사 가격 1,000원에 10원의 프리미엄을 주고 매수하였다.

(1) 해당 콜옵션의 손익분기점(BEP)은 얼마인가?

(2) 만약 기초 자산 가격이 1,100원이 되었다면 콜옵션 매수자는 옵션을 행사하겠는가? 행사한다면 이익은 얼마가 되는지 계산해 보시오.

(3) 만약 기초 자산 가격이 900원이 되었다면 콜옵션 매수자는 옵션을 행사하겠는가? 행사하지 않는다면 그 이유는 무엇인가?

31 A 기업은 변동 금리 LIBOR+1.5%에 차입이 가능하고 고정 금리에서 4%에 차입이 가능하다. 반면 B 기업은 변동 금리 LIBOR+2.5%에 차입이 가능하고 고정 금리에서 6%에 차입이 가능하다면 A 기업이 변동 금리와 고정 금리 모두에서 절대우위를 가진다. 그렇다면 A 기업과 B기업 간 금리스왑은 불가능한가? 그렇지 않다면 그 이유에 대해서 위 사례를 이용하여 설명해 보시오.

32 통화스왑의 정의에 대해서 설명해 보시오.

저자 소개

저자는 대학교 졸업 후 교보증권 공채에 응시해 사회 첫 발을 내디뎠다. 교보증권에서 본사 인력지원실, 신탁팀(신탁전문운용인력(Fund Manager)) 등에 근무하며 경제와 금융투자에 대한 전반적인 실무경험을 쌓았고 서강대학교에서 경제학 석사학위를 취득 후 준정부기관인 우체국금융개발원으로 자리를 옮겼다. 해당 기관에서는 경제와 금융에 대한 연구 총괄 업무를 수행하였고 한양대학교에서 경제학 박사학위를 취득한 후 강남대학교 경제학과 외래교수와 초당대학교 교수를 거쳐 현재 원광대학교 경제학부(경제금융학과) 교수로 재직중이다. 최근 저자는 폭넓은 경제, 금융 관련 대내외 활동을 하고 있으며 대표적으로 한국은행 자문교수, MBC시사토론 패널, 공무원시험 출제위원 및 면접위원, 충남개발공사 기술자문위원 등 지자체 다수 위원회 활동을 비롯하여 국토연구원 등 국책연구소의 자문위원으로도 활동 중이다. 또한 저자는 본서 이외에 『한국인의 경제학 기초(박영사, 제2판)』, 『금융과 경제(박영사)』, 『유동성이 주택시장에 미치는 영향과 정책연구(국토연구원, 공저)』 등의 저서를 발간하였다.

주요 논문

- 가계부채 및 부채의 변동성이 소비 및 성장률에 미치는 영향, 금융지식연구, 제 14권 1호
- 중국 경제가 국내 실물경제에 미치는 영향, 동북아경제연구, 제 28권, 2호
- 미국의 통화정책이 아시아 실물경제에 미치는 영향, 국제지역연구, 제 20권 2호
- 미국의 금리정책과 한국·일본 주식시장 변동성 간의 관계 분석, 경영경제연구, 38권 2호
- 환율 변동성이 국내 경제에 미치는 영향, 경영경제연구, 40권, 1호
- 아시아 주요국가 환율변동성 및 실물시장과의 관계에 대한 연구, 국제지역연구, 제 23권 2호
- 통화량의 변동성이 주택가격 변동성에 미치는 영향, 부동산분석, 제 5권 3호
- 경제주체의 불확실성과 통화정책 실효성 간의 관계 분석, 국제지역연구, 제 25권 3호

삽화

이현아

한국인의 금융 기초

초판발행 2022년 8월 16일

지은이 최남진
펴낸이 안종만·안상준

편 집 김윤정
기획/마케팅 허승훈
표지디자인 BENSTORY
제 작 고철민·조영환

펴낸곳 (주) 박영사
서울특별시 금천구 가산디지털2로 53, 210호(가산동, 한라시그마밸리)
등록 1959. 3. 11. 제300-1959-1호(倫)
전 화 02)733-6771
f a x 02)736-4818
e-mail pys@pybook.co.kr
homepage www.pybook.co.kr
ISBN 979-11-303-1572-0 93320

정 가 27,000원